高职高专土建类专业教材编审委员会

高职高专规划教材

建设工程质量控制

刘继鹏　主编　　胡　愈　赵红垒　副主编

化学工业出版社

·北　京·

本教材结合高职高专教育的特点，根据现行国家相关规范、标准和技术规定等编写而成。既注重内容的全面性，也突出重点，做到理论联系实际。全书力求实用，通过工程案例分析及能力训练题，加强对理论知识的实际应用。

本书分为十一章，主要包括：建设工程质量控制概述、质量管理和质量管理体系标准、质量控制的统计方法、承包单位的资质、工程勘察设计阶段质量控制、工程施工阶段的质量控制、工程材料、生产设备和施工机械的质量控制、工程施工质量验收评定及竣工验收、工程质量问题和质量事故、安全控制和环境控制。

本书主要作为高职高专工程监理专业的教材，也可作为建筑工程技术专业的教材，还可供建设工程监理行业从业人员、工程技术人员参考。

图书在版编目（CIP）数据

建设工程质量控制/刘继鹏主编．—北京：化学工业出版社，2011.8（2015.3 重印）
高职高专规划教材
ISBN 978-7-122-12024-3

Ⅰ．建…　Ⅱ．刘…　Ⅲ．建筑工程-质量控制-高等职业教育-教材　Ⅳ．U712

中国版本图书馆 CIP 数据核字（2011）第 154208 号

责任编辑：李仙华　卓　丽　王文峡　　文字编辑：陈　元
责任校对：宋　玮　　装帧设计：尹琳琳

出版发行：化学工业出版社（北京市东城区青年湖南街 13 号　邮政编码 100011）
印　　装：三河市延风印装厂
787mm×1092mm　1/16　印张 16　字数 421 千字　2015 年 3 月北京第 1 版第 2 次印刷

购书咨询：010-64518888（传真：010-64519686）　售后服务：010-64518899
网　　址：http://www.cip.com.cn
凡购买本书，如有缺损质量问题，本社销售中心负责调换。

定　　价：29.00 元

前　言

建设工程质量控制是建设工程项目的核心，是决定工程建设成败的关键。随着建筑业的发展，对监理企业岗位人员的要求越来越高，为了满足建设工程项目质量控制的要求，在广泛征求意见的基础上编写本教材，体现了科学性、实用性、系统性和可操作性的特点，既注重内容的全面性，也突出重点，做到理论联系实际。

本书是依据建设工程监理行业的岗位要求编写而成的。全书共十一章，包括建设工程质量控制概述、质量管理和质量管理体系标准、质量控制的统计方法、承包单位的资质、工程勘察设计阶段质量控制、工程施工阶段的质量控制、工程材料、生产设备和施工机械的质量控制、工程施工质量验收评定及竣工验收、工程质量问题和质量事故、安全控制和环境控制。主要介绍了质量管理及质量控制的基本理论。

本书由刘继鹏（河南工程学院）主编，胡愈、赵红垒（河南工程学院）任副主编。具体编写分工为：第一、二、三、九章由刘继鹏编写，第四、七章由白翔宇（新乡学院）编写，第五、八章由胡愈编写，第六章由张彦鸽（漯河职业技术学院）编写，第十、十一章由赵红垒编写。

本书在编写过程中参阅了有关的文献资料，在此对这些文献作者表示深深的谢意。并对为本书付出辛勤劳动的编辑同志表示衷心感谢！

由于编者水平有限，书中疏漏之处难免，恳请广大读者不吝指正。

本书提供有电子教案，可发信到 cipedu@163. com 邮箱免费获取。

编者

2011 年 6 月

目 录

第一章 建设工程质量控制概述

【知识目标】

- 了解质量、建设工程质量及建设工程质量控制的概念
- 熟练掌握建设工程质量的特点
- 理解建设工程质量的形成及控制过程
- 了解建设工程质量的评价标准及管理制度
- 掌握监理工程师控制工程质量的任务

【能力目标】

- 能解释建设工程质量的特性六个方面的内容
- 能结合实践理解影响工程质量的因素
- 能充分理解政府对工程质量的监督管理

第一节 质量概述

一、质量

在《质量管理和质量保证——术语》(ISO 8402—1994)中，质量的定义是：反映实体满足明确或隐含需要的能力和特性的总和。

在2000版GB/T 19000-ISO 9000族标准中，质量的定义是：一组固有特性满足要求的程度。

(1) 质量的主体可以是活动或者过程（如监理单位受业主委托实施建设工程监理）；也可以是活动或者过程结果的有形产品（如建成的厂房、装修后的住宅）；或是无形产品（如质量措施规划）；也可以是某个组织体系或人，以及上述各项的组合。由此可见，质量的主体不仅包括产品，而且包括活动、过程、组织体系或人，以及它们的组合。

质量是由一组固有特性组成，这些固有特性是指满足顾客和其他相关方的要求的特性，并由其满足要求的程度加以表征。质量就是产品或工作的优劣程度。也可以看作是产品和服务满足顾客需求的能力。

(2) 特性是指区分的特征。质量特性可分为两大类：真正质量特性和代用质量特性。

所谓“真正质量特性”，是指直接反映用户需求的质量特性。

一般地，真正质量特性表现为产品的整体质量特性，但不能完全体现在产品制造规范上。而且，在大多数情况下，很难直接定量表示。因此，就需要根据真止质量特性（用户需求）相应确定一些数据和参数来间接反映它，这些数据和参数就称为“代用质量特性”。

① 特性可以是定性的或定量的。对于产品质量特性，无论是真正还是代用，都应当尽量定量化，并尽量体现产品使用时的客观要求。把反映产品质量主要特性的技术经济参数明确规定下来，作为衡量产品质量的尺度，就形成了产品的技术标准。

产品技术标准，标志着产品质量特性应达到的要求，符合技术标准的产品就是合格品，不符合技术标准的产品就是不合格品。

另外，根据对顾客满意的影响程度不同，还可将质量特性分为关键质量特性、重要质量特性和次要质量特性三类。关键质量特性是指若超过规定的特性值要求，会直接影响产品安全性或产品整体功能丧失的质量特性。重要质量特性是指若超过规定的特性值要求，将造成产品部分功能丧失的质量特性。次要质量特性是指若超过规定的特性值要求，暂不影响产品功能，但可能会引起产品功能逐渐丧失的质量特性。

② 特性可以是固有的或赋予的。质量特性是固有的特性，并通过产品、过程或体系设计和开发及其之后实现过程形成的属性。固有特性是指本来就有的，尤其是那种永久的特性，如螺栓的直径或机器的生产率等。赋予特性不是固有的，不是某事物本来就有的，而是完成产品后因不同的要求而对产品所增加的特性，如产品的价格，售后服务等。

(3) 满足要求就是应满足明确或隐含的需要。明确需要是指如合同、标准、规范、图纸、技术文件中明确规定的要求，隐含需要则应加以识别和确定，它一是指顾客或社会对实体的期望；二是指那些人们所公认的、不言而喻的、不必作出规定的“需要”，如住宅应满足人们最起码的居住功能即属于“隐含需要”。质量中要求的需要通常被转化为一些规定准则的特性，例如：实用性、安全性、可靠性、耐久性等。

(4) 顾客和其他相关方对产品、过程或体系的质量要求是动态的、发展的和相对的。质量要求随着时间、地点、环境的变化而变化。要求包括合同的和组织内部的要求，在不同的策划阶段可对它们进行开发、细化和更新。质量要求应使用功能性术语表述并形成文件。质量要求应把用户的要求、社会的环境保护等要求以及企业的内控指标，都以一组定量的要求来表达，作为产品设计的依据。在设计过程中，不同的设计阶段又有不同的质量要求，如方案设计的质量要求、技术设计的质量要求、施工图设计的质量要求、试验的质量要求、验收的质量要求等。同时，在制造过程中，不同的阶段也有不同的质量要求。

二、建设工程质量

建设工程质量简称工程质量。工程质量是指工程满足业主需要的，符合国家法律、法规、技术规范标准、设计文件及合同规定的特性综合。

建设工程作为一种特殊的产品，除具有一般硬件产品共有的质量特性，如性能、寿命、可信性［是用于表述可用性及其影响因素（可靠性、维修性和保障性）的集合术语］、安全性、经济性等满足社会需要的使用价值及其属性外，还具有特定的内涵。

建设工程质量的特性主要表现在以下六个方面。

(1) 适用性。即功能，是指工程满足预定使用要求的能力。

(2) 耐久性。即寿命，是指工程在正常维护条件下，随时间变化而仍能满足预定功能要求的能力，通常指工程竣工后的合理使用寿命周期。由于建筑物本身结构类型不同、质量要求不同、施工方法不同、使用功能不同的个性特点，目前国家对建设工程的合理使用寿命周期还缺乏统一的规定，仅在少数技术标准中，提出了明确要求。如民用建筑主体结构耐用年限分为四个等级（15～30 年，30～50 年，50～100 年，100 年以上）。

(3) 安全性。是指工程在正常施工和正常使用条件下，承受可能出现的各种作用的能力，以及在偶然事件发生时和发生后，仍保持必要的整体稳定性的能力。

(4) 可靠性。是指工程在规定的条件下，规定的时间内，完成规定功能的能力。工程不仅要求在交工验收时要达到规定的指标，而且在一定的使用时期内要保持应有的正常功能。

(5) 经济性。是指工程在全寿命周期内（规划、勘察、设计、施工及使用）所耗费的资源最少。经济性主要关注的是资源投入和使用过程中成本节约的水平和程度及资源使用的合理性。也就是生产作业计划要有利于利用企业的生产能力，缩短生产周期，降低生产成本，实现均衡生产，提高生产效率和经济效益。

（6）与环境的协调性。是指工程与其周围生态环境协调，与所在地区经济环境协调以及与周围已建工程相协调，以适应可持续发展的要求。

上述六个方面的质量特性彼此之间是相互依存的，总体而言，六个方面都是必须达到的基本要求，缺一不可。但是对于不同门类不同专业的工程，如工业建筑、民用建筑、道路工程等，可根据其所处的特定地域环境条件、技术经济条件的差异，有不同的侧重面。

三、建设工程质量的特点

建设工程施工是涉及面广且极其复杂的综合过程，再加上工程项目位置固定、生产流动、结构类型不一、质量要求不一、施工方法不一、体型大、整体性强、建设周期长、受自然条件影响大等特点，因此，建设工程的质量控制比一般工业产品的质量控制难度更大。

1. 影响质量的因素多

建设工程质量受多种因素的影响，如设计、材料、机械、地形地貌、地质条件、水文、气象、施工工艺、操作方法、技术措施、管理制度、投资成本、建设周期等，均直接影响工程项目的质量。

2. 质量波动大

由于工程项目的施工不像工业产品的生产，它没有固定的生产流水线，没有规范化的生产工艺和完善的检测技术，没有成套的生产设备和稳定的生产环境，同时，由于影响项目施工质量的偶然性因素和系统性因素都较多，因此，很容易产生质量变异。例如：材料性能微小的差异、机械设备正常的磨损、操作微小的变化、环境微小的波动等，均会引起偶然性因素的质量变异；使用材料的规格、品种有误，施工方法不妥，操作不按规程，机械故障，仪表失灵，检测设备精度失控等，都会引起系统性因素的质量变异，造成工程质量事故。为此，在施工中要严防出现系统性因素的质量变异，要把质量变异控制在偶然性因素范围内。

3. 质量的隐蔽性

建设工程在施工过程中，分项工程工序交接多，中间产品多，隐蔽工程多，若不及时检查实质，事后再看表面，就容易产生第二类错误，也就是说，容易将不合格的产品认为是合格的产品。反之，若检查不认真，测量仪表不准，读数有误，则就会产生第一类错误，也就是说容易将合格产品认为是不合格的产品。这点，在进行质量检查验收时，应特别注意。

4. 终检的局限性

工程项目建成后，不可能像某些工业产品那样，再拆卸或解体检查内在的质量，或重新更换零件，即使发现质量有问题，也不可能像工业产品那样实行包换或退款。

工程项目的终检很难进行工程内在质量的检验，发现隐蔽的质量缺陷，这是终检的局限性。这就要求工程质量控制应以预防为主，防患于未然。

5. 评价方法的特殊性

工程质量的检查评定及验收是按检验批、分项工程、分部工程、单位工程进行的。检验批的质量是分项工程乃至整个工程质量检验的基础，检验批合格质量主要取决于主控项目和一般项目经抽样检验的结果。隐蔽工程在隐蔽前要检查合格后验收，涉及结构安全的试块、试件以及有关资料，应按规定进行见证取样检测，涉及结构安全和使用功能的重要分部工程要进行抽样检测。工程质量是在施工单位按合格质量标准自行检查评定的基础上，由监理工程师（或建设单位项目负责人）组织有关单位、人员进行检验确认验收。这种评价方法体现了“验评分离、强化验收、完善手段、过程控制”的指导思想。

四、建设工程质量控制

1. 质量控制

2000 版 GB/T 19000-ISO 9000 族标准中，质量控制的定义是：质量管理的一部分，致力于满足质量要求。

上述定义可以从以下几方面去理解。

(1) 质量控制是质量管理的重要组成部分，其目的是为了使产品、体系或过程的固有特性达到规定的要求，即满足顾客、法律、法规等方面所提出的质量要求（如适用性、安全性等)。所以质量控制是通过采取一系列的作业技术和活动对各个过程实施控制的。

(2) 质量控制包括作业技术和活动，其目的在于监视过程并排除质量环（见第二章第三节中三、主要术语）所有阶段中导致不满意结果的原因，以取得经济效益。

作业技术是指专业技术和管理技术结合在一起，作为控制手段和方法的总称。“活动”则是人们对这些作业技术的有计划、有组织的系统运用，是一种科学的质量管理方法。前者偏重于方法、工具，后者偏重于活动过程。质量控制的目的在于以预防为主，管理因素保结果，确保达到规定要求，实现经济效益。

(3) 质量控制应贯穿于质量形成的全过程（即质量环的所有环节）。质量控制的具体实施主要是影响产品质量的各环节、各因素制订相应的计划和程序，对发现的问题和不合格情况进行及时处理，并采取有效的纠正措施。

质量控制的主要功能就是通过一系列作业技术和活动将各种质量变异和波动减少到最小程度。它贯穿于质量产生、形成和实现的全过程中。除了控制产品差异，质量控制部门还参与管理决策活动以确定质量水平。

在国际上，质量控制对象根据它们的重要程度和监督控制要求不同，可以设置“见证点”或“停止点”。“见证点”和“停止点”都是质量控制点，由于它们的重要性或其质量后果影响程度有所不同，它们的运作程序和监督要求也不同。

2. 建设工程质量控制

建设工程质量控制又称工程质量控制，是指致力于满足工程质量要求，也就是为了保证工程质量满足工程合同、规范标准所采取的一系列措施、方法和手段。工程质量要求主要表现为工程合同、设计文件、技术规范标准规定的质量标准。

工程质量控制按其实施者不同，包括三方面。

(1) 业主方面的质量控制——建设工程监理的质量控制。其特点是外部的、横向的控制。工程监理单位属于监控主体，它主要是受建设单位的委托，代表建设单位对工程实施全过程进行的质量监督和控制，包括勘察设计阶段质量控制、施工阶段质量控制，以满足建设单位对工程质量的要求。

(2) 政府方面的质量控制——政府监督机构的质量控制。其特点是外部的、纵向的控制。政府属于监控主体，它主要是以法律法规为依据，通过抓工程报建、施工图设计文件审查、施工许可、材料和设备准用、工程质量监督、重大工程竣工验收备案等主要环节进行的。

(3) 勘察设计单位和施工单位的质量控制。其特点是内部的、自身的控制。勘察设计单位和施工单位属于自控主体，是以法律、法规、规范、标准及合同为依据，对勘察设计和施工的各个过程进行自身控制，以满足建设单位对工程质量的要求。

五、工程质量的政府监督管理

我国现行的工程质量监督管理制度始于1983年原城乡建设环境保护部和国家技术监督局联合颁布的《建设工程质量监督条例》和1984年国务院国发［1984］123号文件的授权。20年来，围绕建设工程质量管理，我国已相继制定并颁布了一系列法律、法规、规章并增补、修订了大量的技术标准，随着建筑市场的不断发展，相关配套法规也在逐步完善和健全，特别是2000年《建设工程质量管理条例》全面实施，使建设工程质量监督管理机构的职能发生了根本的转变，对规范市场行为，减少质量事故的发生，促进企业加强质量管理，提高我国工程质量水平起了重要作用。但从总的方面看，我国目前的建设工程质量监督工作在管理体制上还存在许多弊端，亟待解决。

1. 我国目前工程质量监督管理制度的体制性缺失

我国目前建设工程质量监督管理体制是在计划经济体制的基础上逐步建立和完善的，对我国建设工程质量的稳定和提高发挥了积极的作用。但在市场经济条件下，目前的质量监督工作已不能适应市场变化的需要，在整体水平上还不尽如人意。

(1) 工程质量监督机构权责不明，定位不明确。工程质量监督机构自从1984年成立以来，基本定位为：工程质量监督机构不是政府行政机关，不是政府职能部门，不是中介组织，更不是市场竞争主体，而是接受政府的委托，依据有关法律法规和技术标准，对工程实施过程中各参建责任主体的质量行为以及工程实体质量进行监管的一支专业技术队伍。但工程质量监督机构所做的工作又是政府的一项职能，这种定位一定程度上影响了监督机构的工程质量管理工作和自身的建设。

(2) 监督管理体系不科学。一方面由于工程建设体制仍存在着政企不分、政出多门的状况，由此形成的局部封闭管理导致许多工程的业主、勘察、设计、施工、监理单位和质量监督站来自同一系统，隶属于共同的主管部门，这种管理格局基本上是一种内部的监督体系，很难实行严格的、公正的监督；另一方面质量监督机构实行多部门多专业管理，相互间职能划分不清，条块分割，现场方面检查，看上去层层把关，实际效果却大打折扣。

(3) 监督管理执法程序不规范。虽然我国出台了《中华人民共和国建筑法》、《建设工程质量管理条例》等法律法规，但有关工程质量监督的程序性规定还很缺乏，可操作性不强，自我廉政、勤政约束机制不健全，既影响监督工作的准确性、公正性、权威性，也容易发生徇私舞弊、滥用职权、收受贿赂等违法犯罪现象。

(4) 人员素质参差不齐，监督技术落后。质量监督是一项技术性、政策性都很强的工作，一些监督机构的现有素质，尚不能保证工程质量的有效监督。首先表现在人员素质上，各级工程质量监督管理部门中高质量、高水平的专业技术人员匮乏，素质参差不齐，离“既要对法律法规非常熟悉，又要对强制性技术标准非常熟悉”的要求很远；其次表现在设备上，技术装备落后，缺乏现代化的检测手段，监督方法还处于传统的落后阶段，远远落后于科技发展水平，影响工程质量的监督力度和深度，难以适应当前建设工程时代发展的需要。

(5) 政府投资的工程质量管理不规范，在建设过程的各个阶段，各部门的权利、义务和责任不清晰，一旦出现质量问题，责任难以落实，工程质量难以保证。

2. 我国工程质量监督管理体制的对策

针对上述弊端，我国应当在借鉴国外先进建设工程质量管理经验的基础上，结合我国的实际情况，探索建立符合市场经济发展和建筑市场需求的监督管理体制和机制，构筑与市场经济体制相适应的工程质量监督保证机制，进一步整合政府部门有限的监管资源，建立统一的执法体系，调整现行政府职能，减少职能交叉，加强不同职能部门业务的衔接，制定出一套符合我国国情的工程质量监督管理体制。

(1) 改革监督体系，明确监督机构权责。建设工程质量监督工作既然是政府行为，必须明确它的地位，赋予它必要的权力，真正成为政府行使对工程质量监督的部门。

(2) 确保工程质量的全过程受控。影响建设工程质量因素很多，有施工原因、材料原因、设计原因、管理原因等。目前由于设计质量问题造成工程质量事故占有很大的比例，所以除对施工阶段实行质量监督外，还要向设计阶段扩展。对设计阶段实施监督，应该着重把好设计文件审查关，对建设工程实行从勘察、设计到施工、竣工全过程监督，真正做到从设计到工程竣工的全过程质量监控。

(3) 规范监督管理程序。监督程序要规范化，保证质量监督工作的权威性，减少人为因素影响，避免不正之风的滋生。具体包括：监督机构及其人员资格管理，施工许可及监督报监，现场检查，不良行为记录的处理，工程竣工验收与备案。

(4) 加强质量监督队伍建设，完善质量监督机构及其人员资格认证制度，建立监督人员的持证上岗和定期培训制度。增添检测设备，确保质量监督工作的科学性、权威性、公正性。

(5) 适当提高监督费的取费标准，严格收费制度。我国质量监督费的标准还停留在机构成立之初的水平，不满足市场经济的发展，也不利于工程质量监督工作的开展。因此政府要适当提高监督收费标准，各地市的监督费统一由省收缴，然后划拨给各地市，并加强监督费的收入和使用情况的管理。

(6) 改革政府投资工程的监管方法。政府的投资工程是牵扯到每个公众的利益，为了把纳税人的钱花好、用好，建议政府投资与社会资本投资的工程在管理上采用不同的方法（近年来实施的代建制在政府投资工程领域的监管上起到了很大的作用），政府投资的项目直接委托监督机构对其进行全过程监督管理，其管理能力和技术力量均能达到有关要求，从其性质和地位上也不违背有关要求，并能减少中间一些机构和环节，使社会行政资源减少浪费。

第二节 建设工程质量的形成及控制过程

一、建设工程质量形成的系统过程

建设工程质量是按照工程建设程序，经过建设工程系统各个阶段而逐步形成的。其形成的系统过程如图1-1所示。

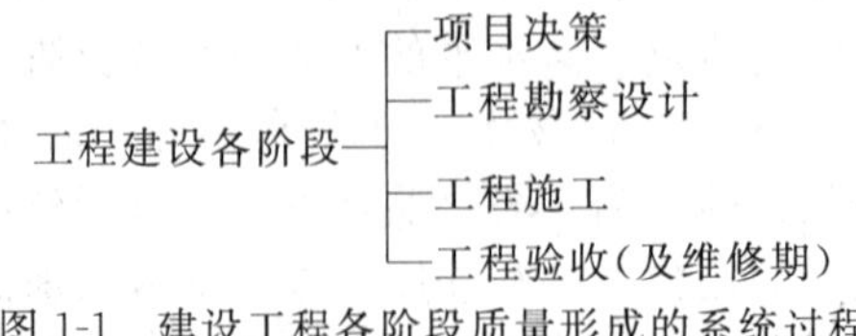

图1-1 建设工程各阶段质量形成的系统过程

建设工程各阶段的主要内容包括以下内容。

(1) 项目可行性研究：论证项目在技术、经济上的可行性与合理性，是决策是否立项确定质量目标与水平的依据。

(2) 项目决策：决定项目是否投资建设，确定项目质量目标与水平。

(3) 工程设计：将工程项目质量目标与水平具体化，直接关系到项目建成后的功能和使用价值。

(4) 工程施工：使合同要求和设计方案得以实现，最终形成工程实体质量。

（5）工程验收：最终确认工程质量是否达到要求及达到的程度。

二、建设工程质量形成的影响因素

1. 人的质量意识和质量能力

人是质量活动的主体，对建筑工程项目而言，人是泛指与工程有关的单位、组织及个人，包括：建设单位、勘察设计单位；施工承包单位；监理咨询服务单位；政府主管及工程质量监督、监测单位；策划者、设计者、管理者等。建筑业实行企业经营资质管理、市场准入制度、执业资格注册制度、持证上岗制度以及质量责任制度等，规定按资质等级承包工程任务，不得越级，不得挂靠，不得转包，严禁无证设计、无证施工。

2. 建设项目的决策因素

没有通过咨询、市场需求预测，盲目建设，重复建设，建成后不能投入生产或使用，所形成的合格而无用途的建筑产品，从根本上说是社会资源的极大浪费，不具备质量的适用性特征。同样盲目追求高标准，缺乏质量的经济性考虑的决策，也将对工程质量形成产生不利的影响。

3. 建设工程项目勘察因素

包括建设工程项目技术经济条件勘察和工程岩土地质条件勘察，前者直接影响项目决策，后者直接关系到工程设计依据和基础资料。

4. 建设工程项目的总体规划和设计因素

总体规划关系到土地的合理利用，功能组织和平面布局，竖向设计，总体运输及交通组织的合理性；工程设计具体确定建筑产品或工程目的物的质量目标值，直接将建设意图变成工程蓝图，将适用、经济、美观融为一体，为建设施工提供质量标准和依据。建筑构造与结构的设计合理性、可靠性以及可施工性直接影响到工程质量。

5. 建筑材料、构配件及相关工程服务器的质量因素

建筑质量的水平在很大程度上取决于材料工业的发展，原材料及建筑装饰装潢材料及其制品的开发，因此正确合理选择材料、控制材料、构配件及工程服务器的质量规格、性能特性是否符合设计规定标准，直接关系到工程项目的质量形成。

6. 工程项目的施工方案

包括施工技术方案和施工组织方案。前者指施工的技术、工艺、方法和机械、设备、模具等施工手段的配置，显然，如果施工技术落后，方法不当，机具有缺陷，都将对工程质量的形成产生影响。后者是指施工程序、工艺顺序、施工流向、劳动组织方面的决定和安排。通过的施工程序是先准备后施工，先场外后场内，先地下后地上，先深后浅，先主体后装修，先土建后安装等，都应在施工方案中明确，并编制相应的施工组织设计。这些都是对工程项目质量形成产生影响的重要因素。

7. 工程项目的施工环境

包括地质、气候等自然环境及施工现场的通风、照明、安全卫生防护设施等劳动作业环境，以及由工程承发包合同结构所派生的多单位多专业共同施工的管理关系，组织协调方式及现场施工质量控制系统等构建的管理环境对工程质量的形成也会产生相当的影响。

三、建设工程质量控制过程

（1）事前控制。其内涵包括两层意思，一是加强质量目标的计划预控，二是按质量计划进行质量活动的准备工作状态的控制。

（2）事中控制。事中控制包含自控和监控两大环节。

(3) 事后控制。包括对质量活动结果的评价认定和对质量偏差的纠正。

四、建设工程质量控制原则

对工程项目而言，质量控制就是为了确保合同、规范所规定的质量标准，所采取的一系列检测、监控措施、手段和方法。在进行工程项目质量控制过程中，应遵循以下几点原则。

1. 坚持“质量第一、用户至上”

建筑产品作为一种特殊的商品，使用年限较长，建筑施工是“百年大计”，直接关系到人民生命财产的安全。所以，工程项目在施工中应自始至终地把“质量第一、用户至上”作为质量控制的基本原则。

2. 坚持以人为核心

人是质量的创造者，质量控制必须“以人为本”，把人作为控制的动力，调动人的积极性、创造性，增强人的责任感，树立“质量第一”观念，提高人的素质，避免人的失误，以人的工作质量保证工序质量、保证工程质量。

3. 坚持以预防为主

“以预防为主”，就是要从对质量做事后检查把关，转向对工程质量的检查、对工序质量的检查、对中间产品质量的检查。就是确保施工项目的有效措施。

4. 坚持质量标准，严格检查，一切用数据说话

质量标准是评价产品质量的尺度，数据是质量控制的基础和依据。产品质量是否符合质量标准，必须通过严格检查，用数据说话。

5. 贯彻科学、公正、守法的职业规范

各级质量管理人员，在处理质量问题过程中，应尊重客观事实，尊重科学、正直、公正，不持偏见；遵纪、守法，杜绝不正之风；既要坚持原则，严格要求，秉公办事，又要谦虚谨慎，实事求是，以理服人，热情帮助。

五、建设工程质量责任

由于工程项目质量本身的特点，在工程建设实施过程中，难免要出现质量问题。按照我国工程质量的法规及有关的工程合同规定，参与工程建设的各方都应相应地承担一定的工程质量责任。确定工程质量问题的责任，应根据有关质量法规、合同、协议等作具体分析。

1. 设计单位（含勘察设计单位）的质量责任

(1) 设计单位领导（院长或所长等），要对本单位编制的建筑工程设计文件的质量负责，并建立有效的质量保证体系。设计单位的总建筑师、工程师或技术负责人要协助单位领导管好质量工作。设计文件、图纸，须经各级技术负责人审定签字后，方得交付施工。

(2) 设计单位要按工程项目设置项目总负责人对工程项目的设计质量全面负责；还要按建筑、结构、给水排水、采暖通风、电气、建筑经济设置专业技术负责人，承担勘察业务的要设置勘察专业技术负责人，分别对各自的专业设计质量负责。

(3) 设计单位必须建立全面质量管理体系，健全设计质量的校对、审核制度，抽调有实践经验的专业设计人员负责审核工作，所有设计图纸都要经审核人员签字，否则不得出图。

(4) 设计单位编制的设计文件，必须符合国家和地区的有关法规、技术标准，必须符合当地城乡建设主管部门确定的建设位置、地面控制标高、建筑密度、层数，以及建筑物与室外工程衔接、与环境协调等要求。

(5) 设计单位编制的设计文件，应当使建筑工程的功能、标准等符合设计任务书、初步

设计和设计合同的要求。方案设计或初步设计经上级审查批准后，设计单位可在不违背城市规划的条件下自主地决定具体的艺术处理技术措施。

(6) 建筑工程施工图设计必须满足初步设计保证结构安全、建筑防火、卫生和环境保护等要求；必须符合原建设部颁发的《建筑工程设计文件编制深度的规定》。

(7) 建筑工程施工图设计文件交付施工后，任何单位和个人未经原设计单位同意，不得擅自修改。如果发现设计文件有错误、遗漏、交代不清，或与现场实际情况不符确需修改时，应由原设计单位提出设计变更通知单或技术核定单，并作为设计文件的补充和组成部分不影响结构安全和使用功能的技术核定单，设计单位可委托发包单位或施工单位代签。

(8) 设计单位对所设计的工程，有责任在施工中督促设计文件的实施，并参加地基基础、主体结构和竣工的验收。

2. 建筑施工企业的质量责任

(1) 建筑施工企业的经理，要对本企业的工程质量负责，并建立有效的质量保证体系。企业总工程师或技术负责人要协助经理管好质量工作。竣工的单位工程质量评定，须经企业经理和总工程师签字认定，方可报请当地质量监督站或主管部门核定。

(2) 建筑施工企业要逐级建立质量责任制。项目经理（现场负责人）要对本现场内所有单位工程质量负责；栋号工长要对单位工程质量负责；生产班组要对分项工程质量负责。现场施工员、工长、质量检查员和关键工种工人必须经过考核取得岗位证书后，方可上岗。企业内各级职能部门必须按公司规定对各自的工作质量负责。

(3) 实行总分包的工程，分包单位要对分包工程的质量负责，总包单位对承包的全部工程质量负责。

(4) 建筑施工企业必须设立质量检查、测试机构，并由经理直接领导，企业专职质量检查员应抽调有实践经验和独立工作能力的人员充任。任何人不得设置障碍，干预质量检测人员依章行使职权。

(5) 用于工程的建筑材料，必须送试验室检验，并经试验室主任签字认可后，方得使用。

(6) 建筑工程交工必须具备下列条件：①完成了合同中规定的各项工程内容；②达到国家“建筑安装工程质量检验评定标准”中规定的合格标准，并有当地建筑工程质量监督站或主管部门签认的合格证明文件；③具有准确、齐全的工程技术资料档案；④已签署工程保修证书。

(7) 单位工程竣工，必须在建筑物显著部位镶嵌永久性标志，注明设计施工单位和建设日期，标志的部位和做法应在设计图纸中具体规定。

(8) 凡达不到合格标准的工程，必须进行返修，确保结构安全和满足使用功能，方可交工。

(9) 建筑工程交付使用后，施工单位应按原建设部《建筑工程保修办法（试行）》实行保修。各地可根据实际情况规定符合用户要求的保修期限，但不得低于上述保修办法的有关规定。

3. 建筑构配件生产单位的质量责任

(1) 建筑构配件厂的厂长，要对所生产的产品质量负责，厂总工程师或技术负责人要协助厂长管好质量工作。工厂必须建立有效的质量保证体系，车间、科室、班组都要有明确的产品质量责任。

(2) 建筑构配件厂必须设立质量检查、测试机构，配备必要的检测人员和设备。无力设置测试机构的小厂，应委托有资格的测试机构负责此项工作。

(3) 产品出厂时，必须符合下列要求：①达到国家规定的合格标准；②具有产品标准编号等文字说明；③在构配件上有明显的出厂合格标志，注明厂名、产品型号、出厂日期、检查编号等。

4. 建筑材料、设备供应单位的质量责任

(1) 建筑材料、设备供应单位（以下均简称供应单位）对供应的产品质量负责。供应的产品必须符合下列要求：①达到国家有关法规、技术标准和购销合同规定的质量要求，有产品检验合格证和说明书以及有关的技术资料；②实行生产许可证制度的产品，要有许可证主管部门颁发的许可证编号、批准日期和有效期限；③产品包装必须符合国家有关规定和标准；④使用商标和分级分等的产品，应在产品或包装上有商标和分级分等标记；⑤建筑设备（包括相应的仪表）除符合上述要求外，还应有产品详细的使用说明书，电气产品应附有线路图。

(2) 除明确规定由产品生产厂家负责售后服务的产品之外，供应单位售出的产品发生质量问题时，由供应单位对使用单位负责保修、保换、保退，并赔偿经济损失。如供应单位证明确属生产厂家的质量责任，也由供应单位负责向生产厂家索赔。

(3) 建筑材料、设备的供需双方均应按要求签订购货合同，并按合同条款进行产品质量验收。

5. 工程建设监理单位的质量责任

工程建设监理单位应按照资质等级和批准的监理范围承揽监理业务。在接受业主委托承担监理业务时，要与委托单位签订工程建设监理合同，明确监理单位与委托单位的权利和义务。在监理过程中，要贯彻国家现行的工程建设法律、法规、技术标准，严格依据监理委托合同和工程承包合同对工程实施监理。

工程监理单位应当选派具备相应资格的总监理工程师和监理工程师进驻施工现场。监理工程师应当按照工程监理规范的要求，采取旁站、巡视和平行检验等形式，对建设工程实施监理。

未经监理工程师签字，建筑材料、建筑构配件和设备不得在工程上使用或者安装，施工单位不得进行下一道工序的施工。未经总监理工程师签字，建设单位不拨付工程款，不进行竣工验收。

监理单位对其检查把关不严、决策或指挥失误、明显失职、犯罪行为等原因所造成的工程质量问题，应间接承担质量控制责任。这是因为监理人员具有事前介入权、事中检查权、事后验收权、质量认证和否决权，具备了承担质量控制责任的条件，并能取得相应的经济报酬。所以，监理人员对质量失控必然应负有相应的质量责任。

六、影响工程质量的因素

影响工程质量的因素很多，但归纳起来主要有五个方面：人（man）、材料（material）、机械（machine）、方法（method）和环境（environment），简称为4M1E因素。

1. 人的因素

人的因素主要指领导者的素质，操作人员的理论、技术水平，生理缺陷，粗心大意，违纪违章等。施工时首先要考虑到对人的因素的控制，因为人是施工过程的主体，工程质量的形成受到所有参加工程项目施工的工程技术干部、操作人员、服务人员共同作用，他们是形成工程质量的主要因素。首先，应提高他们的质量意识。施工人员应当树立五大观念即质量第一的观念、预控为主的观念、为用户服务的观念、用数据说话的观念以及社会效益、企业效益（质量、成本、工期相结合）综合效益观念。其次，是人的素质。

领导层、技术人员素质高，决策能力就强，就有较强的质量规划、目标管理、施工组织和技术指导、质量检查的能力；管理制度完善，技术措施得力，工程质量就高。操作人员应有精湛的技术技能、一丝不苟的工作作风，严格执行质量标准和操作规程的法制观念；服务人员应做好技术和生活服务，以出色的工作质量，间接地保证工程质量。提高人的素质，可以依靠质量教育、精神和物质激励的有机结合，也可以靠培训和优选，进行岗位技术练兵。

2. 材料因素

材料（包括原材料、成品、半成品、构配件）是工程施工的物质条件，材料质量是工程质量的基础，材料质量不符合要求，工程质量也就不可能符合标准。所以加强材料的质量控制，是提高工程质量的重要保证。影响材料质量的因素主要是材料的成分、物理性能、化学性能等。材料控制的要点有：①优选采购人员，提高他们的政治素质和质量鉴定水平、挑选那些有一定专业知识，忠于事业的人担任该项工作；②掌握材料信息，优选供货厂家；③合理组织材料供应，确保正常施工；④加强材料的检查验收，严把质量关；⑤抓好材料的现场管理，并做好合理使用；⑥搞好材料的试验、检验工作。据统计资料，建筑工程中材料费用占总投资的70%或更多，正因为这样，一些承包商在拿到工程后，为谋取更多利益，不按工程技术规范要求的品种、规格、技术参数等采购相关的成品或半成品，或因采购人员素质低下，对其原材料的质量不进行有效控制，放任自流，从中收取回扣和好处费。还有的企业没有完善的管理机制和约束机制，无法杜绝不合格的假冒、伪劣产品及原材料进入工程施工中，给工程留下质量隐患。科学技术高度发展的今天，为材料的检验提供了科学的方法。国家在有关施工技术规范中对其进行了详细的介绍，实际施工中只要严格执行，就能确保施工所用材料的质量。

3. 机械设备因素

施工阶段必须综合考虑施工现场条件、建筑结构形式、施工工艺和方法、建筑技术经济等合理选择机械的设备和工具，正确地操作。操作人员必须认真执行各项规章制度，严格遵守操作规程，并加强对施工机械的维修、保养和管理。

4. 方法因素

施工过程中的方法包含整个建设周期内所采取的技术方案、工艺流程、组织措施、检测手段、施工组织设计等。施工方案正确与否，直接影响工程质量控制能否顺利实现。往往由于施工方案考虑不周而拖延进度，影响质量，增加投资。为此，制定和审核施工方案时，必须结合工程实际，从技术、管理、工艺、组织、操作、经济等方面进行全面分析、综合考虑，力求方案技术可行、经济合理、工艺先进、措施得力、操作方便，有利于提高质量、加快进度、降低成本。

5. 环境因素

影响工程质量的环境因素较多，有工程地质、水文、气象、噪声、通风、振动、照明、污染等。环境因素对工程质量的影响具有复杂而多变的特点，如气象条件就变化万千，温度、湿度、大风、暴雨、酷暑、严寒都直接影响工程质量，往往前一工序就是后一工序的环境，前一分项、分部工程也就是后一分项、分部工程的环境。因此，根据工程特点和具体条件，应对影响质量的环境因素，采取有效的措施严加控制。

此外，冬雨期、炎热季节、风季施工时，还应针对工程的特点，尤其是混凝土工程、土方工程、水下工程及高空作业等，拟定季节性保证施工质量的有效措施，以免工程质量受到冻害、干裂、冲刷等的危害。同时，要不断改善施工现场的环境，尽可能减少施工所产生的危害对环境的污染，健全施工现场管理制度，实行文明施工。

第三节 建设工程质量的评价标准及管理制度

一、建设工程质量评价标准

建设工程质量评价是指对建筑产品具备的满足规定要求能力的程度所作的有系统的检查。

标准是指对重复性事物和概念所作的统一规定。它以科学技术和实践经验的综合成果为基础，经有关方面协商一致，由主管部门以特定形式发布，作为共同遵守的准则和依据。

对于建设工程质量的评价，国家颁发有各种设计规范、规程、规定、标准；施工及验收规范；建筑安装工程质量检验评定标准；建筑材料质量标准等有关技术标准和标准图集。这些标准都是在设计、施工过程中所必须严格执行的。

二、工程质量管理制度

自1983年以来，我国建设行政主管部门先后颁发了多项建设工程质量管理和监督的法规，主要有《建筑工程质量责任暂行规定》、《建筑工程保修办法》、《建筑工程质量检验评定标准》、《建筑工程质量监督条例》、《建筑工程质量监督站工作暂行规定》、《建筑工程质量检测工作规定》和《建设工程质量监督管理规定》等。这些法规的颁布，不仅为建设工程质量的管理监督工作提供了依据，而且也对提高人们的质量意识发挥了积极的作用。

第四节 监理工程师控制工程质量的任务

工程质量控制的目的是确保建设工程质量目标全面实现，提高建设工程的投资效益、社会效益和环境效益。因此，工程质量控制的任务就是根据工程合同规定的建设工程各阶段的质量目标，对建设工程全过程的质量实施监督管理。由于建设工程各阶段的质量目标不同，因而需要分别确定各阶段的质量控制对象和任务。

一、监理工程师控制工程质量的主要工作内容

(1) 审查承包者的资格和质量保证条件，优选承包者，确认分包者。

(2) 确定质量标准和明确质量要求。

(3) 督促承建商建立与完善质量保证体系。

(4) 组织与建立本项目的质量监理控制体系。

(5) 项目实施过程中实行质量跟踪、监督、检查、控制。

(6) 质量缺陷或事故的处置。

二、项目决策阶段质量控制的任务

(1) 审核可行性研究报告是否符合国民经济发展的长远规划、国家经济建设的方针政策。

(2) 审核可行性研究报告是否符合项目建议书或业主的要求。

(3) 审核可行性研究报告是否具有可靠的自然、经济、社会环境等基础资料和数据。

(4) 审核可行性研究报告是否符合相关的技术经济方面的规范、标准和定额等指标。

(5) 审核可行性研究报告的内容、深度和计算指标是否达到标准要求。

三、设计阶段质量控制的任务

(1) 审查设计基础资料的正确性和完整性。

(2) 协助业主编制设计招标文件（或协助业主审核招标文件），组织设计方案竞赛。

(3) 审查设计方案的先进性和合理性，确定最佳设计方案。

(4) 督促设计单位完善质量保证体系，建立内部专业交底及专业会签制度。

(5) 进行设计质量跟踪检查，控制设计图纸的质量。在初步设计和技术设计阶段（或扩大初步设计阶段），主要检查生产工艺及设备的选型，总平面与运输布置，采用的设计标准和主要的技术参数等；在施工图设计阶段，主要检查计算是否有错误，选用的材料和做法是否合理，标注的各部分设计标高和尺寸是否有错误，各专业设计之间是否有矛盾等。

(6) 组织施工图会审。

(7) 评定、验收设计文件。

四、施工阶段质量控制的任务

1. 监理工程师的事前质量控制

一项工程施工前，监理工程师除了要做好各项准备工作的监控外，还应组织好以下的各项工作。

(1) 做好监控准备工作。要建立或完善质量监控体系，拟定监理细则，配备监控人员，明确分工及职责，配备所需的检测仪器，并使其处于良好的状态，使有关人员熟悉掌握有关监测方法和有关规程，使监控准备工作适应施工项目监控的需要。

(2) 设计交底的图纸会审。设计图纸是监理单位、设计单位和施工单位进行质量控制的重要依据。为了使施工承包单位熟悉有关的设计图纸，充分了解施工的工程特点、设计意图和工艺与质量要求，同时为了在施工前发现和减少图纸的差错，事先能消除图纸中的质量隐患，监理工程师要做好设计交底和图纸会审工作。

(3) 设计图纸变更控制。设计图纸变更的要求可能来自业主或监理工程师，也可能来自设计单位或施工承包单位。在各种情况下，均应通过监理工程师审查并组织有关方面研究确认其必要性后，由监理工程师发布变更令方能生效予以实施。此外，设计图纸的澄清、修改、现场变更要求及变更指令等都要严格遵守一定的程序执行。

(4) 做好施工现场场地及通道条件的保证。为了保证施工单位能够顺利地施工，监理工程师应使业主或建设单位按照施工单位施工的需要，事先划定并提供给承包商占有和使用现场有关部分的范围。监理工程师应事先检查工程施工所需的场地征用，居民占地设施或堆放物的迁移是否实现，以及道路和水、电及通信线路是否开通等。

(5) 严把开工关。对于合同中所列工程及工程变更的项目，开工前承包商必须提交《开工申请单》，经监理工程师审查各方面条件已具备并予以批准后，施工单位才能开始正式进行施工。对于已停工程，则需要监理工程师下达复工指令后方能复工。

(6) 重点部位、关键工序。专业监理工程师应要求承包单位报送重点部位，关键工序的施工工艺和确保工程质量的措施。审核同意后予以签认。

2. 监理工程师的事中质量控制

(1) 对施工承包单位的质量控制工作的监控

① 对施工承包单位的质量控制自检系统进行监督，使其能在质量管理中始终发挥良好作用。如在施工中发现不能胜任的质量控制人员，可要求承包方予以撤换；当其组织不完善时，应促使其改进、完善。

② 监督与协助施工承包方完善质量控制，使其以工序质量控制为核心，设置质量控制

点，进行预控，严格质量检查和加强成品保护。

（2）在施工过程中进行质量跟踪监控

① 对影响工程质量的各方面因素进行跟踪监督，随时密切注意承包方在施工准备阶段所做的安排，在施工过程中是否发生了不利于保证工程质量的变化。

② 对于工序施工过程实施跟踪监控，严格工序间的交接检查。注意隐蔽工程的检查。

③ 建立施工质量跟踪档案。

所谓施工质量跟踪档案，实质上是施工或安装记录。它是针对各分部、分项工程所建立的，在施工承包单位进行工程对象施工或安装期间，实施质量控制活动的记录，还包括监理工程师对这些质量控制活动的意见以及施工承包单位对这些意见的答复，它详细记录了工程施工阶段质量控制活动的全过程。因此它不仅在工程施工阶段对工程质量的控制有重要作用，而且在工程竣工和投入运行后，对于查询和了解工程建设的质量情况以及工程维修和管理也能提供大量有用的资料和信息。

（3）对施工过程中的设计图纸变更进行控制。在工程施工过程中，无论是建设单位或者施工及设计承包方提出的工程变更或图纸修改，都应通过监理工程师审查并组织有关方面研究，确认其必要性后，由监理工程师发布变更指令方能生效予以实施。

（4）施工过程中的检查验收。对于工序产品进行检查，验收，对于各工序产出品，施工单位进行自检后，向监理工程师提交“工程报验申请表”。重要的工程部位、工序和专业工程，或监理工程师对施工单位的施工质量状况未能确信者，以及重要的材料、半成品的使用等，需由监理方亲自进行试验或技术复核。

（5）处理已发生的质量问题或质量事故。

（6）下达停工令，控制施工质量。

在以下一些情况下，监理工程师有权下达停工令，及时进行质量控制：

① 施工中出现质量异常情况，经提出后，施工单位未采取有效措施或措施不力，未能扭转这种情况者；

② 隐蔽作业未经查验确认合格，而擅自封闭者；

③ 已发生质量事故迟迟未按监理工程师要求进行处理或是已发生质量缺陷或事故，如不停工则质量缺陷或事故将继续发展的情况；

④ 未经监理工程师审查同意，而擅自变更设计或修改图纸进行施工者；

⑤ 未经技术资质审查的人员或不合格人员进入现场施工；

⑥ 使用的原材料，构配件不合格或未经审查认可的代用材料者；

⑦ 擅自使用未经监理工程师审查认可的分包商进场施工。

3. 监理工程师的事后质量控制

（1）组织试车运转。

（2）组织单位、单项工程竣工验收。

（3）组织对工程项目进行质量评定。

（4）审核竣工图及其他技术文件资料。

（5）整理工程技术文件资料并编目建档。

五、保修阶段质量控制的任务

（1）审核承建商的《工程保修证书》。

（2）检查、鉴定工程质量状况和工程使用状况。

（3）对出现的质量缺陷，确定责任者。

（4）督促承建商修复质量缺陷。

（5）在保修期结束后，检查工程保修状况，移交保修资料。

小　　结

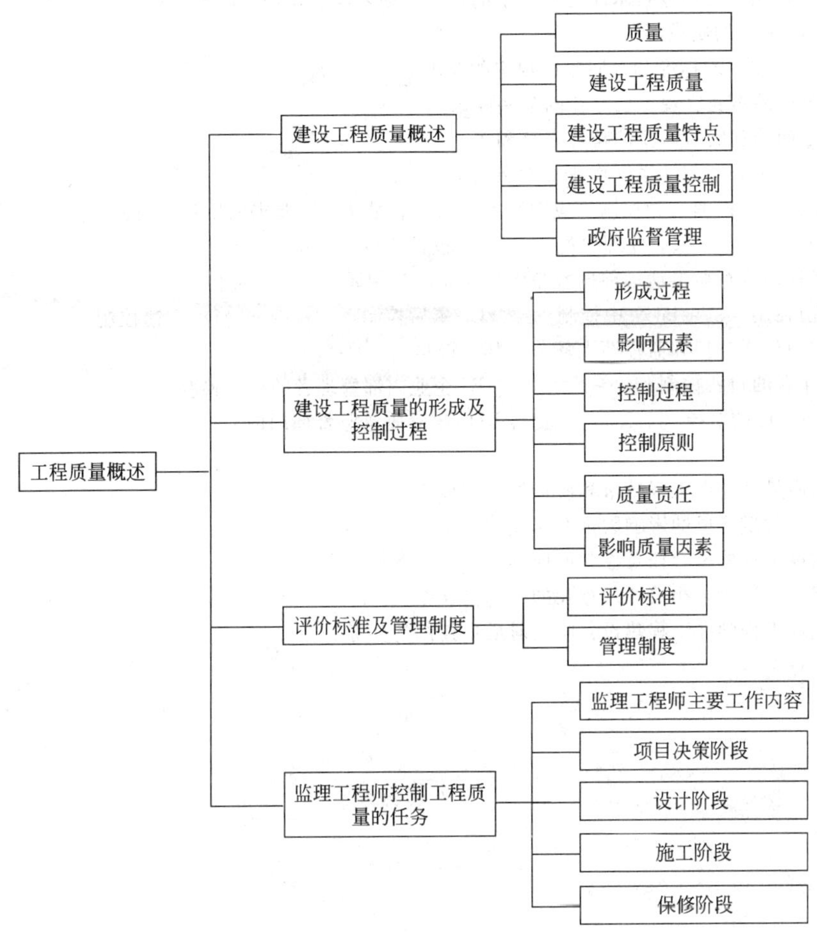

能力训练题

一、填空题

1. 在《质量管理和质量保证——术语》（ISO 8402—1994）中，质量的定义是：反映实体满足________________的能力和特性的总和。
2. 监理工程师对工程项目质量的控制是__________、__________的控制。
3. 影响工程质量的因素包括__________、__________、__________、__________和__________，简称为4M1E因素。
4. 建设工程质量评价是指对建筑产品具备的____________所作的有系统的检查。
5. 对于合同中所列工程及工程变更的项目，开工前承包商必须提交____________，经监理工程师审查各方面条件已具备并予以批准后，施工单位才能开始正式进行施工。

二、选择题

1. 直接产生产品或服务质量的条件，指的是质量控制中的（　）。

　A. 作业技术　　B. 管理活动　　C. 组织和协调活动　　D. 确定质量目标

2. 以下关于质量控制的解释正确的是（　）。

A. 质量控制就是质量管理
B. 质量控制仅包括所采取的管理活动
C. 只要具备相关作业技术能力，就能产生合格的质量
D. 要具备相关的作业技术能力和科学的管理活动才能实现预期的质量目标

3. 建设工程项目的质量内涵指的是（ ）。
A. 法律法规技术标准和合同等所规定的要求
B. 建筑产品本身客观上已存在的某些要求
C. 满足明确和隐含需要的特性之总和
D. 满足质量要求的一系列作业技术和活动

4. 工程项目各阶段的质量控制均应围绕着致力于满足（ ）要求的质量总目标而展开。
A. 政府 B. 监理单位 C. 设计单位 D. 业主

5. 按质量计划进行质量活动前的准备工作状态的控制属于（ ）的内容。
A. 事前控制 B. 事中控制 C. 事后控制 D. 反馈控制

6. 事中控制包括自控和监控两大环节，其关键是（ ）。
A. 操作者的自我控制 B. 企业内部管理者的检查检验
C. 监理单位的监控 D. 政府质量监督部门的监控

三、思考题

1. 试解释质量、建设工程质量和质量控制的概念。
2. 建设工程质量形成的影响因素有哪些？
3. 试述建设工程质量责任及控制的原则。
4. 我国建筑工程管理相关法规存在的问题是什么？
5. 试述监理工程师在工程建设各阶段对质量控制的任务。

第二章　质量管理和质量管理体系标准

【知识目标】

- 了解质量管理的基本含义和首要任务
- 掌握质量管理体系的定义和内涵
- 熟悉 GB/T 19000-ISO 9000 系列标准
- 了解质量管理体系的基础和术语
- 了解质量管理体系 GB/T 19001 与 GB/T 19004 的结构模式
- 掌握质量管理体系的建立、实施与认证

【能力目标】

- 能灵活应用八项质量管理原则
- 充分掌握质量管理体系术语在工程中的基本应用
- 能把握质量认证促进企业进步的意义

第一节　概　　述

一、质量管理

1. 质量管理

质量管理是为保证和提高产品质量而进行的一系列管理工作。国家标准 GB/T 19000—2000 对质量管理的定义：在质量方面指挥和控制组织的协调的活动。

质量管理的首要任务是确定质量方针、目标和职责。质量管理的核心是建立有效的质量管理体系，通过具体的四项活动，即质量策划、质量控制、质量保证和质量改进，确保质量方针、目标的实施和实现。

2. 工程质量管理

工程质量管理就是在工程项目的全生命周期内，对工程质量进行的监督和管理。针对具体的工程项目，就是项目质量管理。

3. 项目质量管理原则

首先要满足顾客和项目利益相关者的需求，应规定项目过程、所有者及其职责和权限，必须注重过程质量和项目交付物质量，以满足项目目标，管理者对营造项目质量环境负责，管理者对持续改进负责。

4. 项目质量要求

没有具体的质量要求和标准，无法实现项目的质量控制。项目质量要求既包括对项目最终交付物的质量要求，又包括对项目中间交付物的质量要求。对于项目中间交付物的质量要求应该尽可能地详细和具体。项目质量要求包括明示的、隐含的和必须履行的需求或期望。明示的要求一般是指在合同环境中，用户明确提出的需要或要求，通常是通过合同、标准、规范、图纸、技术文件等所做出的明文规定。隐含的要求一般是指非合同环境（即市场环境）中，用户未提出或未提出明确要求，而由项目组织通过市场调研进行识别的要求或需要。

5. 质量信息的作用和要求

质量信息在项目质量管理中的作用是为质量方面的决策提供依据，为控制项目质量提供依据，为监督和考核质量活动提供依据。

对质量信息的要求是准确、及时、全面、系统。质量信息必须能够准确反映实际情况，才能正确的做出决断。虚假的或不正确的信息不仅没有作用，反而会起反作用。质量信息的价值往往随时间的推移而变动。如果能够将质量信息及时而迅速地反映出来，反馈过去，就有可能避免一次质量事故而减少损失。否则，就会贻误时机，造成损失。质量信息应当全面、系统地反映项目质量管理活动，这样才能掌控项目质量变化的规律，及时采取预防措施。

6. 质量管理的工作体系

企业以保证和提高产品质量为目的，动用系统的概念和方法，把企业各部门、各环节的质量管理职能组织起来，形成一个有明确任务、职责、权限，互相协调、互相促进的有机整体。质量管理的工作体系包括目标方针体系、质量保证体系和信息流通体系。工作体系的运转方式是 PDCA 循环。

二、质量管理体系

1. 质量管理体系的定义

任何组织都需要管理。当管理与质量有关时，则为质量管理。质量管理是在质量方面指挥和控制组织的协调活动，通常包括制定质量方针、目标以及质量策划、质量控制、质量保证和质量改进等活动。实现质量管理的方针目标，有效地开展各项质量管理活动，必须建立相应的管理体系，这个体系就叫质量管理体系。

质量管理指企业内部建立的、为保证产品质量或质量目标所必需的、系统的质量活动。它根据企业特点选用若干体系要素加以组合，加强从设计研制、生产、检验、销售、使用全过程的质量管理活动，并且制度化、标准化，成为企业内部质量工作的要求和活动程序。

在现代企业管理中，ISO 9001—2000 质量管理体系是企业普遍采用的质量管理体系。ISO 9001—2000 标准是由 ISO（国际标准化组织）TC176 制定的质量管理系列标准之一。

2. 质量管理体系的内涵

(1) 质量管理体系应具有符合性。欲有效开展质量管理，必须设计、建立、实施和保持质量管理体系。组织的最高管理者对依据 ISO 9001 国际标准设计、建立、实施和保持质量管理体系的决策负责，对建立合理的组织结构和提供适宜的资源负责；管理者代表质量职能部门对形成文件程序的制定和实施、过程的建立和运行负直接责任。

(2) 质量管理体系应具有唯一性。质量管理体系的设计和建立，应结合组织的质量目标、产品类别、过程特点和实践经验。因此，不同组织的质量管理体系有不同的特点。

(3) 质量管理体系应具有系统性。质量管理体系是相互关联和作用的组合体，包括：①组织结构——合理的组织机构和明确的职责、权限及其协调的关系；②程序——规定到位的形成文件的程序和作业指导书，是过程运行和进行活动的依据；③过程——质量管理体系的有效实施，是通过其所需过程的有效运行来实现的；④资源——必需、充分且适宜的资源包括人员、资金、设施、设备、材料、能源、技术和方法。

(4) 质量管理体系应具有全面有效性。质量管理体系的运行应是全面有效的，既能满足组织内部质量管理的要求，又能满足组织与顾客的合同要求，还能满足第二方认定、第三方认证和注册的要求。

(5) 质量管理体系应具有预防性。质量管理体系应能采用适当的预防措施，有一定的防止重要质量问题发生的能力。

(6) 质量管理体系应具有动态性。最高管理者定期批准进行内部质量管理体系审核，定期进行管理评审，以改进质量管理体系；还要支持质量职能部门（含车间）采用纠正措施和预防措施改进过程，从而完善体系。

(7) 质量管理体系应持续受控。质量管理体系所需过程及其活动应持续受控。

(8) 质量管理体系应最佳化。组织应综合考虑利益、成本和风险，通过质量管理体系持续有效运行使其最佳化。

3. 质量管理体系的特点

(1) 它是代表现代企业或政府机构思考如何真正发挥质量的作用和如何最优地作出质量决策的一种观点。

(2) 它是深入细致的质量文件的基础。

(3) 质量体系是使公司内更为广泛的质量活动能够得以切实管理的基础。

(4) 质量体系是有计划、有步骤地把整个公司主要质量活动按重要性顺序进行改善的基础。

第二节　GB/T 19000-ISO 9000 系列标准简介

1987 年 ISO/TC 176 发布了举世瞩目的 ISO 9000 系列标准，我国于 1988 年发布了与之相应的 GB/T 10300 系列标准，并“等效采用”。为了更好地与国际接轨，又于 1992 年 10 月发布了 GB/T 19000 系列标准，并“等同采用 ISO 9000 族标准”。1994 年国际标准化组织发布了修订后的 ISO 9000 族标准后，我国及时将其等同转化为国家标准；2008 年国际标准化组织发布了 ISO 9001：2008，我国也及时发布了 GB/T 19001—2008。

为了更好地发挥 ISO 9000 族标准的作用，使其具有更好的适用性和可操作性，2000 年 12 月 15 日 ISO 正式发布新的 ISO 9000、ISO 9001 和 ISO 9004 国际标准。2000 年 12 月 28 日国家质量技术监督局正式发布 GB/T 19000—2000（idt ISO 9000：2000），GB/T 19001—2000（idt ISO 9001：2000），GB/T 19004—2000（idt ISO 9004：2000）三个国家标准。

一、标准

国际标准化组织（ISO）在 ISO/IEC 指南 2—1991《标准化和有关领域的通用术语及其定义》中对标准的定义如下。

标准：为在一定的范围内获得最佳秩序，对活动和其结果规定共同的和重复使用的规则、指导原则或特性文件。该文件经协商一致制订并经一个公认机构的批准。

我国的国家标准 GB 3935.1—1996 中对标准的定义采用了上述的定义。

显然，标准的基本含义就是“规定”，就是在特定的地域和年限里对其对象做出“一致性”的规定。但标准的规定与其他规定有所不同，标准的制定和贯彻以科学技术和实践经验的综合成果为基础，标准是“协商一致”的结果，标准的颁布具有特定的过程和形式。标准的特性表现为科学性与时效性，其本质是“统一”。标准的这一本质赋予标准具有强制性、约束性和法规性。

二、GB/T 19000—2000 族核心标准的构成和特点

1. GB/T 19000—2000 族核心标准的构成

GB/T 19000—2000 族核心标准由下列四部分组成。

(1) GB/T 19000—2000 质量管理体系——基础和术语。

GB/T 19000—2000 表述质量管理体系并规定质量管理体系术语。

(2) GB/T 1 9001—2000 质量管理体系——要求。

GB/T 19001—2000 规定质量管理体系要求，用于组织证实其具有提供满足顾客要求和适用的法规要求的产品的能力。

(3) GB/T 19004—2000 质量管理体系——业绩改进指南。

GB/T 19004—2000 提供质量管理体系指南，包括持续改进的过程，有助于组织的顾客和其他相关方满意。

(4) ISO 19011 质量和环境审核指南。

ISO 19011 提供管理与实施环境和质量审核的指南。

该标准由国际标准化组织质量管理和质量保证技术分委员会（ISO/TC 176/SC3）与环境管理体系、环境审核与有关的环境调查分委员会（ISO/TC207/SC2）联合制定。

2. ISO 9000：2000 族标准的主要特点

(1) 标准的结构与内容更好地适应于所有产品类别、不同规模和各种类型的组织。

(2) 采用“过程方法”的结构，同时体现了组织管理的一般原理，有助于组织结合自身的生产和经营活动采用标准来建立质量管理体系，并重视有效性的改进与效率的提高。

任何得到输入并将其转化为输出的活动均可视为过程。系统识别和管理组织内使用的过程，特别是这些过程之间的相互作用，称为过程方法。

(3) 提出了质量管理八项原则并在标准中得到了充分体现。

(4) 对标准要求的适应性进行了更加科学与明确的规定，在满足标准要求的途径与方法方面，提倡组织在确保有效性的前提下，可以根据自身经营管理的特点做出不同的选择，给予组织更多的灵活度。

(5) 更加强调管理者的作用，最高管理者通过确定质量目标，制定质量方针，进行质量评审以及确保资源的获得和加强内部沟通等活动，对其建立、实施质量管理体系并持续改进其有效性的承诺提供证据，并确保顾客的要求得到满足，旨在增强顾客满意度。

(6) 突出了“持续改进”是提高质量管理体系有效性和效率的重要手段。

(7) 强调质量管理体系的有效性和效率，引导组织以顾客为中心并关注相关方的利益，关注产品与过程而不仅仅是程序文件与记录。

(8) 对文件化的要求更加灵活，强调文件应能够为过程带来增值，记录只是证据的一种形式。

(9) 将顾客和其他相关方满意或不满意的信息作为评价质量管理体系运行状况的一种重要手段。

(10) 概念明确，语言通俗，易于理解、翻译和使用，术语用概念图形式表达术语间的逻辑关系。

(11) 强调了 ISO 9001 作为要求性的标准，ISO 9004 作为指南性的标准的协调一致性，有利于组织的业绩的持续改进。

(12) 增强了与环境管理体系标准等其他管理体系标准的相容性，从而为建立一体化的管理体系创造了有利条件。

三、GB/T 19001—2008 标准的解读

国际标准化组织（ISO）已于 2008 年 11 月 15 日发布了 ISO 9001：2008《质量管理体系要求》国际标准，中国国家质量监督检验检疫总局和中国国家标准化管理委员会也在 2008 年 12 月 30 日发布了 GB/T19001—2008《质量管理体系要求》国家标准，并于 2009 年 3 月 1 日起实施。GB/T19001—2008《质量管理体系要求》国家标准是等同采用 ISO 9001：2008《质量管理体系要求》国际标准。

对新版 GB/T 19001—2008 标准可以从以下几个方面来进行解读。

（1）一个核心，即"以顾客为关注焦点"条款，是 ISO 9001 乃至整个 ISO 9000 族标准的核心，标准其他条款都是围绕其展开的，因为关注顾客、追求顾客满意是企业质量工作的最高标准，也是其所有质量活动的出发点和行为归宿。

（2）两个基本点，即顾客满意和持续改进。顾客满意是全面满足并超越顾客的要求和期望。由于顾客满意是一种感受，是暂时的、动态的、相对的，要想持续地实现顾客满意就必须持续地、永不停步地改进质量管理体系的有效性。因此顾客满意和持续改进是 ISO 9000 族标准的核心和灵魂。

（3）两种沟通，即内部沟通和顾客沟通。有效的内部沟通有利于高效地达到体系的预期目标，有效的顾客沟通有助于持续满足顾客要求，增强顾客满意。

（4）3 个方面的策划，即对质量管理体系的策划、产品实现过程的策划和测量分析改进的策划。质量绩效是质量策划的预期结果，质量策划是实现质量绩效的前提条件。

（5）3 种监视和测量，即对体系、过程和产品的监视和测量。

（6）四大管理过程，即管理职责过程、资源管理过程、产品实现过程和测量、分析、改进过程。其中产品实现过程为质量管理体系的主过程，而其他过程则是其支持性过程，这些过程的功能和作用将通过产品实现过程的绩效加以体现。

（7）最高管理者的 5 项"承诺"和 12 项"确保"是标准对企业最高管理者在质量方面提出的要求，标准要求以文件形式作出承诺并提供实现承诺的证据，企业最高领导对质量管理体系的重视和支持，是质量管理体系有效运行最根本的保证，也是世界各国质量界共同的经验总结。

（8）6 个强制性程序文件和 44 处潜在的、隐含的文件要求。94 版标准明确提出必须编制 17 个程序文件，2008 版标准也在 6 个方面提出了程序文件要求。新标准提出编制上述程序文件并不意味着只要有这 6 个程序文件就能满足质量管理体系运行需要，所以标准又要求还须编制为确保其过程有效策划、运行和控制所需的其他文件，其在标准行文中以"制定"、"确定"、"规定"、"明确"、"建立"、"提供"、"获得"等字眼在 44 处提出了潜在的、隐含的文件要求。这些潜在的、隐含的文件要求相对于每个企业各不相同，每个企业在进行体系和过程策划时应关注这些隐含的要求，根据自身需要，因"企"制宜，审时度势，妥善恰当的确定所需文件的数量和形式，既不要追求形式形成装饰性文件，又不要因缺少文件支持造成管理盲区。

（9）7 处法律法规要求。法律法规要求是企业生产经营活动的底线，也是企业合法经营的基本要求。

（10）标准在 9 处强调"持续改进质量管理体系有效性"。持续改进是指增强满足要求能力的循环活动，是在合格基础上的再提高。持续改进质量管理体系有效性是持续实现和增强顾客满意的不竭动力。

（11）标准在 14 处强调体系和过程的运行有效性。有效性即完成策划的活动并得到策划

结果的程度。运行有效性是企业建立质量管理体系的目的，也是质量认证的生命。94 版标准较多地强调符合性，而 2008 版标准则更关注其有效性。

(12) 标准有 20 处强调要提供记录以证实质量管理体系运行有效性。记录是阐明所取得的结果或提供所完成的活动的证据的文件，也是证实质量管理体系有效运行的重要证据。

(13) 为保证标准要求得到全面、有效贯彻并达到预期效果，标准在 133 处以“应”的表述方式强调标准要求执行的强制性，在 34 处以“确保”的表述方式强调标准要求的实施力度。ISO/TC 176/SC2N526《术语使用指南》中规定：“应”用来指为符合标准必须严格遵守的要求，不得违背。“确保”在新华字典中指有能力并准确达到目标。

(14) 为帮助企业有效贯彻标准要求，标准给出了 4 种灵活性、让步性条款。这 4 种类型条款包括“必要时”、“适用时”、“适当时”和“根据实际情况决定控制的类型和程度”种情况。标准条款要求的灵活性和让步性主要源于标准的通用性，由于不同性质、不同规模的组织各种情况有较大差异，对其控制的要求和方法也应有所不同，不能一刀切，因此标准有必要赋予不同类型的组织一定的灵活性。企业在建立体系、策划过程和形成文件时；应根据自身具体情况，对这些灵活性、让步性要求做出具体的、恰如其分的说明或要求。

第三节　质量管理体系的基础和术语

在 2000 版 GB/T 19000 族标准中，GB/T 19000 质量管理体系——基础和术语标准起着奠定理论基础、统一术语概念和明确指导思想的作用，具有很重要的地位，标准共由三部分组成：

第一部分介绍了标准适用范围；第二部分是质量管理体系基础；第三部分是术语和定义，共 80 条。

一、GB/T 19000—2000 族标准质量管理原则

GB/T 19000—2000 族标准为了成功地领导和运作一个组织，针对所有相关方的需求，实施并保持持续改进其业绩的管理体系，做好质量管理工作。为了确保质量目标的实现，明确了以下八项质量管理原则。

1. 以顾客为关注焦点

组织依存于其顾客，因此，组织应理解顾客当前的和未来的需求，满足顾客要求并争取超越顾客期望。

顾客是组织存在的基础，顾客的要求应放在组织的第一位。最终的顾客是使用产品的群体，对产品质量感受最深，其期望和需求对于组织意义重大。对潜在的顾客亦不容忽视，如果条件成熟，他们会成为组织的一大批现实的顾客。

实施本原则时一般要采取的主要措施包括：全面了解顾客的需求和期望，确保顾客的需求和期望在整个组织中得到沟通，确保组织的各项目标；有计划地、系统地测量顾客满意程度并针对测量结果采取改进措施；在重点关注顾客的前提下，确保兼顾其他相关方的利益，使组织得到全面、持续的发展。

2. 领导作用

一个组织的领导者，即最高管理者是在最高层指挥和控制组织的一个人或一组人。领导

者要想指挥好和控制好一个组织，必须做好确定方向、策划未来、激励员工、协调活动和营造一个良好的内部环境等工作。

实施本原则时一般要采取的措施包括：全面考虑所有相关方的需求，做好发展规划，为组织勾画一个清晰的远景，设定富有挑战性的目标，并实施为达到目标所需的发展战略；在一定范围内给予员工自主权，激发、鼓励并承认员工的贡献，提倡公开和诚恳的交流和沟通，建立宽松、和谐的工作环境，创造并坚持一种共同的价值观，形成企业的精神和企业文化。

3. 全员参与

各级人员是组织之本，只有他们的充分参与，才能使他们的才干为组织带来收益。

实施本原则可使全体员工动员起来，积极参与，努力工作，实现承诺，树立起工作责任心和事业心，为实现组织的方针和战略做出贡献。

实施本原则一般要采取的主要措施包括：对员工进行职业道德的教育，教育员工要识别影响他们工作的制约条件；在本职工作中，让员工有一定的自主权，并承担解决问题的责任。把组织的总目标分解到职能部门和层次，激励员工为实现目标而努力，并评价员工的业绩；启发员工积极提高自身素质；在组织内部提倡自由地分享知识和经验，使先进的知识和经验成为共同的财富。

4. 过程方法

将活动和相关的资源作为过程进行管理，可以更高效地得到期望的结果。

过程方法或PDCA（P—策划，D—实施，C—检查，A—处置）模式适用于对每一个过程的管理，这是公认的现代管理方法。

过程方法的目的是获得持续改进的动态循环并使组织的总体业绩得到显著的提高。其通过识别组织内的关键过程，随后加以实施和管理并不断进行持续改进来达到顾客满意。

实施本原则一般要采取的措施包括：识别质量管理体系所需要的过程；确定每个过程的关键活动，并明确其职责和义务；确定对过程的运行实施有效控制的准则和方法，实施对过程的监视和测量，并对其结果进行数据分析，发现改进的机会并采取措施。

5. 管理的系统方法

质量管理的系统方法，就是要把质量管理体系作为一个大系统，对组成质量管理体系的各个过程加以识别、理解和管理，以达到实现质量方针和质量目标。

系统方法可包括系统分析、系统工程和系统管理三大环节。

实施本原则时一般要采取的措施包括：建立一个以过程方法为主体的质量管理体系；明确质量管理过程的顺序和相互作用，使这些过程相互协调；控制并协调质量管理体系的各过程的运行，并规定其运行的方法和程序；通过对质量管理体系的测量和评审，采取措施以持续改进体系，提高组织的业绩。

6. 持续改进

进行质量管理的目的就是保持和提高产品质量，没有改进就不可能提高。持续改进是增强满足要求能力的循环活动，通过不断寻求改进机会，采取适当的改进方式，重点改进产品的特性和管理体系的有效性。改进的途径可以是日常渐进的改进活动也可以是突破性的改进项目。

实施本原则时一般要采取的措施包括：使持续改进成为一种制度；对员工提供关于持续改进的方法和工具的培训，使产品、过程和体系的持续改进成为组织内每个员工的目标；为跟踪持续改进规定指导和测量的目标，承认改进的结果。

7. 基于事实的决策方法

对数据和信息的逻辑分析或直觉判断是有效决策的基础。以事实为依据做决策，可以防止决策失误。

实施本原则可增强通过实际来验证过去决策的正确性的能力，可增强对各种意见和决策进行评审、质疑和更改的能力，发扬民主决策的作风，使决策更切合实际。

实施本原则时一般要采取的措施包括：收集与目标有关的数据和信息，并规定收集信息的种类渠道和职责；通过鉴别，确保数据和信息的准确性和可靠性；采取各种有效方法，对数据和信息进行分析，确保数据和信息能为使用者得到和利用；根据对事实的分析，过去的经验和直觉判断做出决策并采取行动。

8. 与供方互利的关系

供方提供的产品将对组织向顾客提供满意的产品产生重要影响，能否处理好与供方的关系，影响到组织能否持续稳定地向顾客提供满意的产品。

实施本原则时一般要采取的措施包括：识别并选择重要供方，考虑眼前和长远的利益；创造一个通畅和公开的沟通渠道，及时解决问题，联合改进活动；与重要供方共享专门技术、信息和资源，激发、鼓励和承认供方的改进及其成果。

二、质量管理体系的基础

GB/T 19000—2000 标准的第二章“质量管理体系基础”中列出了十二条，包括两大部分内容。一部分是质量管理原则，具体应用于质量管理体系的说明，另一部分是对其他问题的说明。因此这十二条基础既体现了八项原则，又对质量管理体系的某些方面作了指导性说明，起着“承上启下”的作用。

1. 质量管理体系的理论说明

这条是整个质量管理体系基础的总纲。首先说明了质量管理体系的目的就是要帮助组织增进顾客满意，并且以顾客满意程度作为衡量一个质量管理体系有效性的总指标。

2. 质量管理体系要求与产品要求

GB/T 19000—2000 族标准，主要根据质量体系和产品两种要求的不同性质把质量体系要求与产品要求加以区分。

GB/T 19001—2000 标准是对质量管理体系的要求。这种要求具有通用性，适用于各种行业或经济部门，提供各种类别的产品，包括硬件、软件、服务和流程性材料的各种规模（大型、中型、小型）的组织。因此，每个组织要根据自己的具体情况建立质量管理体系。

GB/T 19001—2000 标准对产品并没有提出任何具体的要求。

对每一个组织来说，产品要求与质量管理体系要求缺一不可，不能互相取代，只能相辅相成。

3. 质量方针和质量目标

建立质量方针和质量目标为引导组织提供了关注的焦点。两者确定了预期的结果，并帮助组织利用其资源达到这些结果。质量方针为建立和评审质量目标提供了框架。质量目标需要与质量方针和持续改进的承诺相一致，并且它们的实现需要是可测量的。质量目标的实现对产品质量、作业有效性和财务业绩都有积极性的影响，因此对相关方的满意和信任也产生积极影响。

4. 质量管理体系方法

建立和实施质量管理体系的方法如下：

① 确定顾客和相关方的需求和期望；

② 建立组织的质量方针和质量目标；

③ 确定达到质量目标必需的过程和职责；

④ 确定和提供实现质量目标必需的资源；

⑤ 规定测量每个过程的有效性和效率的方法；

⑥ 应用这些测量方法确定每个过程的有效性和效率；

⑦ 确定防止不合格并消除产生原因的措施；

⑧ 建立和应用持续改进质量管理体系的过程。

5. 最高管理者在质量管理体系中的作用

最高管理者通过其领导作用和采取的措施可以创造一个员工充分参与的环境，质量管理体系能够在这种环境中有效运行。最高管理者可将质量管理原则作为发挥其作用的依据。其作用是：①建立组织的质量方针和质量目标；②确保整个组织关注顾客要求；③确保实施适宜的过程以满足顾客要求并实现质量目标；④确保建立、实施和保持一个有效的质量管理体系以实现这些目标；⑤确保获得必要资源；⑥将达到的结果与规定的质量目标进行比较；⑦决定有关质量方针和质量目标的措施；⑧决定改进的措施。

6. 过程方法

任何得到输入并将其转化为输出的活动均可视为过程。

为了使组织有效运行，必须识别和管理许多内部相互联系的过程。通常，一个过程的输出将直接形成下一过程的输入。系统识别和管理组织内所使用的过程，特别是这些过程之间的相互作用，称之为“过程方法”。

GB/T 19000—2000 族标准鼓励采用过程方法管理组织。

7. 文件

文件是指“信息及其承载媒体”。

(1) 文件的价值。文件的价值在于传递信息、沟通意图、统一行动，其具体用途是：①满足顾客要求和质量改进；②提供适宜的培训；③重复性（或再现性）和可追溯性；④提供客观证据；⑤评价质量管理体系的有效性和持续适宜性。

(2) 质量管理体系中使用的文件类型。质量管理体系中使用的文件类型主要有质量手册、质量计划、规范、指南、程序、记录等。

8. 质量管理体系评价

(1) 质量管理体系过程的评价。由于质量管理体系是由许多相互关联和相互作用的过程构成的，所以对各个过程的评价是体系评价的基础。在评价质量管理体系时，应对每一个被评价的过程，提出如下四个基本问题：①过程是否已被识别并确定相互关系；②职责是否已被分配；③程序是否得到实施和保持；④在实现所要求的结果方面，过程是否有效。

前两个问题，一般可以通过文件审核得到答案，而后两个问题则必须通过现场审核和综合评价才能得到结论。

对上述四个问题的综合回答可以确定评价的结果。

(2) 质量管理体系审核。审核用于评价对质量管理体系要求的符合性和满足质量方针和目标方面的有效性。审查的结果可用于识别改进的机会。

第一方审核用于内部目的，由组织自己或以组织的名义进行，可作为组织自我合格声明的基础。

第二方审核由组织的顾客或由其他人以顾客的名义进行。

第三方审核由外部独立的审核服务组织进行。这类组织通常是经认可的提供符合（如

ISO 9001）要求的认证或注册。

ISO 19011 提供了审核指南。

（3）质量管理体系评审。最高管理者的一项任务是对质量管理体系关于质量方针和目标的适宜性、充分性、有效性和效率进行定期的、系统的评价。这种评审可包括考虑修改质量方针和目标的需求以响应相关方需求和期望的变化。评审包括确定采取措施的需求。

在各种信息源中，审核报告用于质量管理体系的评审。

（4）自我评定。组织的自我评定是一种参照质量管理体系或优秀模式对组织的活动和结果所进行的全面、系统和定期的评审。

使用自我评定方法可提供一种对组织业绩和质量管理体系的成熟程度总的看法，它还能帮助组织识别需要改进的领域并确定优先开展的事项。

9. 持续改进

改进是指为改善产品的特征及特性和（或）提高用于生产和交付产品的过程有效性和效率所开展的活动，它包括：①确定、测量和分析现状；②建立改进目标；③寻找可能的解决办法；④评价这些解决办法；⑤实施选定的解决办法；⑥测量、验证和分析实施的结果；⑦将更改纳入文件。

10. 统计技术的作用

使用统计技术可帮助组织了解变化，从而有助于组织解决问题并提高效率。这些技术也有助于更好地利用所获得的数据进行决策。

ISO/TR 10017 给出了统计技术应用的细节。

11. 质量管理体系与其他管理体系的关注点

质量管理体系是组织的管理体系的一部分，它致力于使与质量目标有关的输出（结果）适当地满足相关方的需求、期望和要求。

12. 质量管理体系与优秀模式之间的关系

ISO 9000 族标准的质量管理体系方法和组织优秀模式之间的共同之处在于两者所依据的原则相同，而不同之处主要是它们的应用范围不同，如 ISO 9000 族标准提出了对质量管理体系的要求（ISO 9001）和业绩改进指南（ISO 9004），通过体系评价可确定这些要求是否得到满足，而优秀模式则适用于组织的全部活动和所有相关方。

三、主要术语

本标准所介绍的术语和定义很多。这里主要介绍大纲要求了解的几个标准中常用的术语。

1. 质量方针

由组织的最高管理者正式发布的该组织总的质量宗旨和方向。

通常质量方针与组织的总方针相一致并为制定质量目标提供框架，质量管理原则可以作为制定质量方针的基础。

（1）按照 ISO 9001：2000 的要求，最高管理者应确保质量方针：①与组织的宗旨相适应；②包括对满足要求和持续改进的承诺；③提供制定和评审质量目标的框架；④在组织各适当层次上达到沟通和理解；⑤在持续适宜性方面得到评审。

（2）按照 ISO 9004：2000 的要求，在制定质量方针时，最高管理者应考虑：①预期的顾客满意程度；②其他相关方的需要；③持续改进的机会和需求；④所需的资源；⑤供方和合作者的作用。

(3) 经过有效沟通而制定的质量方针应：①与组织的未来发展相一致；②使组织的所有成员都理解质量方针；③表明最高管理者对质量以及为其实现提供足够资源的承诺；④在最高管理者的明确领导下，促进组织各个层次对质量的承诺；⑤阐述持续改进和顾客的满意度。

组织的质量方针并不是一成不变，质量方针应定期评审，并在必要时予以修订。

2. 质量目标

在质量方面所追求的目的。

质量目标通常依据组织的质量方针制定，并通常对组织的相关职能和层次分别规定质量目标。在作业层次，质量目标应是定量的。

质量目标应定期评审并在必要时予以修订。

3. 质量管理

在质量方面指挥和控制组织的协调的活动。

这些相互协调的活动，通常包括质量方针和质量目标的建立、质量策划、质量控制、质量保证和质量改进。

4. 质量策划

质量管理的一部分，致力于制定质量目标并规定必要的运行过程和相关资源以实现其质量目标。例如编制质量计划就可以是质量策划的一部分。

5. 质量控制

见第一章第一节。

6. 质量保证

质量管理的一部分，致力于提供质量要求会得到满足的信任。

7. 质量改进

质量管理的一部分，致力于增强满足质量要求的能力。

8. 产品

过程的结果。公认的产品类别有四种：

① 硬件（如发动机机械零件）；

② 软件（如计算机程序、字典）；

③ 服务（如运输）；

④ 流程性材料（如润滑油等）。

9. 相关方

与组织的业绩或成就有利益关系的个人或团体。例如顾客、所有者、员工、供方、银行、行业协会、合作伙伴和社会等都是相关方。一个团体可由一个组织或其一部分或多个组织构成。

10. 质量手册

规定组织质量管理体系的文件。为了适应组织的规模和复杂程度，质量手册在其详略程度和编排格式方面可以不同。

11. 质量环

从最初识别需要到最终满足要求和期望的各阶段中影响质量的相互作用活动的概念模式。又称为质量螺旋或产品寿命周期。

质量环是对产品质量的产生、形成和实现过程进行的抽象描述和理论概括。

质量环的特点：

① 质量环中的一系列活动中一环扣一环，互相制约，互相依存，互相促进。

② 质量环不断循环，每经过一次循环，就意味着产品质量的一次提高。

第四节 质量管理体系 GB/T 19001 与 GB/T 19004 的结构模式

一、GB/T 19001—2000“质量管理体系—要求”的结构模式

按照建立和实施质量管理体系的基本工作程序（即 P—D—C—A 循环），GB/T 19001 从结构模式和内容上可以分为四个组成部分。

（一）质量管理体系的总体要求

该部分由标准的引言及标准的第 1～4 章组成。该标准首先在引言中说明了标准的总则，过程方法以及与 GB/T 19004 的关系和与其他管理体系的相容性；然后在第 1～4 章的正文中分别说明了使用范围，允许删减的情况，引用的标准，术语和定义及质量管理体系的总体要求和文件的要求。

1. 质量管理体系的总要求

组织应按本标准的要求建立质量管理体系并将其形成文件予以实施、保持和持续改进。为了实施质量管理体系，组织应：

① 识别质量管理体系所需的过程；

② 确定这些过程的顺序和它们之间的相互作用；

③ 确定所需的准则和方法，以确保这些过程有效运作和控制；

④ 确保可获得必要的信息以支持这些过程的运作和监控；

⑤ 测量、监控和分析这些过程并采取必要的措施以达到预期的结果和持续改进。

除此之外，组织还应按本标准要求管理这些过程。

2. 文件的总要求

（1）质量管理体系文件应该包括：

① 本标准所要求的程序文件；

② 组织为确保其过程有效运行和得到控制所要求的文件。

（2）质量管理体系文件化的范围和详略程度应视下列情况而定：

① 组织的规模和形式；

② 过程的复杂性与它们之间的相互作用；

③ 人员的能力。

（二）与管理职能相关的要求

本部分包括标准的第 5 章管理职责和第 6 章资源管理。

1. 管理职责

管理职责是指管理和设计、实施质量管理体系的全部职责，这是供方建立并实施质量管理体系的关键性要求。它包括如下一些内容。

（1）管理承诺。最高管理者应通过以下活动对其建立和改进质量管理体系的承诺提供证据：①向组织传达满足顾客和法律、法规要求的重要性；②制定质量方针和质量目标；③进行管理评审；④确保可获得必要的资源。

（2）以顾客为中心。最高管理者应确保将已确定的顾客需求和期望转化为以达到顾客满意为目标的要求并履行。

（3）质量方针。

（4）质量目标和质量策划。

（5）对质量管理体系的管理。

① 管理者代表。最高管理者应在管理人员中指定一名作为管理者代表，无论该成员在其他方面的职责如何，应具有以下方面的职责和权限：a. 确保质量管理体系的过程得到建立和保持；b. 向最高管理者报告质量管理体系的业绩，包括所需要的改进；c. 促进整个组织对顾客要求的认知。

② 做好内部沟通。组织应确保在不同的层次和职能之间，就质量管理体系的过程及其有效性进行沟通。

③ 质量手册。质量手册是规定组织质量管理体系的文件是企业质量工作的“基本法”，一切质量活动都应遵循质量手册。质量手册的编制和保持应包括如下内容：a. 质量管理体系的范围，包括任何删减的细节与合理性；b. 文件化的程序及引用；c. 质量管理体系中过程的顺序和相互作用的描述。

④ 文件控制。质量管理体系所要求的文件应予以控制。这包括文件发布前要得到相应的审批，以确保文件的适宜性；识别文件的版本适用状态，确保文件保持清晰，易于识别和检索，并确保外来文件得到识别，并控制其分发；防止作废文件的非预期使用，如果因故保留作废文件时，应对这些文件加以适当的标识。

⑤ 质量记录的控制。质量管理体系所要求的记录应予以控制。这些记录应予以保持，以提供符合要求和质量管理体系有效运行的证据。应制定形成文件的程序，以控制质量记录的标识、储存、检索、保护、保存期限和处置。

⑥ 管理评审。管理评审是最高管理者按计划的时间间隔评审质量管理体系，以确保其持续的适宜性、充分性和有效性。评审应评价组织的质量管理体系变更的需要，包括对质量方针和质量目标的评审。

2. 资源管理

资源管理包括资源的提供，人力资源的管理，设施和工作环境的识别与管理。

（三）与过程方法相关的要求

本部分由标准的第 7 章组成。包括的内容有过程的策划，与顾客有关的过程，设计和（或）开发，采购，生产和服务的运作，测量和监控装置的控制。现对这些过程的两个进行说明。

1. 与顾客有关的过程

该过程包括顾客要求的识别，产品要求的评审，以及顾客沟通三方面的内容。

（1）顾客要求的识别。

① 顾客规定的产品要求，包括有关可用性、交付和支持方面的要求。

② 顾客未做规定，但预期或规定用途所必要的产品要求。

③ 与产品有关的义务，包括法律和法规的要求。

（2）产品要求的评审。

2. 生产和服务的运作

该过程包括运作控制、标识和可追溯性，顾客财产、产品防护和过程确认等内容。

（四）与检测分析和改进相关的要求

本部分包括本标准的第 8 章，主要内容是为了进行测量分析和改进所进行的策划，测量和监控的实施及应进行的内容，不合格控制，数据分析和改进等。

二、GB/T 19001 与 GB/T 19004 结构模式比较

GB/T 19001 与 GB/T 19004 结构模式比较如表 2-1 所示。

表 2-1 GB/T 19001 与 GB/T 19004 结构模式比较

	质量管理体系—要求(GB/T 19001)	质量管理体系—业绩改进指南(GB/T 19004)
总体要求	0 引言 0.1 总则 0.2 过程方法 0.3 GB/T 19004 的关系 0.4 与其他管理体系的相容性 1 范围 1.1 总则 1.2 应用 2 引用标准 3 术语和定义 4 质量管理体系 4.1 总要求 4.2 文件要求	0 引言 0.1 总则 0.2 过程方法 0.3 GB/T 19001 的关系 0.4 与其他管理体系的兼容性 1 范围 2 引用标准 3 术语和定义 4 质量管理体系 4.1 体系和过程的管理 4.2 文件 4.3 质量管理原则的应用
与管理职能相关的内容	5 管理职责 5.1 管理承诺 5.2 以顾客为关注焦点 5.3 质量方针 5.4 策划 5.5 职责、权限与沟通 5.6 管理评审 6 资源管理 6.1 资源提供 6.2 人力资源 6.3 基础设施 6.4 工作环境	5 管理职责 5.1 通用指南 5.2 相关方的需求和期望 5.3 质量方针 5.4 策划 5.5 职责、权限与沟通 5.6 管理评审 6 资源管理 6.1 通用指南 6.2 人员 6.3 基础设施 6.4 工作环境 6.5 信息 6.6 供方及合作关系 6.7 自然资源 6.8 财务资源
与过程相关的内容	7 产品实现 7.1 产品实现的策划 7.2 与顾客有关的过程 7.3 设计和开发 7.4 采购 7.5 生产和服务提供 7.6 监视和测量装置的控制	7 产品实现 7.1 通用指南 7.2 与相关方有关的过程 7.3 设计和开发 7.4 采购 7.5 生产和服务的运作 7.6 测量和监视装置的控制
与分析和改进相关的内容	8 测量、分析和改进 8.1 总则 8.2 监视和测量 8.3 不合格品控制 8.4 数据分析 8.5 改进	8 测量、分析和改进 8.1 通用指南 8.2 测量和监视 8.3 不合格的控制 8.4 数据分析 8.5 改进

第五节　质量管理体系的建立、实施与认证

一、质量管理体系的建立与实施

按照 GB/T 19000—2000 族标准建立或更新完善质量管理体系的程序，通常包括组织策划与总体设计、质量管理体系的文件编制、质量管理体系的实施运行等三个阶段。

（一）质量管理体系的策划与总体设计

最高管理者应确保对质量管理体系进行策划，满足组织确定的质量目标的要求及质量管理体系的总体要求，在对质量管理体系的变更进行策划和实施时，应保持管理体系的完整性。通过对质量管理体系的策划，确定建立质量管理体系要采用的过程方法模式，从组织的实际出发进行体系的策划和实施，明确是否有剪裁的需求并确保其合理性。ISO 9001 标准引言中指出“一个组织质量管理体系的设计和实施受各种需求、具体目标、所提供产品、所采用的过程以及该组织的规模和结构的影响，统一质量管理体系的结构或文件不是本标准的目的”。

（二）质量管理体系文件的编制

质量管理体系文件的编制应在满足标准要求、确保控制质量、提高组织全面管理水平的情况下，建立一套高效、简单、实用的质量管理体系文件。质量管理体系文件包括质量手册、质量管理体系程序文件、质量记录等部分组成。

1. 质量手册

（1）质量手册的性质和作用。质量手册是组织质量工作的“基本法”，是组织最重要的质量法规性文件，它具有强制性质。质量手册应阐述组织的质量方针，概述质量管理体系的文件结构并能反映组织质量管理体系的总貌，起到总体规划和加强各职能部门间协调作用。对组织内部，质量手册起着确立各项质量活动及其指导方针和原则的重要作用，一切质量活动都应遵循质量手册；对组织外部，它既能证实符合标准要求的质量管理体系的存在，又能向顾客或认证机构描述清楚质量管理体系的状况。同时质量手册是使员工明确各类人员职责的良好管理工具和培训教材。质量手册便于克服由于员工流动对工作连续性的影响。质量手册对外提供了质量保证能力的说明，是销售广告有益的补充，也是许多招标项目所要求的投标必备文件。

（2）质量手册的编制要求。质量手册的编制应遵循 ISO/TR 10013：2001“质量管理体系文件指南”的要求进行，质量手册应说明质量管理体系覆盖哪些过程和条款，每个过程和条款应开展哪些控制活动，对每个活动需要控制到什么程度，能提供什么样的质量保证等，都应做出明确的交代。

（3）质量手册的构成。质量手册一般由以下几个部分构成，各组织可以根据实际需要，对质量手册的下述部分作必要的删减。

目次

批准页

前言

1　范围

2　引用标准

3　术语和定义

4　质量管理体系

5　管理职责

5.1 管理承诺
5.2 以顾客为关注焦点
5.3 质量方针
5.4 策划
5.5 职责、权限与沟通
5.6 管理评审
6 资源管理
6.1 资源提供
6.2 人力资源
6.3 基础设施
6.4 工作环境
7 产品实现
7.1 产品实现的策划
7.2 与顾客有关的过程
7.3 设计和开发
7.4 采购
7.5 生产和服务提供
7.6 监视和测量装置的控制
8 测量、分析和改进
8.1 总则
8.2 监视和测量
8.3 不合格品控制
8.4 数据分析
8.5 改进

2000版ISO 9001（GB/T 19001）的标准结构以过程方法的模式进行编排，思路清晰并能通用于四大类产品的组织，具有很大的优越性。

2. 质量管理体系程序文件

（1）概述。质量管理体系程序文件是质量管理体系的重要组成部分，是质量手册具体展开和有力支撑。质量管理体系程序可以是质量管理手册的一部分，也可以是质量手册的具体展开。质量管理体系程序文件的范围和详略程度取决于组织的规模、产品类型、过程的复杂程度、方法和相互作用以及人员素质等因素。对每个质量管理程序来说，都应视需要明确何时（when）、何地（where）、何人（who）、做什么（what）、为什么（why）、怎么做（how），即5W1H，应保留什么记录。

（2）质量管理体系程序的内容。按ISO 9001：2000标准的规定，质量管理程序应至少包括下列6个程序：

① 文件控制程序；
② 质量记录控制程序；
③ 内部质量审核程序；
④ 不合格控制程序；
⑤ 纠正措施程序；
⑥ 预防措施程序。

3. 质量计划

质量计划是对特定的项目、产品、过程或合同，规定由谁及何时应使用哪些程序相关资源的文件。质量手册和质量管理体系程序所规定的是各种产品都适用的通用要求和方法。但各种特定产品都有其特殊性，质量计划是一种工具，它将某产品、项目或合同的特定要求与现行的通用的质量管理体系程序相连接。

质量计划在企业内部作为一种管理方法，使产品的特殊质量要求能通过有效的措施得以满足。在合同情况下，组织使用质量计划向顾客证明其如何满足特定合同的特殊质量要求，并作为顾客实施质量监督的依据。产品（或项目）的质量计划是针对具体产品（或项目）的特殊要求，以及应重点控制的环节所编制的对设计、采购、制造、检验、包装、运输等的质量控制方案。

4. 质量记录

质量记录是“阐明所取得的结果或提供所完成活动的证据文件”。它是产品质量水平和企业质量管理体系中各项质量活动结果的客观反映，应如实加以记录，用以证明达到了合同所要求的产品质量，并证明对合同中提出的质量保证要求予以满足的程度。如果出现偏差，则质量记录应反映出针对不足之处采取了哪些纠正措施。

质量记录应字迹清晰、内容完整，并按所记录的产品和项目进行标识，记录应注明日期并经授权人员签字、盖章或作其他审定后方能生效。

（三）质量管理体系的实施

为保证质量管理体系的有效运行，要做到两个到位：一是认识到位；二是管理考核到位。

开展纠正与预防活动，充分发挥内审的作用是保证质量管理体系有效运行的重要环节。内审是由经过培训并取得内审资格的人员对质量管理体系的符合性及有效性进行验证的过程。对内审中发现的问题，要制定纠正及预防措施，进行质量的持续改进，内审作用发挥的好坏与贯标认证的实效有着重要的关系。

二、质量认证

（一）进行质量认证的意义

近年来随着现代工业的发展和国际贸易的进一步增长，质量认证制度得到了世界各国的普遍重视。通过一个公正的第三方认证机构对产品或质量管理体系做出正确、可信的评价，从而使他们对产品质量建立信心，这种作法对供需双方以及整个社会都有十分重要的意义。

① 通过实施质量认证可以促进企业完善质量管理体系。

② 可以提高企业的信誉和市场竞争能力。

③ 有利于保护供需双方的利益。

④ 有利于国际市场的开拓，增加国际市场的竞争能力。

（二）质量认证的基本概念

质量认证是第三方依据程序对产品、过程或服务符合规定的要求给予书面保证（合格证书）。质量认证包括产品质量认证和质量管理体系认证两方面。

1. 产品质量认证

产品质量认证按认证性质划分可分为安全认证和合格认证。

（1）安全认证。对于关系国计民生的重大产品，有关人身安全、健康的产品，必须实施安全认证。此外，实行安全认证的产品，必须符合《中华人民共和国标准化法》中有关强制性标准的要求。

（2）合格认证。凡实行合格认证的产品，必须符合《中华人民共和国标准化法》规定的国家标准或行业标准要求。

2. 质量认证的表示方法

质量认证有两种表示方法，即认证证书和认证合格标志。

（1）认证证书（合格证书）。它是由认证机构颁发给企业的一种证明文件，它证明某项产品或服务符合特定标准或技术规范。

（2）认证标志（合格标志）。由认证机构设计并公布的一种专用标志，用以证明某项产品或服务符合特定标准或规范。经认证机构批准，使用在每台（件）合格出厂的认证产品上。认证标志是质量标志，通过标志可以向购买者传递正确可靠的质量信息，帮助购买者识别认证的商品与非认证的商品，指导购买者购买自己满意的产品。

认证标志为方圆标志、3C标志、长城标志和PRC标志，如图 2-1 和图 2-2 所示。

(a) 产品合格认证标志

(b) 管理体系认证标志

(c) 产品安全认证标志

图 2-1 方圆标志

(a) 3C标志

(b) 长城标志

(c) PRC标志

图 2-2 3C 标志、长城标志和 PRC 标志

3. 质量管理体系认证

质量管理体系认证始于机电产品，由于产品类型由硬件拓宽到软件、流程性材料和服务领域，使得各行各业都可以按标准实施质量管理体系认证。从目前的情况来看，除涉及安全和健康的领域产品认证必不可少之外，在其他领域内，质量管理体系认证的作用要比产品认证的作用大得多，并且质量管理体系认证具有以下特征。

（1）由具有第三方公正地位的认证机构进行客观的评价，作出结论，若通过则颁发认证证书。审核人员要具有独立性和公正性，以确保认证工作客观公正地进行。

（2）认证的依据是质量管理体系的要求标准，即 GB/T 19001，而不能依据质量管理体系的业绩改进指南标准即 GB/T 19004 来进行，更不能依据具体的产品质量标准。

（3）认证过程中的审核是围绕企业的质量管理体系要求的符合性和满足质量要求和目标方面的有效性来进行。

（4）认证的结论不是证明具体的产品是否符合相关的技术标准，而是质量管理体系是否符合 ISO 9001（质量管理体系要求）标准，是否具有按规范要求保证产品质量的能力。

（5）认证合格标志，只能用于宣传，不能将其用于具体的产品上。

产品认证和质量管理体系认证的比较如表 2-2 所示。

表 2-2　产品认证和质量管理体系认证的比较

项目	产品认证	质量管理体系认证
对象	特定产品	企业的质量管理体系
获准认证条件	(1)产品质量符合指定标准要求 (2)质量管理体系符合 ISO 9001 标准的要求	质量管理体系符合 ISO 9001 标准的要求
证明方式	产品认证证书;认证标志	质量管理体系认证(注册)证书;认证标记
证明的使用	证书不能用于产品;标志可以用于获准认证的产品	证书和标记都不能在产品上使用
性质	自愿性;强制性	自愿性
两者的关系	获得产品认证资格的企业一般无须再申请质量管理体系认证(除非不断有新产品问世)	获得质量管理体系认证资格的企业可以再申请特定产品的认证,但免除对质量管理体系通用要求的检查

(三) 质量管理体系认证的实施程序

1. 提出申请

申请单位向认证机构提出书面申请。

(1) 申请单位填写申请书及附件。附件的内容是向认证机构提供关于申请认证质量管理体系的质量保证能力情况，一般应包括：一份质量手册的副本，申请认证质量管理体系所覆盖的产品名录、简介；申请方的基本情况等。

(2) 认证申请的审查与批准。认证机构收到申请方的正式申请后，将对申请方的申请文件进行审查。审查的内容包括填报的各项内容是否完整正确，质量手册的内容是否覆盖了质量管理体系要求标准的内容等。经审查符合规定的申请要求，则决定接受申请，由认证机构向申请单位发出“接受申请通知书”，并通知申请方下一步与认证有关的工作安排，预交认证费用。若经审查不符合规定的要求，认证机构将及时与申请单位联系，要求申请单位作必要的补充或修改，符合规定后再发出“接受申请通知书”。

2. 认证机构进行审核

认证机构对申请单位的质量管理体系审核是质量管理体系认证的关键环节，其基本工作程序如下所述。

(1) 文件审核。文件审核的主要对象是申请书的附件，即申请单位的质量手册及其他说明申请单位质量管理体系的材料。

(2) 现场审核。现场审查的主要目的是通过查证质量手册的实际执行情况，对申请单位质量管理体系运行的有效性做出评价，判定是否真正具备满足认证标准的能力。

(3) 提出审核报告。现场审核工作完成后，审核组要编写审核报告，审核报告是现场检查和评价结果的证明文件，并需经审核组全体成员签字，签字后报送审核机构。

3. 审批与注册发证

认证机构对审核组提出的审核报告进行全面的审查。经审查若批准通过认证，则认证机构予以注册并颁发注册证书。若经审查，需要改进后方可批准通过认证，则由认证机构书面通知申请单位需要纠正的问题及完成修正的期限，到期再作必要的复查和评价，证明确实达到了规定的条件后，仍可批准认证并注册发证。经审查，若决定不予批准认证，则由认证机构书面通知申请单位，并说明不予通过的理由。

4. 获准认证后的监督管理

认证机构对获准认证（有效期为 3 年）的供方质量管理体系实施监督管理。这些管理工作包括：供方通报、监督检查、认证注销、认证暂停、认证撤销、认证有效期的延长等。

5. 申诉

申请方、受审核方、获证方或其他方，对认证机构的各项活动持有异议时，可向其认证或上级主管部门提出申诉或向人民法院起诉。认证机构或其认可机构应对申诉及时做出处理。

小　　结

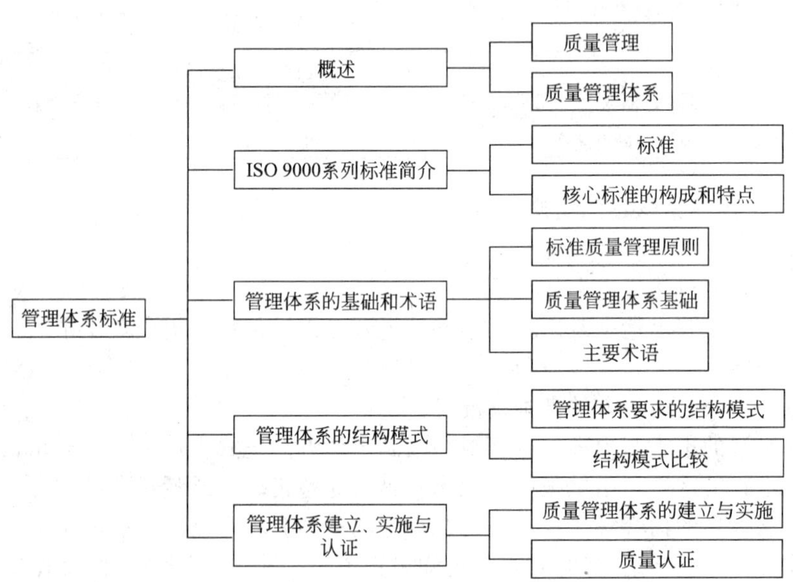

能力训练题

一、填空题

1. 质量管理的核心是建立有效的____________。
2. 质量管理的系统方法，就是要把质量管理体系作为一个大系统，对组成质量管理体系的各个过程加以识别、理解和管理，以达到实现____________和____________。
3. 质量环是对产品质量的____________进行的抽象描述和理论概括。
4. 质量计划是一种工具，它将某产品、项目或合同的__________与现行的通用的__________相连接。
5. 质量认证包括产品____________和____________两方面。

二、选择题

1. 针对某种具体产品、项目或合同，规定专门的质量措施、资源和活动顺序的文件称为（　）。
   A. 质量文件　B. 质量手册　C. 程序文件　D. 质量计划
2. 认证机构证明产品质量符合要求的标准和技术的具有法律效力的文件，就是（　）。
   A. 认证标志　B. 认证证书　C. 质量手册　D. 质量管理体系评定
3. 质量管理体系文件中对质量管理体系的各项活动做出明确、详细规定的基础性文件是（　）。
   A. 质量文件　B. 质量手册　C. 程序文件　D. 质量计划
4. 全员参与质量控制的重要手段是（　）。
   A. 过程方法　B. 持续改进　C. 目标管理　D. PDCA 循环
5. PDCA 循环中，质量计划阶段的主要任务是（　）。
   A. 明确目标并制定实现目标的行动方案

B. 展开工程的作业技术活动

C. 对计划实施过程进行各种检查

D. 对质量问题进行原因分析，采取措施予以纠正

6. 使具体的作业者和管理者明确计划的意图和要求，掌握标准，从而规范行为，全面地执行计划的行动方案，步调一致地去努力实现预期的目标，属于 PDCA 循环的（　）阶段工作。

A. 计划　B. 实施　C. 检查　D. 处置

三、思考题

1. 质量管理体系的内涵是什么？
2. GB/T 19000—2000 族核心标准的构成是什么？
3. 八项质量管理原则是什么？
4. 质量手册如何编制？
5. 产品认证和质量管理体系认证有哪些异同点？

第三章　质量控制的统计方法

【知识目标】

- 了解质量统计的基本知识
- 掌握过程质量控制技术
- 掌握抽样检验的方法

【能力目标】

- 能熟练应用过程质量控制技术进行质量控制的统计
- 能根据质量数据的分布特征分析影响质量的原因

第一节　质量统计基本知识

一、总体、样本及统计推断工作过程

1. 总体

总体也称母体，是所研究对象的全体。个体，是组成总体的基本元素。总体中含有个体的数目通常用 N 表示。在对一批产品质量检验时，该批产品是总体，其中的每件产品是个体，这时 N 是有限的数值，则称之为有限总体。若对生产过程进行检测时，应该把整个生产过程过去、现在以及将来的产品视为总体。随着生产的进行 N 是无限的，称之为无限总体。实践中一般把从每件产品检测得到的某一质量数据（强度、几何尺寸、重量等）即质量特性值视为个体，产品的全部质量数据的集合即为总体。

2. 样本

样本也称子样，是从总体中随机抽取出来，并根据对其研究结果推断总体质量特征的那部分个体。被抽中的个体称为样品，样品的数目称样本容量，用 n 表示。

3. 统计推断工作过程

质量统计推断工作是运用质量统计方法在生产过程中或一批产品中，随机抽取样本，通过对样品进行检测和整理加工，从中获得样本质量数据信息，并以此为依据，以概率数理统计为理论基础，对总体的质量状况作出分析和判断。质量统计推断工作过程见图3-1。

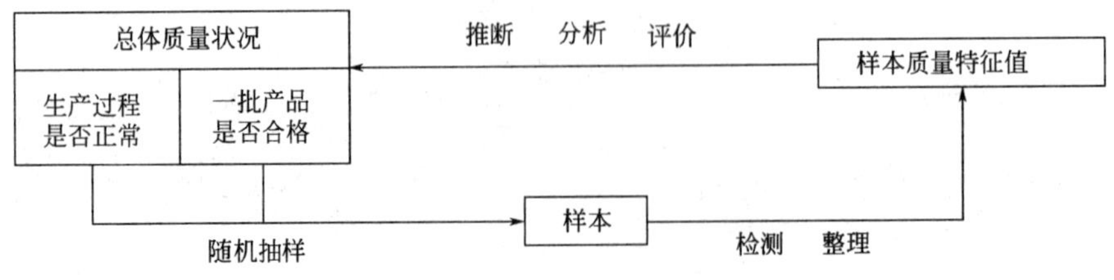

图 3-1　质量统计推断工作过程

二、质量数据的收集方法

（一）全数检验

全数检验是对总体中的全部个体逐一观察、测量、计数、登记，从而获得对总体质量水平评价结论的方法。

（二）随机抽样检验

抽样检验是按照随机抽样的原则，从总体中抽取部分个体组成样本，根据对样品进行检测的结果，推断总体质量水平的方法。

抽样检验抽取样品不受检验人员主观意愿的支配，每一个体被抽中的概率都相同，从而保证了样本在总体中的分布比较均匀，有充分的代表性；同时它还具有节省人力、物力、财力、时间和准确性高的优点；它又可用于破坏性检验和生产过程的质量监控，完成全数检测无法进行的检测项目，具有广泛的应用空间。抽样的具体方法有以下几种。

1. 简单随机抽样

简单随机抽样又称纯随机抽样、完全随机抽样，是对总体不进行任何加工，直接进行随机抽样，获取样本的方法。

2. 分层抽样

分层抽样又称分类或分组抽样，是将总体按与研究目的有关的某一特性分为若干组，然后在每组内随机抽取样品组成样本的方法。

3. 等距抽样

等距抽样又称机械抽样、系统抽样，是将个体按某一特性排队编号后均分为 n 组，这时每组有 $K=N/n$ 个个体，然后在第一组内随机抽取第一件样品，以后每隔一定距离（K 号）抽选出其余样品组成样本的方法。如在流水作业线上每生产 100 件产品抽出一件产品做样品，直到抽出 n 件产品组成样本。

4. 整群抽样

整群抽样一般是将总体按自然存在的状态分为若干群，并从中抽取样品群组成样本，然后在中选群内进行全数检验的方法。如对原材料质量进行检测，可按原包装的箱、盒为群随机抽取，对中选箱、盒做全数检验；每隔一定时间抽出一批产品进行全数检验等。

由于随机性表现在群间，样品集中，分布不均匀，代表性差，产生的抽样误差也大，同时在有周期性变动时，也应注意避免系统偏差。

5. 多阶段抽样

多阶段抽样又称多级抽样。上述抽样方法的共同特点是整个过程中只有一次随机抽样，因而统称为单阶段抽样。但是当总体很大时，很难一次抽样完成预定的目标。多阶段抽样是将各种单阶段抽样方法结合使用，通过多次随机抽样来实现的抽样方法。如检验钢材、水泥等质量时，可以对总体按不同批次分为 R 群，从中随机抽取 r 群，而后在中选的 r 群中的 M 个个体中随机抽取 m 个个体，这就是整群抽样与分层抽样相结合的二阶段抽样，它的随机性表现在群间和群内有两次。

三、质量数据的分类

质量数据是指由个体产品质量特性值组成的样本（总体）的质量数据集，在统计上称为变量；个体产品质量特性值称变量值。

根据质量数据的特点，可以将其分为计量值数据和计数值数据。

1. 计量值数据

计量值数据是可以连续取值的数据，属于连续型变量。其特点是在任意两个数值之间都可以取精度较高一级的数值。它通常由测量得到，如重量、强度、几何尺寸、标高、位移等。此外，一些属于定性的质量特性，可由专家主观评分、划分等级而使之数量化，得到的数据也属于计量值数据。

2. 计数值数据

计数值数据是只能按 0,1,2,……，数列取值计数的数据，属于离散型变量。它一般由计数得到。计数值数据又可分为计件值数据和计点值数据。

（1）计件值数据，表示具有某一质量标准的产品个数。如总体中合格品数、一级品数。

（2）计点值数据，表示个体（单件产品、单位长度、单位面积、单位体积等）上的缺陷数、质量问题点数等。如检验钢结构构件涂料涂装质量时，构件表面的焊渣、焊疤、油污、毛刺数量等。

四、质量数据的特征值

样本数据特征值是由样本数据计算的描述样本质量数据波动规律的指标。统计推断就是根据这些样本数据特征值来分析、判断总体的质量状况。常用的有描述数据分布集中趋势的算术平均数、中位数和描述数据分布离中趋势的极差、标准偏差、变异系数等。

（一）描述数据集中趋势的特征值

1. 算术平均数

算术平均数又称均值，是消除了个体之间个别偶然的差异，显示出所有个体共性和数据一般水平的统计指标，它由所有数据计算得到，是数据的分布中心，对数据的代表性好。其计算公式如下。

（1）总体算术平均数 υ。

$$\upsilon=(X_1+X_2+\cdots+X_N)/N=\sum X_i/N$$

式中 N——总体中个体数；

X_i——总体中第 i 个的个体质量特性值。

（2）样本算术平均数。

2. 样本中位数

样本中位数是将样本数据按数值大小有序排列后，位置居中的数值。当样本数 n 为奇数时，数列居中的一位数即为中位数。当样本数 n 为偶数时，取居中两个数的平均值作为中位数。

（二）描述数据离中趋势的特征值

1. 极差 R

极差是数据中最大值与最小值之差，是用数据变动的幅度来反映其分散状况的特征值。极差计算简单、使用方便，但粗略，数值仅受两个极端值的影响，损失的质量信息多，不能反映中间数据的分布和波动规律，仅适用于小样本。其计算公式为：

$$R=X_{\max}-X_{\min}$$

2. 标准偏差

标准偏差简称标准差或均方差，是个体数据与均值离差平方和的算术平均数的算术根，是大于 0 的正数。总体的标准差用 σ 表示；样本的标准差用 S 表示。标准差值小说明分布集中程度高，离散程度小，均值对总体（样本）的代表性好；标准差的平方是方差，有鲜明的数理统计特征，能确切说明数据分布的离散程度和波动规律，是最常用的反映数据变异程度的特征值。

（1）总体的标准偏差 σ。

（2）样本的标准偏差 S。样本的标准偏差 S 是总体标准差 σ 的无偏估计。

（3）变异系数 C_v。变异系数又称离散系数，是用标准差除以算术平均数得到的相对数。它表示数据的相对离散波动程度。变异系数小，说明分布集中程度高，离散程度小，均值对总体（样本）的代表性好。由于消除了数据平均水平不同的影响，变异系数适用于均值有较大差异的总体之间离散程度的比较，应用更为广泛。其计算公式为：

$$C_v = \sigma / \mu (\text{总体})$$

五、质量数据的分布特征

（一）质量数据的特性

质量数据具有个体数值的波动性和总体（样本）分布的规律性。

在实际质量检测中，发现即使在生产过程是稳定正常的情况下，同一总体（样本）的个体产品的质量特性值也是互不相同的。这种个体间表现形式上的差异性，反映在质量数据上即为个体数值的波动性、随机性，然而当运用统计方法对这些大量丰富的个体质量数值进行加工、整理和分析后，又会发现这些产品质量特性值（以计量值数据为例）大多都分布在数值变动范围的中部区域，即有向分布中心靠拢的倾向，表现为数值的集中趋势；还有一部分质量特性值在中心的两侧分布，随着逐渐远离中心，数值的个数变少，表现为数值的离中趋势。质量数据的集中趋势和离中趋势反映了总体（样本）质量变化的内在规律性。

（二）质量数据波动的原因

众所周知，影响产品质量主要有五方面因素。即人，包括质量意识、技术水平、精神状态等；材料，包括材质均匀度、理化性能等；机械设备，包括其先进性、精度、维护保养状况等；方法，包括生产工艺、操作方法等；环境，包括时间、季节、现场温湿度、噪声干扰等；同时这些因素自身也在不断变化中。个体产品质量的表现形式的千差万别就是这些因素综合作用的结果，质量数据也因此具有了波动性。

质量特性值的变化在质量标准允许范围内波动称之为正常波动，是由偶然性原因引起的；若是超越了质量标准允许范围的波动则称之为异常波动，是由系统性原因引起的。

1. 偶然性原因

在实际生产中，影响因素的微小变化具有随机发生的特点，是不可避免、难以测量和控制的，或者是在经济上不值得消除，它们大量存在但对质量的影响很小，属于允许偏差、允许位移范畴，引起的是正常波动，一般不会因此造成废品，生产过程正常稳定。通常把4M1E因素的这类微小变化归为影响质量的偶然性原因、不可避免原因或正常原因。

2. 系统性原因

当影响质量的4M1E因素发生了较大变化，如工人未遵守操作规程、机械设备发生故障或过度磨损、原材料质量规格有显著差异等情况发生时，没有及时排除，生产过程则不正常，产品质量数据就会离散过大或与质量标准有较大偏离，表现为异常波动，次品、废品产生。这就是产生质量问题的系统性原因或异常原因。由于异常波动特征明显，容易识别和避免，特别是对质量的负面影响不可忽视，生产中应该随时监控，及时识别和处理。

（三）质量数据分布的规律性

对于每件产品来说，在产品质量形成的过程中，单个影响因素对其影响的程度和方向是不同的，也是在不断改变的。众多因素交织在一起，共同起作用的结果，使各因素引起的差异大多互相抵消，最终表现出来的误差具有随机性。对于在正常生产条件下的大量产品，误差接近零的产品数目要多些，具有较大正负误差的产品要相对少，偏离很大的产品就更少了，同时正负误差绝对值相等的产品数目非常接近。于是就形成了一个能反映质量数据规律性的分布，即以质量标准为中心的质量数据分布，它可用一个“中间高、两端低、左右对称”的几何图形表示，即一般服从正态分布。

概率数理统计在对大量统计数据研究中，归纳总结出许多分布类型，如一般计量值数据服从正态分布，计件值数据服从二项分布，计点值数据服从泊松分布等。实践中只要是受许多起微小作用的因素影响的质量数据，都可认为是近似服从正态分布的，如构件的几何尺寸、混凝土强度等；如果是随机抽取的样本，无论它来自的总体是何种分布，在样本容量较大时，其样本均值也将服从或近似服从正态分布。因而，正态分布最重要、最常见、应用最广泛。

第二节 过程质量控制技术

自 1924 年，休哈特提出控制图以来，经过近 80 年的发展，过程质量控制技术已经广泛地应用到质量管理中，在实践中也不断地产生了许多种新的方法。如直方图、相关图、排列图、控制图和因果图等“QC 七种工具”以及关联图、系统图等“新 QC 七种工具”。应用这些方法可以从经常变化的生产过程中，系统地收集与产品有关的各种数据，并用统计方法对数据进行整理、加工和分析，进而画出各种图表，找出质量变化的规律，实现对质量的控制。石川馨曾经说过，企业内 95%的质量问题可通过企业全体人员应用这些工具得到解决。无论是 ISO 9000 还是近年来非常风行的 6sigma 质量管理理论都非常强调这些基于统计学的质量控制技术的应用。因此，要真正提高产品质量，企业上至领导下至员工都必须掌握质量控制技术并在实践中加以应用。

一、直方图

（一）直方图用途

直方图法是把数据的离散状态分布用竖条在图表上标出，以帮助人们根据显示出的图样变化，在缩小的范围内寻找出现问题的区域，从中得知数据平均水平偏差并判断总体质量分布情况。

（二）直方图画法

下面通过例子介绍直方图如何绘制。

【例 3-1】 生产某种滚珠，要求直径 x 为 15.0mm±1.0mm，试用直方图对生产过程进行统计分析。

1. 收集数据

在 4M1E 充分固定并加以标准化的情况下，从该生产过程收集 n 个数据。n 应不小于 50，最好在 100 以上。本例测得 50 个滚珠的直径如表 3-1。其中 L_i 为第 i 行数据最大值，S_i 为第 i 行数据最小值。

表 3-1 50 个滚珠样本直径

i \ j	1	2	3	4	5	6	7	8	9	10	L_i	S_i
1	15.0	15.8	15.2	15.1	15.9	14.7	14.8	15.5	15.6	15.3	15.9	14.7
2	15.1	15.3	15.0	15.6	15.7	14.8	14.5	14.2	14.9	14.9	15.7	14.2
3	15.2	15.0	15.3	15.6	15.1	14.9	14.2	14.6	15.8	15.2	15.8	14.2
4	15.9	15.2	15.0	14.9	14.8	14.5	15.1	15.5	15.5	15.5	15.9	14.5
5	15.1	15.0	15.3	14.7	14.5	15.5	15.0	14.7	14.6	14.2	15.5	14.2

2. 找出数据中最大值 L、最小值 S 和极差 R

$$L=\mathrm{Max}L_i=15.9,\ S=\mathrm{Min}S_i=14.2,\ R=L-S=1.7 \tag{3-1}$$

区间 $[S, L]$ 称为数据的散布范围。

3. 确定数据的大致分组数 k

分组数可以按照经验公式 $k=1+3.322\lg n$ 确定。本例取 $k=6$。

4. 确定分组组距 h

$$h=\frac{R}{k}=\frac{1.7}{6}=0.3 \tag{3-2}$$

5. 计算各组上下限

首先确定第一组下限值，应注意使最小值 S 包含在第一组中，且使数据观测值不落在上、下限上。故第一组下限值取为：

$$S-\frac{h}{2}=14.2-0.15=14.05$$

然后依次加入组距 h，便可得各组上下限值。第一组的上限值为第二组的下限值，第二组的下限值加上 h 为第二组的上限值，其余类推。各组上下限值见表 3-2。

表 3-2 频数分布表

组序	组界值	组中值 b_i	频数 f_i	频率 p_i
1	14.05～14.35	14.2	3	0.06
2	14.35～14.65	14.5	5	0.10
3	14.65～14.95	14.8	10	0.20
4	14.95～15.25	15.1	15	0.32
5	15.25～14.55	15.4	9	0.16
6	15.55～15.85	15.7	6	0.12
7	15.85～16.15	16.0	2	0.04
合计			50	100%

6. 计算各组中心值 b_i、频数 f_i 和频率 p_i

b_i=(第 i 组下限值+第 i 组上限值)/2，频数 f_i 就是 n 个数据落入第 i 组的数据个数，而频数 $p_i=f_i/n$。

7. 绘制直方图

以频数（或频率）为纵坐标，数据观测值为横坐标，以组距为底边，数据观测值落入各组的频数 f_i（或频率 p_i）为高，画出一系列矩形，这样就得到图形为频数（或频率）直方图，简称为直方图，见图 3-2。

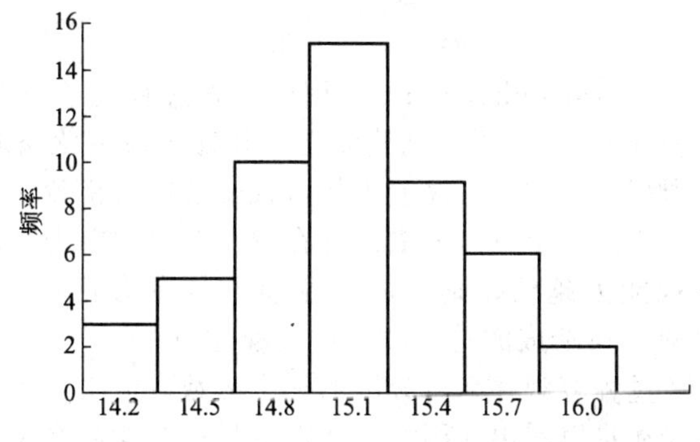

图 3-2 频数（频率）直方图

（三）直方图的观察与分析

从直方图可以直观地看出产品质量特性的分布形态，便于判断过程是否出于控制状态，以决定是否采取相应对策措施。直方图从分布类型上来说，可以分为正常型和异常型。正常型是指整体形状左右对称的图形，此时过程处于稳定（统计控制状态），如图 3-3(a) 所示。

如果是异常型，就要分析原因，加以处理。常见的异常型主要有六种。

（1）双峰型［图 3-3(b)］：直方图出现两个峰。主要原因是观测值来自两个总体，两个分布的数据混合在一起造成的，此时数据应加以分层。

（2）锯齿型［图 3-3(c)］：直方图呈现凹凸不平现象。这是由于作直方图时数据分组太多，测量仪器误差过大或观测数据不准确等造成的。此时应重新收集和整理数据。

（3）陡壁型［图 3-3(d)］：直方图像峭壁一样向一边倾斜。主要原因是进行全数检查，使用了剔除了不合格品的产品数据作直方图。

（4）偏态型：［图 3-3(e)］：直方图的顶峰偏向左侧或右侧。当公差下限受到限制（如单侧形位公差）或某种加工习惯（如孔加工往往偏小）容易造成偏左；当公差上限受到限制或轴外圆加工时，直方图呈现偏右形态。

（5）平台型［图 3-3(f)］：直方图顶峰不明显，呈平顶型。主要原因是多个总体和分布混合在一起，或者生产过程中某种缓慢的倾向在起作用（如工具磨损、操作者疲劳等）。

（6）孤岛型［图 3-3(g)］：在直方图旁边有一个独立的"小岛"出现。主要原因是生产过程中出现异常情况，如原材料发生变化或突然变换不熟练的工人。

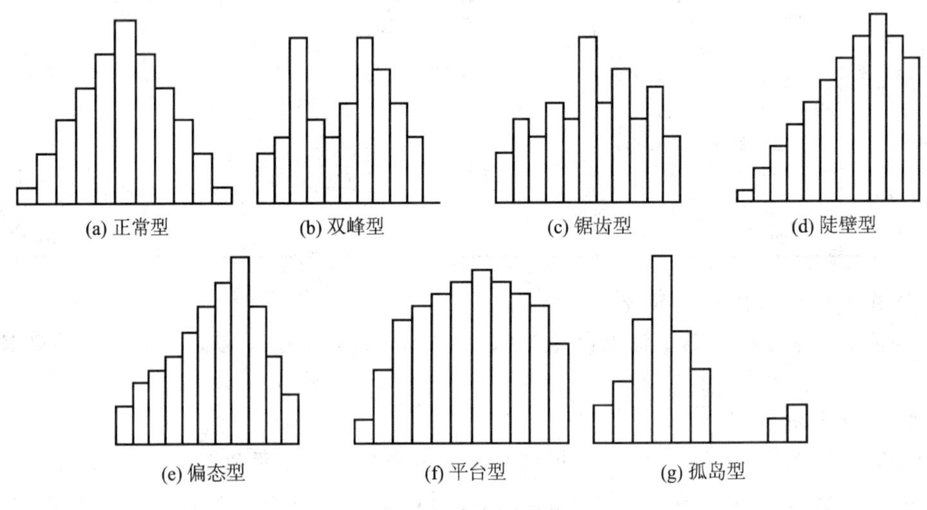

图 3-3 直方图形状

二、过程能力指数

过程能力指数（process capability index）用于反映过程处于正常状态时，即人员、机器、原材料、工艺方法和环境（4M1E）充分标准化并处于稳定状态时，所表现出的保证产品质量的能力。过程能力指数也称为工序能力指数或工艺能力指数。

对于任何生产过程，产品质量总是分散地存在着。若过程能力越高，则产品质量特性值的分散就会越小；若过程能力越低，则产品质量特性值的分散就会越大。那么，可用 6σ（即 $\mu \pm 3\sigma$）来描述生产过程所造成的总分散。即过程能力$=6\sigma$。

过程能力是表示生产过程客观存在着分散的一个参数。但是这个参数能否满足产品的技术规格要求，仅从它本身还难以看出。因此，还需要另一个参数来反映工序能力满足产品技术要求（公差、规格等质量标准）的程度。这个参数就叫做工序能力指数。它是技术规格要求和工序能力的比值，即：

$$过程能力指数=技术规格要求/过程能力 \tag{3-3}$$

当分布中心与公差中心重合时，过程能力指数记为 C_p。当分布中心与公差中心有偏离时，过程能力指数记为 C_{pk}。过程的质量水平按 C_p 值可划分为五个等级：$C_p>1.67$，特级，能力过高；1.67≥C_p>1.33，一级，能力充分；1.33≥C_p>1.0，二级，能力尚可；1.0≥C_p>0.67，三级，能力不足；0.67>C_p，四级，能力严重不足。

(一) 过程能力计算方法

过程能力指数的计算可分为四种情形。

(1) 过程无偏情形。设样本的质量特性值 $X \sim N(\mu,\sigma^2)$。又设 X 的规格要求为 (T_l, T_u)，则规格中心值 $T_m=(T_u+T_l)/2$，$T=T_u-T_l$ 为公差。当 $u=T_m$ 时，过程无偏，此时过程能力指数按式(3-4) 计算：

$$C_p=\frac{T}{6\sigma} \tag{3-4}$$

(2) 过程有偏情形。当 $\mu \neq T_m$ 时，则称此过程有偏。此时，计算修正后的过程能力指数：

$$C_{pk}=(1-k)C_p \tag{3-5}$$

$$k=\frac{|\mu-T_m|}{T/2} \tag{3-6}$$

k 称为偏移系数。

(3) 只有单侧规格上限为 T_u 时 $X<T_u$，产品的合格情形：

$$C_p(u)=\frac{T_u-u}{3\sigma} \tag{3-7}$$

(4) 只有单侧规格下限为 T_l 时 $X>T_l$，产品的合格情形：

$$C_p(l)=\frac{u-T_l}{3\sigma} \tag{3-8}$$

(二) 过程能力指数与过程不合格品率 p 之间的关系

(1) C_p 与 p 的关系

$$p=2[1-\Phi(3C_p)] \tag{3-9}$$

(2) C_{pk} 与 p 的关系

$$p=2-[1-\Phi(3C_p)]-\Phi[3C_p(1+k)] \tag{3-10}$$

(3) $C_p(u)$ 与 p 的关系

$$p=2\{1-\Phi[3C_p(u)]\} \tag{3-11}$$

(4) $C_p(l)$ 与 p 的关系

$$p=2\{1-\Phi[3C_p(l)]\} \tag{3-12}$$

以上四式中，Φ 值可根据正态分布函数表查出。例如，$\Phi(4.17)=0.999985$。

【例 3-2】 已知某零件加工标准为 (148±2)mm，对 100 个样本计算出均值为 148mm，标准差为 0.48mm，求过程能力指数和过程不合格品率。

由于样本均值 $\bar{x}=T_m=148$(mm)，过程无偏。根据式(3-4)，过程能力指数为：

$$C_p=\frac{T}{6\sigma}\cdot\frac{T}{6S}=\frac{4}{6\times0.48}=1.39$$

过程不合格品率为：

$$p=2[1-\Phi(3C_p)]=2[1-\Phi(3\times1.39)]=2\times(1-0.999985)=3\times10^{-5}$$

三、控制图

控制图是对生产过程中产品质量状况进行实时控制的统计工具，是质量控制中最重要的方法。人们对控制图的评价是："质量管理始于控制图，亦终于控制图"。控制图主要用于分析判断生产过程的稳定性，及时发现生产过程中的异常现象，查明生产设备和工艺装备的实际精度，为评定产品质量提供依据。我国也制定了有关控制图的国家标准《常规控制图》(GB/T 4091—2001)。

控制图的基本样式如图 3-4 所示。横坐标为样本序号，纵坐标为产品质量特性，图上三条平行线分别为：实线 CL——中心线，虚线 UCL——上控制界限线，虚线 LCL——下控制界限线。在生产过程中，定时抽取样本，把测得的数据点一一描在控制图中。如果数据点落在两条控制界限之间，且排列无缺陷，则表明生产过程正常，过程处于控制状态，否则表明生产条件发生异常，需要对过程采取措施，加强管理，使生产过程恢复正常。

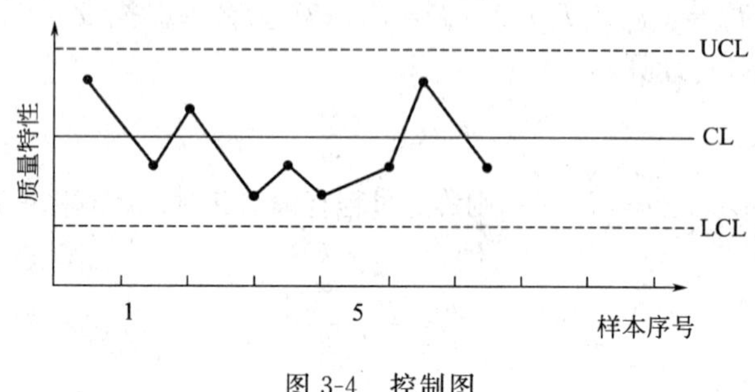

图 3-4 控制图

（一）控制图的设计原理

（1）正态性假设：控制图假定质量特性值在生产过程中的波动服从正态分布。

（2）3σ 准则：若质量特性值 X 服从正态分布 $N(\mu,\sigma^2)$，根据正态分布概率性质，有：

$$P\{\mu-3\sigma<X<\mu+3\sigma\}=99.73\% \tag{3-13}$$

也即（$\mu-3\sigma$，$\mu+3\sigma$）是 X 的实际取值范围。据此原理，若对 X 设计控制图，则中心线 $CL=\mu$，上下控制界限分别为 $LCL=\mu-3\sigma$，$UCL=\mu+3\sigma$。

（3）小概率原理：小概率原理是指小概率的事件一般不会发生。由 3σ 准则可知，数据点落在控制界限以外的概率只有 0.27%。因此，生产过程正常情况下，质量特性值是不会超过控制界限的，如果超出，则认为生产过程发生异常变化。

（二）控制图的基本种类

（1）按产品质量的特性分类，控制图可分为计量控制图和计数控制图。

① 计量控制图。用于产品质量特性为计量情形，如长度、重量、时间、强度等连续变量。常用的计量控制图有：均值—极差控制图（$\overline{x}-R$ 图），中位数—极差控制图（$\tilde{x}-R$ 图），单值—移动极差控制图（$x-R_S$图），均值——标准差控制图（$\overline{x}-S$ 图）。

② 计数控制图。用于产品质量特性为不合格品数、不合格品率、缺陷数等离散变量。常用的计数控制图有：不合格品率控制图（P 图），不合格品数控制图（P_n图），单位缺陷数控制图（u 图），缺陷数控制图（c 图）。

（2）按控制图的用途来分，可以分为分析用控制图和控制用控制图。

① 分析用控制图。分析用控制图用于分析生产过程是否处于统计控制状态。若经分析后，生产过程处于控制状态且满足质量要求，则把分析用控制图转化为控制用控制图；若经分析后，生产过程处于非统计控制状态，则应查找原因并加以消除。

② 控制用控制图。控制用控制图由分析控制图转化而来，用于对生产过程进行连续监控。生产过程中，按照确定的抽样间隔和样本大小抽取样本，在控制图上描点，判断是否处于受控状态。

（三）控制图的判别规则

① 分析用控制图。若控制图上数据点同时满足表 3-3 的规则，则认为生产过程处于控制状态。

② 控制用控制图。控制用控制中的数据点同时满足下面规则，则认为生产过程处于统计控制状态。

规则 1：每一个数据点均落在控制界限内。

规则 2：控制界限内数据点排列无异常情况（参见表 3-3 中分析用控制图判别规则 2）。

表 3-3　分析用控制图判别规则

规　　则	具体描述
规则 1：绝大多数数据点在控制界限内	1. 连续 25 点没有一点在控制界限外
	2. 连续 35 点中最多只有一点在控制界限外
	3. 连续 100 点中最多只有两点在控制界限外
规则 2：数据点排列无右边的八种异常现象	1. 连续 7 点或更多点在中心线同一侧
	2. 连续 7 点或更多点单调上升或下降
	3. 连续 11 点中至少有 10 点在中心线同一侧
	4. 连续 14 点中至少有 12 点在中心线同一侧
	5. 连续 17 点中至少有 14 点在中心线同一侧
	6. 连续 20 点中至少有 16 点在中心线同一侧
	7. 连续 3 点中至少有 2 点落在 2σ 与 3σ 界限之间
	8. 连续 7 点中至少有 3 点落在 2σ 与 3σ 界限之间

（四）控制图的制作与判别

下面以均值—极差控制图为例说明控制图的制作与分析方法。均值—极差控制图是 $\overline{x}$ 图（均值控制图）和 R 图（极差控制图）联合使用的一种控制图，前者用于判断生产过程是否处于或保持在所要求的受控状态，后者用于判断生产过程的标准差是否处于或保持在所要求的受控状态。

【例 3-3】 某厂生产一种零件，长度要求为 (49.50±0.10)mm，生产过程质量要求为过程能力指数不小于 1，为对该过程实施连续控制，试设计均值—极差控制图。

1. 收集数据并加以分组

每隔 2h 从生产过程中抽取 5 个零件，测量长度值，形成一组大小为 5 的样本，一共收集 25 组样本。

2. 计算每组的样本均值 $\overline{x}$ 和极差 R

$$\overline{x}=\frac{1}{k}\sum_{i=1}^{k}x_i, R=x_{\max}-x_{\min} \qquad i=1,2,\cdots,k \tag{3-14}$$

计算结果如表 3-4 所示。

表 3-4　某零件长度各组均值和极差

组号 i	1	2	3	4	5	6	7	8	9	10	11	12	13
均值 $\overline{x}$	49.49	49.52	49.50	49.50	49.53	49.51	49.50	49.50	49.51	49.53	49.50	49.51	49.49
极差 R	0.06	0.07	0.06	0.06	0.11	0.12	0.10	0.06	0.12	0.09	0.11	0.06	0.07
组号 i	14	15	16	17	18	19	20	21	22	23	24	25	
均值 $\overline{x}$	49.53	49.49	49.50	49.51	49.51	49.51	49.50	49.52	49.50	49.50	49.50	49.52	
极差 R	0.10	0.09	0.05	0.07	0.06	0.05	0.08	0.10	0.06	0.09	0.05	0.11	

3. 计算总均值和极差平均

$$\overline{\overline{x}}=\frac{1}{k}\sum_{i=1}^{k}\overline{x}_i=49.5068, \overline{R}=\frac{1}{k}\sum_{i=1}^{k}R_i=0.0800 \tag{3-15}$$

4. 计算控制界限

$\overline{x}$ 图的控制界限计算

$$\mathrm{UCL}=\overline{\overline{x}}+A_2\overline{R}=49.5068+0.577\times0.0800=49.5530$$

$$\mathrm{CL}=\overline{\overline{x}}=49.5068 \tag{3-16}$$

$$LCL=\overline{\overline{x}}-A_2\overline{R}=49.5068-0.577\times0.0800=49.4606$$

R 图的控制界限计算：

$$UCL=D_4\overline{R}=2.115\times0.0800=0.1692$$
$$CL=\overline{R}=0.0800 \quad (3\text{-}17)$$
$$LCL=D_3\overline{R}<0$$

以上两式中，A_2、D_4、D_3 均可从相关控制图系数表中查出：当 $n=5$ 时，$A_2=0.577$，$D_3<0$，$D_4=2.115$。

5. 制作控制图

根据各样本的均值和极差在控制图上描点，如图 3-5 所示。

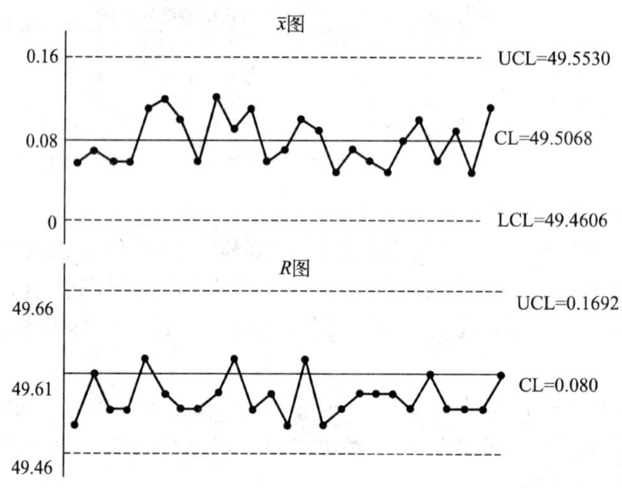

图 3-5 零件长度的均值—极差控制图

6. 分析生产过程是否处于控制状态

利用表 3-4 的规则进行判断，可知生产过程处于统计控制状态。

7. 计算过程能力指数

在本例中，零件长度规格限为双侧且样本总均值不等于规格中心值，应该根据有偏情形计算过程能力指数。σ 根据极差法估计得出：$\sigma=\dfrac{\overline{R}}{d_2\ (n)}$，式中 $d_2(n)$ 根据相关控制图系数表查出，$n=5$ 时 $d_2(n)=2.326$。则：

$$C_p=\frac{T}{6\sigma}=\frac{T}{6\overline{R}/d_2(n)}=\frac{0.20}{6\times0.08/2.326}=0.97$$

修正系数

$$k=\frac{|\mu-T_m|}{T/2}=\frac{|49.5068-49.50|}{0.20/2}=0.068$$

$$C_{pk}=(1-k)C_p=(1-0.068)\times0.97=0.90$$

根据题意，由于过程质量要求为过程能力不小于 1，显然该过程不能满足要求。因此不能将分析用控制图转化为控制用控制图，应采取措施，提高加工精度。

8. 计算过程平均不合格品率 p

根据式(3-10)，过程不合格品率为：

$$p=2-[1-\Phi(3C_p)]-\Phi[3C_p(1+k)]=1+\Phi(2.91)-\Phi(3.11)=0.43\%$$

（五）控制图几种常见的图形及原因分析

在使用控制图时，除了根据表 3-3 的判断规则对生产过程进行正确判断以外，下面所列出的几种观察和分析方法也是十分重要的。

（1）数据点出现上、下循环移动的情形：

对于 $\overline{x}$ 图，其原因可能是季节性的环境影响或操作人员的轮换；

对于 R 图，其原因可能是维修计划安排上的问题或操作人员的疲劳。

（2）数据点出现朝单一方向变化的趋势：

对于 $\overline{x}$ 图，其原因可能是工具磨损，设备未按期进行检验；

对于 R 图，原材料的均匀性（变好或变坏）。

（3）连续若干点集中出现在某些不同的数值上：

对于 $\overline{x}$ 图，其原因可能是工具磨损，设备未按期进行检验；

对于 R 图，原因同上。

（4）太多的数据点接近中心线：

若连续 13 点以上落在中心线 $\pm\sigma$ 的带型区域内，此为小概率事件，该情况也应判为异常。出现的原因是：控制图使用太久没有加以修改而失去了控制作用，或者数据不真实。

四、"QC 七种工具"中的其他工具

（一）排列图

意大利经济学家 Vilfredo Pareto1897 年提出：80％的财富集中在 20％的人手中（80/20 法则）。排列图（又称柏拉图、Pareto 图）是基于帕累托原理，其主要功能是帮助人们确定那些相对少数但重要的问题，以使人们把精力集中于这些问题的改进上。在任何过程中大部分缺陷也通常是由相对少数的问题引起的。对于过程质量控制，排列图常用于不合格品数或缺陷数的分类分析。在 6Sigma 中，也用于对项目的主要问题如顾客抱怨等进行分类。

【例 3-4】 对钢构件加工进行抽样检验，得出不合格品共 160 个。造成不合格的因素中，①垂直度占 50％；②焊接占 29％；③下料尺寸占 10％；④销孔大占 6％；其他原因占 5％。画出排列图（图 3-6），柱图为不合格数分类统计量，折线图为累积比例。可以看出前两种因素占 79％，应作为关键急需解决因素。

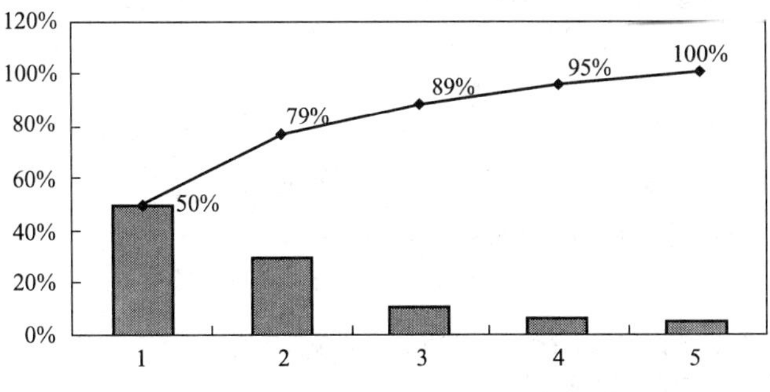

图 3-6　钢构件不合格品排列图

（二）因果图

因果图由日本质量学家石川馨发明，是用于寻找造成质量问题的原因、表达质量问题因果关系的一种图形分析工具。一个质量问题的产生，往往不是一个因素，而是多种复杂因素综合作用的结果。通常，可以从质量问题出发，首先分析那些影响产品质量最大的原因，进而从大原因出发寻找中原因、小原因和更小的原因，并检查和确定主要因素。这些原因可归纳成原因类别与子原因，形成类似鱼刺的样子，因此因果图也称为鱼刺图。图 3-7 是在制造中出现次品后，寻找其原因形成的因果图。图中可以看出，原因被归为人、机械、材料、方法、环境 5 类，每一类下面又有不同的子原因。

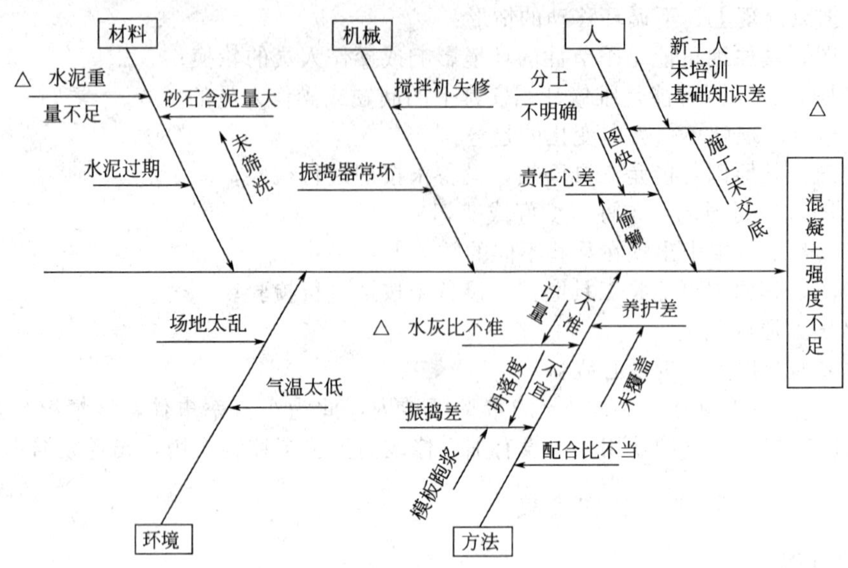

图 3-7 混凝土强度不足的因果分析图

（三）分层法

分层法又名层别法，是将不同类型的数据按照同一性质或同一条件进行分类，从而找出其内在的统计规律的统计方法。常用分类方式：按操作人员分、按使用设备分、按工作时间分、按使用原材料分、按工艺方法分、按工作环境分等。

（四）散布图

散布图又称散点图、相关图，是表示两个变量之间相互关系的图表法。横坐标通常表示原因特性值，纵坐标表示结果特性值，交叉点表示它们的相互关系。相关关系可以分为：正相关、负相关、不相关。图 3-8 表示了某化工厂产品收率和反应温度之间的相关关系，可以看出，这是正相关。

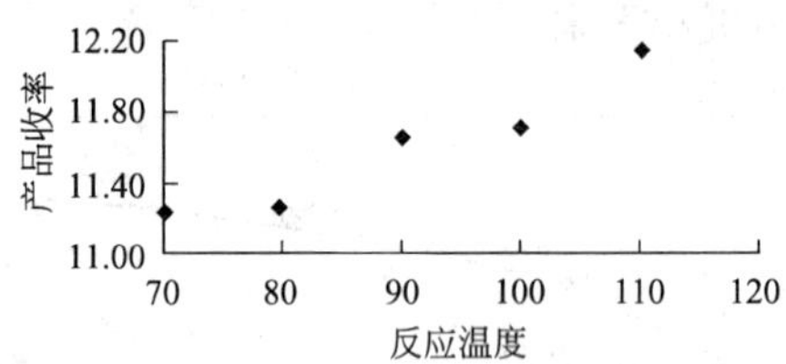

图 3-8 反应温度和产品收率之间相关图

（五）检查表

检查表又名核查表、调查表、统计分析表，是利用统计表对数据进行整体和初步原因分析的一种表格型工具，常用于其他工具的前期统计工作。表 3-5 为不合格项检查表。

表 3-5 不合格项检查表

不合格项目	检查记录	小计
表面缺陷	正正正正	20
砂眼	正	5
形状不良	一	1
裂纹	正正正一	16
其他	正正	10

五、QC 新七种工具

质量控制新七种工具（表 3-6）是日本质量管理专家于 20 世纪 70 年代末提出的，用于全面质量管理 PDCA 的计划阶段。它们与上述主要运用于生产过程质量控制和预防的 QC 七种工具相互补充，共同致力于质量提高。

表 3-6 QC 新七种工具

名称与描述	图示	名称与描述	图示
关联图 用于将关系纷繁复杂的因素按原因-结果或目的-手段等目的有逻辑地连接起来的一种图形方法	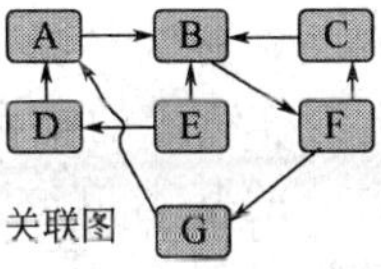 关联图	**矩阵图** 是以矩阵的形式分析因素间相互关系及其强弱的图形。它由对应事项、事项中的具体元素和对应元素交点处表示相关关系的符号构成	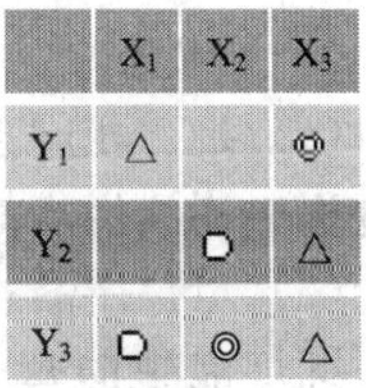 矩阵图
PDPC 法 又称过程决策程序图法，是将运筹学中过程决策程序图应用于质量管理。它是指在制定达到目标的实施计划时加以全面分析，对于事态进展中各种障碍进行预测，从而制定相应的处置方案和应变措施的方法	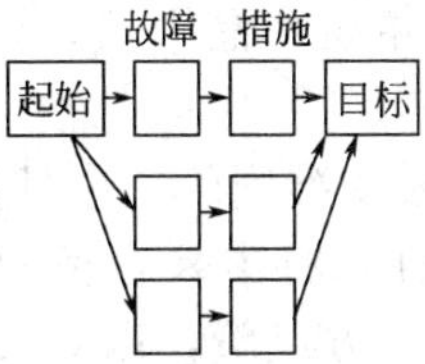 PDPC 法	**箭线图法** 又称矢线图法，计划评审法 KERT、关键路线法 CPM，是网络图在质量管理中的应用。是制定某项质量工作的最佳日程计划和有效地进行进度管理的一种方法	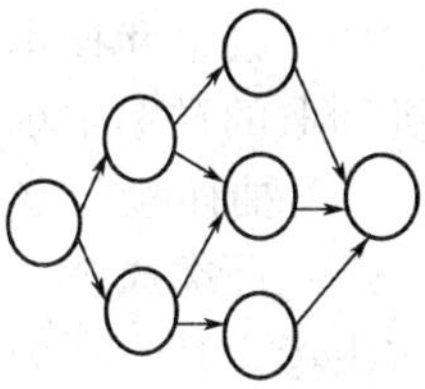 箭线图法
亲和图 用于归纳、整理由“头脑风暴”法产生的观点、想法等语言资料，按它们之间亲近关系加以归类、汇总的一种图示方法。别名卡片法、KJ 法、A 型图解法	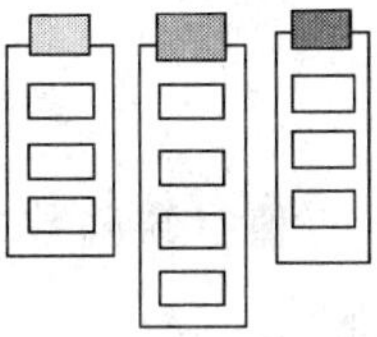 亲和图	**头脑风暴法** 也称集思广益法，它是采用会议的方式，引导每个人广开言路、激发灵感，畅所欲言地发表独立见解的一种集体创造思维的方法	
树图 也叫系统图，它把要实现的目的与需要采取的措施或手段，一级一级系统地展开，以明确问题的重点，寻找最佳手段或措施	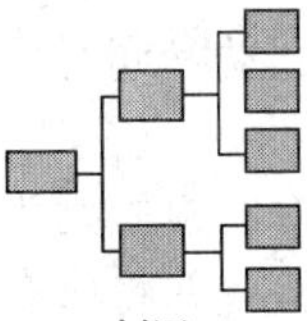 树图		

第三节 抽样检验

抽样检验指从批量为 N 的一批产品中随机抽取其中的一部分单位产品组成样本，然后对样本中的所有单位产品按产品质量特性逐个进行检验，根据样本的检验结果判断产品批合格与否的过程。抽样检验的研究起始于 20 世纪 20 年代，那时就开始了利用数理统计方法制定抽样检查表的研究。1944 年，道奇和罗米格发表了合著《一次和二次抽样检查表》，这套抽样检查表目前在国际上仍被广泛地应用。1974 年，ISO 发布了《计数抽样检查程序及表》(ISO 2859—1974)。我国也在 ISO 标准同等采用基础上建立了抽样检验国家标准 GB 2828—1987“逐批检查计数抽样程序及抽样表（适用于连续批的检查）”，后于 2003 年更新为

GB/T 2828—2003“计数抽样检验程序”。此外，我国于1991年发布了GB/T 13262—1991“不合格品率的计算标准型一次抽样检查及抽样表”，后于2008年更新为GB/T 13262—2008“不合格品百分数的计数标准型一次抽样检验程序及抽样表”，1994年发布了GB/T 15239—1994“孤立批计数抽样检验程序及抽样表”，2001年发布了GB/T 8053—2001“不合格品率的计量标准型一次抽样检验程序及表”，2002年发布了GB/T 6378—2002“不合格品率的计量抽样检验程序及图表（适用于连续批的检验）”等国家标准。

一、抽样检验基本术语与分类

（一）术语

（1）批：相同条件下制造出来的一定数量的产品，称为“批”。在4M1E基本相同的生产过程中连续生产的一系列批称为连续批；不能定为连续批的批称为孤立批。

（2）单位产品：为了实施抽样检查而对产品划分的基本单位。单位产品可按自然划分，如一批灯泡中的每个灯泡称为一个单位产品。有些时候必须人为规定，如一米布、一匹布等。

（3）批量和样本大小：批量是指批中包含的单位产品个数，以 N 表示。样本大小是指随机抽取的样本中单位产品个数，以 n 表示。

（4）抽样检验方案：规定样本大小和一系列接受准则的一个具体方案。

（5）两类风险 α 和 β：由于抽样检验的随机性，将本来合格的批，误判为拒收的概率，这对生产方是不利的，因此称为第Ⅰ类风险或生产方风险，以 α 表示；而本来不合格的批，也有可能误判为可接收，将对使用方产生不利，该概率称为第Ⅱ类风险或使用方风险，以 β 表示。

（二）抽样方案分类

1. 按产品质量特性分类

（1）计数抽样方案：单位产品质量特征值为计点值（缺陷数）或计件值（不合格品数）的抽样方案。

（2）计量抽样方案：单位产品质量特性值为计量值（强度、尺寸等）的抽样方案。

2. 按抽样方案的制订原理分类

（1）标准型抽样方案：该方案时为保护生产方利益，同时保护使用方利益，预先限制生产方风险 α 的大小而制定的抽样方案。

（2）挑选型抽样方案：所谓挑选型方案是指，对经检验判为合格的批，只要替换样本中的不合格品；而对于经检验判为拒收的批，必须全检，并将所有不合格全替换成合格品。

（3）调整型抽样方案：该类方案由一组方案（正常方案、加严方案和放宽方案）和一套转移规则组成，根据过去的检验资料及时调整方案的宽严。该类方案适用于连续批产品。

3. 按抽样的程序分类

（1）一次抽样方案：仅需从批中抽取一个大小为 n 样本，便可判断该批接收与否。

（2）二次抽样方案：抽样可能要进行两次，对第一个样本检验后，可能有三种结果：接收，拒收，继续抽样。若得出“继续抽样”的结论，抽取第二个样本进行检验，最终做出接收还是拒收的判断。

（3）多次抽样：多次抽样可能需要抽取两个以上具有同等大小样本，最终才能对批做出接收与否判定。是否需要第 i 次抽样要根据前次（$i-1$ 次）抽样结果而定。多次抽样操作复杂，需做专门训练。ISO 2859的多次抽样多达7次，GB 2898—1987为5次。因此，通常采用一次或二次抽样方案。

下面介绍两个常用抽样方案：计数标准型一次抽样方案和计数调整型抽样方案。

二、计数标准型一次抽样方案（GB/T 13262—2008）

（一）基本概念

1. 接收上界 p_0 和拒收下界 p_1

接收上界 p_0：设交验批的不合格率为 p，当 $p \leqslant p_0$ 时，交验批为合格批，可接收。

拒收下界 p_1：设交验批的不合格率为 p，当 $p \geqslant p_1$ 时，交验批为不合格批，应拒收。

2. 一次抽样方案（n；A）

一次抽样方案（n；A）是指从批中抽取一个大小为 n 的样本，如果样本的不合格品个数 d 不超过预定指定的数 A，判定此批为合格，否则判为不合格。A 称为“合格判定数”或“接收数”。一次抽样实施程序如图 3-9 所示。

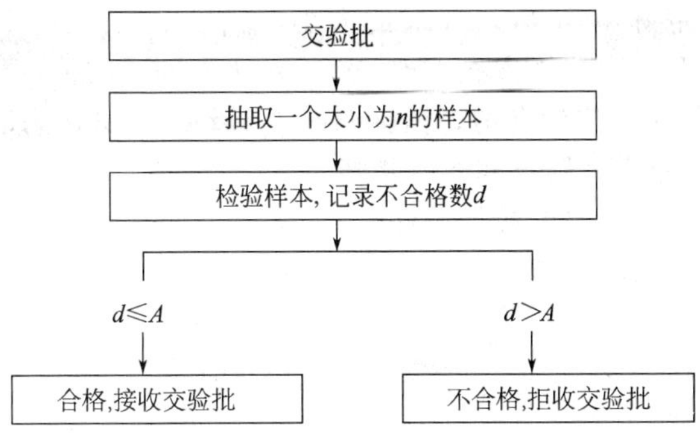

图 3-9 一次抽样方案（n；A）

3. OC 函数和 OC 曲线

OC 函数亦称为操作特性函数，表示不合品率为 p 的交验批被抽样方案（n；A）判定为接收的概率，计算公式如下：

$$P(p) = P(d \leqslant A) = \sum_{d=0}^{A} C_n^d p^d (1-p)^{n-d} \tag{3-18}$$

式中，$p=d/n$。

OC 函数具有下列性质：

① $P(0)=1$，即当交验批没有不合格品时，应被百分之百接收；

② $P(1)=0$，即当交验批没有合格品时，应被百分之百拒收；

③ $P(p)$ 为 p 的减函数，即当交验批不合格品率变大时，被接收的概率应相应减小。

OC 函数的图形见图 3-10。

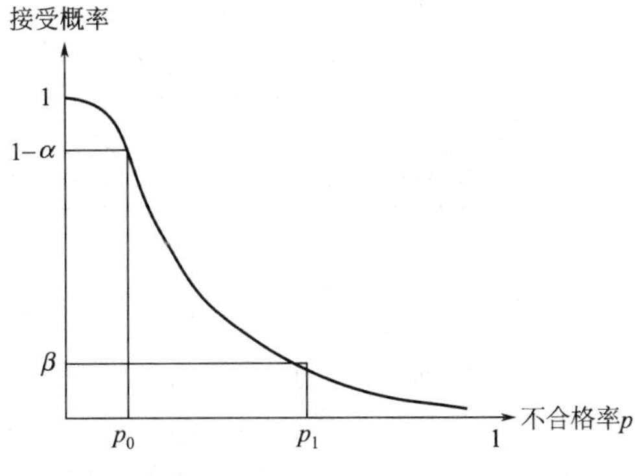

图 3-10 OC 曲线

（二）方案制订原理

标准型抽样方案是为了同时保障生产方和顾客利益，预先限制两类风险 α 和 β 前提下制定的，即要求：

① $p \leqslant p_0$ 时，$P(p) \geqslant 1-\alpha$，也就是当样本抽样合格时，接收概率应该保证大于 $1-\alpha$。

② $p \geqslant p_1$ 时，$P(p) \leqslant \beta$，即当样本抽样不合格时，接收概率应该保证小于 β。

根据 OC 函数的递减性，上述要求等价于（n；A）满足下列方程组：

$$\begin{cases} \sum_{d=0}^{A} C_n^d p_0^d (1-p_0)^{n-d} = 1-\alpha \\ \sum_{d=0}^{A} C_n^d p_1^d (1-p_1)^{n-d} = \beta \end{cases} \tag{3-19}$$

因此，如果预先确定好 p_0，p_1，α，β 的大小，就可以根据式(3-19）求出 n 和 A 的大小，也就是能确定标准型一次抽样方案（n；A）。对于 α 和 β 的值，经过长期实践和理论证明，一般取 $\alpha=5\%$，$\beta=10\%$ 比较合适，国标 GB/T 13262—2008 就是按此制订的。

（三）标准型一次抽样方案制订和实行步骤

（1）规定单位产品需要检验的质量特性值。

（2）生产方和使用方共同协商 p_0，p_1，α，β 的大小。

（3）组成交验批。

（4）按照国标 GB/T 13262—2008 检索出对应的抽样方案。

（5）随机抽取大小为 n 的样本。

（6）检查样本，记录不合格数 d。

（7）交验批判断：若 $d \leqslant A$，接收交验批；若 $d > A$，拒收交验批。

（8）交验批的处置。

三、计数调整型抽样方案（GB/T 2828.1—2003）

（一）基本概念

1. 可接受质量水平 AQL

AQL 是指对于连续批系列，为进行抽样检验，认为可以接受的过程平均的最低质量水平。AQL 不是针对某一批产品或某一个抽样方案的描述，而是生产方和使用方商定的过程平均的不合格品率的上限。当 AQL 小于或等于 10 的合格质量水平数值时，可以是每百单位不合格品数，也可以是每百单位产品不合格数；当 AQL 大于 10 时仅表示每百单位产品不合格数。AQL 参考数值见表 3-7。

表 3-7 AQL 参考数值

使用要求	特高	高	中	低
AQL	≤0.1	≤0.65	≤2.5	≥4.0
适用范围	导弹、卫星宇宙飞船	飞机、舰艇、重要军工产品	一般军用和工农业产品	一般民用产品

2. 检验水平

调整型抽样方案中，除了预定一个 AQL 外，还要选定一个检验水平。所谓检验水平是指经过综合考虑所需抽检费用和一旦被拒收可能造成的损失而确定的样本大小。在 AQL 相同条件下，如检验水平低，样本就小，检验费用也少。GB/T 2828.1—2003 把检验水平由低到高分为 7 个等级：S-1、S-2、S-3、S-4、Ⅰ、Ⅱ、Ⅲ；前四个为特殊检验水平，适用于军品检验或破坏性检验等检验费用高的产品；后三个为一般检验水平，用于民品，常选用检验水平Ⅱ。

3. 样本大小字码

为了简化抽样方案表，可以预先将抽样样本大小 n 用一组字码表示，再通过字码和 AQL 查得抽样方案。由于样本大小是根据检验水平和批量确定的，所以 GB/T 2828.1—2003 专门制订了一个字码表（如表 3-8）。表中，每种字码代表一个样本大小。

表 3-8 计数调整型抽样字码表

批量	特殊检验水平				一般检验水平		
	S-1	S-2	S-3	S-4	Ⅰ	Ⅱ	Ⅲ
2～8	A	A	A	A	A	A	B
9～15	A	A	A	A	A	B	C
16～25	A	A	B	B	B	C	D
26～50	A	B	B	C	C	D	E
51～90	B	B	C	C	C	E	F
91～150	B	B	C	D	D	F	G
151～280	B	C	D	E	E	G	H
281～500	B	C	D	E	F	H	J
501～1200	C	C	E	F	G	J	K
1201～3200	C	D	E	G	H	K	L
3201～10000	C	D	F	G	J	L	M
10001～35000	C	D	F	H	K	M	N
35001～150000	D	E	G	J	L	N	P
150001～500000	D	E	G	J	M	P	Q
500001 及其以上	D	E	H	K	N	Q	R

4. 转移规则

调整型抽样方案是根据连续交验批的产品质量及时调整抽样方案的宽严，以控制质量波动，并刺激生产方主动、积极地不断改进质量。GB/T 2828.1—2003 的具体转移规则见图 3-11。

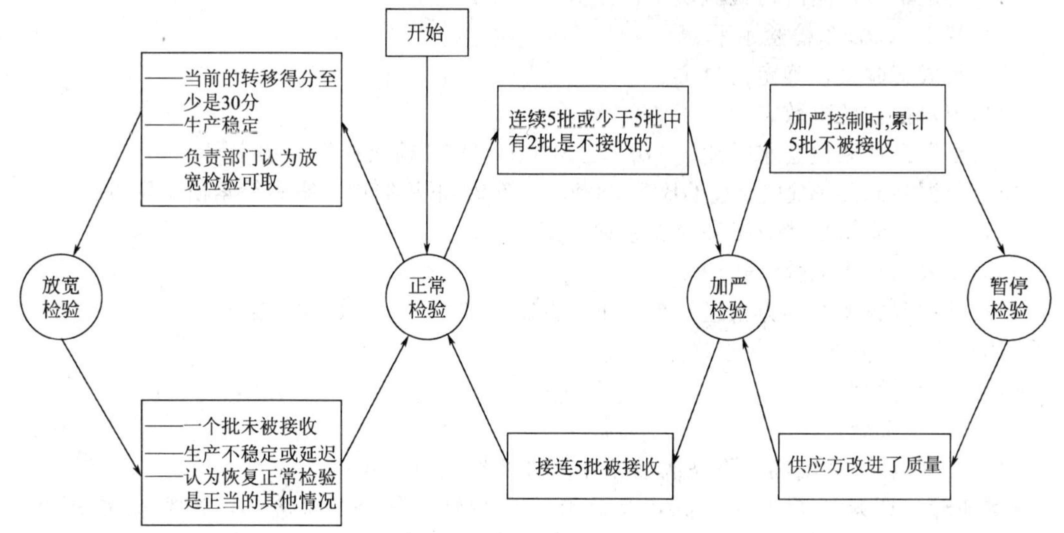

图 3-11 转移规则简图

（1）正常到加严。当正在采用正常检验时，只要初次检验中连续 5 批或少于 5 批中有 2 批是不可接收的，则转移到加严检验。本程序不考虑再提交批。

（2）加严到正常。当正在采用加严检验时，如果初次检验的接连 5 批已被认为是可接收的，应恢复正常检验。

（3）正常到放宽。当正在采用正常检验时，如果下列各条件均满足，应转移到放宽检验：①当前的转移得分至少是 30 分；②生产稳定；③负责部门认为放宽检验可取。

(4) 放宽到正常。当正在执行放宽检验时，如果初次检验出现下列任一情况，应恢复正常检验：①一个批未被接收；②生产不稳定或延迟；③认为恢复正常检验是正当的其他情况。

5. 调整型抽样方案（n；A_c，A_e）

方案中 n 表示样本大小，A_c 表示接受判定数，A_e 表示拒收判定数。若不合格数≤A_c，则接受该批；若不合格数≥A_e，则拒收该批。若不合格数 $A_c<d<A_e$，如果此时为放宽检验，则表示要该批产品可以接受，但要由放宽检验转为正常检验（图 3-11 的“1 批附条件不合格”规则）；若抽样方案为二次或多次抽样检验，$A_c<d<A_e$ 表示应该继续进行下一次抽样检验。如图 3-12 所示。

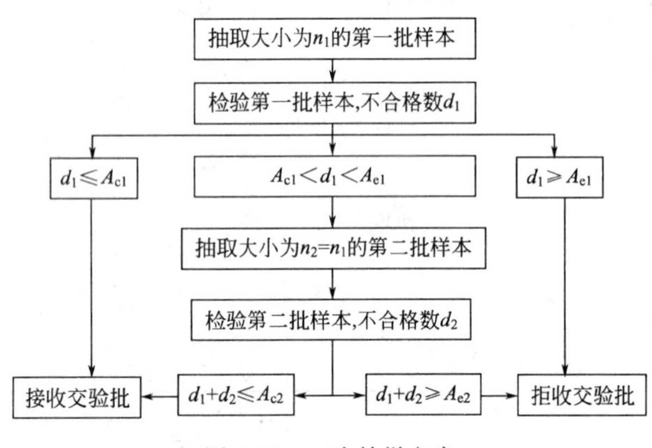

图 3-12 二次抽样方案

（二）计数调整型方案制定程序

(1) 规定单位产品的待检验质量特性值。

(2) 规定 AQL 和检验水平。

(3) 组成交验批，确定批量 N。

(4) 规定抽样的次数。

(5) 根据批量和检验水平通过 GB/T 2828.1—2003 检索样本大小字码。

(6) 根据字码和 AQL 通过 GB/T 2828.1—2003 正常抽检方案表检索出正常方案。

(7) 同样检索出加严方案和放宽方案。

(8) 查取放宽界限数 L_R。

(9) 制订调整型抽样方案组（包括正常方案、加严方案、放宽方案）。

(10) 从正常方案开始抽取样本。

(11) 交验批判断。

(12) 交验批处置。

(13) 按照转移规则确定下一次抽样方案的宽严。

【例 3-5】 已知批量 $N=1000$，交验批质量指标为不合格品率 p，预先规定 AQL＝2.5%，采用一般检验水平Ⅱ，试制订计数调整型一次抽样方案和计数调整型二次抽样方案。

(1) 由 $N=1000$，一般检验水平Ⅱ，查表 3-9，得样本大小字码为 J。

(2) 由样本大小字码 J，AQL＝2.5%，查 GB/T 2828.1—2003 一次正常抽检方案表得一次正常抽检方案为（80；5，6）。

(3) 同样可查得一次加严抽检方案（80；3，4）和一次放宽抽检方案（32；2，5）。

(4) 由 $10n=800$，AQL＝2.5%，查得 $L_R=14$。

(5) 将上述三个方案连同一套转移规则组成表 3-9 调整型一次抽样方案组。

表 3-9　调整型一次抽样方案组

方案宽严	样本大小	A_c,A_e	转移规则
正常方案	80	5,6	$L_R=14$（略）
加严方案	80	3,4	
放宽方案	32	2,5	

(6) 根据 (1)～(5) 类似方法，可以查出调整型二次抽样方案组（表 3-10）。

表 3-10　调整型二次抽样方案组

方案宽严	样本大小 n_1/n_2	A_{c1},A_{e1}/A_{c2},A_{e2}	转移规则
正常方案	80/80	2,5/6,7	（略）
加严方案	80/80	1,4/4,5	
放宽方案	20/20	0,4/3,6	

四、标准型抽样方案和调整型抽样方案的选用

通常来讲，无论什么情况下均可使用标准型抽样方案。在给定两类风险 $\alpha=5\%$，$\beta=10\%$，我国制订了标准型抽样方案国家标准 GB/T 13262—2008。实际上，两类风险如此规定也符合国际惯例。而对于调整型方案，由于是根据过去的检验资料进行抽样方案的调整，因此，它只适用于在生产稳定的条件下连续批的检查，批与批之间关系密切，待检批可以利用已检批的质量信息，以便决定抽样方案的宽严。

小　结

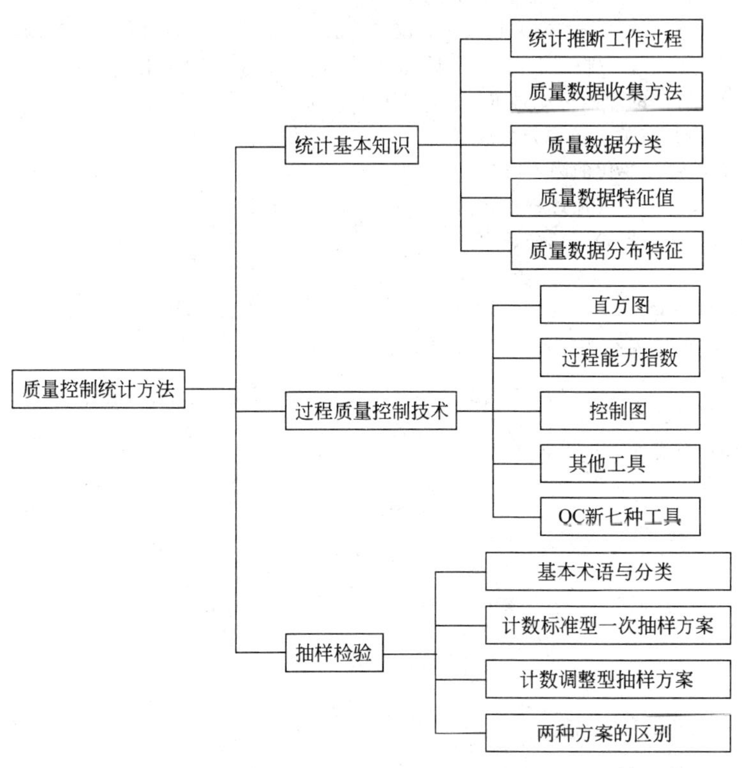

能力训练题

一、填空题

1. 样本也称子样，是从____________中随机抽取出来，并根据对其研究结果推断总体质量特征的那部分个体。
2. 质量特性值的变化在质量标准允许范围内波动称之为正常波动，是由____________引起的；若是超越了质量标准允许范围的波动则称之为异常波动，是由____________引起的。
3. 过程能力是表示生产过程客观存在着____________的一个参数。
4. 抽样检验指从批量为 N 的一批产品中随机抽取其中的一部分单位产品组成样本，然后对样本中的____________按产品质量特性逐个进行检验，根据样本的检验结果判断产品批合格与否的过程。
5. 排列图的主要功能是帮助人们确定__________________，以使人们把精力集中于这些问题的改进上。

二、选择题

1. 控制图的作用主要是用来（ ）。
   A. 判断产品合格与否　　B. 判断工序是否正常
   C. 查找产品不合格的原因　　D. 控制产品质量的范围
2. 在质量控制中，寻找影响质量主要问题应采用（ ）。
   A. 直方图法　　B. 排列图法　　C. 因果图法　　D. 控制图法
3. 在排列图上通常把累计比率为0～80%的因素称为（ ）。
   A. 次要因素　　B. 主要因素　　C. 一般因素　　D. 重要因素
4. 关于因果图的绘制，下列说法不正确的是（ ）。
   A. 通常先列出主骨，再逐层展开
   B. 应在图中对可能的重要因素进行标识
   C. 一张因果图可以同时解决几个具体问题
   D. 绘制因果图可以与头脑风暴法结合使用
5. 数据的基本信息，例如分布的形状、中心位置、散布大小等，可以使用（ ）来显示。
   A. 分层法　　B. 排列图　　C. 散布图　　D. 直方图
6. 出现锯齿型直方图的原因可能是（ ）。
   A. 与数据的分组有关，数据分组过多
   B. 过程中有趋势性变化的因素影响
   C. 数据中混杂了少量其他过程的数据
   D. 数据经过挑选，剔除了部分数据

三、思考题

1. 质量数据如何分类？
2. 质量数据波动的原因有哪些？
3. 什么是控制图？
4. 排列图的特征是什么？
5. 抽样方案如何分类？

第四章　承包单位的资质

【知识目标】

- 掌握承包单位的资质标准
- 熟练掌握对承包单位的资质核查

【能力目标】

- 能熟记资质等级的划分及相应承包工程的范围
- 能理解监理工程师对承包单位的资质考核的重要性

建设工程的项目建设、勘察设计、施工图审查、承包施工、工程监理、招标代理等是工程建设活动中必不可少的基本建设程序。《中华人民共和国建筑法》、《建设工程质量管理条例》、《建设工程安全生产管理条例》、《建设工程勘察设计管理条例》等法律法规明确指出，工程建设活动的市场秩序、安全质量等水平将直接关系到公众利益和人民生命财产安全。实施建设工程企业资质的从业资格管理是国家法律赋予的职责，是建设工程市场管理的重要环节，对维护整个建设工程市场秩序起着非常重要的作用。

承包单位的资质反映了承包单位人员的素质、技术与管理水平、技术装备、实践经验和以往业绩，反映了承包单位承包工程项目的能力，是判别承包单位是否具备承包工程项目资格和能否按规定质量要求完成工程项目的重要依据。在招标阶段及施工准备阶段应对承包单位和分包单位的资质进行核查，以便优选承包单位。

第一节　承包单位的资质标准

一、承包单位资质的分类

承包单位可根据其业务性质和范围分为勘察设计企业、建筑业企业及城市园林绿化企业、工程咨询单位和房地产项目建设、开发及物业等。

1. 勘察设计

勘察设计企业包括城市规划编制单位、勘察设计单位等。勘察设计分为工程勘察和工程设计。

工程勘察主要是以各种勘察手段和方法，从事地形、地质、水文地质要素的测绘、勘探、测试和综合评定，以及岩土工程的勘察、设计、处理和监测等工作，为工程建设的规划、设计、施工、运行提供所需的资料。

工程勘察一般分阶段进行，各勘察阶段与工程的设计阶段相适应，分为选址勘察、初步勘察、详细勘察和施工勘察四个阶段。

工程勘察又根据其专业性质分为工程地质勘察、岩土工程勘察、水文地质勘察和工程测量四个专业。

工程设计主要是从事新建、扩建、改建工程项目的建筑工程、安装工程、公用工程、环境工程的设计和技术经济分析，为工程项目的建设提供设计文件和图纸。

2. 建筑业

建筑业企业是指从事土木工程、建筑工程、线路管道设备安装工程、装修工程的新建、扩建、改建等活动的企业。

建筑业企业根据其对工程的承包能力，可分为施工总承包、专业承包和劳务分包三个序列。

施工总承包企业可以承接施工总承包工程，可以对所承接的施工总承包工程内各专业工程全部进行施工，也可以将专业工程或劳务作业依法分包给具有相应资质的专业承包企业或劳务分包企业。

专业承包企业可以承接总承包企业分包的专业工程和建设单位依法发包的专业工程，可以对所承接的专业工程全部自行施工，也可以将劳务作业依法分包给具有相应资质的劳务分包企业。

劳务分包企业可以承接施工总承包企业或专业承包企业分包的劳务作业。

3. 工程咨询

工程咨询单位包括规划咨询、编制项目建议书、编制可行性研究报告、工程监理、招标代理、造价咨询、工程检测、工程项目管理等。

工程监理企业是指从事工程监理业务并取得工程监理企业资质证书的经济组织，是监理工程师的执业机构。

按照我国现行法律法规规定企业的组织形式，我国工程监理企业组织形式包括：公司制监理企业、合伙监理企业、个人独资监理企业、中外合资经营监理企业和中外合作经营监理企业。

4. 房地产开发

房地产开发单位主要是从事城镇土地、房屋、基础设施和配套设施的开发经营。根据房地产开发单位的经营性质，可分为专营房地产开发单位和兼营房地产开发单位两类。

专营房地产开发单位是以房地产开发为主要经营业务的单位，兼营房地产开发单位是以其他经营项目为主要经营业务，同时经营房地产开发业务的单位。

二、承包单位资质的等级

1. 勘察设计

(1) 工程勘察资质分为工程勘察综合资质、工程勘察专业资质、工程勘察劳务资质。工程勘察综合资质只设甲级；工程勘察专业资质设甲级、乙级，根据工程性质和技术特点不分专业可以设丙级；工程勘察劳务资质不分等级。

(2) 工程设计资质分为工程设计综合资质、工程设计行业资质、工程设计专业资质和工程设计专项资质。工程设计综合资质涵盖铁路、公路、水电、城市规划、建筑、水利工程等21个行业的设计资质，只设甲级；工程设计行业资质、工程设计专业资质和工程设计专项资质设甲级、乙级；根据工程性质和技术特点，个别行业、专业、专项资质可以设丙级，建筑工程专业资质可以设丁级。

2. 建筑业

(1) 施工总承包企业资质根据行业不同分级。如，房屋建筑工程施工总承包企业资质分为特级、一级、二级、三级。

(2) 专业承包企业资质根据专业不同分级。如，地基与基础工程、土石方工程、建筑装修装饰工程等专业承包企业分为一级、二级、三级；混凝土预制构件、电梯安装等工程专业承包企业分为二级、三级。

(3) 劳务分包企业资质根据工种不同分级。如，木工、砌筑、钢筋等作业分包企业资质分为一级、二级；抹灰、油漆等作业分包企业资质不分等级。

3. 工程咨询

工程咨询单位专业资格按照专业划分为公路、铁路、建筑、水电等 31 个。

工程监理企业资质分为综合资质、专业资质和事务所资质。综合资质和事务所资质不分等级。专业资质分为甲级、乙级；其中，房屋建筑、水利水电、公路和市政公用专业资质可设丙级。

4. 房地产开发

房地产开发企业分为一、二、三、四级资质和暂定资质。

三、承包单位资质的标准

(一) 工程设计专业资质等级标准和承包工程范围

1. 甲级

(1) 资历和信誉

①具有独立企业法人资格；

②社会信誉良好，注册资本不少于 300 万元人民币；

③企业完成过所申请行业相应专业设计类型大型项目工程设计不少于 1 项，或中型项目工程不少于 2 项，并已建成投产。

(2) 技术条件

① 专业配备齐全、合理，主要专业技术人员数量不少于所申请专业资质标准中主要专业技术人员配备表规定的人数；

② 企业主要技术负责人或总工程师应当具有大学本科以上学历、10 年以上设计经历，且主持过所申请行业相应专业设计类型的大型项目工程设计不少于 2 项，具有注册执业资格或高级专业技术职称；

③ 在主要专业技术人员配备表规定的人员中，主导专业的非注册人员应当作为专业技术负责人主持过所申请行业相应专业设计类型的中型以上项目工程设计不少于 3 项，其中大型项目不少于 1 项。

(3) 技术装备及管理水平

① 有必要的技术装备及固定的工作场所；

② 企业管理组织结构、标准体系、质量、档案体系健全。

甲级可承担本专业建设工程项目主体工程及其配套工程的设计任务，规模不受限制。

2. 乙级

(1) 资历和信誉

① 具有独立企业法人资格；

② 社会信誉良好，注册资本不少于 100 万元人民币。

(2) 技术条件

① 专业配备齐全、合理，主要专业技术人员数量不少于所申请专业资质标准中主要专业技术人员配备表规定的人数；

② 企业主要技术负责人或总工程师应当具有大学本科以上学历、10 年以上设计经历，且主持过所申请行业相应专业设计类型的大型项目工程设计不少于 1 项或中型项目工程设计

不少于 3 项，具有注册执业资格或高级专业技术职称；

③ 在主要专业技术人员配备表规定的人员中，主导专业的非注册人员应当作为专业技术负责人主持过所申请行业相应专业设计类型的中型以上项目工程设计不少于 2 项或大型项目不少于 1 项。

(3) 技术装备及管理水平

① 有必要的技术装备及固定的工作场所；

② 有较完善的质量体系和技术、经营、人事、财务、档案等管理制度。

乙级可承担本专业中、小型建设工程项目主体工程及其配套工程的设计任务。

3. 丙级

(1) 资历和信誉

① 具有独立企业法人资格；

② 社会信誉良好，注册资本不少于 50 万元人民币。

(2) 技术条件

① 专业配备齐全、合理，主要专业技术人员数量不少于所申请专业资质标准中主要专业技术人员配备表规定的人数；

② 企业主要技术负责人或总工程师应当具有大专以上学历、10 年以上设计经历，且主持过所申请行业相应专业设计类型的工程设计不少于 2 项，具有中级及以上专业技术职称；

③ 在主要专业技术人员配备表规定的人员中，主导专业的非注册人员应当作为专业技术负责人主持过所申请行业相应专业设计类型的项目工程设计不少于 2 项。

(3) 技术装备及管理水平

① 有必要的技术装备及固定的工作场所；

② 有较完善的质量体系和技术、经营、人事、财务、档案等管理制度。

丙级可承担本专业小型建设工程项目的设计任务。

4. 丁级（限建筑工程设计）

(1) 资历和信誉

① 具有独立企业法人资格；

② 社会信誉良好，注册资本不少于 5 万元人民币。

(2) 技术条件

① 企业专业技术人员不少于 5 人，其中，二级以上注册建筑师或结构师不少于 1 人；具有建筑工程类专业学历、2 年以上设计经历的专业技术人员不少于 2 人；

② 具有 3 年以上设计经历，参与过至少 2 项工程设计的专业技术人员不少于 2 人。

(3) 技术装备及管理水平

① 有必要的技术装备及固定的工作场所；

② 有较完善的技术、财务、档案等管理制度。

丁级可承担设计任务：

① 一般公共建筑工程：单体建筑面积 2000m² 及以下；建筑高度 12m 及以下。

② 一般住宅工程：单体建筑面积 2000m² 及以下；建筑层数 4 层及以下砖混结构。

③ 厂房和仓库：跨度不超过 12m，单梁式吊车吨位不超过 5t 的单层厂房和仓库；跨度不超过 7.5m，楼盖无动荷载的二层厂房和仓库。

(4) 高度不超过 20m 的烟囱；容量不超过 50m³ 的水塔；容量不超过 300m³ 的水池；直径小于 6m 的料仓。

（二）施工总承包企业资质等级标准和承包工程范围

房屋建筑工程施工总承包企业资质分为特级、一级、二级、三级。

1. 特级

（1）企业注册资本金 3 亿元以上。

（2）企业净资产 3.6 亿元以上。

（3）企业近 3 年年平均工程结算收入 15 亿元以上。

（4）企业其他条件均达到一级资质标准。

特级可承担各类房屋建筑工程的施工。

2. 一级

（1）企业近 5 年内承担过下列 6 项中的 4 项以上工程的施工总承包或主体工程承包，工程质量合格：

① 25 层以上的房屋建筑工程；

② 高度 100m 以上的构筑物或建筑物；

③ 单体建筑面积 3 万平方米以上的房屋建筑工程；

④ 单体跨度 30m 以上的房屋建筑工程；

⑤ 建筑面积 10 万平方米以上的住宅小区或建筑群体；

⑥ 单项建安合同额 1 亿元以上的房屋建筑工程。

（2）企业经理具有 10 年以上从事工程管理工作的经历或具有高级职称；总工程师具有 10 年以上从事施工技术管理工作经历并具有本专业高级职称；总会计师具有高级会计职称；总经济师具有高级职称。

（3）企业有职称的工程、经济管理人员不少于 300 人，其中具有工程系列职称人员不少于 200 人；工程系列职称的人员中，具有高级职称的人员不少于 10 人，中级职称的人员不少于 60 人。

（4）企业具有一级资质的项目经理不少于 12 人。

（5）企业注册资本金 5000 万元以上，企业净资产 6000 万元以上。

（6）企业近 3 年最高工程结算收入 2 亿元以上。

（7）企业具有相应与承包工程范围相适应的施工机械和质量检测设备。

一级可承担单项建安合同额不超过企业注册资本金 5 倍的下列房屋建筑工程的施工：

① 40 层及以下、各类跨度的房屋建筑工程；

② 高度 240m 及以下的构筑物；

③ 建筑面积 20 万平方米及以下的住宅小区或建筑群体。

3. 二级

（1）企业近 5 年内承担过下列 6 项中的 4 项以上工程的施工总承包或主体工程承包，工程质量合格：

① 12 层以上的房屋建筑工程；

② 高度 50m 以上的构筑物或建筑物；

③ 单体建筑面积 1 万平方米以上的房屋建筑工程；

④ 单体跨度 21m 以上的房屋建筑工程；

⑤ 建筑面积 5 万平方米以上的住宅小区或建筑群体；

⑥ 单项建安合同额 3000 万元以上的房屋建筑工程。

（2）企业经理具有 8 年以上从事工程管理工作的经历或具有中级以上职称；技术负责人具有 8 年以上从事施工技术管理工作经历并具有本专业高级职称；财务负责人具有中级以上

会计职称。

(3) 企业有职称的工程、经济管理人员不少于 150 人，其中具有工程系列职称人员不少于 100 人；工程系列职称的人员中，具有高级职称的人员不少于 2 人，中级职称的人员不少于 20 人。

(4) 企业具有二级资质的项目经理不少于 12 人。

(5) 企业注册资本金 2000 万元以上，企业净资产 2500 万元以上。

(6) 企业近 3 年最高工程结算收入 8000 万元以上。

(7) 企业具有相应与承包工程范围相适应的施工机械和质量检测设备。

二级可承担单项建安合同额不超过企业注册资本金 5 倍的下列房屋建筑工程的施工：

① 28 层及以下、单跨跨度 36m 及以下的房屋建筑工程；

② 高度 120m 及以下的构筑物；

③ 建筑面积 12 万平方米及以下的住宅小区或建筑群体。

4. 三级

(1) 企业近 5 年内承担过下列 5 项中的 3 项以上工程的施工总承包或主体工程承包，工程质量合格：

① 6 层以上的房屋建筑工程；

② 高度 25m 以上的构筑物或建筑物；

③ 单体建筑面积 5000 平方米以上的房屋建筑工程；

④ 单体跨度 15m 以上的房屋建筑工程；

⑤ 单项建安合同额 500 万元以上的房屋建筑工程。

(2) 企业经理具有 5 年以上从事工程管理工作的经历；技术负责人具有 5 年以上从事施工技术管理工作经历并具有本专业中级职称；财务负责人具有初级以上会计职称。

(3) 企业有职称的工程、经济管理人员不少于 50 人，其中具有工程系列职称人员不少于 30 人；工程系列职称的人员中，具有中级职称的人员不少于 10 人。

(4) 企业具有三级资质的项目经理不少于 10 人。

(5) 企业注册资本金 600 万元以上，企业净资产 700 万元以上。

(6) 企业近 3 年最高工程结算收入 2400 万元以上。

(7) 企业具有相应与承包工程范围相适应的施工机械和质量检测设备。

三级可承担单项建安合同额不超过企业注册资本金 5 倍的下列房屋建筑工程的施工：

① 14 层及以下、单跨跨度 24m 及以下的房屋建筑工程；

② 高度 70m 及以下的构筑物；

③ 建筑面积 6 万平方米及以下的住宅小区或建筑群体。

(三) 工程监理企业专业资质标准

1. 甲级

(1) 具有独立法人资格且注册资本金不少于 300 万元。

(2) 企业技术负责人应为注册监理工程师，并具有 15 年以上从事工程建设工作的经历或者具有工程类高级职称。

(3) 注册监理工程师、注册造价工程师、一级注册建造师、一级注册建筑师、一级注册结构工程师或者其他勘察设计注册工程师合计不少于 25 人次。

(4) 企业近 2 年内独立监理过 3 个以上相应专业的二级工程项目；但是，具有甲级设计资质或一级及以上施工总承包资质的企业申请本专业工程类别甲级资质除外。

(5) 企业具有完善的组织结构和质量管理体系，有健全的技术、档案等管理制度。

（6）企业具有必要的工程试验检测设备。

（7）申请工程监理资质之日前一年内没有因本企业监理责任造成重大质量事故。

（8）申请工程监理资质之日前一年内没有因本企业监理责任发生三级以上工程建设重大安全事故或者发生两起以上四级工程建设安全事故。

2. 乙级

（1）具有独立法人资格且注册资本金不少于 100 万元。

（2）企业技术负责人应为注册监理工程师，并具有 10 年以上从事工程建设工作的经历。

（3）注册监理工程师、注册造价工程师、一级注册建造师、一级注册建筑师、一级注册结构工程师或者其他勘察设计注册工程师合计不少于 15 人次。

（4）企业具有较完善的组织结构和质量管理体系，有健全的技术、档案等管理制度。

（5）企业具有必要的工程试验检测设备。

（6）申请工程监理资质之日前一年内没有因本企业监理责任造成重大质量事故。

（7）申请工程监理资质之日前一年内没有因本企业监理责任发生三级以上工程建设重大安全事故或者发生两起以上四级工程建设安全事故。

3. 丙级

（1）具有独立法人资格且注册资本金不少于 50 万元。

（2）企业技术负责人应为注册监理工程师，并具有 8 年以上从事工程建设工作的经历。

（3）企业具有必要的质量管理体系和规章制度。

（4）企业具有必要的工程试验检测设备。

（四）房地产开发企业资质等级

房地产开发经营企业主要从资金、人员、负责人、开发经历及工程质量五个方面分为一级、二级、三级、四级资质。

1. 一级

（1）注册资金不低于 5000 万元。

（2）从事房地产开发经营 5 年以上。

（3）近 3 年房屋建筑面积累计竣工 30 万平方米以上，或累计完成与此相当的房地产开发投资额。

（4）连续 5 年的工程质量合格率 100%。

（5）上一年房屋建筑施工面积 15 万平方米以上，或累计完成与此相当的房地产开发投资额。

（6）有职称的建筑、结构、财务、房地产及有关经济类的专业管理人员不少于 40 人，其中具有中级以上职称人数不少于 20 人，持有资格证书的专职会计人员不少于 4 人。

（7）具有完善的质量保证体系，商品住宅销售中实行了《住宅质量保证书》和《住宅使用说明书》制度。

（8）未发生过重大工程质量事故。

2. 二级

（1）注册资金不低于 2000 万元。

（2）从事房地产开发经营 3 年以上。

（3）近 3 年房屋建筑面积累计竣工 15 万平方米以上，或累计完成与此相当的房地产开发投资额。

（4）连续 3 年的工程质量合格率 100%。

（5）上一年房屋建筑施工面积 10 万平方米以上，或累计完成与此相当的房地产开发投资额。

(6) 有职称的建筑、结构、财务、房地产及有关经济类的专业管理人员不少于20人，其中具有中级以上职称人数不少于10人，持有资格证书的专职会计人员不少于3人。

(7) 具有完善的质量保证体系，商品住宅销售中实行了《住宅质量保证书》和《住宅使用说明书》制度。

(8) 未发生过重大工程质量事故。

3. 三级

(1) 注册资金不低于800万元。

(2) 从事房地产开发经营2年以上。

(3) 房屋建筑面积累计竣工5万平方米以上，或累计完成与此相当的房地产开发投资额。

(4) 连续2年的工程质量合格率100%。

(5) 有职称的建筑、结构、财务、房地产及有关经济类的专业管理人员不少于10人，其中具有中级以上职称人数不少于5人，持有资格证书的专职会计人员不少于2人。

(6) 具有完善的质量保证体系，商品住宅销售中实行了《住宅质量保证书》和《住宅使用说明书》制度。

(7) 未发生过重大工程质量事故。

4. 四级

(1) 注册资金不低于100万元。

(2) 从事房地产开发经营1年以上。

(3) 已竣工的工程质量合格率100%。

(4) 有职称的建筑、结构、财务、房地产及有关经济类的专业管理人员不少于5人，持有资格证书的专职会计人员不少于2人。

(5) 工程技术负责人具有相应专业中级以上职称，财务负责人具有相应专业初级以上职称，配有专业统计人员。

(6) 商品住宅销售中实行了《住宅质量保证书》和《住宅使用说明书》制度。

(7) 未发生过重大工程质量事故。

第二节 承包单位的资质核查

一、政府资质管理部门对承包单位资质的管理

1. 承包单位资质的审批

勘测设计单位的资质实行分级审批。工程勘察甲级资质、工程设计甲级资质，以及铁路、交通、水利、信息产业、民航等方面的工程设计乙级资质由国务院建设行政主管部门送国务院有关部门审批；工程勘察乙级及以下资质、工程设计乙级（涉及铁路、交通、水利、信息产业、民航等方面的工程设计乙级资质除外）由各省、自治区、直辖市人民政府建设行政主管部门依法确定。

工程总承包企业的资质等级实行由政府资质管理部门分级审批的制度。施工总承包序列特级资质，专业承包序列一级资质（铁路、交通、水利、信息产业、民航方面)、二级资质（铁路、民航方面）由国务院建设行政主管部门审批；施工总承包序列二级资质，专业承包

序列一级资质（不含铁路、交通、水利、信息产业、民航等方面）、二级资质（不含铁路、民航方面）由所在地的省、自治区、直辖市政府建设行政主管部门审批；施工总承包序列三级资质，专业承包序列三级资质，劳务分包序列资质由所在地的市级人民政府建设行政主管部门审批。

监理企业甲级资质由住房和城乡建设部审批；其他由各省、自治区、直辖市政府建设行政主管部门审批，报住房和城乡建设部备案。

房地产开发企业一级资质由住房和城乡建设部审批；二级及以下由各省、自治区、直辖市政府建设行政主管部门审批。

2. 企业资质的年度检查

承包企业的资质由有关资质管理部门进行经常性的管理，资质管理部门将对企业的资质和承包工程范围随时进行核查，当承包企业的资质条件发生变化时，资质管理部门将及时对其资质等级进行调整。

资质管理部门对企业的资质进行监督，并进行年度检查。监督检查是不定期的随时进行，而施工企业资质的年度检查通常在每年的3月至6月之间进行，由施工企业在规定的时间内按规定的程序提出申请，并提交“企业资质年度检查表”、“企业资质证书”、“企业法人营业执照”，以及过去一年生产完成情况和财务决算年度报表、所完成的工程项目和各类经济、技术人员、项目经理变化情况的资料，经资质管理部门审查核实后，做出年检结论，并记录在企业资质证书（副本）的年检记录栏内。无故不提出申请的，则视为自动歇业，资质证书即无效。设计单位的资质三年进行一次检查和复审。

企业资质年检的结论分为合格、基本合格、不合格三种，具体条件如下：

(1) 企业资质条件完全符合所定资质等级标准，且在过去一年内未发生工程建设重大事故及违法行为的为“合格”。

(2) 企业资质条件基本符合所定资质等级标准（指一项指标达到80%以上，其他均达到标准要求），且过去一年内未发生过四级以上工程建设重大事故及重大违法行为的为“基本合格”。

(3) 企业的资质条件与所定资质差距较大，或过去一年发生过三级以上工程建设重大事故，或发生两起以上四级工程建设重大事故，或发生过重大违法行为的均为“不合格”。

二、监理工程师对承包单位资质的考核

承包单位的资质反映了承包单位承包工程的能力，也反映了承包单位对工程质量的保证能力。监理工程师应协助建设单位，从资质等级、领导素质、组织机构、管理制度、技术装备、专业人员的构成、技术水平、实践经验、历史业绩、工程造价、质量、工期、施工方案、技术措施、质量保证体系、经营作风及社会信誉等方面，对承包单位的资质进行核查，通过综合分析和比较后，优选承包单位，确保工程项目的设计、施工按预期要求顺利完成。

承包单位的资质考核分三个阶段进行，即招标阶段、施工前期（施工准备阶段）和施工阶段。

（一）工程招标阶段

在工程招标阶段，监理工程师首先应协助建设单位根据工程项目的类型、规模、特点和技术要求，确定招标的方式和投标企业的类型及其资质等级，并对投标企业的资质进行核查。

(1) 查对投标企业的《建筑业企业资质证书》。

(2) 核查承包企业的人员素质（包括领导人员的学历、职称、经历、组织能力、管理水

平，技术人员和施工人员的结构组成、经历、技术水平）、技术装备（施工机械设备、检验测试设备的类型、数量、性能、先进程度）、管理水平（企业内部管理和施工现场管理水平）、资金情况（资本金、生产经营用固定资产、效益等）、建设业绩（所完成的主要工程的类型、数量、特点、质量水平、获奖情况等，特别是近期业绩，以及是否完成过与招标工程的类型、规模和特点相近似的工程）。

（3）核查承包企业的近期表现，如近期承包工程项目的类型、规模和特点，工程质量情况，年完成生产情况，获奖情况，安全生产情况等。

（4）查对政府资质管理部门对承包单位施工现场考评结果，资质的年检情况及年检结论，资质升降级情况。

（5）查对近期承建的工程，实地参观考查这些工程的施工管理水平、技术水平和工程质量情况。

（6）核查承包单位的安全资质：

① 查对承包单位的安全资质证书；

② 核查承包单位的安全生产管理机构的设置情况及相应的安全专业人员配备情况；

③ 查对承包单位的各种安全生产规章制度、安全生产责任制及安全生产管理网络；

④ 核查承包单位的安全施工技术措施、各工种的安全生产操作规程；

⑤ 查对建筑安全监督机构对承包单位安全业绩评定及改进情况。

监理工程师在综合上述各方面情况后，应对投标企业作出综合评价，并形成文字材料，报送建设单位、招投标管理部门、建设行政主管部门，并作为投标企业投标资格核查的材料和评标时优选承包企业的参考。

（二）施工准备阶段

在施工准备阶段，监理工程师应对承包单位的资质进一步复查，重点主要是核查承包单位的质量保证体系和质量控制系统。

（1）承包企业质量体系的核查步进行复查。承包企业在签订承包合同后，应按照合同要求建立质量保证体系或质量控制系统，并向监理工程师提交其质量保证体系文件。监理工程师应核查承包单位提交的质量保证体系文件，证实其质量体系的设计适用于所承包工程的质量保证需要，即核查其质量体系的适用性和有效性，核查的内容包括：

① 承包单位质量体系建立和认证情况；

② 企业领导和职工的质量意识；

③ 质量保证体系的质量方针和目标是否符合合同的质量要求；

④ 质量保证体系要素是否符合工程的特点；

⑤ 质量保证体系的组织机构是否健全和完善，是否落实，各部门、各岗位的职责和权限是否明确和落实；

⑥ 质量保证体系文件（质量手册、程序文件、质量计划等）是否可行；

⑦ 各项管理制度、规定和措施是否建立和健全，是否切实可行；

⑧ 如何对工程质量形成全过程进行控制和纠正，能否满足质量要求。

（2）了解承包企业质量管理的基础工作情况，开展工程项目管理、全面质量管理情况。

（3）施工现场人员、施工机械、工程材料和设备是否按规定到位，人员资质、机械和设备是否符合需要。

（4）分包单位资格的确认。当总承包单位或承包单位欲将所承包工程的一部分分包给其他承包单位时，分包单位的资格必须经监理工程师审查确认。监理工程师对分包单位资格审查的主要内容包括：

① 查对分包单位的资质证明材料；

② 核查分包单位的质量管理情况；

③ 核查分包单位对所分包工程采取的技术措施、现场管理人员素质、质量保证网络；

④ 核查材料、设备的采购、检测、验收情况；

⑤ 审查分包单位对所分包工程采取的质量检测与验收办法；

⑥ 审查分包单位所采用的工程质量标准是否与总包单位规定的工程质量标准一致。

（三）施工阶段

在工程项目施工过程中，监理工程师还应对承包单位的资质进行进一步考核，了解承包单位质量管理和质量控制的完备情况，实际的质量控制能力，证实其质量保证的有效性。

(1) 核查承包单位实现质量方针和目标的程度。

(2) 核查承包单位的组织机构是否完善，职责和权限的划分是否明确和得到落实。

(3) 所采取的各项管理制度、技术措施、质量检验和检测措施是否得到贯彻和实施。

(4) 工程质量形成的全过程是否得到控制和纠正。

(5) 企业的管理与施工现场工作是否协调一致。

通过核查，若承包单位的管理水平和技术水平不满足需要，质量保证未能得到有效证实时，监理工程师应督促施工单位采取措施改进和完善质量保证体系，保证工程项目的质量。如若仍无法满足要求，在征得建设单位同意后，可以撤换承包单位。

三、对在境内承包工程的外国企业资质管理

随着改革开放和我国经济实力的迅速提升，越来越多外国企业参与我国境内工程承包，外商投资建设工程企业主要包括城市规划服务企业、建设工程设计企业、建设业企业和建设工程服务企业。

1. 外商投资城市规划服务企业管理

外商投资城市规划服务企业，是指在中华人民共和国依法设立从事城市规划服务的中外合资、中外合作经营以及外资企业。城市规划服务，是指从事除城市总体规划以外的城市规划的编制、咨询活动。

国务院对外贸易经济行政主管部门负责外商投资城市规划服务企业设立的管理工作；国务院建设行政主管部门负责外商投资城市规划服务企业资格的管理工作。

省、自治区、直辖市人民政府对外贸易经济行政主管部门负责本行政区域内外商投资城市规划服务企业设立的初审工作；县级以上地方人民政府负责对本行政区域内外商投资城市规划服务企业从事城市规划服务活动的监督管理。

2. 外商投资建设工程设计企业管理

外商投资建设工程设计企业，是指根据中国法律、法规的规定，在中华人民共和国境内投资设立的外资建设工程设计企业、中外合资以及中外合作经营建设工程设计企业。

国务院对外贸易经济合作行政主管部门负责外商投资建设工程设计企业设立的管理工作；国务院建设行政主管部门负责外商投资建设工程设计企业资质的管理工作。

省、自治区、直辖市人民政府对外贸易经济行政主管部门在授权范围内负责外商投资建设工程设计企业设立的管理工作；省、自治区、直辖市人民政府建设行政主管部门按照规定负责本行政区域内外商投资建设工程设计企业资质的管理工作。

3. 外商投资建设业企业管理

外商投资建设业企业，是指根据中国法律、法规的规定，在中华人民共和国境内投资设

立的外资建筑业企业、中外合资以及中外合作经营建筑业企业。

国务院对外贸易经济行政主管部门负责外商投资建设业企业设立的管理工作；国务院建设行政主管部门负责外商投资建设业企业资质的管理工作。

省、自治区、直辖市人民政府对外贸易经济行政主管部门在授权范围内负责外商投资建设业企业设立的管理工作；省、自治区、直辖市人民政府建设行政主管部门按照规定负责本行政区域内外商投资建设业企业资质的管理工作。

4. 外商投资建设工程服务企业管理

外商投资建设工程服务企业，是指在中华人民共和国依法设立，并取得相应资质的中外合资、中外合作经营以及外资建设工程服务企业。建设工程服务包括建设工程监理、工程招标代理和工程造价咨询。

国务院商务部及其依法授权的省、自治区、直辖市人民政府商务主管部门负责外商投资建设工程服务企业设立的管理工作。

国务院建设行政主管部门负责外商投资建设工程服务企业资质的管理工作；省、自治区、直辖市人民政府建设行政主管部门按照规定负责本行政区域内外商投资建设工程服务企业资质的管理工作。

小　　结

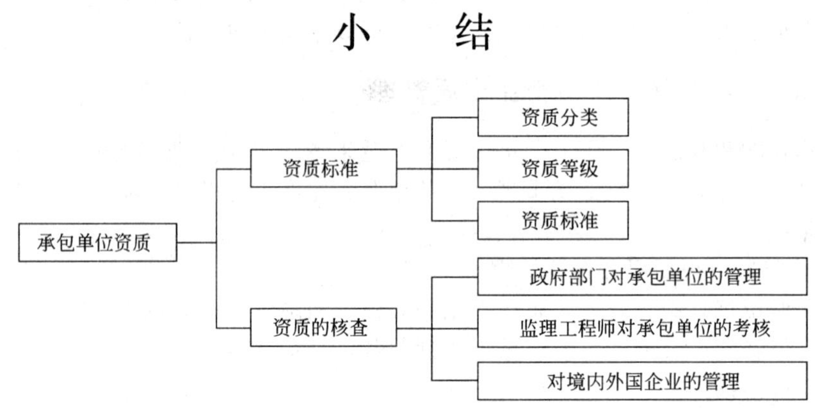

能力训练题

一、填空题

1. 勘察设计分为________和________。
2. 房屋建筑工程施工总承包企业资质为一级的企业，具有职称的工程、经济管理人员不少于________人，其中具有工程系列职称人员不少于________人；工程系列职称的人员中，具有高级职称的人员不少于______人，中级职称的人员不少于________人。
3. 房地产开发企业一级资质由________审批；二级及以下由________审批。
4. 在工程招标阶段，监理工程师首先应协助建设单位根据工程项目的类型、规模、特点和技术要求，确定招标的方式和投标企业的类型及其资质等级。对投标企业的______进行核查。
5. 在工程项目施工过程中，监理工程师还应对承包单位的________进行进一步考核，了解承包单位质量管理和质量控制的完备情况，实际的质量控制能力，证实其质量保证的有效性。

二、选择题

1. 检查勘察、设计单位的营业执照，重点是审查其（　）和年检情况。

A. 年检结论是否合格　B. 注册证书的有效性　C. 资金状况　D. 有效期

2. 施工承包企业按照其承包工程能力，划分为（　）。

A. 施工总承包、专业承包两个序列

B. 施工总承包、专业承包、劳务分包三个序列

C. 土建总承包、水电总承包、市政总承包等若干类别

D. 特级、一级、二级等三个资质级别

3. 工程设计行业类资质设（　）级别。

A. 甲、乙、丙　B. 一、二、三　C. 一、二、三、四　D. 不设级别

4. 工程勘察综合类资质设（　）级别。

A. 甲级　B. 一、二级　C. 一、二、三级　D. 甲、乙、丙、丁

5. 工程勘察、设计单位资质的年检结论为（　）。

A. 甲、乙、丙　B. 优良、不合格

C. 优、合格、不合格　D. 合格、基本合格、不合格

6. 工程勘察资质等级设立（　）类只设甲级。

A. 综合类　B. 岩土工程　C. 水文地质勘察　D. 工程测量

7. 设计方案招标，投标文件应由具有相应资格的（　）签章，并加盖单位公章。

A. 注册结构工程师　B. 设计单位技术负责人

C. 设计单位法人代表　D. 注册建筑师

8. 对于特级和一级项目，审查机构应在收到审查材料后（　）个工作日内，完成审查工作，并提出审查报告。

A. 10　B. 20　C. 30　D. 40

9. 资质管理部门对建筑企业年度检查的结论分为（　）。

A. 优、合格、不合格　B. 良、合格、不合格

C. 合格、基本合格、不合格　D. 优、良、合格、不合格

10. 工程勘察资质等级设立中，工程专业类勘察单位资源等级分为（　）。

A. 甲级　B. 甲、乙级

C. 甲、乙、丙级　D. 甲、乙、丙及丙级以下

三、思考题

1. 承包单位根据业务性质和范围分为哪几类？

2. 建筑业企业根据其对工程的承包能力，可分为哪几个序列？

3. 什么是工程监理企业？我国现行法律法规规定的工程监理企业组织形式包括哪些？

4. 工程监理企业资质分为哪些？如何分级？

5. 试述监理工程师对承包单位的资质考核的重要性以及资质考核分哪几个阶段进行？

第五章　工程勘察设计阶段质量控制

【知识目标】

- 了解设计质量的概念及设计质量控制
- 了解设计前期的质量控制
- 掌握设计工序控制的内容
- 熟练掌握设计阶段的质量控制

【能力目标】

- 熟悉各阶段监理工程师需要审查的资料
- 熟悉设计交底及图纸会审的内容和程序

第一节　概　　述

一、设计质量的概念

工程项目的设计阶段通常包括项目的前期阶段（技术经济论证、项目的可行性研究、编制设计任务书、场址选择等）和项目的设计阶段（项目的初步设计、技术设计和施工图设计）。项目的设计阶段决定了工程项目的质量目标和水平，同时也是工程项目质量目标和水平的具体体现。工程设计在技术上是否先进，经济上是否合理，是否符合有关的法规等，都对项目今后的适用性、安全性、可靠性、经济性和环境的影响起着决定性作用。

工程项目的设计对项目的经济性起着重要的影响，根据我国一些工程设计的统计，项目的前期工作对项目经济性的影响达 90％～95％，初步设计阶段的影响为 75％～90％，技术设计阶段的影响为 35％～75％，施工图设计阶段的影响为 10％～35％，而施工阶段的影响约为 10％。由此可见，设计质量对工程项目质量和经济性的重要影响。

工程项目的设计应满足建设者（业主）对项目所要求的功能和使用价值，满足建设者对项目建设的意图和投资的意愿。具体来说，项目的设计应该在符合有关法律、法规、政策的前提下，使项目的平面和立面布置合理，尺度适宜，有利于管理和生产，方便生活；结构的强度、稳定性和刚度有保障，满足安全可靠，坚固耐久的条件，并具有抵御自然灾害（如地震、台风、水灾、火灾、雷电等）的能力；投资低，工期短，效益高，能有效地利用各种资源，生产出符合需要的产品；建筑物造型新颖、美观；同时四周的生态环境、卫生条件得到保护，并能与周围的建筑协调一致，不影响这些建筑的安全和功能的发挥等。

因此，工程项目设计的质量就是在遵守现行的有关法规、标准的基础上和符合投资、资源、技术和环境等的约束条件的情况下，满足建设者（业主）对项目功能和使用价值的需求，并取得最大的经济效益。

二、设计质量控制

（一）设计阶段质量控制的目的

工程项目的设计牵涉到项目的投资、质量和进度，这三者之间是互相关联的，三者之间是辩证统一的关系。

投资的减小可以提高项目的投资效益，但投资的减小不能以降低工程项目质量为代价，如果在减少投资的同时也降低了工程项目的质量，则工程项目在投入运行后就会出现各种质量问题，这些问题的返修处理，必然会造成人力、物力的大量损失，而工程项目也不能正常运行和发挥预期的效益。其结果反而可能使项目的费用增大，形成更大的经济损失。所以在投资与质量之间，应以质量为主，在达到质量目标和水平的前提下，使投资最低。质量与进度或质量与数量之间的关系也应该是矛盾的统一，工程质量是通过一定的进度或数量来表现的，没有数量就没有质量，也就没有实体；反之，没有质量，数量也就失去了意义。因此，不能片面强调进度而忽视质量，两者之间也应以质量为主，在满足质量要求的前提下，加快进度，缩短工期。

所以，在工程项目的设计阶段，应该在保证质量的前提下处理好投资、进度和质量的关系。

工程项目设计阶段质量控制的核心就是要使投资、进度、质量三大目标之间的关系处于最优状态。

因此，工程项目设计阶段质量控制的目的是：

（1）使工程项目的设计在符合现行法规和标准的前提下，满足建设者（业主）对项目功能和使用价值的需求，即满足建设者的建设意图；

（2）使工程项目的设计在达到质量要求（即合理质量）的前提下，投资最少；或者是使工程项目的设计在满足建设者设定的投资限额的条件下，项目的质量最佳；

（3）协调设计内外各环节的关系，通过对设计工作进度的计划、控制和协调，确保项目工期目标的实现。

（二）工程项目设计阶段质量控制的基本内容

工程项目设计阶段，监理工程师对质量控制的基本内容包括以下几点。

1. 设计准备阶段

（1）根据项目可行性报告或项目评估报告的项目总目标要求，编制设计大纲或设计方案竞赛文件。

（2）协助建设者（业主）组织勘测设计招标或方案竞赛。

（3）拟定设计纲要（设计任务书）。

（4）协助建设单位编制工程项目招标文件或协助审核招标文件。

（5）对参加投标的勘测设计单位进行资格审查，优选勘测设计单位。

（6）确认勘测设计单位的质量保证体系，督促设计单位建立和完善内部专业交底和专业会签制度。

（7）组织设计监理队伍，建立设计质量控制体系。

（8）落实有关外部条件，提供设计所需的基础资料（主要是有关供水、供电、供气、供热、通信、交通运输等方面的资料）。

2. 设计阶段

（1）审查设计基础资料的正确性和完整性。

（2）结合设计单位进行有关的技术经济分析论证。

(3) 审查设计方案的先进性和合理性，组织设计方案的评比和优选。

(4) 结合设计工作的进度，组织协调设计与外部有关单位（如消防、人防、环保、地震、防汛，以及供水、供电、供气、供热、通信等单位）的关系，以及参与项目所在地公用设施统一建设的协调工作。

(5) 协调各设计单位（由建设单位直接委托的各设计单位）间的关系，保证各专业设计之间的相互配合和衔接。

(6) 在满足功能要求和经济合理的前提下，向各设计专业组提供有关主要设备及材料的型号、规格、厂家、价格的信息，并参与主要设备、材料的选型。

(7) 审查主要设备和材料清单。

(8) 在设计进行过程中，对设计质量进行跟踪检查，控制设计图纸的质量，保证各部分设计符合质量目标要求，符合技术法规和标准。

(9) 进行设计进度的检查和控制。

3. 设计完成阶段

(1) 组织设计的评审和咨询。

(2) 组织设计图纸会审。

(3) 根据项目的功能和质量要求，审核估算、概算所含费用及其计算方法的合理性。

(4) 根据所掌握的设备和材料的有关信息，审核设计所采用的主要设备和材料清单，并提出反馈意见。

(5) 组织设计文件和图纸的报批、验收、分发、保管、使用和建档。

(6) 处理设计变更（包括设备、材料变更）。

第二节 设计前期的质量控制

设计前期的质量控制主要是指在项目设计任务书（规划设计大纲）的基础上对项目的质量目标进行具体的描述和补充，从项目的布局、建筑的造型、装饰、结构以及设备的选型、设计、使用和功能等方面，提出项目的设计原则、技术要求和标准。这些工作的名称为项目的设计指导书或设计纲要。

设计指导书（工程项目设计纲要）的内容随工程项目的类型和规模而有所不同，一般应包括：编制的依据；建设的目的和依据；建设的规模、产品的方案和生产纲领；生产方法和工艺流程；矿产资源、水文、地质、原材料、燃料、动力、供水、供电、交通运输等协作配合条件；资源综合利用和“三废”治理要求；建设地区和地点、占用土地的估算；防灾、抗灾等要求；建设工期；投资控制额，要求达到的经济效益和技术水平等。对于扩建、改建的大、中型项目，还应包括资金、材料、设备的来源等。

项目的设计纲要是签订设计合同的重要组成文件，是进行工程项目设计和工程项目审核的主要依据。

对于民用建筑工程，设计纲要主要包括以下内容。

(1) 编制依据。主要包括已批准的可行性研究报告、项目的设计任务书、选址报告及建筑场地的工程地质勘察报告等。

(2) 技术经济指标。如建筑物的面积指标、总投资控制和投资分配、单位面积的造价控制等。

(3) 城市规划的要求。包括建筑红线范围（四角坐标）；建筑高度、层数及道路的要求；

建筑体型及环境的要求；占地系数、绿化系数的要求；消防的要求；主要及次要出入口与城市道路的关系；建筑物的日照、通风、朝向；广场及停车场面积；对煤气、热力、给排水、电力、电信等管线的布置要求等。

(4) 建筑的风格及造型。建筑的特色，建筑的主面构图；建筑物外装饰材料的质感与色彩要求等。

(5) 使用空间设计方面的要求。使用空间的平剖面形状，组成，尺度；使用空间功能和合理利用的要求等。

(6) 平面布局的要求。各组成部分的面积比例；各使用部分的联系与分隔的要求；水平与垂直交通的布置与选型的要求；出入口布置要求；人防设施，如煤气、热力、给排水、电力、电信等专业机房及管井的要求等。

(7) 建筑剖面的要求。建筑标准层和特殊使用层要求的高度；地上、地下建筑高度的要求等。

(8) 室内装饰要求。一般用房和重点公共用房的装饰要求；有特殊使用要求的装饰等。

(9) 结构设计要求。主体结构体系的选择；对地基基础、抗震结构、人防及特种结构的设计要求；结构设计的主要参数。

(10) 设备设计要求。对煤气设置、调压站及管网的要求；给水系统（生活、生产、消防用水）管网及设备；排水系统管网及设备，污水处理；空调、采暖、通风的要求；电气系统及设备，防雷等的要求；电信系统的要求等。

第三节　设计工序控制

一、设计工序控制的概念

工程项目的质量目标与水平，是通过设计使其具体化，并以此作为施工的依据，同时对施工有着重要的指导作用。设计质量的优劣，直接影响工程项目的功能，使用价值以及投资的经济效益，关系着国家财产和人民生命安全。设计的质量有两层意思，首先要满足业主所需要的功能和使用价值，符合业主的投资意图，而业主所需要的功能和使用价值，又受到经济、技术、资源、环境等因素制约，从而使项目的质量目标与水平受到限制；其次设计都遵守相关的城市规划、环保、防灾、安全等一系列技术标准、规范、规程，这是保证设计质量的基础。实践反复证明，很多工程事故就是因为设计过程中没有遵守相关的法规、技术标准，使得业主所需要的功能和使用价值得不到保障，轻则出现安全隐患和质量缺陷，重则出现严重的安全事故，给业主造成大量的危害和损失。

因此，从上述的工作原则可以看出，建设工程设计的质量控制工作绝不是仅仅针对报告及成果的质量进行控制，而是要从整个社会发展和环境建设的需要出发，对设计的整个过程进行控制，包括设计的工作程序、进度、费用、成果文件所包含的功能和使用价值，其中涉及的法律、法规、合同等必须遵守规定。建设工程设计质量控制的依据如下：

① 无论在哪里进行工程建设，都必须遵循该地方的相关建设工程及质量管理方面的法律、法规、城市规划以及国家规定的建设工程设计深度要求；

② 工程建设的相关技术标准，如设计的工程建设强制性标准规范及规程、设计参数、定额、指标等；

③ 项目批准文件，如可行性研究报告、项目评估报告以及相应选址报告；

④ 体现建设单位建设意图的设计规划大纲、纲要和合同文件；

⑤ 反映项目建设过程中和建成后所需要的有关技术、资源、经济、社会协作等方面的协议、数据和资料。

总之，建设工程设计质量控制过程当中，所要注意的控制要点即设计的工序控制大体来说可分为两点：对单位资质的控制；对设计质量的控制。

二、设计工序控制的内容

（一）单位资质控制

由于设计企业资质是代表企业进行建设工程设计能力水平的一个重要标志，监理工程师应以此为依据对设计单位进行核查。因此，设计单位资质控制是确保工程质量的一项关键措施，也是设计单位质量事前控制的重点工作。如果一个工程项目能够找到技术素质好、管理水平高的设计单位，必将为保证工程的设计质量、以及整个工程的质量打下坚实良好的基础。

1. 工程设计单位资质等级

建设工程设计单位资质分为工程设计综合资质、工程设计行业资质和工程设计专项资质三类。工程设计资质分级标准按照单位资历和信誉、技术力量、技术水平、技术装备及应用水平、管理水平、业务成果等六方面考核确定。其中业务成果指标供资质考核备用，其余五项为硬性要求，必须达到。

2. 工程设计单位资质的动态管理核查

建筑工程设计甲级及其他工程设计甲、乙级资质由国务院建设行政主管部门审批，委托企业工商注册所在省、自治区、直辖市建设行政主管部门负责年检，年检合格的报国家建设行政主管部门备案，基本合格或不合格的应上报确认其年检。

建筑工程设计乙级资质和其他建设工程设计丙级及以下资质，由企业工商注册所在地省、自治区、直辖市建设行政主管部门审批并负责年检。年检结论为：合格、基本合格、不合格三种。

由于我国加入 WTO 后要面临着激烈的国际市场竞争，在入世后过渡期内允许设立中外合营工程设计机构，因此在工程设计领域就开辟了国际间的技术交流，国内的工程技术人员就可以了解国际上通用的设计软件、程序，可以学习和借鉴国外先进的设计方法。在中外合营工程设计机构中，要求中方具有甲、乙级资质，外方在所在国或地区社会信誉良好，在国际市场具有较强竞争力的注册机构，并有较强的注册建筑师和注册工程师队伍，并按照《中华人民共和国中外合资企业法》、《中华人民共和国中外合作企业法》及《成立中外合营工程设计机构审批管理规定》（建设字 180 号文）和《关于国外独资工程设计咨询企业或机构申报专项工程设计资质有关问题的通知》（建设字 67 号文）的规定，由国家外经贸部负责审批，住房和城乡建设部负责统一审定和管理其资质和资格。监理工程师主要审查单位的《工程设计证书》和《工程设计收费资格证书》，凡未取得住房和城乡建设部许可的境外设计机构及设计人员按有关规定在中国境内中标承担设计业务，必须与中国的甲级设计单位合作，由中方注册建筑师等签字才可成为合法文件。目前为止，国家允许进入国内设计市场的仅有建筑智能化系统集成专项设计、建筑装饰和环境专项工程设计国外独资咨询企业或机构。

3. 监理工程师对设计单位资质考核的要点

设计质量控制的第一步是对设计单位资质进行核查。由于设计工作是一个技术性很强的工作，它需要从事这一工作的单位或个人具备相应的能力和手段，同时设计成果又是由人来完成的，而质量的责任由单位和个人共同来承担，因此，对单位的资质和人的资格均需要认真审核。监理工程师应重点核查以下内容：

（1）检查设计单位的资质证书类别和等级及所规定的适用业务范围与拟建工程的类型、规模、地点、行业特性及要求的设计任务是否相符，资质证书所规定的有效期是否已过期，其资质年检结论是否合格。

（2）检查设计单位的营业执照，重点是有效期和年检情况。

（3）对参与拟建工程的主要技术人员的职业资格进行检查，对专职技术骨干比例进行考察，包括一级注册建筑师、一级注册结构工程师（结构）和在国家实行其他专业注册工程师制度后的注册工程师；注册造价工程师；取得高级职称的技术人员，从事工程设计实践10年以上并取得中级职称技术人员。重点检查其注册证书有效性，签字权的级别是否与拟建工程相符。

（4）对设计单位实际的建设业绩、人员素质、管理水平、资金情况、技术装备进行实地考察，特别是对近期完成的与拟建工程类型、规模、特点相似或相近的工程设计任务进行查访，了解其服务意识和工作质量。

（5）对设计单位的管理水平，重点考查是否达到了与其资质等级相应的要求水平。如甲级要求建立以设计项目管理为中心，以专业管理为基础的管理体制，实行设计质量、进度、费用控制；企业管理组织结构、标准体系、质量体系健全，并可以实行动态的管理，最好是通过ISO系列标准体系的认证。

监理工程师应根据考核情况，对被考核单位给出一个综合评价，形成文字材料，送建设单位或有关单位作参考。

（二）设计质量控制

1. 工程设计阶段划分

工程设计是依据工作进程和深度不同，一般按照初步设计、施工图设计两个阶段进行；技术上复杂的项目可以按照初步设计、技术设计和施工图设计三个阶段进行。在按两阶段进行设计时，当完成初步设计，并经有关部门批准后，即可进行施工图设计。在按三阶段进行设计时，初步设计完成，并经批准后，应进行技术设计，在技术设计批准后，才能进行施工图设计。

初步设计的目的主要是对拟建工程项目在技术上的可行性和经济上的合理性进一步进行分析论证，并确定项目的主要技术参数、总投资额和主要技术经济指标。初步设计的主要内容包括：设计依据，建设规模，产品方案，工艺流程，主要设备选型及配置，主要建筑物、构筑物及其轮廓尺寸，主要材料及其用量，原料、动力的用量与来源，占地面积和土地的利用。新技术的采用情况，外部协作条件，公用辅助设计，“三废”治理，抗震和人防措施，建设程序和期限，技术经济指标等。

技术设计的内容与初步设计大致相同，但比初步设计更深入具体。

施工图设计应完成施工总图和施工详图，施工总图又分为平面图和剖面图两种，图中应表示出结构物、设备和各种管线的布置，相互的连接关系和尺寸；施工详图应包括结构详图、预埋件详图和材料明细表。

设计单位的工作模式在实践中因工程的规模、性质和特点的不同而具有较大的灵活性。监理工程师应按照设计准备和设计展开两大阶段进行质量控制。

2. 设计准备阶段监理工作内容、程序和方法

（1）工作内容

① 组建项目监理机构，明确各监理任务、内容和职责，编制监理规划和设计准备阶段投资进度计划并进行控制。

② 组织设计招标或设计方案竞赛。协助建设单位编制招标文件，会同建设单位对招标单位进行资质审查。组织评标或设计竞赛方案评选。

③ 编制设计大纲（设计纲要或设计任务书），确定设计质量要求和标准。

④ 优选设计单位，协助建设单位签订设计合同。

（2）工作程序。设计展开准备阶段监理工作程序如图 5-1 所示。

（3）主要工作方法

① 收集和熟悉项目原始资料，充分领会建设单位意图。监理工程师首先要核查已批准的“项目建议书”、“可行性研究报告”、选址报告、城市规划部门的批文、土地使用要求、环境要求；工程地质和水文地质勘察报告、区域图、1/5000～1/1000 地形图；动力、资源、设备、气象、人防、消防、地震烈度、交通运输、生产工艺、基础设施等资料；相关设计规范、标准和技术经济指标，并分析研究整理出满足设计要求的基本条件。其次要充分掌握和理解建设单位对项目建设的要求、设想和各种意图。做到上述要求就可达到二者的最佳交汇点。

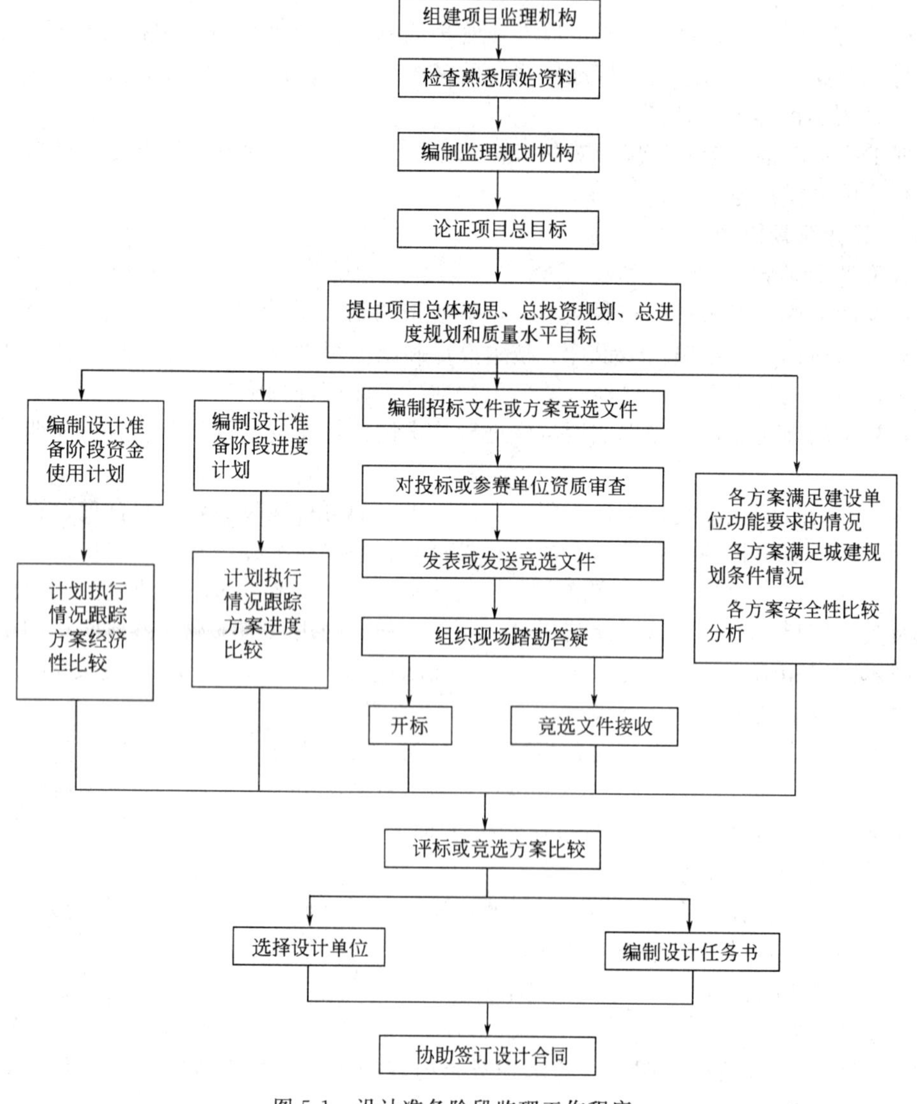

图 5-1 设计准备阶段监理工作程序

② 项目总目标论证方法。建设单位提出的项目总投资、总进度、总质量目标，监理工程师必须对其进行分析，论证其可行性。在确定的总投资数限定下，分析论证项目的规模、设备标准、装饰标准能否达到建设单位的预期水平，进度目标能否实现；在进度目标限定下，要满足建设单位提出的项目规模、设备标准、装饰标准，估算出需要的总投资。论证时依据历史类似工程各种指标和条件与本项目进行差异分析比较，并分析项目建设中可能遇到的风险。

③ 以初步确定的总建筑规模和质量要求为基础，将论证后所得总投资和总进度切块分解，确定投资和进度规划。

④ 起草设计合同，并协助建设单位尽量与设计单位达成限额设计条款。

3. 设计展开阶段监理工作内容、程序和方法

(1) 工作内容

① 设计方案、图纸、概预算和主要设备、材料清单的审查，发现不符合要求的地方，分析其原因并发出修改设计的指令。

② 对设计工作协调控制。及时检查和控制设计进度，做好各部门间协调工作，使各专业设计之间相互配合、衔接，及时消除隐患。

③ 参与主要设备、材料的选型。

④ 组织对设计的评审或咨询。

⑤ 编写设计阶段监理工作总结。

(2) 工作程序。设计展开阶段监理工作程序如图 5-2 所示。

(3) 主要工作方法

① 在建设单位与设计单位间发挥出桥梁和纽带作用。设计阶段监理既不是自行设计，也不是完全监督设计单位，其根本目的是尽可能将建设单位建设意图和要求贯彻到设计人员，并调动设计人员的积极性，发挥技术潜力，综合经济、技术、环境、资源因素最大限度地反映落实到设计图纸上。这就需要监理工程师善于沟通，要通过各种方式了解建设单位想法，再以书面或口头形式与设计人员交换意见，进行磋商，真正起到桥梁和纽带作用。

② 跟踪设计，审核制度化。对设计的各阶段设置审查点，审核设计文件质量，如规范符合性、结构安全性、施工可行性等，概预算总额，设计进度完成情况，与相应标准和计划值进行分析比较。

③ 采用多种方案比较法。监理工程师要对设计人员所定的例如建筑标准、结构方案、水、电、工艺等各种设计方案进行了解和分析，有条件时应进行两种或多种方案比较、判断，确定出最优方案。

④ 协调各相关单位关系。工程设计过程会牵涉到很多部门，包括很多设计单位、政府部门等，很多的专业交叉，因此监理工程师必须掌握组织协调方法，营造良好的工作氛围，才会事半功倍。

4. 设计阶段质量控制的原则、任务和方法

(1) 设计质量控制的原则

① 建设工程设计应当与社会、经济发展水平相适应，做到经济效益、社会效益和环境效益相统一。

② 建设工程设计应当按工程建设的基本程序，坚持先勘察，后设计，再施工的原则。

③ 建设工程设计应力求做到适用、安全、美观、经济。

④ 建设工程设计应符合设计标准、规范的有关规定，计算要准确，文字说明要清楚，

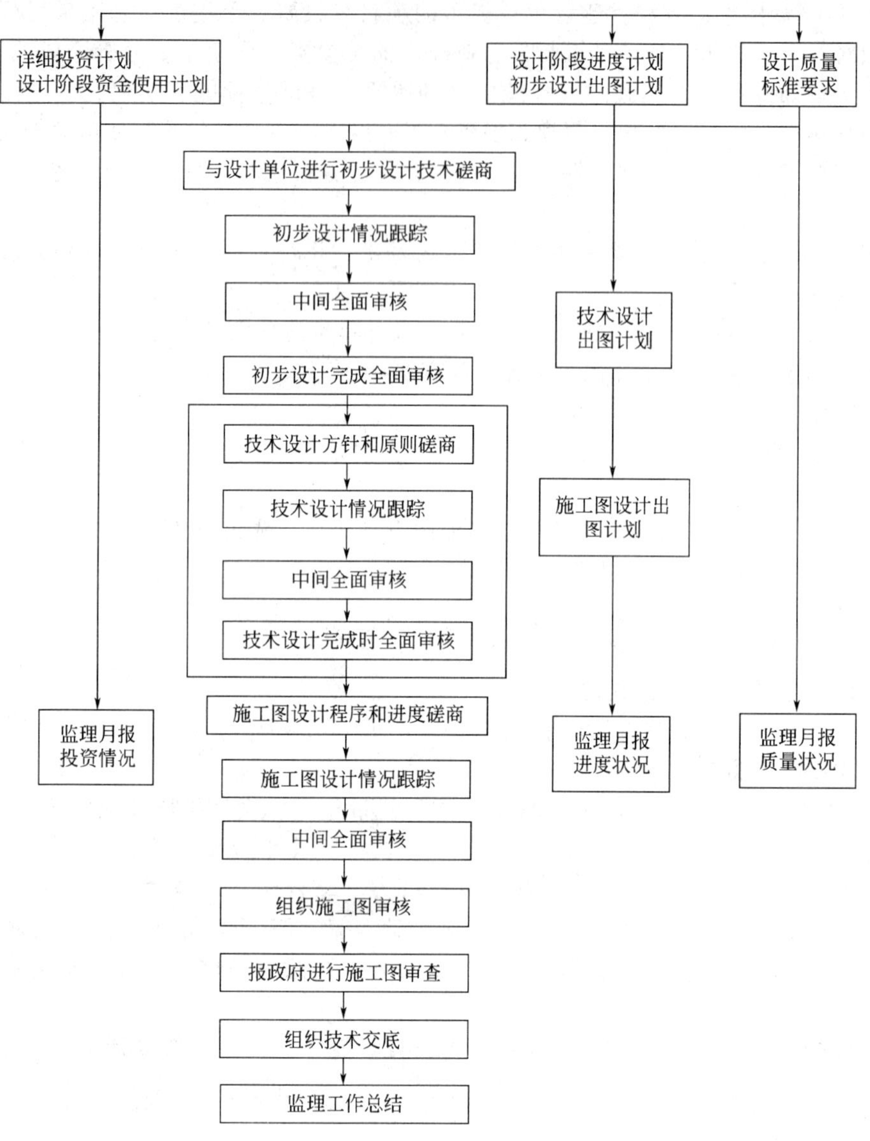

图 5-2　设计展开阶段监理工作程序

图纸要清晰、准确，避免“错、漏、碰、缺”。

(2) 设计阶段监理质量控制的主要任务

① 审查设计基础资料的正确性和完整性。

② 协助建设单位编制设计招标文件或方案竞赛文件，组织设计招标或方案竞赛。

③ 审查设计方案的先进性和合理性，确定最佳设计方案。

④ 督促设计单位完善质量体系，建立内部专业交底及会签制度。

⑤ 进行设计质量跟踪检查，控制设计图纸的质量。

⑥ 组织施工图会审。

⑦ 评定、验收设计文件。

(3) 设计阶段质量控制方法。为了有效控制设计质量，必须对设计进行质量跟踪。设计质量跟踪不是监督设计人员画图，也不是监督设计人员结构计算和配筋，而是要定期地对设计文件进行审核，必要时，对计算书进行核查，发现不符合质量标准和要求的，指令设计单位修改，直至符合标准为止。这里所述的标准是指根据设计质量目标所采用的技术标准、规范及材料部品规格等。因此设计质量控制的主要方法是在设计过程中和阶段设计完成时，以设计招标文件（含设计任务书、地质勘察报告等）、设计合同、监理合同、政府有关批文、各项技术规范和规定、气象、地区等自然条件及相关资料、文件为依据，对设计文件进行深入细致的审核。审核内容主要包括：图纸的规范性，建筑造型与立面设计，平面设计，空间设计，装修设计，结构设计，工艺流程设计，设备设计，水、电、自控设计，城规、环境、消防、卫生等部门的要求满足情况，专业设计的协调一致情况，施工可行性等方面。在审查过程中，特别要注意过分设计和不足设计两种极端情况。过分设计，导致经济性差；不足设计，存在隐患或功能降低。

工程设计工作的展开和深化，有自身内在的规律和程序。因此，监理单位应该围绕着每个设计阶段的工作重心，进行设计质量控制，其主要环节见表 5-1。

表 5-1 中所列编制设计纲要是确保设计质量的重要环节，因为设计纲要是确定工程项目

表 5-1　监理对设计质量控制的主要环节

序号	工作阶段	监理控制工作主要内容	要求及说明
1	设计准备阶段	根据项目建设要求，拟定规划设计大纲	规划设计大纲应体现业主建设意图，并根据可行性研究报告或项目评估报告来编写，其深度应满足方案竞选、设计招标的要求
2		组织方案竞选或设计招标、择优选择设计单位	根据工程性质特点、规模和重要性，可组织公开招标或邀请招标；组织有关专家及主管部门业务人员参加评审组，对参加竞选或投标的方案进行评选，并据此择优选择设计单位
3		拟定《设计纲要》及设计合同	拟定《设计纲要》（另详）。设计合同包括设计总合同及单独委托的专业设计合同，设计合同可以一次签订，也可分设计阶段签订
4		落实有关外部条件，提供设计所需要的基础资料	主要是有关供水、供电、供气、供热、通信、运输等方面的资料
5	设计阶段	配合设计单位开展技术经济分析，搞好设计方案比选，优化设计	另详
6		配合设计进度，组织设计与外部有关部门间的协调工作	外部有关部门如消防、人防、环保、地震、防汛以及供水、供电、供气、供热、通信等部门。根据当地建设环境，必要时，还需参与项目所在地区公用设施统一建设协调工作
7		各设计单位之间的协调工作	指由业主直接委托的各设计单位之间的协调配合工作
8		参与主要设备、材料的选型	根据满足功能要求、经济合理的原则，向各设计专业提供有关主要设备、材料的型号、厂家、价格信息，并参与选型工作
9		检查和控制设计进度	对设计进度的检查和控制，也是对设计合同履行情况进行监督的一项重要内容
10	设计成果验收阶段	组织对设计的评审或咨询	另详
11		审核工程估算、概算	根据项目功能要求及质量要求，审核估算、概算所含费用及其计算方法的合理性
12		审核主要设备及材料清单	根据所掌握设备、材料的有关信息，对设计所采用的设备、材料提出反馈意见
13		施工图纸审核	除技术质量方面的要求外，其深度应满足施工条件的要求，并应特别注意各专业图纸之间的“错、漏、碰、缺”
14	施工阶段	处理设计变更	包括设备、材料的变更
15		参与现场质量控制工作	参与工程重点部位及主要设备安装的质量监督等
16		主持处理工程质量问题、参与处理工程质量事故	包括进行危害分析，提出处理的技术措施，或对处理措施组织技术鉴定等
17		参与工程验收	包括重要隐蔽工程、单位、单项工程的中间验收；整理工程技术档案等

质量目标、水平，反映业主建设意图，编制设计文件的主要依据，是决定工程项目成败的关键。因此，编制和审核设计纲要时，应对可行性报告和设计任务书进行充分的研究、分析，保证设计纲要的内容建立在物质资源和外部建设条件的可靠基础上。

第四节　设计阶段的质量控制

一、设计方案的审核

（一）总体设计方案的审核

工程项目总体设计方案主要应包括以下内容。

1. 设计规模

对生产性项目是指设计年生产能力，如汽车厂以年生产多少万辆汽车表示，电站以设计装机容量多少万千瓦表示；对非生产性项目可用设计容量表示，如多少座位的剧院，多少床位的医院，多少学生人数的学校，多少户数的住宅区等。

2. 总建筑面积

包括全部建筑面积和各类面积（使用面积、辅助面积等）的大致比例。

3. 生产工艺及技术水平

对于生产性项目应确定采用什么工艺技术、工艺技术的水平，以及主要工艺设备的选择等。

4. 建筑造型

指建筑平面布置、立面造型是否与周围环境相协调；建筑总高度是否符合规定；建筑外观的艺术效果等。

总体方案的审核主要是在初步设计时进行，重点是审核设计依据、设计规模、产品方案、工艺流程、项目组成及布局、设施配套、占地面积、协作条件、“三废”治理、环境保护、防灾抗灾、建设期限、投资概算等的可靠性、合理性、经济性、先进性。

（二）专业设计方案的审核

专业设计方案的审核，重点是审核设计方案的设计参数、设计标准、设备和结构选型、功能和使用价值等方面，是否满足适用、经济、美观、可靠等要求。具体的审核内容如下。

1. 建筑设计方案

主要审核平面和空间布置是否合理和适用；建筑物理功能，如采光、隔热、保温、隔声、通风等的方式是否达到规定标准，材料的选择、布置和构造是否满足要求等。

2. 结构设计方案

主要审核结构方案的设计依据及设计参数；结构方案的选择；安全度、可靠度、抗震是否符合要求；主体结构布置；结构材料的选择等。

3. 其他专业设计方案

其他专业设计方案，如给水工程、排水工程、通风空调、动力工程、供热工程、通信工程、厂内运输和“三废”工程等设计方案，主要审核设计依据、设计参数、各专业设计方案的选择，路线或管道（管网）的布置及所需设备、器材、工程材料的选择等。

设计方案阶段的质量控制，主要是协助设计单位做好设计方案的技术经济分析，以及在设计单位的技术经济分析基础上，对设计方案进行审核。

二、设计图纸的审核

设计图纸是在初步设计、技术设计或方案设计的基础上进行详细、具体的设计，把工程和设备各构成部分尺寸、布置和主要施工做法等，绘制出正确、完善和详细的建筑和安装详图，并配以必要的文字说明。具体内容包括：全项目性文件，各建筑、构筑物文件，各专业工程计算书、计算机辅助设计软件及资料等。

设计图纸的审核是指监理工程师对设计施工图纸的审核。审核的重点是使用功能及质量要求是否得到满足，并应按有关国家和地方验收标准及设计任务书、设计合同的约定质量标准，针对施工图设计成品，特别是其主要质量特性做出验收评定，签发监理验收结论的文件。

施工图是对建筑物、设备、管线等工程对象的尺寸、布置、选用材料、构造、相互关系、施工及安装质量要求的详细图纸和说明，是指导施工的直接依据，从而也是设计阶段质量控制的一个重点。因此，监理单位应重视施工图纸的审核。施工图纸审核主要由项目总监理工程师负责组织各专业监理工程师进行，必要时，应组织专家会审或邀请有关专业专家参加。审查设计单位提交的设计图纸和设计文件内容是否准确完整，是否符合编制深度的要求，特别是应侧重于使用功能及质量要求是否满足设计文件和合同中关于质量目标的具体描述，并应该提出书面的监理审核验收意见。如果不能满足要求时，应监督设计单位予以修改后再进行审核验收。

1. 监理工程师设计图纸审核的主要原则

(1) 是否符合有关部门对初步设计的审批要求。

(2) 是否对初步设计进行了全面、合理的优化。

(3) 安全可靠性、经济合理性是否保证，是否符合工程总造价要求。

(4) 设计深度是否符合设计阶段的要求。

(5) 是否满足使用功能和施工工艺要求。

2. 监理工程师进行设计图纸审核的主要内容

按照上述原则，监理工程师审核设计施工图纸主要有以下内容。

(1) 图纸的规范性。

(2) 建筑造型与立面设计。

(3) 平面设计。

(4) 空间设计。

(5) 装修设计。

(6) 结构设计。

(7) 工艺流程设计。

(8) 设备设计。

(9) 水、电、自控等设计。

(10) 城规、环境、消防、卫生等要求满足情况。

(11) 各专业设计的协调一致情况。

(12) 施工可行性。

此外，还应特别注意过分设计、不足设计两种极端情况。下面以建筑造型与立面设计、结构设计为例说明应审核的具体内容：建筑施工图，主要审核房间、车间尺寸及布置情况，门窗及内外装修，材料选用，要求的建筑功能是否满足等；结构施工图，主要应审核承重结构布置情况，结构材料的选择，施工质量的要求等。

三、设计交底与图纸会审

（一）设计交底目的和内容

设计交底是指在施工图完成并审查合格后，设计单位在设计文件交付施工时，按法律规定的义务就施工图设计文件向施工单位和监理单位做出详细的说明。目的本身是使施工单位和监理单位正确贯彻设计意图，使其加深对设计文件特点、难点、疑点的理解，掌握关键工程部位质量要求，确保工程质量。

设计交底内容主要为：施工图设计文件总体介绍，设计的意图说明，特殊工艺的要求，建筑、结构、工艺、设备等各专业施工过程中难点、疑点、易发生问题的说明，对施工单位、监理单位、建设单位等对设计图纸的疑问进行解释。

（二）图纸会审的目的和内容

图纸会审是指承担施工阶段监理的监理单位组织施工单位以及建设单位、材料、设备供货等相关单位，在收到审查合格的施工图设计文件后，在设计交底前进行的全面细致熟悉和审查施工图纸的活动。

图纸会审目的有两方面，首先，使施工单位和各参建单位熟悉设计图纸，了解工程特点和设计意图，找出需要解决的技术难题，并制定解决方案；其次，为了解决图纸中的问题，减少差错，将图纸中质量隐患消灭在萌芽之中。图纸会审的内容如下所述。

（1）是否无设计或超越设计；图纸是否经设计单位正式签署。

（2）地质勘探资料是否齐全。

（3）设计图纸的说明是否齐全，有无分期供图时间表。

（4）设计地震烈度是否符合当地要求。

（5）几个设计单位共同设计的图纸相互之间有无矛盾；专业图纸之间、平立剖面图之间有无矛盾；标注有无遗漏。

（6）总平面与施工图几何尺寸、平面位置、标高等是否一致。

（7）防火、消防是否满足要求。

（8）建筑结构与各专业图纸本身是否有矛盾或差错之处；建筑图与结构图的平面尺寸及标高是否一致；结构图与建筑图表示方法是否清楚；是否符合制图标准；预埋件是否表示清楚；有无钢筋明细表；钢筋的构造要求在图中是否表示清楚。

（9）施工单位是否具备施工图中所列各种标准图册。

（10）材料来源有无保证，能否代换；图中要求能否都得到满足；新材料、新技术应用有无障碍。

（11）地基处理方法是否合理，建筑与结构构造是否存在不能施工、不便施工的技术问题，或容易导致质量、安全、工程费用增加等方面的问题。

（12）工艺管道、电气线路、设备装置、运输道路与建筑物之间或相互间有无矛盾，布置是否合理。

（13）施工安全、环境卫生有无保证。

（14）图纸是否符合监理大纲所提要求。

（三）设计交底与图纸会审的组织

设计交底由建设单位组织，设计单位向施工单位和承担施工阶段监理任务的监理单位等相关参建单位进行交底。图纸会审由承担施工阶段监理任务的监理单位负责组织，施工单位、建设单位、设计单位等相关参建单位参加。

设计交底与图纸会审通常做法是，设计文件完成后，设计单位将设计图纸移交建设单位，报经有关单位批准后，建设单位发给承担施工监理的监理单位和施工单位。由施工阶段监理单位组织参建各方进行图纸会审，并整理成会审问题清单，在设计交底前一周交设计单位。承担设计阶段监理的监理单位组织设计单位做交底准备，并对会审问题清单拟定解答。设计交底一般以会议形式进行，先进行设计交底，后转入图纸会审问题解释，通过设计、监理、施工三方或参建多方研究协商，确定存在的图纸和各种技术问题的解决方案。设计交底应在施工开始前完成。

设计交底由设计单位整理会议纪要，图纸会审由施工单位整理会议纪要，与会各方会签。设计交底与图纸会审中涉及设计变更的还应该按照监理程序办理设计变更手续。设计交底会议纪要、图纸会审会议纪要一经各方签字确认，即成为施工和监理依据。

（四）设计变更控制

在施工图设计文件交与建设单位投入使用前或使用后，会出现由于建设单位要求，或现场施工条件的变化，或国家政策法规的改变等原因而引起的设计的改变叫做设计变更。设计变更可能由设计单位自行提出，也可能由建设单位提出，还可能由承包单位提出，不论谁提出都必须征得建设单位同意并且办理书面变更手续。凡涉及施工图审查内容的设计变更还必须报请原审查机构审查后再批准实施。

为保证建设工程质量，监理工程师应对设计变更进行严格控制，并注意以下几点。

（1）随时掌握国家政策法规的变化，特别是有关设计、施工的规范、规程的变化，有关材料或产品的淘汰或禁用，并将信息尽快通知设计单位和建设单位，避免产生设计变更潜在因素。

（2）加强设计阶段的质量控制。特别是施工图设计文件的审核，对施工图节点做法的可施工性要根据自己的经验给予评判，对各专业图纸的交叉要严格控制会签工作，力争将矛盾和差错在出图以前解决。

（3）统筹考虑由建设单位和承包单位提出的设计变更要求，确定必要性，同时将设计变更对建设工期和费用的影响分析清楚并通报给建设单位，非改不可的要调整施工计划，尽可能减少对工程的不利影响。

（4）严格控制设计变更签批手续，明确责任，减少索赔。设计阶段设计变更由该阶段监理单位负责控制，施工阶段设计变更由承担施工阶段监理任务的监理单位负责控制。

案　　例

1. 背景

一 27 层大型商住楼工程项目，建设单位 A 将其实施阶段的工程监理任务委托给监理公司 B 进行监理，并通过招标决定将施工承包合同授予施工单位 C。在施工准备阶段，由于资金紧缺，建设单位向设计单位提出修改设计方案、降低设计标准，以便降低工程造价和投资的要求。设计单位为此将基础工程及装饰工程设计标准降低，减少了原设计方案的基础厚度。

2. 问题

（1）对于设计变更，监理工程师通常应如何控制？注意些什么问题？

（2）针对上述设计变更情况，监理工程师应如何控制？

3. 案例分析

（1）应注意以下问题：

① 不论谁提出的设计变更要求，都必须征得建设单位同意并办理书面变更手续；

② 涉及施工图审查内容的设计变更必须报原审查机构审查后再批准实施；

③ 注意随时掌握国家政策法规的变化及有关规范、规程、标准的变化，并及时将信息通知设计单位与建设单位，避免产生潜在的设计变更及因素；

④ 加强对设计阶段的质量控制，特别是施工图设计文件的审核；

⑤ 对设计变更要求进行统筹考虑，确定其必要性及对工期、费用等的影响；

⑥ 严格控制对设计变更的签批手续，明确责任，减少索赔。

（2）对上述设计变更，监理工程师应进行严格控制：①应对建设单位提出的变更要求进行统筹考虑，确定其必要性，并将变更对工程工期的影响及安全使用的影响通报建设单位，如必须变更，应采取措施尽量减少对工程的不利影响；②坚持变更必须符合国家强制性标准，不得违背；③必须报请原审查机构审查批准后才实施变更。

小　结

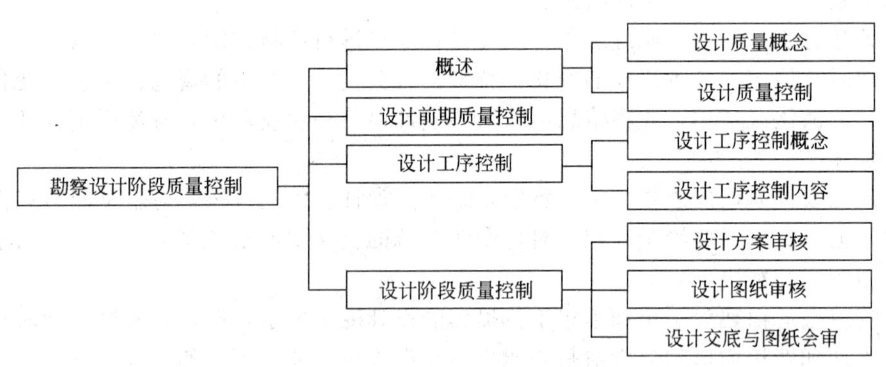

能力训练题

一、填空题

1. 工程项目设计阶段质量控制的核心就是要使______、________、______三大目标之间的关系处于最优状态。

2. ____________________是签订设计合同的重要组成文件，是进行工程项目设计和工程项目审核的主要依据。

3. 建设工程设计单位资质分为__________资质、__________资质和__________资质三类。

4. 工程设计是依据工作进程和深度不同，一般按____________、____________两个阶段进行。

5. 设计交底是指在__________完成并审查合格后，设计单位在__________交付施工时，按法律规定的义务就施工图设计文件向施工单位和监理单位做出详细的说明。

二、选择题

1. 工程项目设计阶段，监理工程师对质量控制的基本内容不包括（　）。

A. 设计准备阶段　　B. 设计阶段　　C. 设计完成阶段　　D. 设计变更阶段

2. 建筑工程设计甲级及其他工程设计甲、乙级资质由国务院建设行政主管部门审批，委托企业工商注册所在省、自治区、直辖市建设行政主管部门负责年检，年检合格的报（　）备案，基本合格或不合格的应上报确认其年检。

A. 国家建设行政主管部门　　B. 国务院

C. 全国人民代表大会　　D. 省住房和城乡建设厅

3. 对参与拟建工程的主要技术人员的职业资格进行检查，对专职技术骨干比例进行考察，包括（　）。

A. 一级注册建筑师、一级注册结构工程师（结构）和在国家实行其他专业注册工程师制度后的注册工程师

B. 注册造价工程师

C. 取得高级职称的技术人员，从事工程设计实践10年以上并取得中级职称技术人员

D. 二级建造师

4. 设计阶段监理质量控制的主要任务是（　）。

① 审查设计基础资料的正确性和完整性。

② 评定、验收设计文件。

③ 协助建设单位编制设计招标文件或方案竞赛文件，组织设计招标或方案竞赛。

④ 督促设计单位完善质量体系，建立内部专业交底及会签制度。

⑤ 进行设计质量跟踪检查，控制设计图纸的质量。

⑥ 审查设计方案的先进性和合理性，确定最佳设计方案。

⑦ 组织施工图会审。

A ①③⑥④⑤⑦②　　B. ①③⑥④⑤②⑦　　C. ③⑥⑤②④⑦①　　D. ③⑤⑥②④⑦①

5. 监理工程师设计图纸审核的主要原则是（　）。

A. 是否符合有关部门对初步设计的审批要求

B. 是否对初步设计进行了全面、合理的优化

C. 安全可靠性、经济合理性是否保证，是否符合工程总造价要求

D. 设计深度是否符合设计阶段的要求

E. 是否满足使用功能和施工工艺要求

三、思考题

1. 简述设计质量的概念。
2. 设计阶段质量控制的基本内容是什么？
3. 什么是设计指导书和设计纲要？内容是什么？
4. 设计工序控制的内容主要有哪些？
5. 设计质量控制有哪几个阶段？试简述各阶段监理工作的内容、程序和方法。
6. 设计方案的审核有哪些内容？
7. 监理工程师施工图审核的主要内容是什么？
8. 设计交底的目的和主要内容是什么？
9. 图纸会审一般包括的主要内容有哪些方面？
10. 监理工程师控制设计变更应注意哪些主要问题？

第六章　工程施工阶段的质量控制

【知识目标】

- 了解施工质量控制的过程、依据、任务和工作程序
- 熟练掌握施工阶段的质量控制
- 熟悉施工质量控制的手段与方法
- 掌握质量控制点概念
- 掌握施工过程（工序）的质量控制

【能力目标】

- 能熟练填写监理日志和各种表格
- 能熟练运用施工监理的手段与方法

第一节　概　　述

工程施工是使工程设计意图最终实现并形成工程实体的阶段，也是最终形成工程产品质量和工程项目使用价值的重要阶段，因此，施工阶段是工程质量控制的重点。监理工程师对工程施工的质量控制，就是按合同赋予的权利，围绕影响工程质量的各种因素，对工程项目的施工进行有效的监督和管理，产出能够达到满足业主需要、符合国家法律法规及规范要求、满足合同及设计文件的建筑产品。

一、施工质量控制的过程

施工阶段的质量控制是一个由对投入的资源和条件的质量控制，进而对生产过程及各环节质量进行控制，直到对所完成的工程产出品的质量检验与控制为止的全过程的系统控制过程。因此，工程施工的过程可以用工程质量形成的时间段来划分（图 6-1），也可以按工程实体质量的形成过程来划分，还可以按施工验收的层次与单元划分（图 6-2）。

1. 按工程实体质量形成过程的时间阶段划分

施工阶段的质量控制可以分为以下三个环节。

（1）施工准备控制。指在各工程对象正式施工活动开始前，对各项准备工作及影响质量的各因素进行控制，这是确保施工质量的先决条件。施工准备阶段的质量控制的内容包括：设计交底与图纸会审、施工进度计划的编制，施工方案的选择，施工总平面图的布置及施工生产要素配置质量的审查，开工条件的准备等。

（2）施工过程控制。指在施工过程中对实际投入的生产要素质量及作业技术活动的实施状态和结果所进行的控制，包括作业者发挥技术能力过程的自控行为和来自有关管理者的监控行为。包括内容：施工过程的质量控制，作业技术交底，中间产品的质量控制，检验批、分项工程、分部工程质量验收，工程变更的确认与审查等。

（3）竣工验收控制。它是指对于通过施工过程所完成的具有独立的功能和使用价值的最

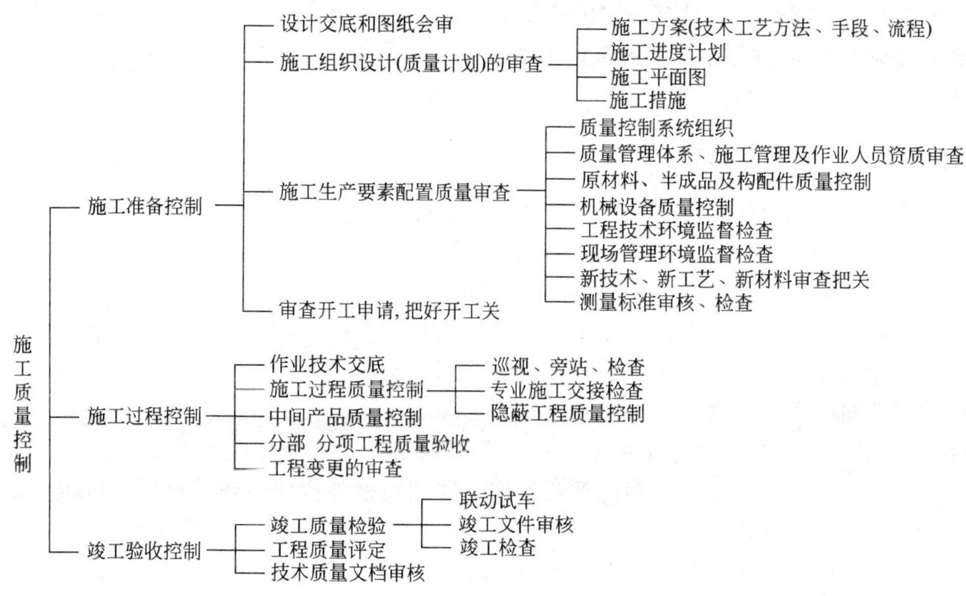

图 6-1　施工阶段质量控制的过程

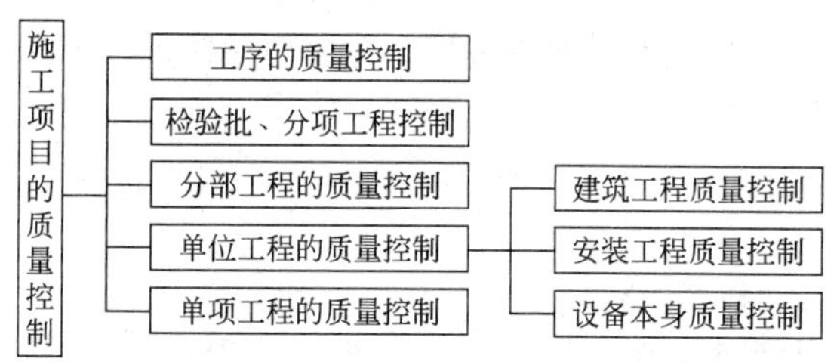

图 6-2　工程项目施工验收层次划分的系统控制过程

终产品（单位工程或整个工程项目）及有关方面（例如质量文档）的质量进行控制。

2. 按工程实体质量的形成过程划分

由于工程对象的施工是一项物质生产活动，所以施工阶段的质量控制系统过程也是一个经由以下三个阶段的系统控制过程。

(1) 对投入的物质资源质量的控制。

(2) 施工过程质量控制。即在使投入的物质资源转化为工程产品的过程中，对影响产品质量的各因素、各环节及中间产品的质量进行控制。

(3) 对完成的工程产出品质量的控制与验收。

在上述三个阶段的系统过程中，前两阶段对于最终产品质量的形成具有决定性的作用，而所投入的物质资源的质量控制对最终产品质量又具有举足轻重的影响。所以，质量控制的系统过程中，无论是对投入物质资源的控制，还是对施工及安装生产过程的控制，都应当对影响工程实体质量的五个重要因素方面，4M1E 即对施工有关人员因素、材料（包括半成品、构配件）因素、机械设备因素（生产设备及施工设备）、施工方法（施工方案、方法及工艺）因素以及环境因素等进行全面的控制。

3. 按施工验收的层次与单元划分

通常任何一个大中型工程建设项目都可以划分为若干层次。例如，对于建筑工程项目按照国家标准可以划分为单位工程、分部工程、分项工程、检验批等层次；而对于诸如水利水电、港口交通等工程项目则可划分为单项工程、单位工程、分部工程、分项工程等几个层次。各组成部分之间的关系具有一定的施工先后顺序的逻辑关系。显然，施工作业过程的质量控制是最基本的质量控制，它决定了有关检验批的质量；而检验批的质量又决定了分项工程的质量。

二、施工质量控制的依据

施工阶段监理工程师进行质量控制的依据，大体上有以下四类。

1. 工程合同文件（包括工程承包合同文件、委托监理合同文件等）

工程用的合同主要包括施工合同与监理合同，在合同中规定了建设工程的各参与方在质量管理方面的权利与义务，它是建设工程施工与监理的依据。监理工程师必须熟悉施工合同与监理合同的内容，这样监理工程师才能监督合同的实施，发生问题时及时地处理。

2. 设计文件

“按图施工”是施工阶段质量控制的一项重要原则。因此经过批准的设计图纸和技术说明书等设计文件，无疑是质量控制的重要依据。监理工程师应协助建设单位进行施工图的审查、设计交底与图纸会审工作，及时发现图纸出现的问题，帮助施工单位了解设计的意图，审批施工重点部位的施工方案，严格控制工程变更，达到按工程图纸最终形成建筑产品的目的。

3. 国家及政府有关部门颁布的有关质量管理方面的法律、法规性文件、部门规章

这类文件一般是针对行业、不同的质量控制对象而制定的技术法规性的文件，包括各种有关的标准、规范、规程或规定。

主要包括以下几点。

（1）建筑法律：

①《中华人民共和国建筑法》

②《中华人民共和国合同法》

③《中华人民共和国招标投标法》

（2）建筑法规：

①《建筑工程质量管理条例》

②《建筑工程安全管理条例》

（3）部门规章：

①《建筑企业资质管理规定》

②《房屋建筑工程与市政基础设施工程验收备案管理暂行办法》

③《城市建设档案管理规定》

④《房屋建筑工程旁站监理管理办法》

⑤《建筑工程质量检测管理办法》

4. 有关质量检验与控制的专门技术法规性文件

概括说来，属于这类专门的技术法规性的依据主要有以下四类。

（1）工程项目施工质量验收标准。《建筑工程施工质量验收统一标准》（GB 50300—2001）以及其他行业工程项目的质量验收标准。

（2）有关工程材料、半成品和构配件质量控制方面的专门技术法规性依据。

① 有关工程材料及其制品质量的技术标准，如水泥、石灰、钢筋等常用建筑材料的标准。

② 有关材料或半成品等的取样、试验等方面的技术标准或规程，如钢筋及其连接的取样方法、水泥强度的检验方法等。

③ 有关材料验收、包装、标识及质量证明书的一般规定，水泥的包装、验收标志与质量证明的一般规定等。

(3) 控制施工作业活动质量的技术规程，如电焊工操作规程、电工操作规程、钢筋工操作规程等。

(4) 凡采用新工艺、新技术、新材料的工程，事先应进行试验，并应有权威性技术部门的技术鉴定书及有关的质量数据、指标，在此基础上制定有关的质量标准和施工工艺规程，以此作为判断与控制质量的依据。

三、施工质量控制的任务

监理工程师在工程施工阶段的主要任务是代表建设单位对工程的质量进行监督与管理，监督施工单位的质量行为，确保建筑工程的质量，达到既定的质量目标。具体任务如下所述。

1. 原材料构配件与设备的质量控制

工程所需的原材料、半成品、构配件、设备应由监理单位进行质量认定。其主要的控制内容有：审核工程所需的原材料、构配件及设备的出厂合格证与质量保修书；对原材料、半成品、构配件、设备在使用前必须进行抽检与复试，其试验的范围按照有关规定与标准的要求确定；凡是新材料、新产品应有技术鉴定书；对于重要的原材料、半成品、设备的生产工艺、质量控制、检测手段进行检查，必要时到生产厂家进行实地考察，以确定供货单位，所有的设备进行安装前应按相应的技术说明书的要求进行检查，必要时由法定的检测部门检测。

2. 分部、分项工程的控制

一般情况下，主要的分项工程施工前，施工单位应将施工工艺、原材料的使用，劳动力配置、质量保证措施等基本情况表报送监理单位，监理单位调查核实，签认后施工单位方可开工。

分部、分项工程的施工过程中，监理工程师应对关键部位的施工进行随时抽检，抽检不合格应签发整改通知单，通知施工单位整改，并做好检查记录。

所有分项工程的施工，施工单位应在自检合格的基础上，填写分项工程报验申请表，并附上分项工程的评定表。属于隐蔽工程的应将隐蔽工程报验单报监理单位，监理工程师必须严格地按每道工序进行检查。检查合格，签认分项工程的认可书，工程验收不合格的，给施工单位下达监理通知书，通知施工单位整改，并指明整改项目，整改后重新自检，合格后重新报验。

四、施工质量控制的工作程序

在施工阶段全过程中，监理工程师要进行全过程、全方位的监督、检查与控制，不仅涉及最终产品的检查、验收，而且涉及施工过程的各环节及中间产品的监督、检查与验收。在每项工程开始前，承包单位须做好施工准备工作，然后填报《工程开工/复工报审表》及附件，报送监理工程师审查。若审查合格，则由总监理工程师批复准予施工。

在施工过程中，监理工程师应督促承包单位加强内部质量管理，严格质量控制。施工作业过程均应按规定工艺和技术要求进行。在每道工序完成后，承包单位应进行自检，自检合格后，填报《××××报验申请表》交监理工程师检验。监理工程师收到检查申请后应在合同规定的时间内到现场检验，检验合格后予以确认。具体工作流程见图 6-3～图 6-5。

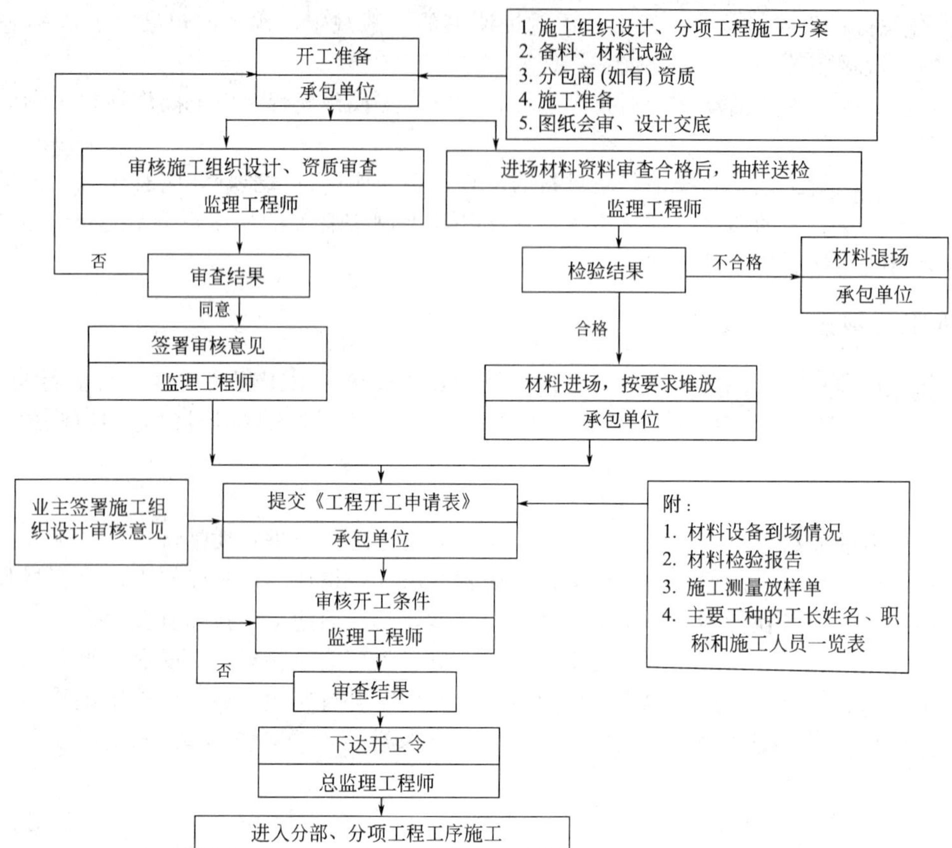

图 6-3 施工准备阶段质量控制工作流程图

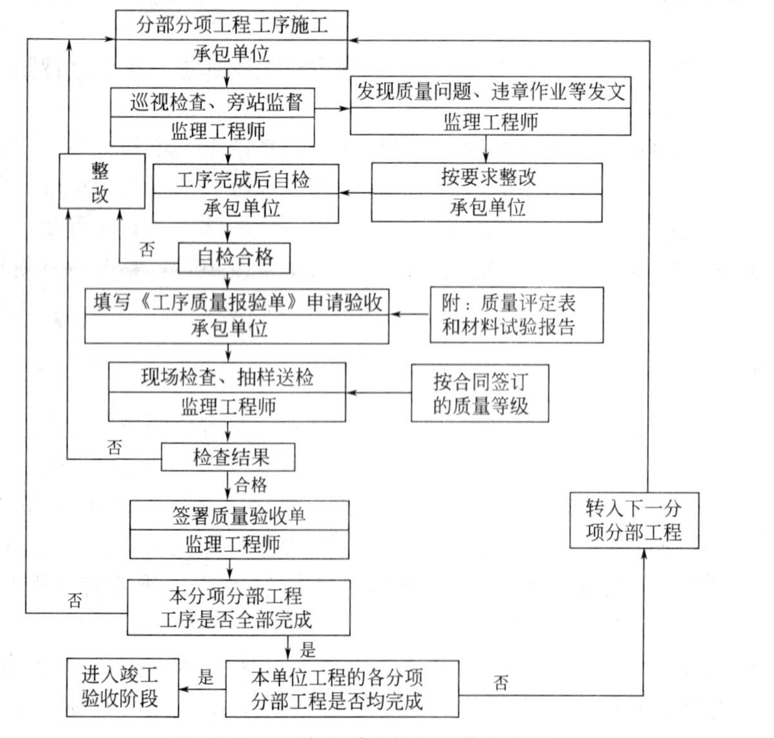

图 6-4 施工阶段质量控制工作流程图

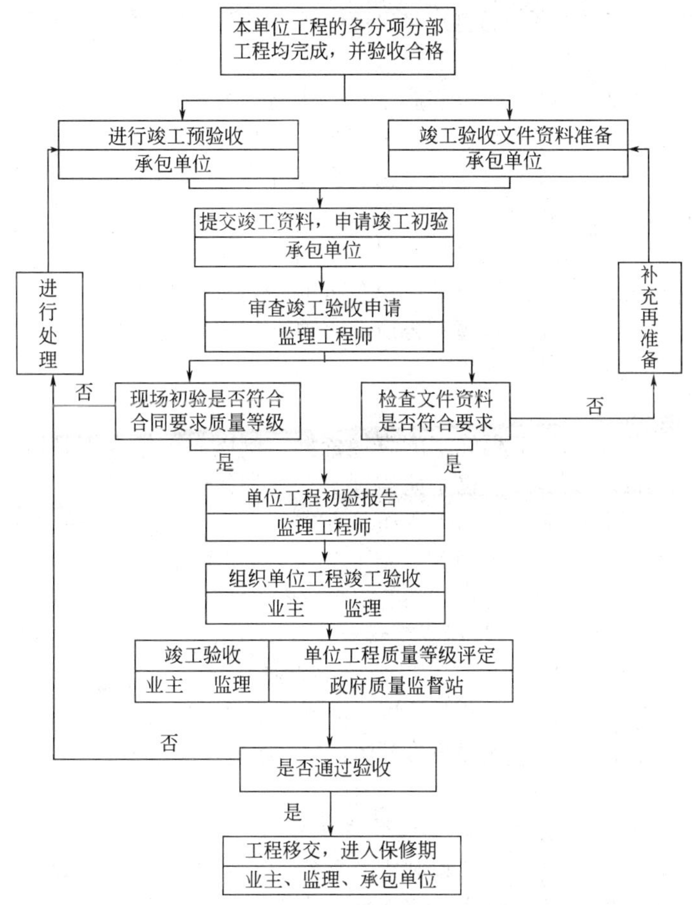

图 6-5　竣工验收阶段质量控制工作流程图

第二节　施工阶段的质量控制

一、施工准备阶段的质量控制

施工准备阶段的质量控制是指项目正式施工活动开始前，对各项准备工作及影响质量的各因素和有关方面进行的质量控制。施工准备是为保证施工生产正常进行而必须事先做好的工作。施工准备工作不仅是在工程开工前要做好，而且贯穿于整个施工过程。施工准备的基本任务就是为施工项目建立一切必要的施工条件，确保施工生产顺利进行，确保工程质量符合要求。

（一）监理准备工作

在工程施工前，监理工程师除了要做好上述对承包单位所做的各项准备工作质量的监控外，还应组织好如下的各项工作。

1. 做好监控准备工作

建立或完善监理工程师的质量监控体系，做好监控准备工作，使之能适应该项准备开工的施工项目质量监控的需要。例如，针对某分部、分项工程的施工及其特点拟定监理细则，配备监控人员，明确分工及职责，配备所需的检测仪器并使之处于良好的可用状态，保证有关人员熟悉有关的监测方法和有关规程，以保证监控质量等等。此外，还应督促与协助施工承包单位建立或健全现场质量管理制度，使之不断完善其质量保证体系，完善与提高其质量检测技术和手段。

2. 设计交底和图纸会审

设计图纸是监理单位、设计单位和施工单位进行质量控制的重要依据，为了使施工承包单位熟悉有关的设计图纸，充分了解准备施工的工程特点、设计意图和工艺与质量要求，同时也为了在施工前能发现和减少图纸的差错，防患于未然，事先能消灭图纸中的质量隐患，监理工程师应做好设计交底和图纸会审工作。

(1) 设计交底。设计交底应在工程施工前，由监理工程师组织设计单位向施工单位有关人员进行。设计交底程序是：首先由设计单位介绍设计意图、结构特点、施工及工艺要求，技术措施和有关注意事项及关键问题；再由施工单位提出图纸中存在的问题和疑点，以及需要解决的技术难题；然后通过三方研究和商讨，拟定出解决的办法，并写出会议纪要，以作为对设计图纸的补充、修改以及施工的一种依据。

(2) 图纸会审。施工图是工程施工的直接依据，所以，图纸会审是监理单位、设计单位和施工单位进行控制的重要手段，也是使监理工程师和施工单位通过审查熟悉设计图纸，了解工程特点、设计意图和关键部位的工程质量要求，发现和减少设计差错的重要方法。

施工图纸会审通常是由监理工程师组织施工单位，设计单位参加进行的。先由设计单位介绍设计意图和设计图纸、设计特点、对施工的要求和技术关键问题。然后，由各方面代表对设计图纸存在问题及对设计单位的要求进行讨论、协商、解决存在的问题和澄清疑点，并写出会议纪要。对于在图纸会审纪要中提出的问题，设计单位应通过书面形式进行解释提交设计变更通知书。若施工图是由施工单位编制和提供的，则应由该施工单位针对会审中提出的问题修改施工图纸，然后上报监理工程师审查，在获得批准和确认后，才能按该施工图进行施工。

3. 设计图纸的变更及其控制

设计图纸变更的要求可能来自业主或监理工程师，也可能来自设计单位或施工承包单位。在各种情况下，均应通过监理工程师审查并组织有关方面研究、确认其必要性后，由监理工程师发布变更令方能生效予以实施（图 6-6）。

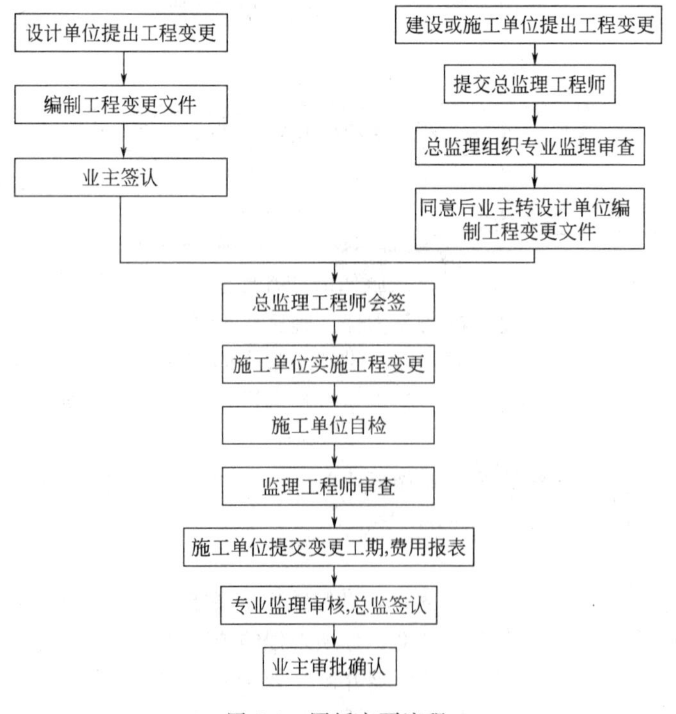

图 6-6 图纸变更流程

4. 做好施工现场场地及通道条件的保证

为了保证施工单位能够顺利地施工，监理工程师应使业主或建设单位按照施工单位施工的需要，事先划定并提供给承包商占有和使用现场有关部分范围。如果在现场的某一区域内需要不同的施工承包单位同时或先后施工、使用，就应根据施工总进度计划的安排，规定他们各自占用的时间和先后顺序，并在施工总平面图中详细注明各工作区的位置及占用时间。在监理工程师向施工单位发出开工通知书时，建设单位或业主即应及时按计划保证质量地提供施工单位所需的场地和施工通道以及水、电供应等条件，以保证及时开工，否则即应承担补偿其工期和费用损失的责任（表 6-1）。为此，监理工程师应事先检查工程施工所需的场地征用，居民占地设施或堆放物的迁移是否实现，以及道路和水、电及通信线路是否开通，否则，应敦促建设单位或业主努力实现。

表 6-1　费用索赔申请表

致：　　　　　　　（监理单位） 根据施工合同条款________条的规定，由于________原因，我方要求索赔金额（大写）________，请予以批准。 索赔的详细理由及经过： 索赔金额的计算： 附：证明材料 承包单位________ 项目经理________ 日　期________

5. 严把开工关

监理工程师对于与拟开工工程有关的现场各项施工准备工作进行检查合格后，方可发布书面的开工指令。对于已停工程，则需有监理工程师的复工指令始能复工。对于合同中所列工程及工程变更的项目，开工前承包商必须提交“开工申请单”（表 6-2），经监理工程师审查前述各方面条件具备并予以批准后，施工单位才能开始正式进行施工。

（二）施工承包单位资质的核查

1. 施工承包单位资质的分类

施工企业按照其承包工程能力，划分为施工总承包、专业承包和劳务分包三个序列。

（1）施工总承包企业。获得施工总承包资质的企业，可以对工程实行施工总承包或者对主体工程实行施工承包，施工总承包企业可以将承包的工程全部自行施工，也可以将非主体工程或者劳务作业分包给具有相应专业承包资质或者劳务分包资质的其他建筑业企业。施工总承包企业的资质按专业类别共分为 12 个资质类别，每一个资质类别又分成特级、一、二、三级共四个等级。

（2）专业承包企业。获得专业承包资质的企业，可以承接施工总承包企业分包的专业工程或者建设单位按照规定发包的专业工程。专业承包企业可以对所承接的工程全部自行施工，也可以将劳务作业分包给具有相应劳务分包资质的劳务分包企业。专业承包企业资质按专业类别共分为 60 个资质类别，每一个资质类别又分为一、二、三级共三个等级。

（3）劳务分包企业。获得劳务分包资质的企业，可以承接施工总承包企业或者专业承包企业分包的劳务作业。劳务承包企业有十三个资质类别，如木工作业、砌筑作业、钢筋作

表 6-2 工程开工/复工通知单

<table>
<tr><td>致：　　　　　　　　　　　　　　　　　　（监理公司）
　我方承担的________________________工程，已完成以下各项工作，具备了开工/复工条件，特此申请施工，请核查并签发开工/复工指令。

附：1. 开工报告
　2.（证明文件）

承包单位(章)________________
项目经理________________
日期________________</td></tr>
<tr><td>审查意见：

项目监理机构________________
总监理工程师________________
日　期________________</td></tr>
</table>

业、架线作业等。有的资质类别分成若干级，有的则不分级，如木工、砌筑、钢筋作业劳务分包企业资质分为一级、二级。油漆、架线等作业劳务分包企业则不分级。

2. 监理工程师对施工承包单位资质的审核

分包单位的资质，是保证建筑工程质量的重要环节与前提，因此，监理工程师在工程开工前必须对施工单位的资质进行严格的控制。

(1) 招投标阶段对承包单位资质的审查

① 根据工程的类型、规模和特点，确定参与投标企业的资质等级，并取得招投标管理部门的认可。

② 对符合参与投标承包企业的考核。

a. 查对《营业执照》及《建筑业企业资质证书》，并了解其实际的建设业绩、人员素质、管理水平、资金情况、技术装备等。

b. 考核承包企业近期的表现，查对年检情况，资质升降级情况，了解其有否工程质量、施工安全、现场管理等方面的问题，企业管理的发展趋势，质量是否是上升趋势，选择向上发展的企业。

c. 查对近期承建工程，实地参观考核工程质量情况及现场管理水平。在全面了解的基础上，重点考核与拟建工程类型、规模和特点相似或接近的工程。优先选取创出名牌优质工程的企业。

(2) 对中标进场从事项目施工的承包企业质量管理体系的核查

① 了解企业的质量意识，质量管理情况，重点了解企业质量管理的基础工作、工程项目管理和质量控制的情况。

② 企业领导班子的质量意识及质量管理机构落实、质量管理权限实施的情况等。

③ 审查承包单位现场项目经理部的质量管理体系。

承包单位健全的质量管理体系，对于取得良好的施工效果具有重要作用，因此，监理工程师做好承包单位质量管理体系的审查，是搞好监理工作的重要环节，也是取得好的工程质量的重要条件。

a. 承包单位向监理工程师报送项目经理部的质量管理体系的有关资料，包括组织机构、各项制度、管理人员、专职质检员、特种作业人员的资格证、上岗证、工地试验室。实施“贯标”的承包单位，应提交质量计划。

b. 监理工程师对报送的相关资料进行审核，并进行实地检查。

c. 经审核，承包单位的质量管理体系满足工程质量管理的需要，总监理工程师予以确认；对于不合格人员，总监理工程师有权要求承包单位予以撤换，不健全、不完善之处要求承包单位尽快整改。

（3）分包单位的资质审核

① 建设单位不得直接指定工程的分包单位，但专业工程的分包，除合同有约定之外，必须经过建设单位的许可。

② 承包单位对部分分部分项工程的施工，必须符合施工合同的约定。

③ 对分包单位的资格审查应在工程开工前或者在拟分包的分部、分项工程开工前完成。

对拟分包单位的审查，承包单位应填写“分包单位资质报审表”（表 6-3），附上经自审合格的分包单位的相关资料，报送项目监理机构进行审查。主要是审查：a. 施工承包合同是否允许分包；b. 分包的范围和工程部位是否可进行分包；c. 分包单位是否具有按工程承包合同规定的条件完成分包工程任务的能力。

表 6-3　分包单位资质报审表

<table>
<tr><td colspan="2">分包单位资质报审表</td><td colspan="2">编号</td></tr>
<tr><td>工程名称</td><td></td><td>日期</td><td></td></tr>
<tr><td colspan="4">致：　　　　　　（监理单位）
经考察，我方认为＿＿＿＿＿＿＿＿（分包单位）具有承担下列工程的施工资质与能力，可以保证工程项目按合同的约定与要求施工。分包后，我方承担总承包单位的责任。请予以审查和批准。
附：
1. 分包单位的资质资料
2. 分包单位的业绩资料
3. 施工中标通知书</td></tr>
<tr><td>分包工程名称(部位)</td><td>单位</td><td>工程数量</td><td>其他说明</td></tr>
<tr><td></td><td></td><td></td><td></td></tr>
<tr><td></td><td></td><td></td><td></td></tr>
<tr><td></td><td></td><td></td><td></td></tr>
<tr><td colspan="2">承包单位名称：</td><td colspan="2">项目经理：</td></tr>
<tr><td colspan="4">监理工程师审查意见：

监理工程师(签字)：　　　　日期：</td></tr>
<tr><td colspan="4">总监理工程师审查意见：

监理单位名称：××监理公司　　　　总监理工程师(签字)：×××</td></tr>
</table>

（三）施工组织设计的审查

施工组织设计是指导工程施工的纲领性技术文件，也是监理工作的依据之一。通过对施工组织设计审核，是监理工作中预控的重要措施和方法。

1. 施工组织设计的审查程序

施工组织设计已包含了质量计划的主要内容，因此，监理工程师对施工组织设计的审查也同时包括了对质量计划的审查。

（1）在工程项目开工前约定的时间内，承包单位必须完成施工组织设计的编制及内部自审批准工作，填写《施工组织设计（方案）报审表》报送项目监理机构。

（2）总监理工程师在约定的时间内，组织专业监理工程师审查，提出意见后，由总监理工程师审核签认。需要承包单位修改时，由总监理工程师签发书面意见，退回承包单位修改后再报审，总监理工程师重新审查。

（3）已审定的施工组织设计由项目监理机构报送建设单位。

（4）承包单位应按审定的施工组织设计文件组织施工。如需对其内容做较大的变更，应在实施前将变更内容书面报送项目监理机构审核。

（5）规模大、结构复杂或属新结构、特种结构的工程，项目监理机构对施工组织设计审查后，还应报送监理单位技术负责人审查，提出审查意见后由总监理工程师签发，必要时与建设单位协商，组织有关专业部门和有关专家会审。

（6）规模大、工艺复杂的工程、群体工程或分期出图的工程，经建设单位批准可分阶段报审施工组织设计；技术复杂或采用新技术的分项、分部工程，承包单位还应编制该分项、分部工程的施工方案，报项目监理机构审查。

（7）发生较大的施工措施和工艺变更时，应向监理单位办理变更审批手续。

2. 审查施工组织设计时应掌握的原则

（1）施工组织设计的编制、审查和批准应符合规定的程序。

（2）施工组织设计应符合国家的技术政策，充分考虑承包合同规定的条件、施工现场条件及法规条件的要求，突出“质量第一、安全第一”的原则。

（3）施工组织设计的针对性：承包单位是否了解并掌握了本工程的特点及难点，施工条件是否分析充分。

（4）施工组织设计的可操作性：承包单位是否有能力执行并保证工期和质量目标；该施工组织设计是否切实可行。

（5）技术方案的先进性：施工组织设计采用的技术方案和措施是否先进适用，技术是否成熟。

（6）质量管理和技术管理体系，质量保证措施是否健全且切实可行。

（7）安全、环保、消防和文明施工措施是否切实可行并符合有关规定。

（8）在满足合同和法规要求的前提下，对施工组织设计的审查，应尊重承包单位的自主技术决策和管理决策。

3. 施工组织设计审查的注意事项

（1）重要的分部、分项工程的施工方案，承包单位在开工前，向监理工程师提交详细说明（表 6-4）为完成该项工程的施工方法、施工机械设备及人员配备与组织、质量管理措施以及进度安排等，报请监理工程师审查认可后方能实施。

（2）在施工顺序上应符合先地下、后地上；先土建、后设备；先主体、后围护的基本规律。所谓先地下、后地上是指地上工程开工前，应尽量把管道、线路等地下设施和土方与基础工程完成，以避免干扰、造成浪费、影响质量。此外，施工流向要合理，即平面和立面上都要考虑施工的质量保证与安全保证；考虑使用的先后和区段的划分，与材料、构配件的运输不发生冲突。

（3）施工方案与施工进度计划的一致性。施工进度计划的编制应以确定的施工方案为依据，正确体现施工的总体部署、流向顺序及工艺关系等。

表 6-4 施工组织设计（方案）报审表

<table>
<tr><td>致：　　　　　　　　　　　　　（监理单位）
我方已根据施工合同的有关规定完成了＿＿＿＿＿＿＿＿工程施工组织设计方案的编制，并经我单位上级技术负责人批准，请予以审查。
附：施工组织设计（方案）

承包单位（章）＿＿＿＿＿＿
项目经理＿＿＿＿＿＿
日　期＿＿＿＿＿＿</td></tr>
<tr><td>专业监理工程师审查意见：

专业监理工程师＿＿＿＿＿＿
日　期＿＿＿＿＿＿</td></tr>
<tr><td>总监理工程师审查意见：

项目监理机构＿＿＿＿＿＿
总监理工程师＿＿＿＿＿＿
日　期＿＿＿＿＿＿</td></tr>
</table>

(4) 施工方案与施工平面图布置的协调一致。施工平面图的静态布置内容，如临时施工供水供电供热、供气管道、施工道路、临时办公房屋、物资仓库等，以及动态布置内容，如施工材料模板、工具器具等，应做到布置有序，有利于各阶段施工方案的实施。

(四) 现场施工准备的质量控制

1. 工程定位及标高基准控制

工程的测量放线是建筑工程产品由设计转化为实物的第一步，测量质量的好坏，直接影响建筑工程产品的质量，并制约有关施工工程中相关工序的质量。因此工程测量的控制是施工事前控制的一项重要内容，在质量控制过程中，监理工程师应由测量专业工程人员负责测量工作的复核。

(1) 监理工程师应要求施工承包单位，对建设单位（或其委托的单位）给定的原始基准点、基准线和标高等测量控制点进行复核，并将复测结果报监理工程师审核（表 6-5），经批准后施工承包单位方能据此进行准确的测量放线，建立施工测量控制网，并应对其正确性负责，同时做好基桩的保护。

(2) 复测施工测量控制网。主要工作有：复测施工测量控制网时应抽检建筑方格网、控制高程的水准网点以及标注埋设位置等。

(3) 承包单位把测量放线的成果报工程监理单位，并进行现场验桩，由承包单位对各测量桩进行保护。

2. 施工平面布置的控制

监理工程师应要求建设单位按照合同的约定提供场地，承包单位对施工现场进行布置，监理工程师要检查施工现场总体布置是否合理，是否有利于保证施工的正常、顺利地进行，是否有利于保证质量，特别是要对场区的道路、防洪排水、器材存放、给水及供电、混凝土供应及主要垂直运输机械设备布置等方面予以重视。

表 6-5 施工放线报验表

<table>
<tr><td colspan="2">施工放线报验表</td><td colspan="2">编号</td></tr>
<tr><td>工程名称</td><td></td><td>日期</td><td></td></tr>
<tr><td colspan="4">致：　　　　　(监理单位)
我方已完成(部位)________________________
(内容)____________________________
的测量放线，经自检合格，请予查验。

附件：
1. 放线依据资料
2. 放线成果表

测量员：×××　岗位证书编号：037-000××××
查验人：×××　岗位证书编号：037-000××××

承包单位：　　　　　　技术负责人：×××</td></tr>
<tr><td colspan="4">查验结果：
经查验，符合施工图设计尺寸，达到《建筑工程测量规程》的要求。

查验结论：□合格　　　□ 纠正后重报

监理单位名称：　××监理公司　　　　总监理工程师(签字)：×××</td></tr>
</table>

3. 材料构配件采购订货的控制

工程所需的原材料、半成品、构配件等都将成为永久性工程的组成部分，所以建筑材料质量的好坏直接影响以后整个建筑工程的质量，因此，监理工程师应加强对建筑材料、半成品、构配件的控制。

(1) 凡由承包单位负责采购的原材料、半成品或构配件，在采购订货前应向监理工程师申报；对于重要的材料，还应提交样品，供试验或鉴定，有些材料则要求供货单位提交理化试验单（如预应力钢筋的硫、磷含量等），经监理工程师审查认可后，方可进行订货采购。

(2) 对于半成品或构配件，应按经过审批认可的设计文件和图纸要求采购订货，质量应满足有关标准和设计的要求，交货期应满足施工及安装进度安排的需要。

(3) 供货厂家是制造材料、半成品、构配件主体，所以通过考查优选合格的供货厂家，是保证采购、订货质量的前提。为此，大宗的器材或材料的采购应当实行招标采购的方式。

(4) 对于半成品和构配件的采购、订货，监理工程师应提出明确的质量要求，质量检测项目及标准；出厂合格证或产品说明书等质量文件的要求，以及是否需要权威性的质量认证等。

(5) 某些材料，诸如瓷砖等装饰材料，订货时最好一次订齐和备足货源，以免由于分批而出现色泽不一的质量问题。

(6) 供货厂方应向需方（订货方）提供质量文件，用以表明其提供的货物能够完全达到需方提出的质量要求。

4. 施工机械配置的控制

施工机械是影响建筑工程施工的重要因素，对建筑工程的质量有至关重要的影响作用。

(1) 施工机械设备的选择，除应考虑施工机械的技术性能、工作效率、工作质量、可靠性、维修难易、能源消耗以及安全、灵活等方面对施工质量的影响与保证外，还应考虑其数量配置对施工质量的影响与保证条件。此外，要注意设备型式应与施工对象的特点及施工质量要求相适应。在选择机械性能参数方面，也要与施工对象特点及质量要求相适应，例如选择起重机械进行吊装施工时，其起重量、起重高度及起重半径均应满足吊装要求。

(2) 审查施工机械设备的数量是否足够。

(3) 审查所需的施工机械设备，是否按已批准的计划备妥；所准备的机械设备是否与监理工程师审查认可的施工组织设计或施工计划中所列者相一致；所准备的施工机械设备是否都处于完好的可用状态等等。

5. 设计交底与施工图纸的现场核对

设计文件是监理在工程施工阶段工作的依据。因此，监理工程师应认真参加由建设单位主持的设计交底工作，以透彻地了解设计原则及质量要求；同时，要督促承包单位认真做好审核及图纸核对工作，对于审图过程中发现的问题，及时以书面形式报告给建设单位。

(1) 监理工程师参加设计交底应着重了解的内容

① 有关地形、地貌、水文气象、工程地质及水文地质等自然条件方面。

② 主管部门及其他部门（如规划、环保、农业、交通、旅游等）对本工程的要求、设计单位采用的主要设计规范、市场供应的建筑材料情况等。

③ 设计意图方面：诸如设计思想、设计方案比选的情况、基础开挖及基础处理方案、机构设计意图、设备安装和调试要求、施工进度与工期安排等。

④ 施工应注意事项方面：如基础处理等要求、对建筑材料方面的要求、主体工程设计中采用新结构或新工艺对施工提出的要求、为实现进度安排而应采用的施工组织和技术保证措施的要求。

(2) 施工图纸的现场核对。施工图是工程施工的直接依据，为了使施工承包单位充分了解工程特点、设计要求，减少图纸的差错，确保工程质量，减少工程变更，监理工程师应要求施工承包单位做好施工图的现场核对工作。

施工图纸现场核对主要包括以下几个方面。

① 施工图纸合法性的认定：施工图纸是否经设计单位正式签署，是否按规定经有关部门审核批准，是否得到建设单位的同意。

② 图纸与说明书是否齐全，如分期出图，图纸供应是否满足需要。

③ 地下构筑物、障碍物、管线是否探明并标注清楚。

④ 图纸中有无遗漏、差错或相互矛盾之处（例如：漏画螺栓孔、漏列钢筋明细表；尺寸标注有错误等）。图纸的表示方法是否清楚和符合标准等等。

⑤ 地址及水文地质等基础资料是否充分、可靠，地形、地貌与现场实际情况是否相符。

⑥ 所需材料的来源有无保证，是否替代；新材料、新技术的采用有无问题。

⑦ 所提出的施工工艺、方法是否合理，是否切合实际，是否存在不便于施工之处，能否保证质量要求。

⑧ 施工图或说明书中所涉及的各种标准、图册、规范、规程等，承包单位是否具备。对于存在的问题，要求承包单位以书面形式提出，在设计单位以书面形式进行解释或确认后，才能进行施工。

6. 参加第一次工地会议

(1) 第一次工地会议应在承包单位与工程监理单位进驻后，工程开工之前，由建设单位主持。

(2) 第一次工地会议的参与人员：

① 建设单位进驻现场的代表或者职能管理人员；

② 承包单位的项目经理及有关职能管理人员，分包单位的主要技术负责人；

③ 勘察、设计单位人员。

(3) 会议内容

① 建设单位代表根据委托监理合同项目监理机构总监并向其授权；

② 建设单位宣布承包单位项目部经理；

③ 建设单位驻现场代表、项目监理机构总监理工程师及项目经理分别介绍各方驻现场的组织机构、人员及职责分工情况；

④ 建设单位介绍工程开工准备情况；

⑤ 承包单位项目经理汇报施工现场的准备情况；

⑥ 建设单位和总监理工程师对承包单位的施工现场的准备情况提出意见与要求；

⑦ 总监理工程师介绍监理规划的主要内容；

⑧ 研究各方在以后施工过程中召开工地监理例会参加的人员、时间、地点、会议的周期及主要议题；

⑨ 其他相关事项。

(4) 第一次工地会议纪要及以后历次工地监理例会的会议记录，应由监理单位整理，经与会各方代表签认后，分发给各方，并作为文件存档。

二、施工过程质量控制

为确保施工质量，监理工程师要对施工过程进行全过程全方位的质量监督、控制与检查。就整个施工过程而言，可按事前、事中、事后进行控制。就一个具体作业而言，监理工程师控制管理仍涉及事前、事中及事后。监理工程师的质量控制主要围绕影响工程施工质量的因素进行。

(一) 作业技术准备状态的控制

所谓作业技术准备状态，是指各项施工准备工作在正式开展作业技术活动前，是否按预先计划的安排落实到位的状况。作业技术准备状态的控制，应着重抓好以下环节的工作。

1. 作业技术交底的控制

承包单位做好技术交底，是取得好的施工质量的条件之一。在每个分项工程施工前，均应做好技术交底，作业技术交底是对项目施工组织计划或施工方案的具体化，是更细致、明确和更加具体的项目技术实施方案，是工序施工或分项工程施工的具体指导文件。为做好技术交底，项目经理部必须由主管技术人员编制技术交底书，并经项目总工程师批准。技术交底的内容包括施工方法、质量要求和验收标准，施工过程中需注意的问题，可能出现意外的措施及应急方案。

关键部位或技术难度大、施工复杂的检验批，分项工程施工前，承包单位的技术交底书（作业指导书）要报监理工程师。经监理工程师审查后，如技术交底书不能保证作业活动的质量要求，承包单位要进行修改补充。没有做好技术交底的工序或分项工程，不得进入正式实施。

2. 进场材料构配件的质量控制

(1) 凡运到施工现场的原材料、半成品或构配件，进场前应向项目监理机构提交《工程材料/构配件/设备报审表》（表6-6），同时附有产品出厂合格证及技术说明书，由施工承包单位按规定要求进行检验的检验或试验报告，经监理工程师审查并确认其质量合格后，方准进场。

(2) 进口材料的检查、验收，应会同国家商检部门进行。

(3) 材料构配件存放条件的控制，对已经进场的材料也应进行质量控制，防止由于存放保管不良导致材料质量变化，监理工程师应加强对材料的质量监控。

表 6-6　工程材料/构配件/设备报审表

致：　　　　　　　　　　　　（监理单位） 我方于______年____月____日进场的工程材料/构配件/设备数量如下（见附件），现将质量证明文件及自检结果报上，拟用于下述部位：________________________ 请予以审核。 附：1. 数量清单 2. 质量证明文件 3. 自检结果 承包单位（章）____________ 项目经理____________ 日　期____________
审查意见： 经检查上述工程材料/构配件/设备，符合/不符合设计文件和规范的要求，准许/不准许进场，同意/不同意使用于拟定部位。 项目监理机构____________ 总/专业监理工程师____________ 日　期____________

（4）对于某些当地材料及现场配制的制品，一般要求承包单位事先进行试验，达到要求的标准方准施工（表 6-7）。

表 6-7　建筑材料的取样方法

序号	材料名称		取样单位	取样数量	取样方法
01	通用水泥		按同一个生产厂家、同一强度等级（标号）、同一品种、同一批号且连续进场的水泥，袋装水泥不超过 200t 为一批，散装水泥以不超过 500t 为一批，每批抽样不少于一次	12kg	对进场的袋装水泥，每批随机选择 20 个以上不同的部分，将取样管插入水泥适当深度，用大拇指按住气孔，小心抽出样管，将所取样品放入洁净、干燥、不易污染的容器中 对于散装水泥，当所取水泥深度不超过 2m 时，采用槽形管式取样器，通过转动取样器内管控制开关，在适当位置插入水泥一定深度，关闭后小心抽出，将所取样品放入洁净、干燥、不易受污染的容器中
02	砂		购货单位应按同产地同规格分批验收。用大型工具运输的，以 400m³ 或 600t 为一验收批。用小型工具运输的，以 200m³ 或 300t 为一验收批。不足者亦为一批	略	略
03	碎、卵石		同（砂）	略	略
04	钢筋混凝土用钢筋	热轧带肋钢筋	以同一牌号、同一炉罐号、同一品种、同一尺寸、同一交货状态，不超过 60t 为一批	拉伸 2 根 冷弯 2 根	拉伸检验：任选一盘，从该盘的任一端切取一个试样，试样长 500mm 弯曲检验：任选两盘，从每盘的任一端各切取一个试样，试样长 200mm 在切取试样时，应将端头的 500mm 去掉后再切取
		热轧光圆钢筋		拉伸 2 根 冷弯 2 根	
		低碳钢盘条		拉伸 1 根 冷弯 2 根	
		热处理钢筋		拉伸 2 根 冷弯 2 根	

续表

<table>
<tr><th>序号</th><th colspan="2">材料名称</th><th>取样单位</th><th>取样数量</th><th>取样方法</th></tr>
<tr><td>05</td><td colspan="2">冷轧带肋钢筋</td><td>按检验批，每批由同一牌号、同一外形、同一规格、同一生产工艺及同一交货状态组成，不超过60t为一批</td><td>拉伸逐盘1个，冷弯每批2个</td><td>冷轧带肋钢筋的力学性能和工艺性能应逐盘检验，从每盘任一端截去500mm以后，取两个试样，拉伸试样长500mm，冷弯试样长200mm
如果检验结果有一项达不到标准规定。应从该捆钢筋中取双倍试样进行复验</td></tr>
<tr><td>06</td><td colspan="2">冷拉钢筋</td><td>同一级别、同一直径的冷拉钢筋组成一批，每批不超过20t</td><td>拉伸1根
冷弯2根</td><td>从任意两根分别截取，每根截取一个拉伸试件，一个冷弯试件</td></tr>
<tr><td rowspan="2">07</td><td rowspan="2">钢筋焊接接头</td><td>闪光对焊</td><td>在同一台班内，由同一焊工完成的300个同牌号、同直径钢筋焊接接头应作为一批。当同一台班内焊接的接头数量较少，可在一周之内累计计算；累计仍不足300个接头，应按一批计算</td><td>拉伸3根
冷弯3根</td><td>1. 力学性能检验时，应从每批接头中随机切取6个试件，其中3个做拉伸试验，3个做弯曲试验
2. 焊接等长的预应力钢筋(包括螺丝端杆与钢筋)时，可按生产时同等条件制作模拟试件
3. 螺丝端杆接头可只做拉伸试验
4. 封闭环式箍筋闪光对焊接头，以600个同牌号、同规格的接头为一批，只做拉伸试验
5. 当模拟试件试验结果不符合要求时，应进行复验。复验应从现场焊接接头中切取，其数量和要求与初始试验相同</td></tr>
<tr><td>电渣压力焊</td><td>在现浇混凝土结构中，应以300个同牌号钢筋接头作为一批；在房屋结构中，应在不超过二楼层中300个同牌号钢筋接头作为一批；当不足300个接头时，仍应作为一批</td><td>拉伸3个</td><td>在同一批中若有几种不同直径的钢筋焊接接头，应在最大直径接头中切取3个试件</td></tr>
<tr><td>08</td><td>钢筋连接接头</td><td>带肋钢筋套筒挤压连接、钢筋锥螺纹连接接头</td><td>同一施工条件下采用同一批材料的同等级、同型式、同规格接头，以500个为一个验收批进行检验与验收，不足500个也作为一个验收批</td><td>拉伸3个</td><td>对接头的每一验收批，必须在工程结构中随机截取3个试件作单向拉伸试验</td></tr>
<tr><td>09</td><td colspan="2">普通混凝土</td><td colspan="3">普通混凝土：
1. 每拌制100盘但不超过100m³的同配合比的混凝土，取样次数不得少于一次
2. 每工作班拌制的同一配合比的混凝土不足100盘时，其取样次数不得少于一次
3. 当一次连续浇筑超过1000m³时，同一配合比的混凝土每200m³取样不得少于一次
4. 同一楼层、同一配合比的混凝土，取样不得少于一次
5. 每次取样应至少留置一组标准养护试件，同条件养护试件的留置组数应根据实际需要确定
商品混凝土：
每100m³相同配合比的混凝土取样不少于一次；一个工作班拌制的相同配合比的混凝土不足100m³时，取样也不得少于一次；当在一个分项工程中连续供应相同配合比的混凝土量大于1000m³时，其交货检验的试样为每200m³混凝土取样不得少于一次
抗渗混凝土：
对有抗渗要求的混凝土结构，其混凝土试件应在浇筑地点随机取样。同一工程、同一配合比的混凝土，取样不应少于一次，留置组数可根据实际需要确定</td></tr>
</table>

续表

<table>
<tr><th>序号</th><th colspan="2">材料名称</th><th>取样单位</th><th>取样数量</th><th>取样方法</th></tr>
<tr><td>10</td><td colspan="2">砌筑砂浆</td><td colspan="3">每一楼层或 250m³ 砌体中的各种强度等级的砂浆，每台搅拌机应至少检查一次，每次至少应制作一组试块。如果砂浆强度等级或配合比变更时，还应制作试块。基础砌体可按一个楼层计
同一盘搅拌或同一车运送的砂浆中取出。施工中取样，应在使用地点的砂浆槽、砂浆运送车或搅拌机出料口，砂浆拌和物取样后，应尽快进行试验。现场取来的试样，在试验前应经人工再翻拌，以保证其质量均匀</td></tr>
<tr><td rowspan="2">11</td><td rowspan="2">防水卷材</td><td>石油沥青油毡</td><td>同一厂家、同一品牌、同一标号、同一等级不超过 150 卷为一批</td><td>500mm 长、2 块</td><td>任抽一卷切除距外层卷头 2500mm 后，顺纵向截取 500mm 的全幅卷材 2 块，一块做物理试验，一块备用</td></tr>
<tr><td>改性沥青防水卷材</td><td>1000m² 为 1 批</td><td>1000mm 长、2 块</td><td>任抽 3 卷，放在 15～30℃的室温下至少放 4h，从中抽取一卷，在距端部 2000mm 顺纵向截取 1000mm 的全幅两块</td></tr>
<tr><td rowspan="9">12</td><td rowspan="9">砖砌块</td><td>普通砖</td><td>同一产地、同一规格</td><td rowspan="6">强度 10 块</td><td rowspan="7">预先确定抽样方案，在成品堆中随机抽取，不得替换</td></tr>
<tr><td>多孔砖</td><td>≤15 万块/批</td></tr>
<tr><td>粉煤灰砖</td><td>≤10 万块/批</td></tr>
<tr><td>煤渣砖</td><td>≤10 万块/批</td></tr>
<tr><td>灰砂砖</td><td>≤10 万块/批</td></tr>
<tr><td>空心砖
空心砌块</td><td>≤3 万块/批</td></tr>
<tr><td>粉煤灰砌块</td><td>≤200m³/批</td><td>抗压强度 3 块</td></tr>
<tr><td>普通混凝土小型空心砌块</td><td rowspan="2">≤1 万块/批</td><td rowspan="2">强度 5 块</td><td rowspan="2">预先确定抽样方案，在成品堆中随机抽取，不得替换
抗冻 10 块，相对含水率、抗渗、空心率各 3 块</td></tr>
<tr><td>轻骨料混凝土小型空心砌块</td></tr>
</table>

3. 环境状态的控制

(1) 施工作业环境的控制。所谓作业环境条件主要是指诸如：水、电或动力供应、施工照明、安全防护设备、施工场地空间条件和通道以及交通运输和道路条件等。这些条件是否良好，直接影响到施工活动能否顺利进行及施工质量的好坏。

监理工程师应事先检查承包单位对施工作业环境条件方面的有关准备工作是否已做好安排和准备妥当；当确认其准备可靠、有效后，方准许其进行施工。

(2) 施工质量管理环境的控制。施工质量管理环境主要是指：施工承包单位的质量管理体系和质量控制自检系统是否处于良好的状态；系统的组织结构、管理制度、检测制度、检测标准、人员配备等方面是否完善和明确；质量责任制是否落实；监理工程师做好承包单位施工质量管理环境的检查，并督促其落实，是保证作业效果的重要前提。

(3) 现场自然环境条件的控制。监理工程师应检查施工承包单位，对于未来的施工期间，自然环境条件可能出现对施工作业质量的不利影响时，是否事先已有充分的认识并已做好充足的准备和采取了有效措施与对策以保证工程质量。

4. 进场施工机械设备性能及工作状态的控制

为了保证合同建设项目的顺利进行，承包单位在工程开工前应提交施工机械、设备的进场计划，这一计划必须与施工的进度计划相一致，根据施工计划、进度、工程量、施工强度，确定所需的施工机械的类型、性能、型号、数量及进场时间，监理工程师应审查承包商的施工机械、设备进场计划，以确定这一计划能否满足施工进度的需要。还应保证施工现场作业机械设备的技术性能及工作状态，对施工质量有重要的影响。因此监理工程师要做好现场控制工作。

（1）施工机械设备的进场检查。机械设备进场后，监理工程师应检查机械、设备的型号、规格、数量、技术性能、设备状况进场时间等，并与施工组织计划相适应。

（2）机械设备工作状态的检查。监理工程师应审查作业机械的使用与保养记录，检查其工作状况，重要的工程机械应在现场进行实际复验，以保证投入现场的施工机械的良好的运行状态。监理工程师还应在施工工程中经常及时的了解施工机械的运行状况，发现问题，及时处理。

（3）特殊设备安全运行的审核。有特殊要求的设备和大型临时设备，进入现场前必须有当地劳动与安检部门的批准，方允许投入使用。

5. 施工测量及计量器具性能、精度的控制

（1）监理工程师对工地实验室的检查。监理工程师应对承包单位的实验室的资质证明文件、实验仪器、检测设备能否满足工程质量检查要求，管理制度是否齐全进行检查，确认能满足工程质量要求后予以批准。

（2）工地测量仪器的检查。施工测量开始前，监理工程师应审核测量仪器的型号、技术指标、精度、法定计量单位的标定证明，测量人员的上岗证等，确认后方可上岗作业。

6. 施工现场劳动组织及作业人员上岗资格的控制

（1）现场劳动组织的控制，劳动组织涉及从事作业活动的操作者及管理者，以及相应的各种管理制度。

① 操作人员的数量必须满足作业活动的需要，能保证工程作业活动顺利进行。

② 作业活动的直接负责人（包括技术负责人），专职质检人员，安全员，与作业活动有关的测量人员、材料员、试验员必须在岗。

③ 相关制度要健全，管理人员与操作人员应由相应的制度约束，同时应有相应的方法与手段保证制度的落实。

（2）作业人员上岗资格。从事特殊作业的人员（如电焊工、电工、起重工、架子工、爆破工），必须持证上岗。对此监理工程师要进行检查与核实。

（二）作业技术活动运行过程的控制

施工作业过程是由一系列相互联系与制约的作业活动所构成，因此，保证作业活动的效果与质量是施工过程质量控制的基础。

1. 承包单位自检与专检工作的监控

（1）承包单位的自检系统。承包单位是施工质量的直接实施者和责任者。监理工程师的质量监督与控制就是使承包单位建立起完善的质量自检体系并运转有效。承包单位必须有一整套的自检系统，具有相应的检测仪器，并配备专职的质检人员。

承包单位的自检体系表现在以下几点：

① 作业活动的作业者在作业结束后必须自检；

② 不同工序交接、转换必须由相关人员交接检查；

③ 承包单位专职质检员的专检。

（2）监理工程师的检查。监理工程师的质量检查与验收，是对承包单位作业活动质量的复核与确认；监理工程师的检查绝不能代替承包单位的自检，而且，监理工程师的检查必须是在承包单位自检并确认合格的基础上进行的。专职质检员没检查或检查不合格不能报监理工程师，不符合上述规定，监理工程师一律拒绝进行检查。

2. 技术复核工作监控

技术复核是承包单位应履行的技术工作责任，其复核结果应报送监理工程师复验确认

后，才能进行后续相关的施工。监理工程师应把技术复验工作列入监理规划及质量控制计划中，并看作是一项经常性工作任务，贯穿于整个的施工过程中。

常见的施工测量复核有以下几点。

① 民用建筑的测量复核：建筑物定位测量、基础施工测量、墙体皮数杆检测、楼层轴线检测、楼层间高层传递检测等。

② 工业建筑测量复核：厂房控制网测量、桩基施工测量、柱模轴线与高程检测、厂房结构安装定位检测、动力设备基础与预埋螺栓检测。

③ 高层建筑测量复核：建筑场地控制测量、基础以上的平面与高程控制、建筑物中垂准线检测、建筑物施工过程中沉降变形观测等。

④ 管线工程测量复核：管网或输配电线路定位测量、地下管线施工检测、架空管线施工检测、多管线交汇点高程检测等。

3. 见证取样送检工作的监控

见证是指由监理工程师现场监督承包单位某工序全过程完成情况的活动。见证取样则是指对工程项目使用的材料、半成品、构配件的现场取样、工序活动效果的检查实施见证。

为确保工程质量，住房与城乡建设部颁布了《房屋建筑工程与市政基础设施工程实行见证取样与送检的规定》，规定指出，在市政工程及房屋建筑工程项目中，对工程材料、承重结构的混凝土试块，承重墙体的砂浆试块、结构工程的受力钢筋（包括接头）实行见证取样。

见证取样的要求如下所述。

(1) 国务院建设行政主管部门负责对全国建筑工程与市政工程的见证取样与送检工作进行统一的管理，县以上建设行政主管部门对本行政区内的房屋建筑工程与市政基础设施工程的见证取样与送检工作进行监督管理。

(2) 涉及结构安全的试块、试件和材料的见证取样和送检的比例不得低于相关技术标准规定应取样的30%。

(3) 承担检测任务的实验室必须有省级以上建设行政主管部门的认证。

(4) 规定中指出了必须见证取样和送检的试块、试样和材料。

(5) 见证人员必须由建设单位或工程监理单位具备施工与材料检测知识的专业技术人员担任，并由建设单位或工程监理单位书面通知承包单位、检测单位和工程质量监督机构。

(6) 见证取样人员应在试样或其包装物上作出标记、标识，并做好送检记录。

(7) 检测单位应按照相关管理规定与技术标准进行检测，出具公正、真实、准确、详实的检测报告。

4. 工程变更的监控

(1) 施工承包单位的要求及处理。在施工过程中承包单位提出的工程变更要求可能是：要求作某些技术修改；要求作设计变更。

① 对技术修改要求的处理。承包单位提出技术修改的要求时，应向项目监理机构提交《工程变更单》(表6-8)，在该表中应说明要求修改的内容及原因或理由，并附图和有关文件。

技术修改问题一般可以由专业监理工程师组织承包单位和现场设计代表参加，经各方同意后签字并形成纪要，作为工程变更单附件，经总监批准后实施。

② 工程变更的要求。这种变更是指施工期间，对于设计单位在设计图纸和设计文件中所表达的设计标准状态的改变和修改。

首先，承包单位应就要求变更的问题填写《工程变更单》，送交项目监理机构。总监理工程师根据承包单位的申请，经与设计、建设、承包单位研究并作出变更的决定后，签发

表 6-8 工程变更单

<table>
<tr><td>工程名称：　　　　　　　　　　　　　　　　　　文档编号：</td></tr>
<tr><td>致：　　（监理单位）
由于＿＿＿＿＿＿＿＿＿＿＿＿原因，兹提出＿＿＿＿＿＿
＿＿＿＿＿＿工程变更（内容见附件），请予审批。

附录：工程变更情况说明

申请单位＿＿＿＿＿＿
代 表 人＿＿＿＿＿＿
日　　期＿＿＿＿＿＿</td></tr>
<tr><td>承建单位意见：

负 责 人＿＿＿＿＿＿
（盖　章）
日　　期＿＿＿＿＿＿</td></tr>
<tr><td>监理单位审查意见：

总监理工程师＿＿＿＿＿＿
日　　期＿＿＿＿＿＿</td></tr>
<tr><td>业主单位审查意见：

业主单位代表＿＿＿＿＿＿
（盖　　章）
日　　期＿＿＿＿＿＿</td></tr>
</table>

《工程变更单》，并应附有设计单位提出的变更设计图纸。承包单位签收后按变更后的图纸施工。

总监理工程师在签发《工程变更单》之前，应就工程变更引起的工期改变及费用的增减分别与建设单位和承包单位进行协商，力求达成双方均能同意的结果。

这种变更，一般均会涉及设计单位重新出图的问题。如果变更涉及结构主体及安全，该工程变更还要按有关规定报送施工图原审查单位进行审批，否则变更不能实施。

（2）设计单位提出变更的处理。

① 设计单位首先将“设计变更通知”及有关附件报送建设单位。

② 建设单位会同监理、施工承包单位对设计单位提交的“设计变更通知”进行研究，必要时设计单位尚需提供进一步的资料，以便对变更作出决定。

③ 总监理工程师签发《工程变更单》。并将设计单位发出的“设计变更通知”作为该《工程变更单》的附件，施工承包单位按新的变更图实施。

（3）建设单位（监理工程师）要求变更的处理。

① 建设单位（监理工程师）将变更的要求通知设计单位，如果在要求中包括有相应的方案或建议，则应一并报送设计单位；否则，变更要求由设计单位研究解决。在提供审查的

变更要求中，应列出所有受该变更影响的图纸、文件清单。

② 设计单位对《工程变更单》进行研究。如果在“变更要求”中附有建议或解决方案时，设计单位应对建议或解决方案的所有技术方面进行审查，并确定它们是否符合设计要求和实际情况，然后书面通知建设单位，说明设计单位对该解决方案的意见，并将与该修改变更有关的图纸、文件清单返回给建设单位，说明自己的意见。如果该《工程变更单》未附有建议的解决方案，则设计单位应对该要求进行详细的研究，并准备出自己对该变更的建议方案，提交建设单位。

③ 根据建设单位的授权监理工程师研究设计单位所提交的建议设计变更方案或其对变更要求所附方案的意见，必要时会同有关的承包单位和设计单位一起进行研究，也可进一步提供资料，以便对变更作出决定。

④ 建设单位作出变更的决定后由总监理工程师签发《工程变更单》，指示承包单位按变更的决定组织施工。

需注意的是在工程施工过程中，无论是建设单位或者施工及设计单位提出的工程变更或图纸修改，都应通过监理工程师审查并经有关方面研究，确认其必要性后，由总监理工程师发布变更指令方能生效予以实施。

5. 材料管理质量监控

建设工程中，由于不同原材料的级配，配合及拌制后的产品对最终工程质量有重要的影响。因此，监理工程师要做好相关的质量控制工作。

监理工程师对材料质量管理监控工作可分为三部分。

(1) 拌和原材料的质量控制。使用的原材料除本身的质量符合特定的要求外，材料本身的级配也必须符合相关规定。

(2) 材料配合比的审查。根据设计要求，承包单位首先进行理论配合比设计，进行试配试验后，确认 2～3 个能满足要求的理论配合比提交监理工程师审查。

监理工程师经审查后确认其符合设计及相关规范的要求后，予以批准。

(3) 现场作业的质量控制。检查现场拌和设备与计量装置，投入原材料按配合比试生产，必要时要对材料的配合比作出调整。调整时按技术复核的程序与要求进行。

6. 质量记录资料的监控

质量记录是承包单位及工程监理单位实施质量活动的记录，它详细地记录了工程施工阶段质量控制活动的全过程。

质量记录资料包括三方面内容。

(1) 施工现场质量管理检查记录资料。主要包括承包单位的质量管理制度，主要专业操作工种的上岗证，分包单位的资质及总包单位对分包单位的管理制度。施工组织设计，施工方案及审批记录，工程质量检测制度，现场材料的现场存放与管理。

(2) 工程材料质量记录。主要有各种材料、半成品、构配件的质量证明材料，各种合格证，材料的复试报告，设备进场维修记录及运行记录。

(3) 施工过程作业活动质量记录资料。主要有各检验批、分项工程、分部工程、单位工程的质量活动记录。

施工或安装过程可按分项、分部、单位工程建立相应的质量记录资料。施工质量记录资料应真实、齐全、完整，相关各方人员的签字齐备、字迹清楚、结论明确，与施工过程的进展同步。在对作业活动效果的验收中，如缺少资料和资料不全，监理工程师应拒绝验收。

7. 工地例会的管理

工地例会是施工过程中参加建设项目各方沟通情况，解决分歧，达成共识，做出决定的主要渠道，也是监理工程师进行现场质量控制的重要场所。

通过工地例会，监理工程师检查分析施工过程的质量状况，指出存在的问题，承包单位提出整改的措施，并做出相应的保证。

8. 停、复工令的实施

(1) 工程暂停指令的下达。为了确保作业质量，根据委托监理合同中建设单位对监理工程师的授权，出现下列情况需要停工处理时，应下达停工指令。

① 施工作业活动存在重大隐患，可能造成质量事故或已经造成质量事故。

② 承包单位未经许可擅自施工或拒绝项目监理机构管理。

③ 在出现下列情况下，总监理工程师有权行使质量控制权，下达停工令，及时进行质量控制。

a. 施工中出现质量异常情况，经监理单位提出后，承包单位未采取有效措施，或措施不力未能扭转异常情况者。

b. 隐蔽作业未经依法查验确认合格，而擅自封闭者。

c. 已发生质量问题迟迟未按监理工程师要求进行处理，或者是已发生质量缺陷或问题，如不停工则质量缺陷或问题将继续发展的情况下。

d. 未经监理工程师审查同意，而擅自变更设计或修改图纸进行施工者。

e. 未经技术资质审查的人员或不合格人员进入现场施工。

f. 使用的原材料、构配件不合格或未经检查确认者；或擅自采用未经审查认可的代用材料者。

g. 擅自使用未经项目监理机构审查认可的分包单位进场施工。

总监理工程师在签发工程暂停令时，应根据停工原因的影响范围和影响程度，确定工程项目停工范围。

(2) 恢复施工指令的下达。承包单位经过整改具备恢复施工条件时，承包单位向项目监理机构报送复工申请及有关材料，证明造成停工的原因已消失。经监理工程师现场复查，认为已符合继续施工的条件，造成停工的原因确已消失，总监理工程师应及时签署工程复工报审表，指令承包单位继续施工。

(三) 施工过程形成产品的控制

作业技术活动结果的控制是施工过程中间产品及最终产品质量控制的方式，只有作业活动的中间产品质量都符合要求，才能保证最终单位工程产品的质量，主要内容如下所述。

(1) 基槽（基坑）验收。基槽开挖质量验收主要涉及地基承载力的检查确认、地质条件的检查确认、开挖边坡的稳定及支护状况的检查确认。由于部位的重要，基槽开挖验收均要有勘察设计单位的有关人员参加，并请当地或主管质量监督部门参加，经现场检查，测试（或平行检测）确认其地基承载力是否达到设计要求，地质条件是否与设计相符。

(2) 隐蔽工程验收。隐蔽工程是指将被其后工程施工所隐蔽的分项、分部工程，在隐蔽前所进行的检查验收。它是对一些已完分项、分部工程质量的最后一道检查，由于检查对象就要被其他工程覆盖，给以后的检查整改造成障碍，是建筑工程施工质量控制的重点。

① 工作程序：隐蔽前施工→隐蔽工程准备→通知监理/甲方检查→隐蔽前相关试验→试验合格（不合格退回上一步）→办理隐蔽工程合格签证→隐蔽→完成。

② 隐蔽工程检查验收的质量控制要点。下述工程部位进行隐蔽检查时必须重点控制，防止出现质量隐患。

a. 桩基工程

ⓐ 桩基轴线及样桩放线定位及复核记录；

ⓑ 打（压）桩施工记录、灌注桩成桩施工记录；

ⓒ 预制桩接桩，灌注桩钻孔、清孔，钢筋笼制作、吊放，混凝土灌注；

ⓓ 桩位轴线偏差和标高验收记录（若桩顶标高与施工现场场地标高相同时，应在桩基工程施工结束后进行）。

b. 基础工程

ⓐ 轴线，施工单位填报施工测量报验单（报验申请单），附施工测量放线复核单；

ⓑ 挖土（包括设计标高、暗浜、地质、基槽宽度、长度、放坡、坡度），施工单位填报地基验槽记录；

ⓒ 垫层（包括标高、长度、厚度、宽度、混凝土强度等级）；

ⓓ 底板钢筋（包括品种、规格、数量、搭接长度、箍筋间距、保护层厚度、预埋件数量位置）；

ⓔ 混凝土（包括断面尺寸，标高，是否有蜂窝、麻面、露筋，混凝土强度等级），混凝土浇灌令、混凝土级配单；

ⓕ 基础墙（包括标高、大放脚尺寸、砌筑砂浆强度），砂浆级配单；

ⓖ 防潮层钢筋（包括数量、规格、品种、搭接长度）；

ⓗ 架空板安装（包括楼板型号、下底板的离缝、搁置长度、硬找平、软坐灰；架空板锚固筋数量、规格、长度）。

c. 主体工程

ⓐ 轴线及放样（每一层）；

ⓑ 柱、梁、楼梯、板钢筋（包括数量、规格、品种、搭接长度、焊接情况、保护层厚度、箍筋间距、预埋件等，每层一次），巡视旁站记录；

ⓒ 雨篷、阳台、空调板等悬臂部位钢筋（每层一次），巡视旁站记录；

ⓓ 混凝土（包括表面质量、强度等级、每层一次），巡视旁站记录；

ⓔ 墙体砌筑（包括柱与墙拉结筋数量、规格及设置情况），砂浆级配单；

ⓕ 屋顶水箱钢筋（包括数量、规格、品种、搭接长度），巡视旁站记录；

ⓖ 女儿墙压顶钢筋（包括数量、规格）。

d. 建筑装饰装修工程

ⓐ 抹灰工程，抹灰厚度大于或等于 35mm 时的加强措施；不同材料基体交接处的加强措施；

ⓑ 门窗工程，预埋件和锚固件；隐蔽部位的防腐、填嵌处理；

ⓒ 吊顶工程，木龙骨防火、防腐处理；预埋件或拉结筋；吊杆安装；龙骨安装；填充材料设置；

ⓓ 轻质隔墙工程，木龙骨防火、防腐处理；预埋件或拉结筋；龙骨安装；填充材料的设置；

ⓔ 饰面板（砖）工程，预埋件（后置埋件），连接节点；防水层；

ⓕ 幕墙工程：预埋件（或后置埋件），构件的连接节点；变形缝及墙面转角处的构造节点；幕墙防雷装置；幕墙防火构造；

ⓖ 细部工程：预埋件（或后置埋件），护栏与预埋件的连接节点；

ⓗ 楼地面工程，各构造层均须作隐蔽工程验收；变形缝的处理。

e. 屋面工程

ⓐ 卷材、涂膜防水层的基层；

ⓑ 密封防水处理部位；

ⓒ 天沟、檐沟、泛水和变形缝等细部作法；

ⓓ 卷材、涂膜防水层的搭接宽度和附加层；

ⓔ 刚性保护层与卷材、涂膜防水层之间的隔离层。

③ 作为示例，以下介绍钢筋隐蔽工程验收要点。

a. 按施工图核查绑扎成型的钢筋骨架，检查钢筋品种、直径、数量、间距、形状。

b. 骨架外形尺寸，其偏差是否超过规定；检查保护层厚度，构造筋是否符合构造要求。

c. 锚固长度，箍筋加密区及加密间距。

d. 检查钢筋接头：如是绑扎搭接，要检查搭接长度，接头位置和数量（错开长度、接头百分率）；焊接接头或机械连接，要检查外观质量，取样试件力学性能试验是否达到要求，接头位置（相互错开）数量（接头百分率）。

(3) 检验批、分项、分部工程的验收。检验批（分项、分部工程）完成后，承包单位应首先自行检查验收，确认符合设计文件，相关验收规范的规定，然后向监理工程师提交申请，由监理工程师予以检查、确认。如确认其质量符合要求，则予以确认验收。如有质量问题则指令承包单位进行处理，待质量合乎要求后在予以检查验收。对涉及结构安全和使用功能的重要分部工程应进行抽样检测。

(4) 单位工程或整个工程项目的竣工验收。在一个单位工程完工后或整个工程项目完成后，施工承包单位应先进行竣工自检，自检合格后，向项目监理机构提交《工程竣工验收报验单》(表 6-9)，总监理工程师组织专业监理工程师进行竣工初验，其主要工作包括以下几个方面。

表 6-9 工程竣工验收报验单

致：______________(监理单位) 我方已按合同要求完成了__________________________工程，竣工资料自检完整，经自检合格，请予以检查和验收。 附件： 承包单位项目经理部(章)：____________ 项目经理：____________ 日期：____________
监理审核意见： 经预验收，该工程 1. 符合/不符合设计文件要求 2. 符合/不符合施工合同要求 3. 竣工资料符合/不符合要求 综上所述，该工程竣工预验收合格/不合格，建设单位可以/不可以组织竣工验收。 项目监理机构(章)：____________ 总监理工程师：____________ 日期：____________

① 审查施工承包单位提交的竣工验收所需的文件资料，包括各种质量控制资料、试验报告以及各种有关的技术性文件等。

② 审核施工承包单位提交竣工图，并与已完工程、有关的技术文件对照进行核查。

③ 总监理工程师组织专业监理工程师对拟验收工程项目的现场进行检查，如发现质量

问题应指令承包单位进行处理。

④ 对拟验收项目初验合格后，总监理工程师对承包单位的《工程竣工验收报验单》予以签认，并上报建设单位。同时提出“工程质量评估报告”。“工程质量评估报告”是工程验收中的重要资料，它由项目总监理工程师和监理单位技术负责人签署。主要包括以下主要内容：

a. 工程项目建设概况介绍，参加各方的单位名称、负责人；

b. 工程检验批、分项、分部、单位工程的划分情况；

c. 工程质量验收标准，各检验批、分项、分部工程质量验收情况；

d. 地基与基础分部工程中，涉及桩基工程的质量检测结论，基槽承载力检测结论；涉及结构安全及使用功能的监测结论；建筑物沉降观测资料；

e. 施工过程中出现的质量事故及处理情况，验收结论；

f. 结论，本工程项目（单位工程）是否达到合同约定；是否满足设计文件要求；是否符合国家强制性标准及条款的规定。

⑤ 参加由建设单位组织的正式竣工验收。

(5) 不合格的处理。上道工序不合格，不准进入下道工序施工，不合格的材料、构配件、半成品不准进入施工现场且不允许使用，已经进场的不合格品应及时做出标识、记录，指定专人看管，避免用错，并限期清除出现场；不合格的工序或工程产品，不予计价。

(6) 成品保护。成品保护一般是指在施工过程中，有些分项工程已经完成，而其他一些分项工程尚在施工；或者是在其分项工程施工过程中，某些部位已完成，而其他部位正在施工。监理工程师是应对承包单位所承担的成品保护的质量与效果进行经常性的检查。

成品保护的一般措施：

① 防护；

② 包裹；

③ 覆盖；

④ 封闭；

⑤ 合理安排施工顺序。

第三节 施工质量控制的手段与方法

一、施工质量控制的方法

在施工过程中，监理对工程项目的实施进行事前、事中、事后全过程的动态控制，以事前、事中控制为主，事后控制为辅相结合的控制方法，强调监理工作的预见性、计划性和指导性。

（一）施工质量控制过程

1. 事前控制

(1) 对建筑材料、构配件、试件等，严格执行事前现场见证取样和见证送检制度。

(2) 对关键工序、重点难点部位的施工过程进行旁站监理，及时纠正违规操作，预先消除质量隐患，跟踪可能出现的质量问题，预防质量问题发生。

(3) 检查承包商的质量管理体系和质量保证体系及各级专职质量检查人员配备的落实，对不称职的质量管理人员建议予以撤换。

（4）检验承包商质量管理制度是否健全，主要管理人员、重要专业操作人员持证上岗的资质情况，不合格的建议撤换。

（5）检验施工机械设备调试运转情况及主要常用设备的备用情况，保证不因设备而影响工程质量。

（6）检查分包单位的资质条件是否符合工程要求，不符合的分包单位要求承包商予以撤换。

2. 事中控制

（1）协助承包单位完善工序控制，建立质量控制点，及时检查和审核承包单位提交的质量统计分析资料和控制图表。

（2）监理工程师或监理员对隐蔽工程的隐蔽过程、下道工序施工完后难以检查的重点部位、重要的分部分项工程进行重点旁站，及时发现问题、解决问题。

（3）严格工序间检查，根据承包单位报送的隐蔽工程报验表（含模板预检等）和自检结果进行现场检查，对符合工序质量要求的予以签认，不符合要求的，要求承包单位整改，在再次检查合格前，不允许进行下道工序施工。

（4）专业监理工程师对承包单位报送的分项工程质量验评资料进行审核，符合要求后予以签认。

（5）总监理工程师组织监理人员对承包单位报送的分部工程和单位工程质量验评资料进行审核和现场检查，符合要求后予以签认。

（6）对施工过程中出现的质量缺陷，专业监理工程师将及时下达监理通知，要求承包单位整改，并检查整改结果。如发现施工存在重大质量隐患，可能造成质量事故或者已经造成质量事故时，由总监及时下达工程暂停令，要求承包单位停工整改。整改完毕经监理人员复查，符合规定要求后，由总监及时签署复工报审表。下令停工和下令复工均将事先向建设单位报告。

（7）定期召开监理例会或质量专题会，分析、通报工程质量情况，研究和改进工程质量。

3. 事后控制

（1）由总监理工程师组织各专业监理工程师，依据有关法律、法规、工程建设强制性标准、设计文件及施工合同，对承包单位报送的竣工资料进行审查，并对工程质量进行预验收，对存在的问题及时要求承包单位整改。整改完毕由总监签署工程竣工报验单，并在此基础上提出工程质量评估报告，由总监和监理单位技术负责人审核签字。

（2）项目监理机构参加由建设单位组织的竣工验收，并提供相关的监理资料。对验收中提出的整改问题，项目监理机构及时要求承包单位整改，工程质量符合要求后，由总监会同参加验收的各方签署四方验收单。

（3）对需返工处理或加固补强的质量事故，总监将责令承包单位报送质量事故调查报告和经设计单位等相关单位认可的处理方案，项目机构将对质量事故的处理过程和处理结果进行跟踪检查和验收。由总监及时向建设单位和本监理单位提交有关质量事故的书面报告，并将完整的质量事故处理记录整理归档。

（4）在保修期内，由监理单位安排监理人员对建设单位提出的工程质量缺陷进行检查和记录，对承包单位进行修复的工程质量进行验收，合格后予以签认。

（二）质量控制检验的主要方法

对于现场所用原材料、半成品、工序过程或工程产品质量进行检验的方法，一般可分为三类，即：目测法、量测法以及试验法。

(1) 目测法：即凭借感官进行检查，也可以叫做观感检验。这类方法主要是根据质量要求，采用看、摸、敲、照等手法对检查对象进行检查。

(2) 量测法：就是利用量测工具或计量仪表，通过实际量测结果与规定的质量标准或规范的要求相对照，从而判断质量是否符合要求。量测的手法可归纳为：靠、吊、量、套。

(3) 试验法：指通过进行现场试验或试验室试验等理化试验手段，取得数据，分析判断质量情况。包括：①理化试验；②无损测试或检验。

(三) 质量检验程度的种类

(1) 全数检验。

(2) 抽样检验。

(3) 免检。就是在某种情况下，可以免去质量检验过程。对于已有足够证据证明有质量保证的一般材料或产品；或实践证明其产品质量长期稳定、质量保证资料齐全者；或是某些施工质量只有通过对施工过程的严格质量监控，而质量检验人员很难对内在质量再作检验的，均可考虑采取免检。

二、施工过程质量控制手段

(一) 审核技术文件、报告和报表

这是对工程质量进行全面监督、检查与控制的重要手段。审核的具体内容包括以下几方面。

(1) 审查进入施工现场的分包单位的资质证明文件，控制分包单位的质量。

(2) 审批施工承包单位的开工申请书，检查、核实与控制其施工准备工作质量。

(3) 审批承包单位提交的施工方案、质量计划、施工组织设计或施工计划，控制工程施工质量有可靠的技术措施保障。

(4) 审批施工承包单位提交的有关材料、半成品和构配件质量证明文件（出厂合格证、质量检验或试验报告等），确保工程质量有可靠的物质基础。

(5) 审核承包单位提交的反映工序施工质量的动态统计资料或管理图表。

(6) 审核承包单位提交的有关工序产品质量的证明文件（检验记录及试验报告）工序交接检查（自检）隐蔽工程检查、分部分项工程质量检查报告等文件、资料，以确保和控制施工过程的质量。

(7) 审批有关工程变更、修改设计图纸等，确保设计及施工图纸的质量。

(8) 审核有关应用新技术、新工艺、新材料、新结构等的技术鉴定书，审批其应用申请报告，确保新技术应用的质量。

(9) 审批有关工程质量问题或质量问题的处理报告，确保质量问题或质量问题处理的质量。

(10) 审核与签署现场有关质量技术签证、文件等。

(二) 指令文件与一般管理文书

指令文件是监理工程师运用指令控制权的具体形式。所谓指令文件是表达监理工程师对施工承包单位提出指示或命令的书面文件，属要求强制性执行的文件。监理工程师的各项指令都应是书面的或有文件记载方为有效，并作为技术文件资料存档。一般管理文书，如监理工程师函（表 6-10）、备忘录、会议纪要、发布有关信息、通报等，主要是对承包商工作状态和行为，提出建议、希望和劝阻等，不属强制性要求执行，仅供承包人自主决策参考。

表 6-10 监理工程师通知

<table>
<tr><td colspan="6">致________________
事由：________________________________
____
通知内容：

项目监理机构________________
总/专业监理工程师________________
日 期________________</td></tr>
<tr><td rowspan="3">签
收
栏</td><td>单位</td><td>建设单位</td><td>承包单位</td><td></td><td></td></tr>
<tr><td>签收</td><td></td><td></td><td></td><td></td></tr>
<tr><td>日期</td><td></td><td></td><td></td><td></td></tr>
</table>

（三）现场监督和检查

1. 现场监督检查的内容

(1) 开工前的检查。主要是检查开工前准备工作的质量，能否保证正常施工及工程施工质量。

(2) 工序施工中的跟踪监督、检查与控制。主要是监督、检查在工序施工过程中，人员、施工机械设备、材料、施工方法及工艺或操作以及施工环境条件等是否均处于良好的状态，是否符合保证工程质量的要求，若发现有问题及时纠偏和加以控制。

(3) 对于重要的和对工程质量有重大影响的工序和工程部位，还应在现场进行施工过程的旁站监督与控制，确保使用材料及工艺过程质量。

2. 现场监督检查的方式

(1) 旁站与巡视。旁站监理范围项目是监理部根据工程特点，首先应确定各主要分部、分项工程的关键部位和关键工序，对关键部位和关键工序从施工材料检验到施工质量验收进行全过程现场跟班旁站监理。

旁站监理的内容根据《房屋建筑工程施工旁站监理管理办法》有关内容，初步确定了各专业工程的关键部位和关键工序。各专业可根据本专业特点和实情况，从中选择旁站监理内容。

① 旁站程序

a. 按要求编制旁站监理方案；

b. 施工单位在关键工序施工前 24h，书面通知监理单位；

c. 监理单位按计划实施施工全过程现场跟班监督；

d. 按工序做好旁站记录；

e. 发现问题，提出处理意见；

f. 旁站记录未经施工单位质检员签字或问题未处理，不得进入下道工序施工。

② 旁站监理职责

a. 检查施工企业现场人员到岗、特殊工种人员持证上岗以及施工机械、建筑材料准备情况；

b. 在现场跟班监督关键部位、关键工序执行施工方案及工程建设强制性标准情况；

c. 核查进场建筑材料、建筑构配件、设备和商品混凝土的出厂质量证明、质量检验报告，督促施工企业进行现场检查和必要的复验；

d. 做好旁站记录和监理日记，并保存好旁站监理原始资料。施工质检人员应在旁站记录上签字，未经签字，不得进行下一道工序施工；

e. 旁站监理过程中，发现有违反工程建设强制性标准行为的，有权责令施工企业立即改正；发现施工活动可能危及工程质量时，应及时向总监理工程师报告，由总监理工程师采取必要的措施。

③ 旁站记录必须做到

a. 记录内容要真实、准确、及时；

b. 对旁站的关键部位或关键工序，应按照时间或工序形成完整的记录；

c. 记录表内容填写要完整；

d. 记录表内施工过程情况是指所旁站的关键部位和关键工序施工情况，例如人员上岗情况、材料使用情况、施工工艺和操作情况、执行施工方案和强制性标准情况等；

e. 监理情况主要记录旁站人员、时间、旁站监理内容、对施工质量检查情况、评述意见等。将发现的问题做好记录，并提出处理意见；

f. 其他栏目要填写完整。

巡视是指监理人员对正在施工的部位或工序现场进行的定期或不定期的监督活动，巡视是一种“面”上的活动，它不限于某一部位或过程，而旁站则是“点”的活动，它是针对某一部位或工序。

(2) 平行检验。监理工程师利用一定的检查或检测手段在承包单位自检的基础上，按照一定的比例独立进行检查或检测的活动。

(四) 规定质量监控工作程序

规定双方必须遵守的质量监控工作程序，按规定的程序进行工作，这也是进行质量监控的必要手段。

(五) 利用支付手段

这是国际上较通用的一种重要的控制手段，也是建设单位或合同中赋予监理工程师的支付控制权。所谓支付控制权就是：对施工承包单位支付任何工程款项，均需由总监理工程师审核签认支付证明书（表 6-11），没有总监理工程师签署的支付证书，建设单位不得向承包单位进行支付工程款。

表 6-11　工程支付书

致　　（建设单位）： 根据施工合同规定，经审核承包单位的付款申请和报表，并扣除相关款项，同意支付工程款共计（大写）________，（小写）________，请按合同规定按时付款。 其中： 1. 承包单位申报款为：________ 2. 经审核承包单位应得款为：________ 3. 本期应扣款为：________ 4. 本期应付款为：________ 附件： 1. 承包单位的工程款及附件 2. 项目监理部审查记录 监理单位名称：××监理公司　　　　总监理工程师(签字)：×××

第四节　施工过程（工序）的质量控制

一、质量控制点

1. 质量控制点的概念

质量控制点是指为了保证作业过程质量而确定的重点控制对象、关键部位或薄弱环节。承包单位在工程施工前应根据施工过程质量控制的要求，列出质量控制点明细表，提交监理工程师审查批准后，在此基础上实施质量预控。

2. 选择质量控制点的一般原则

应当选择那些保证质量难度大的、对质量影响大的或者是发生质量问题时危害大的对象作为质量控制点。

（1）施工过程中的关键工序或环节以及隐蔽工程。

（2）施工中的薄弱环节，或质量不稳定的工序、部位或对象。

（3）对后续工程施工或对后续工序质量或安全有重大影响的工序、部位或对象。

（4）采用新技术、新工艺、新材料的部位或环节。

（5）施工上无足够把握的、施工条件困难的或技术难度大的工序或环节。

是否设置为质量控制点（表6-12），主要是视其对质量特性影响的大小、危害程度以及其质量保证的难度大小而定。

表6-12　工程质量控制点的设置位置

分项工程	质量控制点
工程测量定位	标准轴线桩、水平桩、龙门板、定位轴线、标高
地基、基础	基坑尺寸、标高、土质、地基的承载力、基础垫层标高、基础位置、尺寸、标高、预留洞口、预埋件位置、规格、数量、基础标高、杯底弹线
砌体	砌体轴线、皮数杆、砂浆配合比、预留空洞、预埋件位置、数量、砌块排列
模板	位置、尺寸、标高、预埋件位置、预留空洞尺寸、位置、模板强度及稳定性、模板内部的清理及润湿情况
钢筋混凝土	水泥品种、强度等级、砂石质量、混凝土配合比、外加剂比例、混凝土振捣、钢筋的品种、规格、尺寸、搭接长度、钢筋焊接、预留空洞、预埋件规格、数量、尺寸、位置、预制构件吊装与出场的强度、吊装位置、标高、支撑长度、焊缝长度等
吊装	吊装设备的起重能力、吊具、锁具、地锚
钢结构	翻样图、放大样
焊接	焊接条件、焊接工艺
装修	视具体情况定

3. 作为质量控制点重点控制的对象

（1）人的行为。

（2）物的质量与性能。

（3）关键的操作。

（4）施工技术参数。

（5）施工顺序。

（6）技术间歇。

（7）新工艺、新技术、新材料的应用。

(8) 产品质量不稳定、不合格率较高及易发生质量通病的工序应列为重点，仔细分析、严格控制。

(9) 易对工程质量产生重大影响的施工方法。

(10) 特殊地基或特种结构。

质量控制点的选择要准确、有效。一方面需要有经验的工程技术人员来进行选择，另一方面也要集思广益，集中群体智慧由有关人员充分讨论，在此基础上进行选择。

4. 质量预控对策的检查

所谓工程质量预控，就是针对所设置的质量控制点或分部、分项工程，事先分析施工中可能发生的质量问题和隐患，分析可能产生的原因，并提出相应的对策，采取有效的措施进行预先控制，以防在施工中发生质量问题。

二、工序控制的内容和要点

工序质量包含两方面的内容，一是工序活动条件的质量；二是工序活动效果的质量。从质量控制的角度来看，这两者是互为关联的，一方面要控制工序活动条件的质量，即每道工序投入品的质量（即人、材料、机械、方法和环境的质量）是否符合要求；另一方面又要控制工序活动效果的质量，即每道工序施工完成的工程产品是否达到有关质量标准。

1. 工序质量控制的概念

工程项目的施工过程，是由一系列相互关联、相互制约的工序所构成，工序质量是基础，直接影响工程项目的整体质量。要控制工程项目施工过程的质量，首先必须控制工序的质量。

工序质量的控制，就是对工序活动条件的质量控制和工序活动效果的质量控制，据此来达到整个施工过程的质量控制。

工序质量控制的原理是：采用数理统计方法，通过对工序一部分（子样）检验的数据，进行统计、分析，来判断整道工序的质量是否稳定、正常；若不稳定，产生异常情况须及时采取对策和措施予以改善，从而实现对工序质量的控制。其控制步骤如下所述。

(1) 实测：采用必要的检测工具和手段，对抽出的工序子样进行质量检验。

(2) 分析：对检验所得的数据通过直方图法、排列图法或管理图法等进行分析，了解这些数据所遵循的规律。

(3) 判断：根据数据分布规律分析的结果，如数据是否符合正态分布曲线；是否在上下控制线之间；是否在公差（质量标准）规定的范围内；是属正常状态或异常状态；是偶然性因素引起的质量变异，还是系统性因素引起的质量变异等，对整个工序的质量予以判断，从而确定该道工序是否达到质量标准。若出现异常情况，即可寻找原因，采取对策和措施加以预防，这样便可达到控制工序质量的目的。

2. 工序质量控制的内容

进行工序质量控制时，应着重于以下四方面的工作。

(1) 严格遵守工艺规程。施工工艺和操作规程，是进行施工操作的依据和法规，是确保工序质量的前提，任何人都必须严格执行，不得违犯。

(2) 主动控制工序活动条件的质量。工序活动条件包括的内容较多，主要是指影响质量的五大因素：即施工操作者、材料、施工机械设备、施工方法和施工环境等。只要将这些因素切实有效地控制起来，使它们处于被控制状态，确保工序投入品的质量，避免系统性因素变异发生，就能保证每道工序质量正常、稳定。

(3) 及时检验工序活动效果的质量。工序活动效果是评价工序质量是否符合标准的尺度。为此，必须加强质量检验工作，对质量状况进行综合统计与分析，及时掌握质量动态。一旦发现质量问题，随即研究处理，自始至终使工序活动效果的质量满足规范和标准的要求。

（4）设置工序质量控制点。控制点是指为了保证工序质量而需要进行控制的重点、或关键部位、或薄弱环节，以便在一定时期内、一定条件下进行强化管理，使工序处于良好的控制状态。

3. 工序控制的要点

工序质量控制的涉及面较广，根据工程特点，视其重要性、复杂性、精确性、质量标准和要求，可能是结构复杂的某一工程项目，也可能是技术要求高、施工难度大的某一结构构件或分项、分部工程，也可能是影响质量关键的某一环节中的某一工序或若干工序。总之，无论是操作、材料、机械设备、施工顺序、技术参数、自然条件、工程环境等，均可作为质量控制点来设置，主要是视其对质量特征影响的大小及危害程度而定，现列举如下。

（1）人的行为。某些工序或操作重点应控制人的行为，避免人的失误造成质量问题。如对高空作业、水下作业、危险作业、易燃易爆作业，重型构件吊装或多机抬吊，动作复杂而快速运转的机械操作，精密度和操作要求高的工序，技术难度大的工序等，都应从人的生理缺陷、心理活动、技术能力、思想素质等方面对操作者全面进行考核。事前还必须反复交底，提醒注意事项，以免产生错误行为和违纪违章现象。

（2）物的状态。在某些工序或操作中，则应以物的状态作为控制的重点。如加工精度与施工机具有关；计量不准与计量设备、仪表有关；危险源与失稳、倾覆、腐蚀、毒气、振动、冲击、火花、爆炸等有关，也与立体交叉、多工种密集作业场所有关等。也就是说，根据不同工序的特点，有的应以控制机具设备为重点，有的应以防止失稳、倾覆、过热、腐蚀等危险源为重点、有的则应以作业场所作为控制的重点。

（3）材料的质量和性能。材料的质量和性能是直接影响工程质量的主要因素，尤其是某些工序，更应将材料质量和性能作为控制的重点。如预应力筋加工，就要求钢筋匀质、弹性模量一致，含硫（S）量和含磷（P）量不能过大，以免产生热脆和冷脆，用作预应力筋时，应尽量避免对焊接头，焊后要进行通电热处理。又如，石油沥青卷材，只能用石油沥青冷底子油和石油沥青胶铺贴，不能用焦油沥青冷底子油或焦油沥青胶铺贴，否则，就会影响质量。

（4）关键的操作。如预应力筋张拉，在张拉程序中要进行超张拉和持荷 2min。超张拉的目的，是为了减少混凝土弹性压缩和徐变，减少钢筋的松弛、孔道摩阻力、锚具变形等原因所引起的应力损失；持荷 2min 的目的，是为了减少钢筋松弛的应力损失。在操作中，如果不进行超张拉和持荷 2min，就不能可靠地达到预应力值；若张拉应力控制不准，过大或过小，亦不可能可靠地达到预应力值，这均会严重影响预应力构件的质量。

（5）施工顺序。有些工序或操作，必须严格控制相互之间的先后顺序。如冷拉钢筋，一定要先对焊后冷拉，否则，就会失去冷强。屋架的固定，一定要采取对角同时施焊，以免焊接应力使已校正好的屋架发生倾斜。

（6）技术间隙。有些工序之间的技术间隙时间性很强，如不严格控制亦会影响质量。如分层浇筑混凝土，必须待下层混凝土未初凝时将上层混凝土浇完，卷材防水屋面，必须待找平层干燥后才能刷冷底子油，待冷底子油干燥后，才能铺贴卷材。砖墙砌筑后，一定要有 6～10d 时间让墙体充分沉陷、稳定、干燥，然后才能抹灰，抹灰层干燥后，才能喷白、刷浆等。

（7）技术参数。有些技术参数与质量密切相关，亦必须严格控制。如外加剂的掺量，混凝土的水灰化，沥青胶的耐热度，回填土、三合土的最佳含水量，灰缝的饱满度，防水混凝土的抗掺标号等，都将直接影响强度、密实度、抗渗性和耐冻性，亦应作为工序质量控制点。

(8) 常见的质量通病。常见的质量通病，如渗水、漏水、起壳、起砂、裂缝等，都与工序操作有关，均应事先先研究对策，提出预防措施。

(9) 新工艺、新技术、新材料应用。当新工艺、新技术、新材料虽已通过鉴定、试验，但施工操作人员缺乏经验，又是初次进行施工时，也必须对其工序操作作为重点严加控制。

(10) 质量不稳定、质量问题较多的工序。通过质量数据统计，表明质量波动、不合格率较高的工序，也应作为质量控制点设置。

(11) 特殊土地基和特种结构。对于湿陷性黄土、膨胀土、红黏土等特殊土地基的处理，以及大跨度结构、高耸结构等技术难度较大的施工环节和重要部位，更应特别控制。

(12) 施工工法。施工工法中对质量产生重大影响问题，如升板法施工中提升差的控制问题，预防群柱失稳问题，液压滑模施工中支承杆失稳问题，混凝土被拉裂和坍塌问题，建筑物倾斜和扭转问题，大模板施工中模板的稳定和组装问题等，均是质量控制的重点。

4. 工序质量的检验

工序质量的检验，就是利用一定的方法和手段，对工序操作及其完成产品的质量进行实际而及时的测定、查看和检查，并将所测得的结果同该工序的操作规程及形成质量特性的技术标准进行比较，从而判断是否合格或是否优良。工序质量的检验，也是对工序活动的效果进行评价。工序活动的效果，归根结底就是指通过每道工序所完成的工程项目质量或产品的质量如何，是否符合质量标准。为此，工序质量检验工作的内容主要有下列几项。

(1) 标准具体化。标准具体化，就是把设计要求、技术标准、工艺操作规程等转换成具体而明确的质量要求，并在质量检验中正确执行这些技术法规。

(2) 度量。度量是指对工程或产品的质量特性进行检测度量。其中包括检查人员的感观度量、机械器具的测量和仪表仪器的测试，以及化验与分析等。通过度量，提出工程或产品质量特征值的数据报告。

(3) 比较。所谓比较，就是把度量出来的质量特征值同该工程或产品的质量技术标准进行比较，视其有何差异。

(4) 判定。就是根据此较的结果来判断工程或产品的质量是否符合规程、标准的要求，并作出结论。判定要用事实、数据说话，防止主观、片面，真正做到以事实、数据为依据，以标准、规范为准绳。

(5) 处理。处理是指根据判定的结果，对合格与优良的工程或产品的质量予以认证；对不合格者，则要找原因，采取对策措施予以调整、纠偏或返工。

(6) 记录。记录要贯穿于整个质量检验的过程中，就是把度量出来的质量特征值，完整、准确、及时地记录下来，以供统计、分析、判定、审核和备查用。

施工项目质量的预控，是事先对要进行施工的项目，分析在施工中可能或最容易出现的质量问题，从而提出相应的对策，采取质量预控的措施予以预防。监理工程师实施施工项目工程工序活动质量监控应分清主次，抓住关键，依靠完善质量体系和质量检查制度。首先，确立施工项目工程工序质量控制计划，施工项目工程工序质量控制计划要明确质量控制工作程序和质量检查制度。其次，要设置施工项目工程工序活动质量控制点，进行预控。控制点设置原则，主要视其对质量特征影响大小、危害程度以及质量保证的难度大小而定。

案　例

【案例一】

1. 背景

某大型住宅工程项目，主体建筑物20层。在主体工程进行到第二层时，该层的钢筋混凝土柱已浇注完成并拆模后，监理人员发现混凝土外观质量不良，表面疏松，怀疑其混凝土强度不够，设计要求混凝土抗压强度达到C25的等级，于是要求承包商出示有关混凝土质量的检验与试验资料和其他证明材料。承包商向监理单位出示其对9根柱施工时混凝土抽样检验和试验结果，表明混凝土抗压强度值（28天强度）全部达到或超过C25的设计要求，其中最大值达到了C30即30MPa。

2. 问题

（1）作为监理工程师，应如何判断承包商这批混凝土结构施工质量是否达到了要求？

（2）如果监理方组织复核性检验，结果证明该批混凝土全部未达到C25的设计要求，其中最小值仅有16MPa，应采取什么处理决定？

（3）如果承包商承认他所提交的混凝土检验和试验结果不是按照混凝土检验和试验规程及规定在现场抽取试样进行试验的，监理单位应承担什么责任？承包方应承担什么责任？

（4）如果查明发生的混凝土质量事故主要是由于业主提供的水泥质量问题导致混凝土强度不足，而且在业主采购及向承包商提供这批水泥时，均未向监理方咨询和提供有关信息，协助监理方掌握材料质量和信息。虽然监理方与承包商都按规定对业主提供的材料进行了进货抽样检验，并根据检验结果确认其合格而接受。试问在这种情况下，业主及监理单位应当承担什么责任？

3. 案例分析

（1）作为监理工程师，为了准确判断混凝土的质量是否合格，应当在有承包方在场的情况下组织自身检验力量或聘请有权威性的第三方检测机构，或是承包商在监理方的监督下，对第二层主体结构的钢筋混凝土柱，用钻取混凝土芯的方法，钻取试件再分别进行抗压强度试验，取得混凝土强度的数据，进行分析鉴定。

（2）采取全部返工重做的处理决定，以保证主体结构的质量。承包方应承担为此所付出的全部费用。

（3）承包方不按合同标准规范与设计要求进行施工和质量检验与试验，应承担工程质量责任，承担返工处理的一切有关费用和工期损失责任。监理单位未能按照住房和城乡建设部有关规定实行见证取样，认真、严格地对承包方的混凝土施工和检验工作进行监督、控制，使施工单位的施工质量得不到严格的、及时的控制和发现，以致出现严重的质量问题，造成重大经济损失和工期拖延，属于严重失误，监理单位应承担不可推卸的间接责任，并应按合同的约定处以罚金。

（4）业主向承包商提供了质量不合格的水泥，导致出现严重的混凝土质量问题，业主应承担其质量责任，承担质量处理的一切费用并给承包商延长工期。监理单位及施工单位都按规定对水泥等材料质量和施工质量进行了抽样检验和试验，不承担质量责任。

【案例二】

1. 背景

某监理单位与业主签订了某钢筋混凝土结构商住楼工程项目施工阶段的监理合同，专业监理工程师例行在现场巡视检查、旁站实施监理工作。在监理过程中，发现以下一些问题。

(1) 某层钢筋混凝土墙体，由于绑扎钢筋困难，无法施工，施工单位未通报监理工程师就把墙体钢筋门洞移动了位置。

(2) 某层一钢筋混凝土柱，钢筋绑扎已检查、签证，模板经过预检验收，浇筑混凝土过程中及时发现模板胀模。

(3) 某层钢筋混凝土墙体，钢筋绑扎后未经检查验收，即擅自合模封闭，正准备浇筑混凝土。

(4) 某段供气地下管道工程，管道铺设完毕后，施工单位通知监理工程师进行检查，但在合同规定时间内，监理工程师未能到现场检查，又未通知施工单位延期检查。施工单位自行将管沟回填覆盖了将近一半。监理工程师发现后认为该隐蔽工程未经检查认可自行覆盖，质量无保证。

(5) 施工单位把地下室内防水工程分包给一专业防水施工单位施工，该分包单位未经资质验证认可即进场施工，并已进行了200 m^2 的防水工程。

(6) 某层钢筋骨架正在进行焊接中，监理工程师检查发现有2人未经技术资质审查认可。

(7) 某楼层一住户房间钢门框经检查符合设计要求，日后检查发现门销已经焊接，门窗已经安装，门扇反向，经检查施工符合设计图纸要求。

2. 问题

以上各项问题监理工程师应如何分别处理？

3. 案例分析

(1) 指令停工，报告业主，组织设计和施工单位共同研究处理方案，如确属设计问题，需变更设计，请设计单位变更设计并获认可后，指令施工单位按变更后的设计图施工。延误的损失由业主方承担，擅自变更部分的损失由承包方承担。如属施工方案或施工方法不当，指令施工单位重新拟订方案，新方案经审查批准后，指令施工单位按原图施工。已施工完的不合格部分按原图纸返工。由此产生的损失由承包方承担。

(2) 指令停工，检查胀模原因，指示施工单位加固处理，经检查认可，通知继续施工。由此产生的损失由施工单位承担。

(3) 指令停工，下令拆除封闭模板，使满足检查要求，经检查认可，通知复工。由此产生的工期拖延及经济损失，由施工单位承担。

(4) 指令停工，进行隐蔽工程检查，对已经覆盖的管道要求剥露，重新检验。若隐检合格，签证复工，由此产生的工期拖延和经济损失由业主承担；若隐检不合格，下令返工，所产生的工期拖延及增加的费用由施工单位承担。

(5) 指令停工，检查分包单位资质。若审查合格，允许分包单位继续施工；若审查不合格，指令施工单位令分包单位立即退场，施工单位（承包方）承担责任。无论分包单位资质是否合格，均应对其已施工完的200 m^2 防水工程进行质量检查，如不合格，承包商承担整改责任。

(6) 通知承包方该电焊工立即停止操作，并检查其技术资质证明。若审查认可，可继续进行操作；若无技术资质证明，不得再进行电焊操作，对其完成的焊接部分进行质量检查，如不合格，施工单位负责整改。

(7) 报告业主，与设计单位联系，要求更正设计，指示施工单位按更正后的图纸返工。所造成的损失，应给予施工单位补偿。

小 结

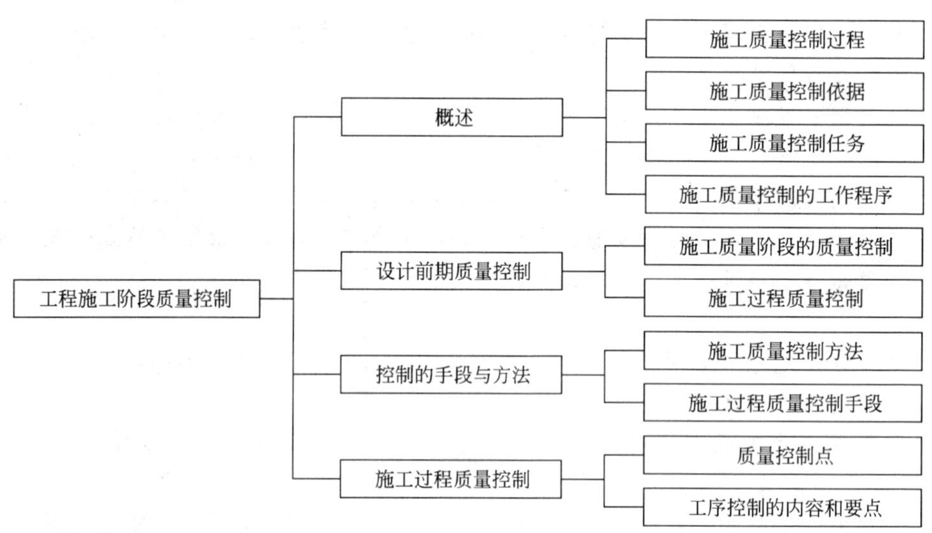

能力训练题

一、填空题

1. 工程用的合同主要包括________与__________，在合同中规定了建设工程的各参与方在质量管理方面的权利与义务，它是建设工程施工与监理的依据。
2. 施工准备阶段的质量控制是指项目正式施工活动开始前，对______________________的质量控制。
3. 分包单位的资质，是保证建筑工程质量的重要环节与前提，因此，监理工程师在工程开工前必须对__________________进行严格的控制。
4. 监理工程师应事先检查承包单位对施工作业环境条件方面的有关准备工作是否已做好安排和准备妥当；当确认其准备____、______后，方准许其进行施工。
5. 在施工过程中，监理对工程项目的实施进行____、____、____全过程的动态控制，以____、____控制为主，____控制为辅相结合的控制方法，强调监理工作的预见性，计划性和指导性。

二、选择题

1. 专业承包企业资质按专业类别共分为（ ）个资质类别，每一个资质类别又分为一、二、三级（三个等级）。

   A. 30　　B. 40　　C. 50　　D. 60

2. 设计文件是监理在工程施工阶段工作的依据。因此，监理工程师应认真参加由（ ）主持的设计交底工作，以透彻地了解设计原则及质量要求；同时，要督促承包单位认真做好审核及图纸核对工作，对于审图过程中发现的问题，及时以书面形式报告给建设单位。

   A. 设计单位　　B. 监理单位　　C. 建设单位　　D. 施工单位

3. 从事特殊作业的人员（如电焊工、电工、起重工、架子工、爆破工），必须持证上岗。对此（ ）要进行检查与核实。

   A. 监理工程师　　B. 结构工程师　　C. 造价工程师　　D. 建筑师

4. （ ）签发《工程变更单》。并将设计单位发出的“设计变更通知”作为该《工程变更单》的附件，施工承包单位按新的变更图实施。

   A. 监理工程师　　B. 总监理工程师　　C. 结构工程师　　D. 建筑师

5. 对于现场所用原材料、半成品、工序过程或工程产品质量进行检验的方法，一般可分为三类，即：（　）。

A. 目测法　　B. 混合法　　C. 检测工具量测法　　D. 试验法

三、思考题

1. 建筑工程质量控制按时间段划分可分为哪些内容？每个阶段控制的内容有哪些？
2. 简述监理工程师质量控制的程序。
3. 监理工程师在质量控制中应遵循的原则是什么？
4. 审查施工组织设计的依据是什么？
5. 施工方案应满足哪些要求？
6. 监理工程师审查分包单位资质的内容是什么？
7. 监理工程师怎样审核进场的施工机械？
8. 监理工程师对施工测量怎么控制？
9. 监理工程师如何做好作业活动过程的质量控制？
10. 简述工程质量检验的方法。
11. 工程变更的程序有哪些？
12. 施工中成品保护的步骤有哪些？
13. 工程施工中质量控制点如何设置？
14. 什么是质量预控？
15. 工序质量控制的内容是什么？
16. 工序质量检验的方法有哪些？

第七章　工程材料、生产设备和施工机械的质量控制

【知识目标】

- 掌握工程材料的质量控制
- 掌握生产设备的质量控制
- 掌握施工机械的质量控制

【能力目标】

- 熟悉工程材料、生产设备和施工机械的质量检验方法
- 能熟练填写各种表格资料

第一节　工程材料的质量控制

工程材料（包括原材料、半成品、成品、构配件）是构成工程实体的物质基础，材料费约占工程造价的60%以上，而且品种多、数量大，所以工程材料的质量对工程项目的质量有着重要的影响。

一、材料质量控制的要点

1. 材料质量控制的意义

（1）保证工程的质量。由于工程材料是构成工程实体的物质基础，材料质量的好坏将直接影响工程的质量，因此做好工程材料的质量控制，在很大程度上就能保证工程的质量。

（2）保证工程按期竣工。做好工程材料的质量控制，能使工程的施工顺利进行，避免返工，保证工程按期竣工。否则将会因材料质量造成返工，从而延误工期。

（3）降低工程成本。做好工程材料的质量控制，可以避免由于使用质量不符合要求的低劣材料而造成的质量事故，从而减少经济损失，降低工程成本。

（4）保证施工的顺利进行。做好工程材料的质量控制，避免了由于材料问题而造成的质量事故，并且也可以避免由此而引起的一些不必要的纠纷，从而保证施工的顺利进行。

2. 材料质量控制的依据

（1）国家、行业、企业和地方标准、规范、规程和规定。建筑材料的技术标准分为国家标准、行业标准、企业标准和地方标准等，各级标准分别由相应的标准化管理部门批准并颁布。我国国家质量技术监督局是国家标准化管理的最高机关。各级标准部门都有各自的代号，建筑材料技术标准中常见代号有：GB——国家标准（过去多采用GBJ、TJ）；JG——住房和城乡建设部行业标准（原为JGJ）；JC——国家建材局标准（原为JCJ）；ZB——国家级专业标准；CECS——中国工程建设标准化协会标准；DB××——地方性标准（××表示序号，由国家统一规定，如北京市的序号为11）等。

标准代号由标准名称、部门代号（1991年以后，对于推荐性标准加“/T”，无“/T”

为强制性标准）、编号和批准年份组成，如国家标准《建设工程监理规范》（GB 50319—2000），部门代号为GB，编号为50319，批准年份为2000年，为强制性标准。

另外，现行部分建材行业标准有两个年份，第一个年份为批准年份，括号中的年份为重新校对年份，如《粉煤灰砖》JC 239—91（1996）。

无论是国家标准还是部门行业标准，都是全国通用标准，属国家指令性技术文件，监理工程师在监理过程中均必须严格遵照执行，有关标准中黑体字标志的条文为强制性条文。

（2）工程设计文件及施工图。

（3）工程施工合同。

（4）施工组织设计。

（5）工程建设监理合同。

（6）产品说明书、产品质量证明书、产品质量试验报告、质检部门的检测报告、有效鉴定证书、试验室复试报告。

二、材料质量控制的内容

监理工程师应对工程材料的质量进行严格的控制。工程材料的质量控制主要着重在材料的采购订货、材料进场后的控制和材料的使用等几方面。

（一）材料进场前的质量控制

材料的质量取决于供货厂（供货单位）的质量保证能力和材料的质量标准，因此为了确保所采购的材料符合规定的要求，必须对材料的采购订货工作进行严格的控制。

（1）仔细阅读工程设计文件、施工图、施工合同、施工组织设计及其他与工程所用材料有关的文件，熟悉这些文件对材料品种、规格、型号、强度等级、生产厂家与商标的规定和要求。

（2）认真查阅所用材料的质量标准，学习材料的基本性质，对材料的应用特性、适用范围有全面了解，必要时对主要材料、设备及构配件的选择向业主提供合理建议。

（3）掌握材料信息，认真考察供货厂家。掌握材料质量、价格、供货能力的信息，可获得质量好、价格低的材料资源，从而既确保工程质量又降低工程造价。

材料在采购订货之前，施工单位应在广泛收集市场信息的基础上进行分析研究后，向监理单位进行申报，并提供材料采购计划，其中应包括所拟采购材料的规格、品种、型号、数量、单价和样品，同时应提供材料生产厂家的基本情况（厂家的生产规模、产品的品种、质量保证措施、生产业绩和厂家的信誉等）或供应单位的基本情况（营销规模、供应品种、质量保证措施、营销业绩和信誉等），供监理工程师审查。监理工程师审查的内容着重在检查施工单位所拟采购的材料是否符合设计图纸的规定和承包合同的要求，材料的生产厂家（或供应单位）能否保证质量，能否如期交货等，必要时监理工程师可根据施工单位提供的样品进行检验，以鉴定材料的质量是否符合需要。为了确认供货厂家的质量保证能力，如有必要，监理工程师可会同施工单位进行现场考查，实地了解厂家的生产情况，质量保证措施和产品的实际质量，经监理工程师审查确认后，施工单位才能正式进行材料的采购订货。

对合格的供货厂家，应建立相应的供货档案，定期对供货厂家的业绩进行评定，并根据评定的结果及时调整供货厂家，以便材料的采购订货实施动态管理。对大批量的材料采购，可采用招标方式，以便择优选择供货厂家。

（二）材料进场时的质量控制

1. 物单必须相符

材料进场时，监理工程师应检查到场材料的实际情况与所要求的材料在品种、规格、型号、强度等级、生产厂家与商标等方面是否相符，检查产品的生产编号或批号、型号、规格、生产日期与产品质量证明书是否相符，如有任何一项不符，应要求退货或要求供应商提供材料的资料。标志不清的材料可要求退货（也可进行抽检）。

2. 进入施工现场的各种原材料、半成品、构配件都必须有相应的质量保证资料

(1) 生产许可证或使用许可证。

(2) 产品合格证、质量证明书或质量试验报告单，合格证等都必须盖有生产单位或供货单位的红章并标明出厂日期、生产批号或产品编号。

(三) 材料进场后的质量控制

材料运抵施工现场后，监理工程师应审查材料的质量保证资料，并派监理人员参与施工单位的材料清点检查。

1. 施工现场材料的基本要求

(1) 工程上使用的所有原材料、半成品、构配件及设备，都必须事先经监理工程师审批后方可进入施工现场。

(2) 施工现场不能存放与本工程无关或不合格的材料。

(3) 所有进入现场的原材料与提交的资料在规格、型号、品种、编号上必须一致。

(4) 不同种类、不同厂家、不同品种、不同型号、不同批号的材料必须分别堆放，界限清晰，并有专人管理，避免使用时造成混乱，便于追踪工程质量，以备对分析质量事故的原因提供方便。

(5) 应用新材料前必须通过试验和鉴定，代用材料必须通过计算和充分论证，并要符合结构构造的要求。

2. 质量保证资料的核查

材料运抵施工现场后，监理工程师应核查材料的质量保证资料，如"供货总说明"、"产品合格证和技术说明书"、"质量检验证明"、"检测与试验者的资格证明"、"关键工艺操作人员资格证明及操作记录"等，核查质量保证资料是否齐全，并鉴别这些质量保证资料的真实性和可靠性。

3. 材料的复验

为防止假冒伪劣产品用于工程，或为了考察产品生产质量的稳定性、掌握材料在存放过程中性能的降低情况、原材料在施工现场重新配制、重要的工程材料；凡标志不清或认为质量有问题的材料，对质量保证资料有怀疑或与合同规定不符的一般材料，根据工程重要程度，应进行一定比例试验的材料；需要进行追踪检验、以控制和保证其质量的材料等，均应进行复验。对于进口的材料设备和重要工程或关键施工部位所用材料，则应进行全部检验。

(1) 采用正确的取样方法，明确复验项目。在每种产品质量标准中，均规定了取样方法。材料的取样必须按规定的部位、数量和操作要求来进行，确保所抽样品有代表性。抽样时，按要求填写材料见证取样表，明确试验项目。常用材料的试验项目如表 7-1 所示，常用材料取样方法如表 7-2～表 7-4 所示。

(2) 取样数量应正确。在材料的质量标准中，均明确规定了产品出厂（矿）检验的取样数量，在一些质量验收规范中（如防水材料施工验收规范）也规定取样批次。监理工程师必须确保取样数量不低于这些规定，这是控制材料质量的需要，也是工程顺利进行验收的需要。业主、政府主管部门、勘察单位、设计单位在主体或竣工验收时，主要是看质量保证资料和外观，而对工程施工过程了解不多，因此，取样工作显得尤为重要，但如果取样数量不够，往往会对工程质量和监理工作效果产生质疑，作为监理工程师应重视这一问题，保证取样数量符合要求。取样数量见表 7-2。

表 7-1 常用材料试验项目

<table>
<tr><th>序号</th><th colspan="2">名 称</th><th>必 试 项 目</th><th>视 检 项 目</th></tr>
<tr><td>1</td><td colspan="2">通用水泥</td><td>胶砂强度(3d、7d或28d)、标准稠度、安定性、凝结时间、细度</td><td>烧失量、碱含量、MgO、SO_3</td></tr>
<tr><td>2</td><td colspan="2">钢筋</td><td>屈服强度、抗拉强度、伸长率、冷弯</td><td>化学分析C、Si、Mn、S、P等</td></tr>
<tr><td>3</td><td colspan="2">碳素钢丝刻痕钢丝</td><td>屈服强度、抗拉强度、伸长率、反复弯曲</td><td></td></tr>
<tr><td>4</td><td colspan="2">冷拔低碳钢丝</td><td>抗拉强度、伸长率、反复弯曲</td><td></td></tr>
<tr><td>5</td><td colspan="2">钢绞线</td><td>最大负荷、屈服负荷、伸长率</td><td></td></tr>
<tr><td>6</td><td colspan="2">钢丝绳</td><td>破断力</td><td></td></tr>
<tr><td>7</td><td colspan="2">型钢</td><td>屈服强度、抗拉强度、伸长率、冷弯</td><td>化学分析C、Si、Mn、S、P等</td></tr>
<tr><td>8</td><td colspan="2">低碳钢热轧</td><td>屈服强度(供拉丝用盘条无此项)、抗拉强度、伸长率、冷弯</td><td>化学分析C、Si、Mn、S、P等</td></tr>
<tr><td rowspan="6">9</td><td rowspan="6">钢筋焊接</td><td>焊接骨架</td><td>热轧钢筋:抗剪;
冷拉低碳钢丝:抗剪、抗拉</td><td></td></tr>
<tr><td>焊接网</td><td>拉伸、弯曲、抗剪</td><td></td></tr>
<tr><td>闪光对焊</td><td>拉伸、弯曲</td><td></td></tr>
<tr><td>电弧焊</td><td>拉伸</td><td></td></tr>
<tr><td>电渣压力焊</td><td>拉伸</td><td></td></tr>
<tr><td>气压焊</td><td>拉伸</td><td></td></tr>
<tr><td>10</td><td colspan="2">钢筋机械连接</td><td>拉伸</td><td></td></tr>
<tr><td>11</td><td colspan="2">钢结构焊接</td><td>拉伸、面弯、背弯、超声波或X射线探伤</td><td></td></tr>
<tr><td>12</td><td colspan="2">砂</td><td>颗粒级配、含泥量、泥块含量、有机物含量</td><td>表观密度、堆积密度、坚固度</td></tr>
<tr><td>13</td><td colspan="2">碎石或卵石</td><td>颗粒级配、含泥量、泥块含量、针片状含量、压碎指标、有机物含量</td><td>表观密度、堆积密度、坚固度、碱骨料反应</td></tr>
<tr><td>14</td><td colspan="2">轻骨料</td><td>堆积密度、抗压强度、吸水率、级配</td><td>颗粒表观密度、软化系数</td></tr>
<tr><td>15</td><td colspan="2">混凝土外加剂</td><td>固体含量、减水率、泌水率、抗压强度比、钢筋锈蚀</td><td>含水率、凝结时间、坍落度损失、碱含量</td></tr>
<tr><td>16</td><td colspan="2">粉煤灰</td><td>细度、烧失量、需水量比</td><td>SO_3</td></tr>
<tr><td>17</td><td colspan="2">混凝土、砂浆用水</td><td>pH值、不溶物、可溶物、硫酸盐</td><td>硫化物</td></tr>
<tr><td>18</td><td colspan="2">砌筑砂浆</td><td>配合比设计、28d抗压强度</td><td>抗冻性、收缩</td></tr>
<tr><td>19</td><td colspan="2">混凝土</td><td>配合比设计、坍落度、28d抗压强度</td><td>抗冻性、抗渗性、抗折强度</td></tr>
<tr><td>20</td><td colspan="2">砖</td><td>烧结普通砖、烧结多孔砖和空心砖:抗压强度;蒸养(压)砖:抗压强度、抗折强度</td><td>抗冻性、吸水率、石灰爆裂、泛霜</td></tr>
<tr><td>21</td><td colspan="2">混凝土小型空心砌块</td><td>普通混凝土:抗压强度;
轻骨料混凝土:抗压强度、表观密度</td><td>抗冻性、吸水率</td></tr>
<tr><td>22</td><td colspan="2">路面砖</td><td>抗压强度</td><td></td></tr>
<tr><td>23</td><td colspan="2">钢化玻璃</td><td>热稳定性、抗冲击、抗弯强度、透光度</td><td></td></tr>
<tr><td>24</td><td colspan="2">建筑生石灰粉</td><td>$CaO+MgO$含量、CO_2含量、细度</td><td></td></tr>
<tr><td>25</td><td colspan="2">石油沥青</td><td>针入度、软化点、延度</td><td></td></tr>
<tr><td>26</td><td colspan="2">沥青玛脂</td><td>耐热度、柔韧性、黏结力</td><td></td></tr>
<tr><td>27</td><td colspan="2">沥青嵌缝油膏</td><td>耐热度、黏结性、保油性、浸水黏结性</td><td>挥发率</td></tr>
<tr><td>28</td><td colspan="2">聚氯乙烯胶泥</td><td>抗拉强度、黏结力、耐热度、常温延伸性</td><td>延伸性、迁移性</td></tr>
<tr><td rowspan="2">29</td><td rowspan="2">防水涂料</td><td>水性沥青基</td><td>黏结性、延伸性、柔韧性、耐热性、不透水性</td><td>老化、固体含量</td></tr>
<tr><td>聚氯酯</td><td>拉伸强度、延伸性、低温柔性、不透水性</td><td>老化、固体含量</td></tr>
<tr><td rowspan="3">30</td><td rowspan="3">防水卷材</td><td>石油沥青油毡</td><td>拉力、耐热度、柔度、不透水性</td><td>吸水率</td></tr>
<tr><td>石油沥青玻璃纤维油毡</td><td>拉力、柔度、不透水性</td><td>耐霉菌、老化</td></tr>
<tr><td>石油沥青玻璃布油毡</td><td>拉力、耐热度、柔度、不透水性</td><td>耐霉菌</td></tr>
</table>

续表

序号	名称		必试项目	视检项目
30	防水卷材	塑性体沥青防水卷材	拉力、耐热度、低温柔度、不透水性、延伸率	老化、撕裂强度
		弹性体沥青防水卷材	拉力、耐热度、低温柔度、不透水性、延伸率	老化、撕裂强度
		三元丁橡胶防水卷材	不透水性、拉伸强度、断裂伸长率、耐碱性	热老化、人工候化
		聚氯乙烯防水卷材	拉伸强度、低温弯折、抗渗透性、抗穿孔性、伸长率	热老化、人工候化、水溶液处理
31	混凝土预制构件		允许开裂构件：挠度、裂缝宽度、承载力；限制开裂构件：挠度、抗裂、承载力	
32	民用建筑回填土		干密度、氡浓度	
33	市政土工		颗粒分析、液限和塑性指数、重型击实	相对密度、有机物含量、硫酸盐含量
34	路基回填土		压实度	
35	装饰材料		内(外)照射指数、甲醛含量、苯含量	
36	进口钢筋		屈服强度、抗拉强度、伸长率、冷弯、化学成分、焊接性能	

注：《民用建筑工程室内环境污染控制规范》(GB 50325—2001) 规定，民用建筑用无机非金属材料和装修材料必须进行放射性检测。

表 7-2 常用材料施工现场取样方法

<table>
<tr><th>序号</th><th colspan="2">材料名称</th><th>取样单位</th><th>取样数量</th><th>取样方法</th></tr>
<tr><td>1</td><td colspan="2">通用水泥</td><td>同生产厂、同品种、同强度等级、同编号水泥。散装水泥≤500t/批；袋装水泥≤200t/批。存放期超过3个月必须复试</td><td>≥12kg</td><td>1. 散装水泥：在卸料处或输送机上随机取样。当所取水泥深度不超过2m时，采用散水泥取样管，在适当位置插入水泥一定深度取样
2. 袋装水泥：在袋装水泥堆场取样。用袋装水泥取样管，随机选择20个以上不同部位，插入水泥适当深度取样</td></tr>
<tr><td rowspan="4">2</td><td rowspan="4">钢筋</td><td>热轧带肋钢筋</td><td rowspan="4">钢筋、钢丝、钢绞线均按批检查，每批由同一厂别、同一炉罐号、同一规格、同一交货状态、同一进场时间组成，≤60t/批</td><td>拉伸2根
冷弯2根</td><td rowspan="5">1. 试件切取时，应在钢筋或盘条的任意一端裁去500mm
2. 凡规定取2个试件的(低碳钢热轧圆盘条冷弯试件除外)均从任意两根(或两盘中)分别切取，每根钢筋上切取一个拉伸试件、一个冷弯试件
3. 低碳钢热轧圆盘条冷弯试件应取自同盘的两端
4. 试件长度：拉力(伸)试件 $L \geqslant 5d/10d+200$mm；冷弯试件 $L \geqslant 5d/10d+150$mm(d 为钢筋直径)
5. 化学分析试件可利用力学试验的余料钻取，如单项化学分析可取 $L=150$mm(1～5条亦适合于其他类型钢筋)</td></tr>
<tr><td>热轧光圆钢筋</td><td>拉伸2根
冷弯2根</td></tr>
<tr><td>低碳钢热轧圆盘条</td><td>拉伸1根
冷弯2根</td></tr>
<tr><td>余热处理钢筋</td><td>拉伸2根
冷弯2根</td></tr>
<tr><td>3</td><td colspan="2">冷轧带肋钢筋</td><td>按批检验，每批由同一牌号、同一外形、同一规格、同一生产工艺和同一交货状态组成，≤60t/批</td><td>拉伸每盘1个，冷弯每批2个</td></tr>
</table>

续表

<table>
<tr><th>序号</th><th colspan="4">材料名称</th><th>取样单位</th><th>取样数量</th><th>取样方法</th></tr>
<tr><td>4</td><td colspan="4">预应力混凝土热处理钢筋</td><td>同一外形截面尺寸、同一热处理制度和同一炉罐号，≤60t/批</td><td>拉伸 2 根</td><td>从每批钢筋中选取 10%(≥25 盘)进行力学性能试验，从每批钢筋中选取 10%(≥25 盘)进行表面、尺寸偏差检查</td></tr>
<tr><td>5</td><td colspan="4">钢绞线</td><td>同一牌号、同一规格、同一生产工艺≤60t/批</td><td>每个性能每盘 1 根</td><td>从每批中选取 3 盘；如每批小于 3 盘，则逐盘检验。从每盘钢绞线端部正常部位截取 1 根试样</td></tr>
<tr><td>6</td><td colspan="4">进口钢筋</td><td>同上<60t/m</td><td>拉伸 2 根
冷弯 2 根</td><td>需先经化学成分检验和焊接试验，符合有关规定后方可用于工程，取样方法参照国产钢筋相关规定</td></tr>
<tr><td rowspan="7">7</td><td rowspan="7">钢筋焊接头</td><td rowspan="5">电阻点焊</td><td rowspan="5">骨架网</td><td>热轧钢筋焊点</td><td rowspan="2">凡钢筋级别、直径及尺寸相同的焊接骨架应视为同一类型制品，且每 200 件/批，一周内不足 200 件亦按一批计算</td><td>抗剪 3 个</td><td rowspan="2">1. 力学性能试验的试件应从每批成品中切取；
2. 试件尺寸：从焊接部位两端各向外延长 150mm
由几种钢筋直径组合的焊接骨架，应对每种组合做力学性能试验，所切试件尺寸要符合规定要求</td></tr>
<tr><td>冷拔低碳钢丝焊点</td><td>抗剪 3 个，对较小钢丝做拉伸 3 个</td></tr>
<tr><td>冷轧带肋钢筋或冷拔低碳钢丝焊点</td><td rowspan="3">凡钢筋级别、直径及尺寸相同的焊接网应视为同一类型制品，每批不应大于 30t，或者 200 件为一批，一周内不足 30t 或 200 件，也应按一批计算</td><td>纵、横向钢筋各 1 个拉伸试件</td><td>试件长度：两夹头之间的距离不应小于 20 倍试件受拉钢筋的直径，且不小于 180mm；对于双根钢筋，非受拉钢筋应在离交叉焊点约 20mm 处切断</td></tr>
<tr><td>冷轧带肋钢筋焊点</td><td>纵、横向钢筋各 1 个弯曲试件</td><td>在单根钢筋焊网中，应取钢筋直径较大的一根；在双根钢筋焊接网中，应取双根钢筋中的一根；试件长度应大于或等于 200mm，弯曲试件的受弯曲部位与交叉点的距离大于或等于 25mm</td></tr>
<tr><td>热轧钢筋、冷轧带肋钢筋或冷拔低碳钢丝焊点</td><td>抗剪 3 个</td><td>应沿同一横向钢筋随机切取，其受拉钢筋为纵向钢筋；对于双根钢筋，非受拉钢筋应在焊点外切断，且不应损伤受拉钢筋焊点</td></tr>
<tr><td colspan="3">闪光对焊</td><td>在同一台班内，由同一完成的 300 个同级别、同直径钢筋焊接接头为一批。当现一台班内焊接接头数量较少，可在一周内累计计算；累计仍不足 300 个接头，应按一批计算</td><td>拉伸 3 个
弯曲 3 个</td><td>力学性能试验时，应从每批接头中随机切取；焊接等长的预应力钢筋(包括螺丝端杆与钢筋)时，可按生产时间等条件制作模拟试件；螺丝端杆接头可只做拉伸试验；模拟试件的试验结果不符合要求时，应从成品中再切取试件进行复试，其数量和要求应与初始试验时相同</td></tr>
<tr><td colspan="3">电弧焊</td><td>在工厂焊接条件下，300 个同接头型式、同钢筋级别的接头作为一批；在现场安装条件下，每 1～2 楼层中以 300 个同接头型式、同钢筋级别的接头作为一批；不足 300 个接头仍应作为一批</td><td>拉伸 3 个</td><td>在一般构筑物中应从成品中每批随机切取 3 个接头；在装配式结构中，可按生产条件制作模拟试件</td></tr>
</table>

续表

序号	材料名称		取样单位	取样数量	取样方法
7	钢筋焊接头	电渣压力焊	在一般构筑物中，以300个同级别钢筋接头作为一批；在现浇钢筋混凝土多层结构中，应以每一楼层或施工区段中300个同级别钢筋接头作为一批；不足300个接头仍应作为一批	拉伸3个	试件应从每批接头中随机切取
		预埋件钢筋T形接头埋弧压力焊	应以300件同类型预埋件作为一批；一周内连续焊接时可累计计算；当不足300件时，亦应按一批计算	拉伸3个	试件应从每批预埋件中随机切取，试件的钢筋长度≥200mm，钢板的长度和宽度均应≥60mm
		气压焊	在一般构筑物中，以300个接头作为一批；在现浇钢筋混凝土房屋结构中，同一楼层中应以300个接头作为一批；不足300个接头仍应作为一批	拉伸3个，在梁板水平钢筋连接中应加做3个弯曲试验	试件应从每批接头中随机切取
8	钢筋连接接头	带肋钢筋套筒挤压连接	同一施工条件下采用同一批材料的同等级、同型式、同规格接头≤500个/批；若连续10批拉伸试验一次抽样合格，验收批数量可≥1000个	拉伸不少于3根	随机抽取不小于3个试件做单向拉伸试验，接头试件的钢筋母材应进行抗拉强度试验
		钢筋锥螺纹接头	同上	同上	同上
9	建筑钢结构焊接工艺试验的焊接接头		每一工艺试验	拉伸、面弯、背弯和圆弯各2个试件；冲击试验9个试件	焊接接头力学性能试验以拉伸和冷弯（面弯、背弯）为主，冲击试验按设计要求决定，有特殊要求时应做侧弯试验
10	砖、砌块	烧结普通砖	同一产地、规格（下同）	强度10块	预先确定抽样方案，在成品堆（垛）中随机抽取，不允许替换
		烧结多孔砖	≤15万块/批		
		（蒸养）粉煤灰砖	≤10万块/批		
		煤渣砖	≤10万块/批		
		灰砂砖	≤10万块/批		
		烧结空心砖和空心砌块	≤3万块/批		
		粉煤灰砌块	≤$200mm^3$/批	强度3块	
		普通混凝土小型空心砌块	≤1万块/批	强度5块	预先确定抽样方案，在成品堆（垛）中随机抽取，不允许替换（抗冻10块，相对含水率、抗渗、空心率各3块）
11	砂		同分类、规格、适用等级及日产量≤600t/批，日产量超过2000t时≤1000t/批	见表7-3	在料堆上取样时，取样部位应均匀分布；取样前先将取样部位表层铲除，然后从不同部位抽取大致等量的砂8份，组成一组样品

续表

序号	材料名称	取样单位	取样数量	取样方法
12	碎(卵)石	同分类、规格、适用等级及日产量≤600t/批，日产量超过2000t时≤1000t/批，日产量超过5000t时≤2000t/批	见表7-4	在料堆上取样时，取样部位应均匀分布；取样前先将取样部位表层铲除，然后从不同部位抽取大致等量的石子15份(在料堆的顶部、中部和底部均匀分布的15个不同部位取得)组成一组样品
13	轻骨料	同一产地、同一规格、同一进场时间≤300m^3/批	最大粒径≤20mm：60L；最大粒径>20mm：80L	1. 对均匀料进行取样时，试样可以从堆料锥体自上而下的不同部位、方向任选10个点抽取，但要注意避免抽取离折的及面层的材料，取样后缩取至所需数量 2. 从袋装料抽取试样时，应从不同位置和高度的10个袋中抽取后再缩取
14	混凝土外加剂：减水剂、早强剂、缓凝剂、引气剂	同一厂家、同一品种、同一编号(下同)每个编号/批	不小于0.5t水泥所需量	试样应充分混匀，分配成两等份
	混凝土外加剂：泵送剂	≤50t/批	不小于0.5t水泥所需量	从至少10个不同容器中抽取等量试样混合均匀，分成两等份
	混凝土外加剂：防水剂	年产500t以上：≤50t/批；年产500t以下：≤30t/批	不小于0.2t水泥所需量	试样应充分混匀，分配成两等份
	混凝土外加剂：防冻剂	≤50t/批	不小于0.15t水泥所需量	试样应充分混匀，分配成两等份
	混凝土外加剂：膨胀剂	≤60t/批	≥10kg	可连续取，也可从20个以上不同部位抽取等量试样混合均匀，分成两等份
	混凝土外加剂：速凝剂	≤20t/批	4kg	从16个不同点取样，每个点取样250g，共取4000g，将试样混合均匀，分成两等份
15	粉煤灰	连续供应的同厂别、同等级≤200t/批	平均试样	1. 散装粉煤灰：从不同部位取10份试样，每份试样不少于1kg，混合均匀，按四分法缩取比试验所需量大一倍的样(称为平均试样) 2. 袋装粉煤灰：从每批中任抽10袋，并从每袋中各取试样不少于1kg，混合均匀，按四分法缩取比试验所需量大一倍的样
16	建筑、道路石油沥青	同一厂家、同一品种、同一标号≤20t/批	1kg	从均匀分布(不少于5处)的部位，取洁净的等量试样，共1kg
17	防水涂料：聚氨酯防水涂料	同一厂家、同一品种、同一标号(下同) 甲组分≤5t/批；乙组分按产品质量配比组批	2kg	随机抽取桶数不低于$\sqrt{\frac{n}{2}}$的整桶样品(n是交货产品的桶数)，逐桶检查外观，然后从初检过的桶内不同部位取相同量的样品，混合均匀
	防水涂料：溶剂型橡胶沥青	≤5t/批	2kg	同聚氨酯防水涂料
	防水涂料：聚氯乙烯弹性	≤20t/批	2kg	同聚氨酯防水涂料
	防水涂料：水性沥青基	每班的生产量为一批	2kg	同聚氨酯防水涂料

续表

序号	材料名称		取样单位	取样数量	取样方法
18	防水卷材	石油沥青油毡	同一厂家、同一品种、同一标号、同一等级(下同)≤1500卷/批	500mm长2块	任抽一卷切除距外层卷头2500mm后，顺纵向截取长500mm的全幅卷材2块，一块做物理试验，另一块备用
		改性沥青聚乙烯胎防水卷材	≤10000m²/批	1000mm长2块	任抽3卷，放在15～30℃室温下至少4h，从中抽1卷，距端部2000mm处，顺纵向截取长1000mm的全幅卷材2块
		弹(塑)体沥青防水卷材	≤1000卷/批	800mm长2块	样品长为800mm，其他同石油沥青油毡
		三元丁橡胶防水卷材	同规格、同等级≤300卷/批	500mm长1块	任取3卷，从被检测厚度的卷材上切取500mm进行状态调节后切取试样
		聚氯乙烯、氯化聚乙烯防水卷材	≤5000m²/批	3000mm长1块	任取3卷，从外观质量合格卷材中任取1卷，截去300mm后，纵向截取3000mm作为样品，并进行状态调节
19	混凝土预制构件		在生产工艺正常下生产的同强度等级、同工艺、同结构类型构件≤1000件/批，且<3个月/批；当连续10批抽检合格，可改为≤2000件/批，且≤3个月/批	正常1件 复检2件	随机抽取，抽样时宜从设计荷载最大、受力最不利或生产数量最多的构件中抽取
20	回填土	柱基	柱基的10%	≥5点	环刀法：每段每层进行检验，应在夯实层下半部(至每层表面以上2/3处)用环刀取样； 灌砂法：数量可比环刀法适当减少，取样部位应为每层压实后的全部深度
		基槽、管沟、排水沟	每层20～50m	≥1点	
		基坑、挖填方、地面、路面、室内回填	每层100～500m²	≥1点	
		场地平整	每层400～900m²	≥1点	
		路基	每层1000m²	3点	环刀法
21	普通混凝土		同一强度等级、同一配合比、同一生产工艺的混凝土，应在浇筑地点随机取样。强度试件(每组3块)的取样与留置规定如下： 1. 每拌制100盘且不超过100m³的同配合比的混凝土，取样不得少于一次 2. 每工作班拌制的同配合比的混控土不足100盘时，取样不得少于一次 3. 当一次连续浇筑超过1000m³时，同一配合比的混凝土每200m³取样不得少于一次 4. 每一现浇楼层同配合比的混凝土，其取样不得少于一次 5. 每次取样应至少留置一组标准养护试件，同条件养护试件的留置组数应根据实际需要确定 对于有抗渗要求的混凝土结构(抗渗试件每组6个)，GB 50204—2002规定：同一工程、同一配合比的混凝土，取样不应少于一次，留置组数可根据实际需要确定；GB 50208—2002规定：连续浇筑混凝土每500m³应留置一组抗渗试件，且每项工程不得少于两组，采用预拌混凝土的抗渗试件，留置组数应视结构的规模和要求而定		
22	轻骨料混凝土		同一强度等级、同一配合比、同一生产工艺的混凝土，应在浇筑地点随机取样，每次取样必须取自同一次搅拌的混凝土拌和物。强度试件留置规定如下： 1. 每100盘，且不超过100m³的同配合比的混凝土，取样次数不得少于1次； 2. 每一工作班拌制的同配合比的混凝土不足100m³时，其次数不得少于1次		
23	砌筑砂浆		同一强度等级、同一配合比的砂浆，应在搅拌机出料口随机抽取，强度试件每组6个立方体试样；每一检验批且不超过250m³砌体的各种类型及强度等级的砌筑砂浆，每台搅拌机应至少抽检一次		

表 7-3　砂单项试验取样数量　　单位：kg

序号	试验项目	最少取样数量	序号	试验项目		最少取样数量
1	颗粒级配	4.4	8	硫酸盐和硫化物含量		0.6
2	含泥量	4.4	9	氯化物含量		4.4
3	石粉含量	6.0	10	坚固性	天然砂	8.0
4	泥块含量	20.0			人工砂	20.0
5	云母含量	0.6	11	表观密度		2.6
6	轻物质含量	3.2	12	堆积密度与空隙率		5.0
7	有机物含量	2.0	13	碱基料反应		20.0

表 7-4　粗骨料单项试验取样数量　　单位：kg

序号	试验项目	不同最大粒径(mm)下的最少取样数量							
		9.5	16.0	19.0	26.5	31.5	37.5	63.0	75.0
1	颗粒级配	9.5	16.0	19.0	25.0	31.5	37.5	63.0	80.0
2	含泥量	8.0	8.0	24.0	24.0	40.0	40.0	80.0	80.0
3	泥块含量	8.0	8.0	24.0	24.0	40.0	40.0	80.0	80.0
4	针片状颗粒含量	1.2	4.0	8.0	12.0	20.0	40.0	40.0	40.0
5	有机物含量	按试验要求的粒级和数量取样							
6	硫酸盐和硫化物含量								
7	坚固性								
8	岩石抗压强度	随机选取完整石块锯切或钻取成试验用样品							
9	压碎指标值	按试验要求的粒级和数量取样							
10	表观密度	8.0	8.0	8.0	8.0	12.0	16.0	24.0	24.0
11	堆积密度与空隙率	40.0	40.0	40.0	40.0	80.0	80.0	120.0	120.0
12	碱基料反应	20.0	20.0	20.0	20.0	20.0	20.0	20.0	20.0

(3) 选择资质符合要求的实验室来进行检测。材料取样后，应在规定的时间内送检，送检前监理工程师必须考察试验室的资质等级情况。试验室要经过当地政府主管部门批准，持有在有效期内的《建筑企业试验室资质等级证书》，其试验范围必须在规定的业务范围内，试验室业务范围如表 7-5 所示。

(4) 认真审定抽检报告。与材料见证取样表对比，做到物单相符；将试验数据与技术标准规定值或设计要求值进行对照，确认合格后方可允许使用该材料。否则，责令施工单位将该种或该批材料立即运离施工现场，对已应用于工程的材料及时做出处理意见。

(四) 材料供应的质量控制

监理单位应监督和协助施工单位建立材料运输、调度、储存的科学管理体系，加快材料的周转，减少材料的积压和储存，做到既能按质、按量、按期地供应施工所需的材料，又能降低费用，提高效益。

(五) 材料使用的质量控制

监理单位应建立材料使用验证的质量控制制度，材料在正式用于施工之前，施工单位应组织现场试验，并编写试验报告。现场试验合格，试验报告及资料经监理工程师审查确认后，这批材料才能正式用于施工。

同时，还应充分了解材料的性能，质量标准，适用范围和对施工的要求，使用前应详细核对，以防用错或使用了不适当的材料。

对于重要部位和重要结构所使用的材料，在使用前应仔细核对和认证材料的规格、品种、型号、性能是否符合工程特点和设计要求。此外，还应严格进行下列材料的质量控制。

(1) 对于混凝土、砂浆、防水材料等，应进行试配，并应检查、监督施工单位按试验要求严格控制配合比。

表 7-5 不同企业各级实验室业务范围

实验室所属企业	实验室资质等级		
	一	二	三
建筑施工企业	1. 砂、石、砖、轻集料、沥青等原材料 2. 水泥强度等级及有关项目 3. 混凝土、砂浆试配及试块强度 4. 钢筋(含焊件)力学性能试验 5. 道路用材料试验 6. 简易土工试验 7. 外加剂、掺合剂、涂料防腐试验 8. 混凝土抗渗、抗冻试验	1. 砂、石、砖、轻集料、沥青等原材料 2. 水泥强度等级及有关项目 3. 混凝土、砂浆试配及试块强度 4. 钢筋(含焊件)力学性能试验 5. 混凝土抗渗试验 6. 简易土工试验 7. 道路用材料试验	1. 砂、石、砖、沥青等原材料 2. 混凝土、砂浆试配及试块强度 3. 钢筋(含焊件)力学性能试验 4. 简易土工试验 5. 路基材料一般试验
市政施工企业	1. 砂、石、轻集料、外加剂等原材料 2. 水泥强度等级及有关项目 3. 混凝土、砂浆试配及试块强度 4. 钢筋(含焊件)力学性能试验、钢材化学分析 5. 构件结构试验 6. 张拉设备和应力测定仪的校验 7. 根据需要对特种混凝土作冻融、渗透、收缩试验	1. 砂、石、轻集料等原材料 2. 水泥强度等级及有关项目 3. 混凝土、砂浆试配及试块强度 4. 钢筋(含焊件)力学性能试验 5. 构件结构试验	1. 砂、石、轻集料等原材料 2. 混凝土、砂浆试配及试块强度 3. 钢筋(含焊件)力学性能试验 4. 构件结构试验(预应力短向板)
预制构件厂	1. 砂、石、砖、轻集料、防水材料等原材料 2. 水泥强度等级及有关项目 3. 混凝土、砂浆试配及试块强度 4. 钢筋(含焊件)力学性能试验、钢材化学分析 5. 混凝土非破损试验 6. 简易土工试验 7. 外加剂、掺合剂、涂料防腐试验 8. 混凝土抗渗、抗冻试验	1. 砂、石、砖、轻集料、防水材料等原材料 2. 水泥强度等级及有关项目 3. 混凝土、砂浆试配及试块强度 4. 钢筋(含焊件)力学性能试验 5. 混凝土抗渗试验 6. 简易土工试验	1. 砂、石、砖、沥青等原材料 2. 混凝土、砂浆试配及试块强度 3. 钢筋(含焊件)力学性能试验 4. 简易土工试验
预拌混凝土搅拌站	1. 砂、石等原材料 2. 水泥强度等级及有关项目 3. 混凝土试配及主要力学性能试验(抗渗、抗冻) 4. 外加剂有关项目试验		

(2) 对于钢筋混凝土构件及预应力混凝土构件，应按有关规定进行抽样检验。

(3) 对于预制加工厂生产的成品、半成品，应由生产厂家提供出厂合格证明，必要时还应进行抽样检验。

(4) 对于高压电缆、电绝缘材料，应组织进行试验后才能使用。

(5) 对于新材料、新构件，要经过权威单位进行技术鉴定合格后，才能在工程中正式使用。

(6) 对于进口材料，应会同商检部门按合同规定进行检验，核对凭证，如发现问题，应在规定期限内提出索赔。

(7) 凡标志不清或怀疑质量有问题的材料，对质量保证资料有怀疑或与合同规定不符的材料，均应进行抽样检验。

(8) 贮存期超过 3 个月的过期水泥或受潮、结块的水泥，需重新检定其标号，并且不得使用在工程的重要部位。

(9) 工程中所使用的物资通常都必须经过检验，禁止使用未经检验的物资，对于确因生产急需而又来不及检验就必须投入使用的物资，需经有关负责人（相应授权人）批准，并做出明确标识和记录，一旦发现不符合规定要求时可以立即追回和更换，这种做法称为“紧急放行”。

第二节　生产设备的质量控制

生产设备是指工程项目投产和发挥效益所必须的设备，如果缺少这种设备，工程就不能投产或不能发挥效益。例如，水利水电工程中的闸门及其启闭机、水轮机、调速器、水轮发电机、变压器；火力发电工程中的锅炉、汽轮机、汽轮发电机；工厂中的各种生产机械、加工机械、生产流水线等。通常，生产设备（永久设备）中的主要设备的采购由建设单位负责，部分设备由施工安装单位负责。而且生产设备的采购单位应负责设备的质量控制，监理单位主要负责设备的质量监控。

新中国成立以来，我国设备质量，特别是大型成套设备质量水平有了很大提高。但是，近年来还是出现了不少有关设备质量事故的问题，这些质量事故不仅给国家建设和人民生命财产带来极大的损失，也给国家的形象和声誉带来负面影响，同时也暴露出我国现行设备质量管理体制上存在某些不足。

在国家重点建设项目中，国家和雇主委托进行监理的设备都是复杂的大型设备和成套设备，这些设备的质量优劣直接影响到整个建设工程项目的成败。特别是大型成套设备项目的依托工程规模大、投资大、装备成套性强、系统可靠性要求高，因此其主机、辅机及配套件的质量都将制约整个工程效益的发挥。所以，大型成套设备本身仅仅达到标准是不够的，必须满足装备水平、系统质量、交货进度、技术服务等方面的需要以及用户对生产工艺、技术经济指标方面所提出的全部要求。照单采购提供成套设备也必须对主机、辅机、配套件及系统质量进行全过程监理，对建设规模、生产大纲负责，否则，就难以满足雇主的要求。

为了能够更好地对设备质量进行监理，应对设备质量的特点有很清楚的认识。设备质量的特点主要包括以下几个方面。

1. 行业多

设备按其用途可分为冶金、化工、机械、建筑、电子、纺织、航天、航海、石油、环保等行业。因为其用途的不同，行业也各异，而且一般的工业设备的组成都比较复杂，因此类型多而复杂就成为设备质量的特点之一。这一特点也使得设备的质量监理和实施存在一定的难度。

2. 影响因素多

影响设备质量的因素很多。就质量形成过程而言，每一环节、每一步都会直接或间接地影响设备质量。这些影响因素主要有人员、机器设备（包括检查、测量和试验设备）、材料、制造工艺和试验方法、环境（温度、湿度、清洁度、天气情况）等。

影响设备质量的因素多而直接导致了设备质量的波动性。在一些大型复杂设备的制造过程中，有时对生产环节中的某个环节失控或者对某个零部件的质量失控就可能会导致重大质量问题的产生。控制设备质量的波动性是设备质量监理的重要组成部分。

3. 质量问题具有隐蔽性

大型而复杂的设备往往包含了各种不同类型的零部件，有些零部件的生产过程质量以及由这些零部件构成的设备质量不易发现，甚至不能有效地测量出来，只有在设备使用后才能暴露出来，有些要进行破坏性试验才能暴露出来，如加工缺陷、疲劳寿命等。这些质量问题的隐蔽性只有通过强化对过程的质量监理来保证。有些工序如为特殊过程，对特殊过程的人员素质、机械装备、工序加工方法等全过程要严格监理，以防止隐蔽性质量问题的发生。

4. 质量问题具有不易返修性

大型复杂设备返修和返厂难度大，解体拆卸复杂，而且消耗人力、物力和财力，所以设备的质量问题必须在设备的形成过程中加以解决。一旦完工安装结束后，如果还存在质量问题，将是一个非常复杂的后续问题，而且可能还会引起合同各方之间责任追究和索赔等纠纷。

5. 工作和技术接口多

现代化设备是社会协作的设备，一般设备经常是几十家工厂共同协作的成果。对于大型成套设备或机组，甚至是世界范围内国际分工协作的成果：例如，武钢从国外引进的1.7m轧机，机组的配套设备涉及13个国家的几百家厂商；鞍钢11号高炉1990年大修改造工程，采用320余项国内外的先进技术，从5个国家的6个公司引进了价值1200万美元的设备。

生产设备，特别是大型复杂设备具有的上述特点，要求在设备监理中对设备质量的监理要严格把关，预防质量问题的发生，把质量问题消灭在设备形成的过程中。

生产设备的质量要求和设备的种类、用途和功能有关，应根据有关的质量标准和技术规范、规程来确定。为了保证生产设备的质量，监理工程师必须对生产设备的设计、采购订货、制造加工、运输、安装和试验进行监控，并组织好设备的验收工作。

一、设备采购的质量控制

设备采购过程是直接影响设备质量的关键环节。具体表现为：设备能否满足生产工艺要求，能否配套投产正常运转，充分发挥效能，确保加工设备的精度和质量；设备是否技术先进、经济适用、操作灵活、安全可靠、维修方便、经久耐用。这些都与设备采购密切相关，因此必须做好设备采购的质量监理。

采购一般包括雇主对设备成套设计的采购、单台设备设计的采购（指设备设计不由制造商承担）、设备制造采购（一般包括单台设备设计）、设备安装采购（也有制造厂承担的情况）、设备运输采购（指设备运输不由制造厂承担的特例）、设备调试采购（也有制造商承担调试任务的情况）。

（一）设备采购订货的原则

生产设备采购订货的原则是设备的质量、数量、规格及交货日期应满足设计和施工的要求。满足设计要求是指生产设备的质量符合标准（国家标准、部颁标准）及设计规定的质量；满足施工要求是指厂方交货的日期和数量符合施工进度安排，即符合设计供货时间，供货过早影响施工场地和仓库的有效利用，供货过晚则影响施工的正常进行。在实际的设备采购选型中，应注意以下几点：

① 设备的生产效率必须满足项目规划的设备产量需要，且留有适当的余地；

② 设备的工作精度能稳定地满足设备工艺要求，并有足够的精度储备；

③ 适应新设备开发要求；

④ 操作简便，维修方便；

⑤ 符合国家有关劳动保护、环境保护等法规的规定；

⑥ 较低的能量消耗；

⑦ 与项目其他设备的关联性、成套性符合要求；

⑧ 交货期能满足需要、价格合理；

⑨ 制造厂家为用户处理设备质量问题，及时供应备件、提供良好的售后服务、有良好的信誉。

（二）采购工作程序

采购工作程序包括一般采购程序和招标采购程序。招标采购程序按照相关招标程序进行。一般采购程序如下：

① 编制采购计划；

② 确定合格供货厂商；

③ 编制询价文件及报价评审；

④ 召开供货厂商协调会及签订合同；

⑤ 调整采购进度计划；

⑥ 催交；

⑦ 设备及散装材料的检验、监制；

⑧ 包装、运输；

⑨ 现场交接及收尾服务。

（三）采购的主要任务

① 制定采购供应的质量政策和质量文件；

② 对供方单位进行选择和监理；

③ 采购符合质量要求的设备；

④ 做好设备采购的收货、储存和投产使用过程中的质量监理；

⑤ 加强采购供应的质量管理。

（四）设备的采购方式

① 市场采购。生产设备直接由供应市场采购，这种采购方式与采购人员的经验有很大关系，局限性较大，一般适用于小型零星的通用设备和辅机的采购。

② 向厂家订购。一般适用于专用生产设备的采购。

③ 招标采购。通过招标方式择优选择供货厂家，多用于大型、复杂、关键设备和成套设备的采购。

（五）设备采购的质量控制

1. 市场采购的质量控制

在设备采购之前，施工单位应向监理单位申报，并提供设备的采购计划，其中包括所拟采购设备的规格、品种、型号、数量和质量标准等，经监理工程师审核，确认符合合同和设计要求后方可采购。

2. 向厂家订购的质量控制

（1）向厂家订购设备的质量控制原则。在设备订购之前，监理工程师应要求申报所拟采购设备的规格、型号、性能、单价和供货厂家的基本情况，经监理工程师会同建设单位和设计单位共同审核同意后方可订购。如果缺乏可靠数据和资料，或者是对供货厂家的生产能力、人员素质、设备情况、生产工艺、质量控制和检测手段等还有疑问时，监理工程师可以与施工单位、建设单位代表一起进行实地考察，经实地调查确认其可靠后，经监理工程师核准并发出通知后，才能进行设备的订货。

（2）供货厂家的选择

① 对供货厂家的质量保证能力进行调查、分析，并做出评价。

a. 技术能力：包括装备条件、人员组成、技术工作水平和工艺水平等。

b. 管理能力：包括管理的组织、管理的水平、质量保证情况。

c. 质量检验能力：包括检验手段、检验人员的资格及素质，检验工作的水平。

d. 工序能力：工序处于稳定状态下生产出质量符合要求的产品的能力。

e. 服务能力：包括售后服务的手段和措施。

② 对厂方的信誉进行调查，了解以往用户对厂方供货能力、产品质量、价格、交货日期、售后服务的反映情况。

③ 对厂方产品质量进行实际检验和评价。

通过以上调查和评价，对可能的厂家进行对比分析，最后选定供货厂家或协作单位。

3. 招标采购的质量控制

对于通过招标方式采购设备时，监理工程师应协助建设单位做好招标工作。

① 协助建设单位编制招标文件。

② 审查投标单位的资质，查验投标单位的资质证书、生产许可证、设备试验报告或鉴定证书。

③ 参加由建设单位组织的对设备制造厂家或投标单位的考察，并与建设单位一起做出考察结论。

④ 参加投标单位的询问会议，深入了解投标单位的情况。

⑤ 参加评标和定标会议，对投标单位进行综合比较和分析，协助建设单位择优确定中标单位。

⑥ 协助建设单位编制或审查合同，合同内容通常应包括设备的规格、型号、数量、技术参数、价格、采用标准、验收条件、交货状态、包装要求、交货时间和地点、运输要求、付款方式、经济担保、索赔和仲裁条款等。

⑦ 协助建设单位向中标单位或厂家提供必要的技术资料及文件。

（六）采购计划

采购计划是组织设备采购工作的指导性文件，是项目计划在采购工作中的深化和补充。它能够详细说明设备采购的工作范围、原则标准、程序和方法，采购计划相关各方的接口关系及在设备采购任务中的分工及责任关系。

1. 采购计划的内容

① 设备的工艺流程特点。

② 对采购设备的技术性能要求。

③ 采购范围及分工。

④ 采购的质量原则、经济原则、安全原则、分包原则、进口设备原则等。

⑤ 采购的相关规定，包括质量要求规定、检验要求规定、设备分级要求规定、包装运输要求规定、编码规定、询价报价及合同内容和格式的规定、项目特殊规定、机械保证期的规定等。

⑥ 采购程序分为正常采购程序和特殊采购程序。正常采购程序包括需经雇主确认和审批的事项。特殊采购程序包括特殊设备、超限设备及现场组装设备的采购程序；雇主临时变更需增订设备的采购程序；紧急设计变更不能按正常周期提交请购单的设备采购程序；采购或施工中出现失误需要重新订购的设备的采购程序。

⑦ 采购组织各专业人员的职责。

⑧ 相关部门和单位的接口关系。

2. 采购计划的编制及其审批程序

采购计划可由雇主的项目采购经理或监理工程师负责编制，或者由承包商的有关人员负责编制，并提交监理工程师批准确认。承包商的采购计划不经监理工程师批准确认，不能执行。

3. 采购工作的进度计划和里程碑

设备采购的进度计划应按设备的分类列出采购单的提交时间、签订合同和交货运抵现场的起止时间等内容。大型复杂设备和特殊设备的采购应按设备类别，列出主要采购里程碑，如采购单提交、签订合同、先期图确认、最终图确认、承运、运抵现场的时间，以及提供供货厂商名单的时间等。

（七）协助雇主优选设备供应商并签订好采购合同

1. 选择供应商的原则

典型的优秀设备供应商应具有以下 5 个特点（5R）。

① 交货质量好，即适质（Right Quality）。

② 交货及时，即适时（Right Time）。

③ 交货的数量正确，即适量（Right Quantity）。

④ 价格好，即适价（Right Price）。

⑤ 产地好，即适地（Right Place）。

2. 优秀供货单位应具备的条件

① 经营者有正确的经营理念。

② 有完整的管理制度。

③ 有好的企业组织。

④ 有健全的质量管理制度及质量管理人员。

⑤ 有足以保证设备质量的技术能力。

⑥ 有符合生产要求的机器设备。

3. 对供应商或分供商进行调查的基本内容

① 企业概况、业绩及信誉。

② 设备的类型、特点和生产历史。

③ 成套设备承包管理经验。

④ 设备设计、制造的能力、水平、可靠性指标。

⑤ 试验、生产、检验等设备的能力、精度。

⑥ 企业质量管理体系文件及贯彻情况。

⑦ 人员素质。

⑧ 资金状况。

⑨ 地理位置和设备出厂的发运条件。

⑩ 类似设备承包设计建造的经验。

通过调查了解掌握相关信息后，进行综合分析比较，择优选择供应商，尤其是对某些成套设备或大型设备，还必须通过设备招标的方式来优选供应商。

4. 供应商评审

设备采购时，采购方或项目的设备监理工程师应组织进行对供应商的评审。供应商评审的目的是在合同签订前评价一个潜在的供应方满足供货要求的能力，这就要求供应商评审应覆盖质量、交货时间、数量、价格和服务等全部内容。供应商的评审应包括采购、设备开发、设计、生产策划等全部质量职能，通常对供应商评审应在访问供应方时进行。

为了对不同的供应方进行等效的评审，最好有一个预先准备好的评审清单，清单上应列出进行采购决策时所需的基本内容。评审的内容包括以下几个方面：

① 对供应商的相关经验进行评价；

② 对供应商设备的质量、价格、交货情况及对问题的处理情况进行评审；

③ 对供应商的质量管理体系进行审核，并对其按期高效地提供所需设备的能力进行评价；

④ 调查供应商的顾客满意程度。

5. 影响设备采购质量控制的因素

设备采购时应警惕对供应商能力误判的风险，以防不能保证评审的结果与供应方在实际交货时的业绩完全相同。以下几个因素就会对质量有关键性的影响，很容易被误判。

① 质量方针。供应商评审只能简单地提出质量方针是什么，却很难表明此方针如何被公司理解并得以实施。

② 质量管理体系（工作程序）。打印工整的质量手册和程序表面上显得很好，但是很难完全体现后面执行时的真实情况。

③ 管理者的态度及人事管理，包括职责和权限。人的因素是影响质量的最重要因素，也是对供应商评审时最难确定的。

④ 基础设施与设备等。

6. 设备采购合同

设备采购合同是确定供需关系的法律文件，是合同双方必须共同遵守和履行的。供需双方在条件取得一致的情况下所签订的采购合同，主要条款应包括设备的数量、质量标准、交货地点、交货时间及交货方式、组织测试要求、检测方法、保修索赔期限以及双方的权利和义务等，要防止遗漏重要项目和合同不能反映采购要求的现象发生。

(1) 采购合同的审查。监理工程师应对每一个采购合同进行审查，一般应审查以下内容：

① 所购设备型号、规格和技术要求是否符合项目需要；

② 根据系统工艺设计要求，审查交接点，防止遗漏、多余或不相互衔接；

③ 承包商提供图样、技术资料是否齐全，提供时间是否明确；

④ 质量保证要求是否齐全、明确、合理；

⑤ 交货条件、交货状态和交货地点是否明确；

⑥ 交货时间是否符合项目的进度要求；

⑦ 检验和试验项目的要求是否明确；

⑧ 备品、备件、专用工具供应是否齐全、明确；

⑨ 支付条款是否明确合理，罚款条件是否明确；

⑩ 双方的权利和义务是否明确，合同争端的解决方式、程序及途径是否具有一定的可操作性；

⑪ 协议书及合同附加条款说明和期限；

⑫ 技术服务和技术培训，包括备件、图纸资料、维修作业指导书等。

(2) 采购合同质量条款的一般要求。设备项目的采购合同应根据设备的重要性类别，包括以下质量条款的要求：

① 设备技术要求主要包括设备具体规格、精度、性能及专门需求，设备附件的要求，设备用途及加工范围的要求，操作性能、结构合理性要求，安全防护装置要求，设备可靠性和维修性要求，设计的特殊要求和特殊的附件和附具；

② 质量验收标准，检验方法及国家有关法规的要求；

③ 关于执行通用规格书的规定；

④ 设备标识和可追溯性要求；

⑤ 根据用户要求，提供有关质量保证文件的规定；

⑥ 实施设备设计评审的规定；

⑦ 实施制造过程监督的规定；

⑧ 关于分包商或分供商不得将采购合同任务分包或转包的规定；

⑨ 实施对分包商或分供商重要二次配套设备监理的规定；

⑩ 出厂前会检的规定；

⑪ 有关包装、运输、发运和交货方式等方面的规定；

⑫ 开箱检验的规定；

⑬ 有关实施安装、调试及对用户培训的规定；

⑭ 设备调试后性能验收的规定；

⑮ 关于设备质量保证期内质量责任的规定；

⑯ 设备质量偏离合同要求处理的规定；

⑰ 索赔、罚款的规定；

⑱ 采购合同有关质量保证要求向下一级采购合同延伸的规定；

⑲ 有关双方在各过程联络方式的规定。

(3) 成套设备采购质量控制通用规格书。成套设备项目的承包合同、内容涉及面广，规定多而细，承包商要组织设计、制造、安装等方面的很多单位共同完成一项任务。因此，统一各有关单位对承包合同的理解，理顺各有关单位之间的权责关系，提出统一的设备质量要求，对确保成套设备项目系统的质量是十分必要的。

通用规格书是成套设备项目的承包商以承包合同为依据，对总承包合同形式、特点、责任关系等进行说明，对资料交付、质量监督与设备检验、交货、现场技术服务、财务结算等做出明确规定，对加工质量、包装、防锈、储运等提出通用技术要求的法规性文件。

通用规格书是承包合同的实施细则，是检验承包、分承包各方工作的标准，因此，在采购合同中必须要求各承包商严格执行，以此来统一各方行动，确保成套设备项目按质、按期完成。一般，通用规格书包括下列主要内容。

① 合同和项目概况。简介总承包的实物工作量和特点、合同形式及合同关系等，使各承招单位能了解项目全貌、重要件和进度，明确承包商以及其他各单位在项目中的地位、责任和义务。

② 资料交付。为满足系统工艺设计、土建设计、设备安装调试、财务结算及资料归档管理等方面的需要，对承担单位完整、准确、及时地提供相应的资料做出规定。

③ 质量监督与设备检验。为确保设备的质量，使其技术装备水平不低于用户的要求，应根据重要性对设备进行分类，对重要设备实施过程质量监督和设备出厂前联合会检。规格书中应对质量监督的方式、监督实施的办法和程序、检验的分类、检验依据、会检的实施办法等做出统一规定。

④ 涂装。为确保成套设备项目各设备的外观质量，系统的整体美观、协调，应对涂装的技术要求、检查项目和方法、色标等做出统一规定。

⑤ 包装。为适应长途运输和多次装卸的需要，所有货物均应根据要求妥善包装。由于成套项目所需设备的分供商很多，为保证各包装件都能准确无误地运送到收货单位并方便其清点、分类和储存，必须对分箱原则和包装标识做出明确规定。因此，应对包装形式、包装要求、包装设计、装箱资料等做出统一规定。

⑥ 技术规范。为确保成套设备项目各设备的设计制造质量，应针对项目所需设备的特点选用一批适用的国家和专业技术标准，制定项目专用技术规范，作为对各分供商的基本技术要求。

⑦ 其他。除上述内容外，还可针对项目中超常要求作出相应规定。

(4) 采购质量记录和监理。为保证和证明采购质量体系的有效运行，监理工程师要收集和整编有关质量记录，其中包括来自供应方的质量记录文件，并按合同要求进行核查。所有质量记录等文件应保持清晰完整，列出清单并输入计算机，以便保存和检索。采购过程监理工作结束后，监理工程师应编写设备采购监理报告并提交雇主。

二、设备制造的质量控制

生产设备的加工制造过程是使雇主的设计意图最终实现并形成设备实体的过程，也是最终形成设备质量和设备使用价值的过程。因此，制造过程在设备的质量形成过程中占有举足轻重的地位。

衡量设备制造质量的好与坏是用加工制造的零件、组装的部件、外购的配件和元器件以及安装调试的整机是否全面达到项目设计或设备图纸的要求来判断。因此，只有有效地监理制造过程中关键或重要环节的质量，实施过程监理，才能最终保证设备的质量。监督和协调设备承包商的工作，使制造出来的设备在技术性能和质量上全面符合订货要求，并为此后的设备包装储运与安装调试打下良好的基础。

制造过程的质量监理是设备质量监理的核心内容。监理单位必须以有关文件为依据，明确监理要素，采用正确的程序或方法，从生产过程及关键环节直到对所完成的设备质量验收为止的全过程进行系统的监理。

（一）设备质量监理的依据

① 设备供货合同、设计合同、安装调试合同有关的技术和质量条款。

② 设备监理合同。

③ 设计图纸和文件、工艺方案和文件工艺标准。

④ 产品技术标准。

⑤ 制造商质量体系文件。

⑥ 监理大纲、监理规划与监理实施细则。

⑦ 国家和地方有关法律、法规。

⑧ 雇主、承包商、监理方所签各种补充协议。

（二）设备质量监理的要素

影响设备质量的因素主要有5个方面，即人、材料、机器、方法和环境，制造过程也不例外。在制造过程中无论是对投入物质资源的监理，还是对制造及生产过程的监理，都离不开这5个方面。影响制造过程质量的各因素构成如图7-1所示。

监理方为了实施质量监理，必须做好下述几个方面的监理工作：

① 承包商的管理体系，技术管理体系和质量体系，并保证其正常运行；

② 制造厂合适可行的制造工艺方案、检验方案与试验方案；

③ 制造厂合适的生产准备计划和生产计划，以保证制造质量；

④ 制造厂应用有效的规范、图样和技术；

⑤ 承包方和分承包方的设备和厂房能力（包括制造设备、检验、测量和试验设备）；

⑥ 承包商各种人员的技能要求和培训记录及证书（如电焊工、无损探伤人员等）；

⑦ 用于监理过程的测量结果和数据的准确度；

⑧ 过程环境和其他影响的因素（时间、温度、湿度、压力、清洁度等）；

⑨ 工艺文件变更；

⑩ 验证状态的监理；

⑪ 不合格品及纠正措施的监理。

（三）设备质量监理的程序

在制造过程中为了保证设备质量，监理工程师应对设备的制造进行质量监理，包括制造准备过程的质量监理、制造过程中的质量监理以及各单台设备及成套设备的验收的监理。设备制造过程质量监理的程序如图7-2所示。

（四）生产设备加工制造质量的控制方式

生产设备加工制造过程监理质量控制方法有驻厂监理、见证点监理、巡回监控和书面监控等。一般采用的方式为：驻厂监理，适用于单台设备庞大而复杂，价格比较昂贵，或是生产有一定数量；见证点监理，适用于生产数量少、对技术有一定要求的重要设备，也是目前

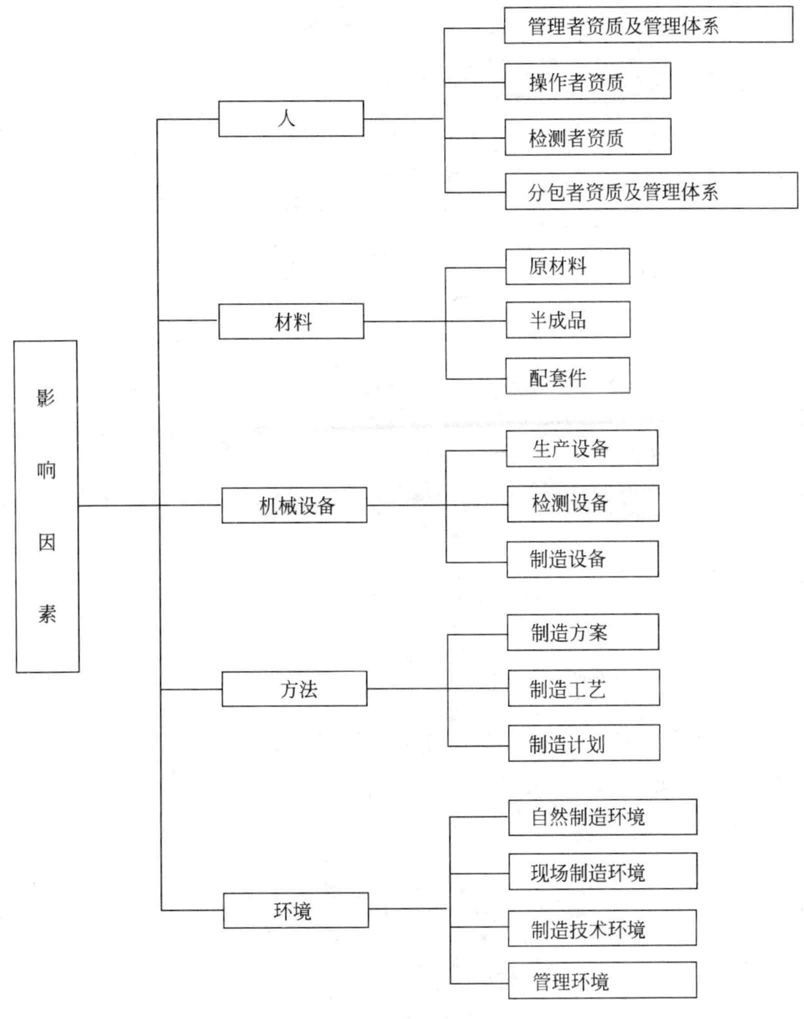

图 7-1　影响制造过程质量的因素

常用的监理方式。

1. 驻厂监理

监理单位派出监理人员驻厂监督，在设备的加工现场对设备的加工制造全过程进行跟踪旁站监理。质量监造人员应由熟悉本专业技术，懂得生产管理，有一定工作能力的人来担任。质量监造人员有权对设备的质量进行评价，做出“认可与否”的决定，并代表需方在质量保证书上签字，同时还可对一般质量问题的分析和处理提供意见或确认，质量监造人员也应随时将质量信息反馈回本单位，以供决策。质量监造的内容包括：

① 供方质量保证体系运行情况及《质量保证手册》执行情况；

② 加工制造工艺情况及工序能力；

③ 质量控制情况及产品质量；

④ 质量保证文件及准备情况；

⑤ 不合格品或质量事故的分析处理情况；

⑥ 无损检验人员的操作资格；

⑦ 质量检验工作进行情况及其准确性；

⑧ 包装运输的质量保证措施及手段。

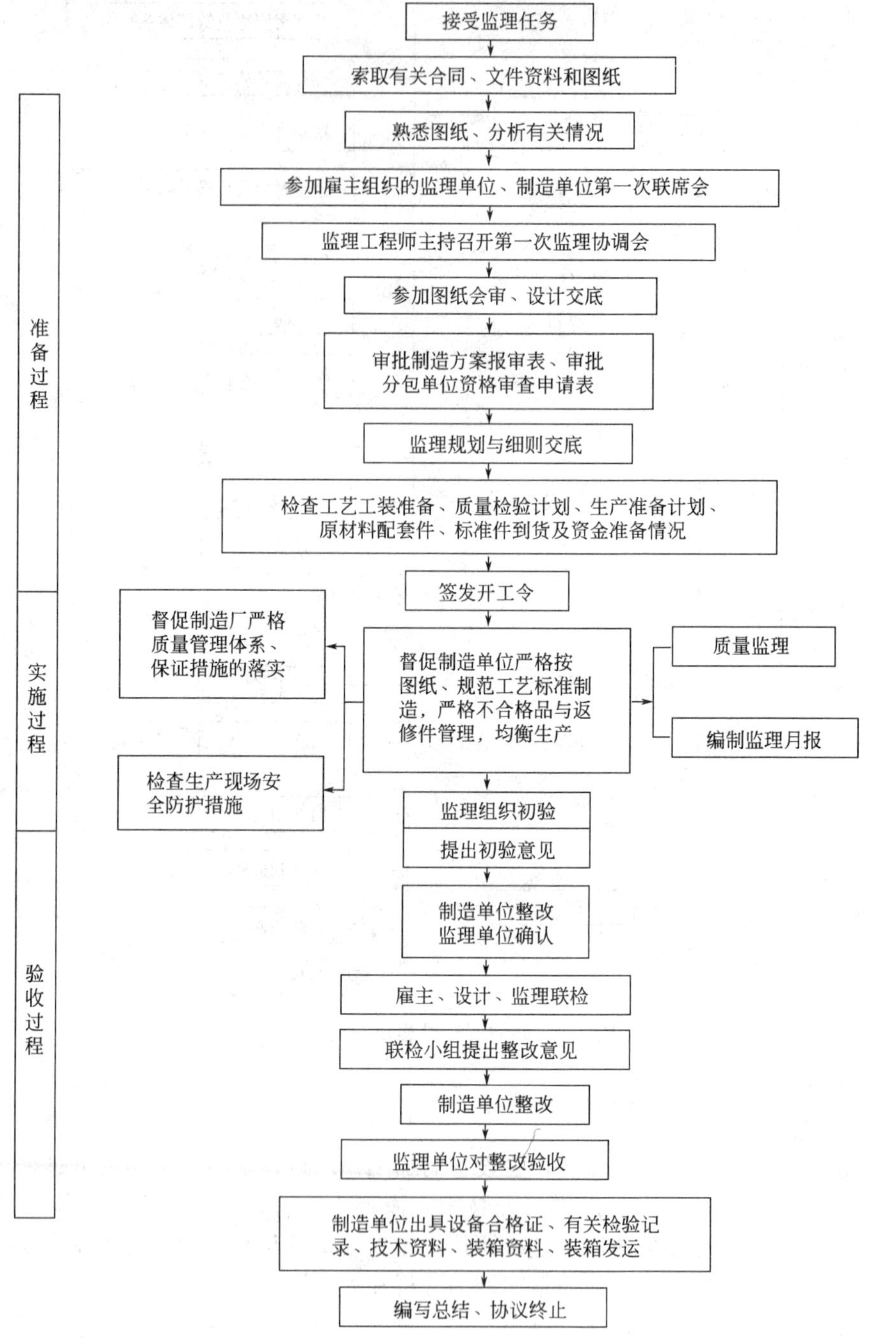

图 7-2 设备制造过程监理工作程序

2. 见证点监理

监理工程师审核承包商的加工工艺文件，将生产过程分解细化，确定质量监理控制点，并根据质量监理控制点的重要程度和特点将其分成文件见证点（review point）、现场见证点（witness point）、停止见证点（hold point）和日常巡检（P 点）。该质量监理控制点要以书面形式送达雇主，由雇主发送承包商配合执行，采取相应的质量监理方式进行工序质量监理。这些都是质量监理控制点。由于它们的重要性或其质量后果影响程度有所不同，所以在实施监理时的运作程序和监理要求也有区别。

(1) 文件见证点。需要进行文件见证的质量监理点，称为文件见证点。承包商提供的文件（如原材料和配套件等合格证明，技术文件、材质证书、检验记录、试验报告等）供监理工程师进行审查，审核的时间、地点可预先约定。

(2) 现场见证点。对于复杂的关键的工序、测试、试验要求进行旁站监理，该控制点称为现场见证点。对于检验见证点，制造方必须提前通知监理工程师，监理工程师应尽量安排，但制造方不必非等到监理工程师到场。

承包商生产到某检验点时，承包商应提前通知监理工程师在约定的时间内到达现场进行见证和对其制造实施监理。如果监理工程师未能在约定时间内到现场见证和监理，承包商可认为监理工程师已认可，并自行检验，合格后转入下道工序，但应做好记录。

(3) 停止见证点。对于重要工序节点、隐蔽工程、关键的试验验收点必须在监理工程师监督下进行，并对结果进行确认，该质量控制点称为停止见证点。对于停止见证点，制造方必须提前通知监理工程师，监理工程师必到现场，如不到就应等待。

制造厂生产到某检验点时应停止生产并按要求通知监理工程师到场，如监理工程师因故不能到场，则必须用书面形式通知制造厂，制造厂在未得到监理工程师确认签字或未得到书面通知前不得自行检验，也不得自行转入下道工序。

停止见证点通常是针对“特殊过程”而言。特殊过程通常是指该过程或工序质量不易或不能通过其后的检验和试验而得到充分验证，因此对于某些制造质量不能依靠其后的检验来把关，或难以在以后检验其内在质量的工序或过程，或者是某些万一发生质量事故却难以挽救的制造对象，就应设置停止见证点。如果监理工程师未能在规定的时间内到达待检点的现场，承包商不得进行该工作。事后监理工程师应在“制造跟踪档案”上说明未能到场的原因，然后双方重新约定监理检查时间。

(4) 日常巡检。日常巡检是指监理人员在生产车间了解加工人员执行工艺规程情况、工序质量状况、各种程序文件的贯彻情况、零部件的加工及组装试验状况、不合格品的处置情况以及标识、包装和设备发运情况。

3. 巡回监控

在生产设备加工制造过程中，监理单位派出监理人员巡回赴制造厂家，对设备加工制造中的重点环节和关键工序进行监控。

4. 书面监控

在工序完工后，监理人员通过审查加工记录和检验记录，来确认加工制造的质量。在生产设备加工制造中采用何种监控方式，应在设备订购合同中明确规定。

(五) 设备制造前的质量控制

对于在场内加工制作的设备，在加工制作前，监理人员应审定承包单位制定的生产计划，检查其对制作中的各个环节和影响因素是否制定妥善的措施，其中包括对制造过程中的物资供应、制造设备、工艺方法和加工程序、生产人员、辅助材料、公用物品和环境条件等的监控；对产品质量有重大影响的工序进行检验；对产品质量特性起重要作用的辅助材料和公用物品，如生产用水和用电、压缩空气、化学用品等进行定期检查；对质量有影响的生产环境，如温度、湿度、清洁度等进行定期检查和控制，以确保设备的制作是在受控状态下按规定的方法和程序进行。

同时，在制造前应审查承包单位对生产作业所编制的作业指导书，其中应明确规定所采用的技术规范、操作规程及应达到的标准，并通过文字说明、图片或标样来加以说明。此外，还应对生产加工人员、加工设备和操作工艺进行审查。

1. 准备工作

建立和完善监理单位的质量管理体系，做好监理准备工作，使之能适应制造设备质量监理的需要，包括：针对设备的制造及其特点拟定监理细则，配备监理人员，明确分工及职责；配备所需的检测仪器并使之处于良好的可使用状态；保证有关人员熟悉有关的监测方法和有关规程等。

(1) 人员。监理工程师的重要任务之一就是把好制造人员质量关，抽查承包商方承担任务人员的技术资质与条件是否符合要求，经监理工程师审查认可后方可上岗制造，对于不合格人员，需经过技术培训合格后方能上岗。对于特殊制造、工序、检验和试验人员有时还应进行必要的考试评审。如有必要，应对其技能进行评定，抽查相应的资格证书和上岗证。

(2) 质量目标文件。承包商在开始制造前必须制定一套相应的质量目标文件，质量目标主要应是与设备质量有关的关键质量要素，如性能、适用性、安全性、可信性等。目标要明确而具体、反映雇主的需要，同时体现先进性、创造性和可行性。质量目标文件一般采用半定量方式，要便于检查、证实。具体操作时应注意以下几点：

① 质量要求应全面反映雇主的需要；

②“要求”包括合同、制造厂内部的要求；

③ 对特殊规定定量化要求，包括诸如公称值、额定值、极限偏差和允许偏差；

④ 质量要求应使用功能性术语来表述并形成文件。

(3) 承包商的质量管理体系。审查制造厂质量管理体系文件，了解体系的运转情况，查看针对设备所制定的设备检验计划，查看为设备检查所使用的检验表和测试手段的准备等，查看质量管理体系中的组织机构。要与工厂的最高质量负责人交谈、沟通，取得工厂领导的支持，以保证设备质量处于受控状态。

2. 分包商资质的审核

分包商资质的审核包括以下两个方面：

① 承包商应向监理单位申报其选择的分包商的资质资料（包括等级、能力、经历、信誉、技术力量、操作人员人数及技术级别、操作的机具、管理系统、应持证上岗人员证件等）及分包合同，请监理单位审查；

② 发现所报的分包商资质资料有伪造不实情况，或在实际工作中认为分包商不具备承担分包工程的能力，可提出辞退分包单位的建议，总承包商应予以执行。

3. 对分包商工作质量的监理

在大型设备的制造质量监理中，分包质量监理是非常关键的。随着社会专业化分工趋势的加大，这方面显得越来越重要。对分包商工作质量的监理包括审查分包采购计划、采购规范、采购合同以及对分包结果质量验收进行见证和检查，必要时视分包的重要程度对分包过程进行连续或不连续的质量见证、监督和检查。

4. 设计交底

设计图纸是监理单位、设计单位和承包商进行质量控制的主要依据。为了使承包方熟悉有关的设计图纸，充分了解设计意图和工艺与质量要求，同时也为了在制造前能发现和减少图纸的差错，防患于未然，监理工程师应协助雇主做好设计交底工作。

设计交底应在制造前由监理工程师协助雇主组织设计单位与承包商有关人员进行。

设计交底程序是：首先由设计单位介绍设计意图、结构特点、设备性能、制造及工艺要求、技术措施和有关注意事项及关键问题；再由制造单位提出图纸中存在的问题和疑点以及需要解决的技术难题；然后再通过三方研究和商讨，拟定出要解决的办法，并写出会议纪要，以作为对设计图纸的补充、修改以及制造的一种依据。

5. 制造工艺方案的审查

承包商在开工之前应编制制造工艺方案，统筹制造的全过程。制造工艺方案是进行制造管理的指导性文件。对技术复杂的或采用新技术、新材料、新工艺的工程应编制专项制造工艺方案。制造工艺方案应经过承包商总工程师或技术负责人审核批准后送交监理工程师审批，总监理工程师签字认可后必须严格执行，如有改变应取得监理工程师的核准。总监理工程师应组织各专业工程师对工艺方案进行认真细致的审查，提出意见，甚至要求承包商修改或补充。

（六）设备制造实施过程的质量监理

设备制造实施过程质量监理的重点是跟踪检查主要设备、关键零部件、关键工序的质量是否符合设计图纸和标准的要求，监理单位应对制造计划编制、原材料购买、加工、组装、调试、包装、发运等关键环节进行跟踪检查和监控，以使制造厂最终能按期交货。

设备交付雇主后，如发现由制造过程引起的质量问题时，监理单位有义务协助雇主、制造厂共同解决。设备制造实施过程的质量监理流程如图 7-3 所示。

1. 监理单位的质量监理与承包商的质量控制

在设备制造过程中，承包商有自己的一套设备质量的控制与检验方法，监理单位应对其熟悉，并在制造准备过程审核通过后，根据相关依据编写制造过程监理方的质量监理细则，

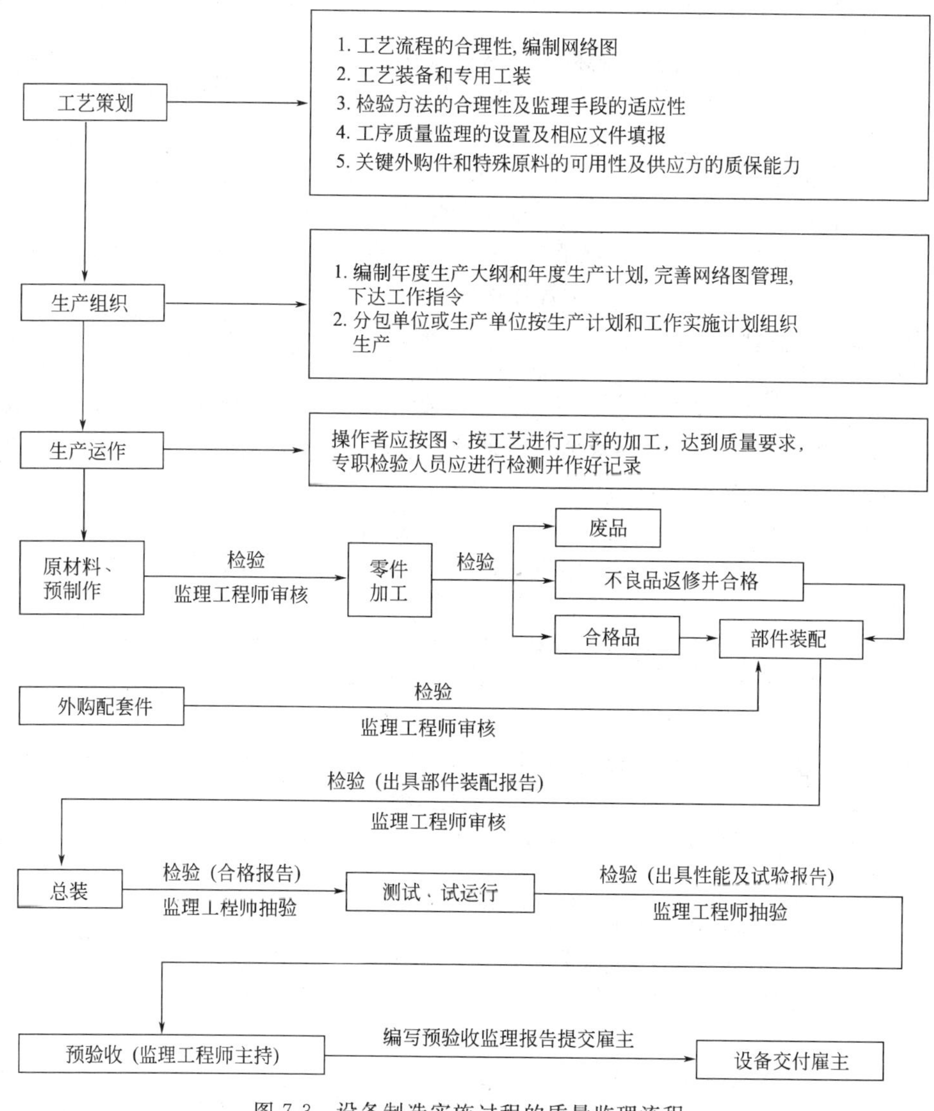

图 7-3　设备制造实施过程的质量监理流程

包括质量监理控制点的设置、监理方式等。监理单位按监理合同的要求对雇主负责。监理单位与承包商之间没有合同关系，二者都是受雇主委托，完成雇主合同中要求完成的工作。设备承包商应按与雇主签订的合同的要求认真接受监理，积极配合监理单位的工作。

监理单位的质量监理与承包商的质量控制是不同的两件事情，不能互相取代，而且缺一不可。首先，监理的对象是承包商自身检验合格后报监理部监理检验，所以监理的对象是经过承包商检验合格后的；其次，监理单位的质量监理方式与承包商的质量控制的方式与方法也是有较大区别的，监理工程师一般按照工序的重要程度，采用不同的监理方式和方法，不是事必躬亲，一致对待，从而造成监理资源的浪费，对于重要或关键的工序采用旁站监理、停止见证点监理等方式，而对于一般工序，没有必要采用严格的质量监理，只要审核相关文件即可；最后，一旦由于承包商自身的原因发生质量事故，监理工程师若没有按规定检验，则应承担相应的责任。

2. 工序质量监理

工序质量监理采取现场检查、旁站监理、测量试验等方法对关键工序进行跟踪监理，发现质量问题及时发放监理通知，以保证工程质量。

3. 质量控制点的监理

监理人员按规定采取旁站、巡视和平行检验等方式，凡列为质量监理控制点（包括文件见证点、现场见证点、停止见证点）的监理对象，按要求及时跟班到位进行监督检查，对达不到质量要求的，监理工程师不得签字，并有权责令返工，有权向有关主管部门报告。

4. 设计变更的监理

在设备的制造过程中，因为各种原因经常会有设计变更的问题。

① 对设计修改（包括承包商、雇主和监理单位对设计的修改意见），应邀请设计单位研究确定后提出修改通知，并经总监理工程师和雇主会签后，交承包商执行。

② 对制造现场的有关变更，经监理工程师和雇主征得设计人员同意后，由承包商向设计单位办理洽商。

③ 监理工程师会签有关各种设计变更时，应侧重审查对设备质量是否有不良影响，如发现有不良影响时应明确提出监理意见，必要时提出书面意见向雇主反映。

④ 各种设计变更均需按程序执行。

5. 质量监理例会

为充分发挥监理单位协调工作的作用，做到质量目标动态跟踪管理，应组织召开监理例会、专业性监理会议和分析会议。

① 监理例会。定期召开由承包商、监理单位、雇主三方参加的监理例会。每次例会将针对近期出现的质量问题重点协调解决，将会议内容写成会议纪要，经各方签认后成为正式文件。

② 专业性监理会议。根据工程需要，组织召开一些专业性的协调会议，会议纪要经各方签认后成为正式文件。

③ 分析会议。监理单位内部定期召开会议，讨论各专业监理工作中的问题，贯彻项目总监理工程师的意图。

（七）生产设备厂内预组装和试验的见证

大型生产设备制造完成后，应按照合同规定在工厂进行预组装和试验，检查设备的外观、尺寸、性能、操作性和组装性等是否符合标准、规范及合同的规定，以鉴定设备的制造质量。

通常，在设备预组装和试验前，厂方应提前15天通知用户到厂进行设备预组装和试验的目睹见证。监理工程师应到现场亲自观察设备的预组装和试验情况，见证设备的制造质量，确信设备合格后始可发运。对于通过预组装和试验不合格的设备，厂方应负责返修处理，并重新进行预组装和试验。

（八）生产设备运输的质量控制

某些设备（包括仪器、仪表）常常在运输过程中由于操作不当而造成部件损坏、功能和精度降低，有的甚至失去使用价值，给工程造成很大损失。所以监理工程师应督促负责设备运输的部门，建立采购、运输质量责任制，确保设备的运输质量。采购运输质量责任制包含采购、押运、装卸、运输等四个方面的人员，其各自的质量责任如下。

1. 采购人员的质量责任

采购人员应明确所采购设备的品种、规格、质量性能等方面的特点及其在运输中的质量保证要求，根据设备的具体情况和使用日期，制订运输计划，确定合理的运输方式，并认真地向押运、装卸和运输的人员进行保证运输质量的交底。

2. 押运人员的质量责任

押运人员负责设备运输全过程的质量保证，处理运输中发生的异常情况，注意设备的防潮、防雨、防震要求，确保设备的运输质量。

3. 装卸人员的质量责任

装卸人员应按照采购人员提出的装卸操作要求进行装卸，禁止野蛮装卸；认清设备的品种、规格、标记和件数，避免错装和漏装；对装卸中发生的异常情况，应及时向采购人员反映，采取适当的措施进行处理。

4. 运输人员的质量责任

运输人员的质量责任是根据设备的运输质量要求，配合押运和装卸人员做好运输质量保证工作；选择合适的运输路线，根据路面和设备的情况控制行车速度；尽量做到直达运输，避免二次搬运；选择合适的停车、卸车地点。

5. 监理人员的工作

在生产设备的运输质量控制中，监理人员还应做好下列工作：

① 审查主要设备、有特殊运输要求的设备和超大型设备的运输计划和装卸方案是否合理和能否保证质量；

② 监督主要设备和进口设备的装卸，发现问题及时处理；

③ 及时了解设备运输中的情况，协助解决运输中发生的问题。

三、设备的检查验收

生产设备到货后，监理工程师应根据设计图纸、订购合同和有关的质量标准，对厂家提供的质量保证资料进行核查，并根据具体情况作必要的质量确认检验，然后分析和判断设备的质量是否达到了规定的质量要求。生产设备质量确认检验的目的，是通过质量检验取得数据后与厂方提供的质量保证文件相比较，以判断质量保证文件和设备质量的可靠性，决定是否可以验收和安装使用。监理单位应进行的质量控制工作主要是：

① 参与主要设备的清点、检查及验收工作；

② 检查设备的储存环境和储存条件是否符合要求，并督促有关单位定期检查和维护。

（一）质量确认检验的程序和方法

1. 质量确认检验的程序

① 将厂方提供的质量保证文件和资料提交监理工程师审查。

② 将厂方提供的质量保证文件对设备的标记、规格、品种、型号、数量、外观等进行清点和确认检查，确认无误后，才允许入库或进行复验。

③ 当对厂方的质量保证资料有怀疑，或文件与实物不符，或设计、技术规程和合同中

明确规定需要进行复验后才能使用，或对于重要设备，均应进行复验，根据复验的结果再决定是否安装使用。

2. 质量确认检验的方法

① 外观检查：包括标记、品种、规格、型号、外形尺寸、包装等情况的检查。

② 试验：主要是设备的性能试验、材料品质的鉴定等。

③ 无损检测：用超声波、X射线、表面探伤等方法进行检验。

（二）生产设备质量检验的程度

生产设备质量检验的程度（类型）通常有免检、抽检和全检三种。

1. 免检

符合下列情况之一时，可以免检：

① 有足够质量保证文件的一般性小型设备；

② 质量长期稳定，信誉可靠，且质量保证文件齐全的设备；

③ 实行质量监造，并获得全部质量保证文件的设备。

2. 抽检

符合下列情况之一时，需进行抽检：

① 对厂方的质量保证文件有怀疑，或质量保证文件与实物不符时；

② 对于重要设备，或需要进行质量追踪检验的设备；

③ 设计、技术规程或合同中规定必须进行复验的设备。

3. 全检

符合下列情况之一时，需进行全检：

① 对于重要工程的设备；

② 非重要工程的关键设备；

③ 国内生产的新设备；

④ 国外生产的各种设备。

（三）设备检验的要求

① 有包装的设备应检查包装是否符合要求，包装是否受到损坏。

② 对整机装运的新购设备，应进行运输质量及供货情况的检查。

③ 对解体装运的自组装设备，应对总成、部件及随机附件、备品等进行外观检查时在工地组装后还应进行必要的检测试验。

④ 对工地交货的机械设备，应由厂方在工地组装、调试和生产性试验合格后，再由监理单位组织复验，确认符合要求后才能验收。

⑤ 对进口的设备，应在开箱后进行全面检查，并做好详细记录或照相，如发现问题，应及时向供货厂家进行交涉和索赔。

设备的保修期和索赔期一般为：国产设备从发货日起12～18个月；进口设备从发货日起6～12个月。

（四）不合格设备的处理

对于经检验判定为不合格的设备，可作如下处理：

① 向厂方退货；

② 退厂修复，消除缺陷；

③ 经设计单位研究分析后允许降低设备标准，用于级别较低或规模较小的工程；

④ 报废处理，向厂方索赔。

四、设备安装的质量控制

设备安装和调试过程是设备质量形成最重要的过程之一。设备只有经过安装和调试后才能形成真正的生产运作能力，因此该过程的质量监理非常重要。

设备安装工作主要是设备到货验收，设备基础检验，设备定位，设备就位、连接、装配，设备的调试和复查，设备的拆卸、清洗与润滑等内容。

设备调试工作主要是各种检查和测量、静态和动态试验、冷态和热态试验、空载和有载试验、设备运行状态和程序调整、设备系统联动程序设定、单机和成套设备试运行等。

影响设备安装和调试过程质量的因素有人员、机器、材料、方法和环境。从准备安装开始到调试验收结束的全过程中都应对这五方面的因素加以监控，以确保设备质量。

设备安装和调试过程质量监理的目标是：监理工程师应按照监理合同要求，跟踪监控设备安装和调试过程，使设备局部及整体性能、运行功能及生产能力达到设计及合同的要求，使设备质量符合国家的技术规范和质量标准。

监理人员对生产设备安装调试时的质量控制，主要着重于对设备安装调试的组织工作和生产技术准备工作、设备基础及预埋件、安装工艺过程、隐蔽工程、单机调试检验、生产线或整机联动试车检验等问题的质量控制。具体的质量控制内容如下：

① 核查生产设备安装调试单位的资质及质量保证体系；

② 审查生产设备安装调试的施工组织设计、施工方案及施工进度计划；

③ 核查设备安装的准备工作，审查安装单位提交的开工申请，下达“开工令”；

④ 监督设备基础、预埋件的施工及检测工作；

⑤ 对设备安装中的隐蔽工程进行检查验收；

⑥ 在生产设备安装过程中进行旁站监理，监督设备安装的工艺过程和关键工序的施工；

⑦ 审查工程变更和设计修改事宜；

⑧ 审查设备安装和调试的施工记录；

⑨ 参加设备安装和调试的调度会和协调会，协调施工进度和各方面的关系；

⑩ 参加质量事故的调查处理，审查事故处理方案，并对事故的处理进行检查验收；

⑪ 在有必要的情况下下达“停工令”和“复工令”；

⑫ 监督生产设备的单机调试，生产线或整机的联动试车，审查调试记录，进行调试的检查验收；

⑬ 对生产设备的安装调试进行评估，并写出评估报告。

按照安装和调试的工作顺序和质量形成时间，监理工程师对设备安装和调试的准备、调试、验收、试运行过程的质量实施监理。

（一）准备过程的监理

为了保质、保量按期完成设备安装调试工作，安装调试单位应该事先做好设备安装调试的组织工作和技术准备工作。

1. 设备安装调试的有关审核

在该阶段，设备监理工程师的审核包括以下几方面：

① 审核安装调试承包单位的安装人员资格，特别是审核特种作业人员的资格证、安装队伍的资质、安装指挥系统、后勤物资供应系统、质量管理体系、技术管理体系、安全监督系统等；

② 审核设备安装调试所依据的技术标准及验收规范；

③ 审查承包商制定的设备安装调试技术方案和安装措施，审查其经济合理性、技术可行性、安全可靠性，并提出审核意见；

④ 审核土建施工部分是否能满足设备安装的要求，协助雇主和土建单位为安装单位提供必要的安装场地、空间和水电道路等安装条件；

⑤ 审核分包商的资格，包括分包商的资质，特殊行业许可证，分包商的业绩，特殊作

业人员的资格证等；

⑥ 审查设备安装调试工作的质量责任制及质量保证和安全生产措施；

⑦ 审核设备安装调试用的机具和检测仪器，机具应该适合安装调试设备的需要保持完好，仪器应该符合规定的精确度要求，并在有效的鉴定期限内。

2. 设备的开箱检验

(1) 设备到货后应按采购合同和装箱单及时开箱检验，开箱检验的内容如下：

① 检查外观包装情况，看包装箱（包括内包装塑料袋）是否有损坏的地方；

② 到货的设备型号、规格、附件等是否与合同相符；

③ 按部件、零件装箱，是否与装箱单相符；

④ 设备的外观是否有损坏、锈蚀等现象；

⑤ 随机技术文件是否齐全。

开箱检查时应对照装箱单逐件清点，并做好记录，如发现损坏、锈蚀、零部件短缺等问题，应以照相或其他方法做好记录，作为向供应商及有关部门交涉索赔的依据，并注意设备采购合同中规定的索赔期限。

(2) 承包商在现场开箱检验时，监理工程师实施旁站监理。主要检查以下几方面：

① 检查规格、型号、数量是否与清单一致；

② 检查设备铭牌及外观质量；

③ 检查设备制造单位的合格证、检测报告、试验报告、说明书等文件的完整性及真实性、有效性。

(3) 设备开箱检验后，如不能随即开始安装，应重新包装好，并做好防锈防潮工作。

(4) 对于现场交货的设备，一般都由制造厂在现场进行组装、调试和试运行，自检合格后才能提请监理工程师复检，待复验合格后才能签署验收。

(5) 对于永久性或长期性的设备改造项目，应按合同中性能要求，经过鉴定合格后才予以验收。

(6) 对于重要的关键性大型设备，应由雇主鉴定小组进行检验。

(二) 调试过程的监理

设备开箱验收合格后，就进入安装调试过程。设备的开箱检查，主要是检查设备的外观，初步了解设备的完善程度，零部件、备品、随机技术文件是否齐全。而对设备性能、参数、运转、质量标准的全面检验，则应根据设备类型的不同进行专项的检验和测试。

在安装调试过程中，监理工程师要对每一个关键零件、部件、单机设备和成套设备的安装调试质量进行监控。

① 监理工程师应对承包商报送的重点部位、关键工序的安装调试工艺措施进行审核；总监理工程师应组织监理工程师确定质量见证点及见证方式，并向承包商进行交底。

② 监理工程师应监督主要设备的开箱和验收工作，并审核承包商报送的主要设备，开箱检查记录表。

③ 监理工程师应对承包商报送的主要材料、主要设备报审表及其质量证明资料进行审核。

④ 跟踪监督设备安装调试过程，审查设备安装调试的工艺技术规范、质量水平是否达到安装调试合同的要求和国家标准。

⑤ 随时注意检查安装调试中的不安全因素，发现问题及时解决。

⑥ 在安装调试过程中，审核承包商对已批准的安装调试工艺或措施进行的调整变动，并应由总监理工程师签认。

⑦ 总监理工程师应安排监理人员对安装调试过程进行巡视和检查，对重要部位、重要

时刻和隐蔽工程进行现场监督。

⑧ 监理工程师应对承包商报送的设备调试方案进行审核，督促参与各方做好各设备系统的调试准备工作，协调设备调试工作，对设备调试记录进行审核，并跟踪监督检查安装调试单位进行设备调试，以确认设备局部和整体的运行技术参数和性能是否达到要求。

⑨ 若监理人员发现安装调试过程中存在重大质量隐患，可能造成质量事故或已经造成质量事故时，应通过总监理工程师下达工程暂停令，要求承包商停工整改。整改完毕后经监理人员复查，符合规定要求后，总监理工程师应及时签署工程复工审报表。

⑩ 开现场协调会，协调安装调试各方的工作，尤其有多分包单位和交叉作业的现场，及时解决影响安装调试质量的问题。

（三）验收过程的监理

承包商应对安装调试过程进行自审、自检、自评工作，符合要求后，填写验收报验单，并把验收资料报送项目监理机构申请验收，验收合格后签发验收报告单。

① 对验收资料及实物进行检查，验收合格后签发验收报验单。

② 验收移交前，应督促承包商清理现场。

③ 按雇主认可的试验大纲的规定进行试验，确保试验结果符合技术规格书和设备性能要求。

④ 对安全保护和电气监控进行试验。

⑤ 对整机进行各项功能试验，包括超载、静载试验，8h 连续运转试验等。

⑥ 组织雇主、设计单位、安装单位、设备制造厂和有关主管部门对设备调试过程进行最终验收。

⑦ 认真审核并签署各种监理工作报告文件。

⑧ 编写设备质量评估报告。

（四）生产设备试运行阶段的质量控制

生产设备试运行阶段是在生产设备安装完毕和通过调试，并已交工验收的情况下，按正式生产条件和规定的期限进行试运行（试车）的阶段，通过将试运行阶段记录的数据与设计要求对比，检查生产设备的设计、制造、安装和调试的质量，验证生产设备连续正常运行的可靠性和稳定性。试运行阶段一般也是生产设备的保修阶段，通过试运行检查后，生产设备才能进行正式竣工验收。试运行阶段监理单位应做好下列工作：

① 在生产设备试运行阶段，监理单位应定期或不定期地到达现场，观察了解生产设备试运行情况；

② 督促生产单位做好试运行记录，并检查试运行记录；

③ 将试运行记录数据与设计要求进行对比，检查生产设备运行的可靠性和稳定性，同时通过检查找出差距，分析原因，并与有关方面共同研究处理办法和改进措施；

④ 当生产设备试运行过程中出现故障或质量问题时，应会同建设单位、设计单位、制造厂家、安装单位和生产单位（使用单位）共同分析原因，找出处理办法，及时排除故障；

⑤ 参与生产设备试运行后的检验，并对生产设备的质量作出评价。

第三节　施工机械的质量控制

随着科学技术和生产的不断发展，工程项目的规模也愈来愈大，施工机械已成为现代工程建设中不可缺少的设备，用来完成大量的土石方开挖，土石料的开采、运输、填筑和压实、混凝土的拌和、运输和浇筑，构件、设备的吊装等，代替了繁重的体力劳动，加快了施工进度，也促使了施工技术的不断发展。

由于工程项目施工中采用了大量的各种施工机械，所以施工机械的选择和使用是否正确，也就直接影响到工程项目的质量。因此监理工程师应根据工程项目的特点、施工组织和施工方法、施工现场情况、施工机械性能等因素，对施工机械的选择使用进行控制。

施工机械质量控制的目的是为施工提供性能好、效率高、操作方便、安全可靠、经济合理的施工机械。为此，监理工程师对施工机械质量控制的内容主要包括施工机械型式和性能参数的选择，施工机械的使用、操作要求、机械的保养和维修等方面。

一、施工机械质量控制的要点

施工机械选择的质量控制是施工机械质量控制的关键，主要包括施工机械型式和组合的选择，施工机械性能参数的选择两个方面。

1. 施工机械型式和组合的选择

施工机械型式和组合的选择是否合理，关系到能否充分发挥机械的效能和能否高速、经济、有效地完成施工任务，也就是直接影响到工程项目的施工速度、施工质量和施工成本，所以监理工程师应协助和审查施工单位对施工机械型式和组合的选择。

施工机械型式和组合的正确选择，应考虑下列条件。

(1) 施工作业的内容。施工机械的型式应适合施工作业的内容，例如土方工程中在选择挖土机时，如果是挖掘停机面以上的土石方，则应选择正向铲挖土机；如果挖掘停机面以下的土石方（挖掘基坑内土石方），则应选择反向铲挖土机；如果挖掘地下水位以下的土石方，则应采用抓斗式挖土机（索铲挖土机）；如果挖掘工作面上的零星土石方，则应采用铲运机（装载机）等。

(2) 施工作业工作量。施工机械型式的选择应与其作业工作量相匹配，如吊装工程中所选用的起重机应满足最大起重件重量和起重力矩的要求。

(3) 工程的结构形式。施工机械的型式应与工程的结构形式相适应，对于混凝土结构和组合安装钢结构的电厂厂房施工时，应选用塔式起重机；对于单件安装的钢结构，则宜选用履带式起重机。

(4) 施工现场条件。如在土方工程施工中，推土机、装载机（铲运机）、自卸汽车等型式的选择，应考虑运距的长短；轮胎式机械和履带式机械的选择，应考虑施工现场的土质条件等。

(5) 施工环境。如气候条件对施工机械型式的选择就有很大影响，在低温地区要考虑液压装置和起重钢架耐低温的条件；在高温地区要考虑机械散热能力问题；干燥地区或季节宜选用轮胎式机械，泥泞地区或多雨季节则宜选用履带式机械等。

(6) 多机联合作业。在两种以上机械的联合作业中，在选择机械的组合时，应使组合机械中各机械的作业能力大体一致，保持平衡，以免有的机械能力过剩，效率降低。组合机械中的机械种数不能过多，机械种数越多，效率越低（一台机械发生故障，就会影响整体作业）。在施工机械组合中，各机械应尽量配套，并且应该有几个相同组合的机械并列施工，在这样的组合中，一台机械发生故障，也不致引起全面停工。

2. 施工机械主要性能参数的选择

施工机械性能参数的选择，实际上就是根据工程的特点、施工条件和已确定的机械型式来选定具体的机械。如，打桩机的性能参数就是桩锤重量和落锤高度，所以在选择打桩机时，应先根据土质情况、桩的种类和施工条件，确定锤的类型，然后再考虑到桩的重量来选择合适的锤重。通常应使锤的重量略大于桩重，一般可选择锤重等于桩重的1.1～1.2倍，当桩重大于2t时，锤重也不应小于桩重的75%。这是因为锤重则落锤高度减小，宜采用“重锤低击”的方式，使桩锤不产生回跳，以保护桩头不致损坏，而且桩的入土速度也快，故可保证打桩的质量。又如，起重机的性能参数就是起吊重量、起重高度和起重半径，这些参数应满足施工要求；土石方压实机械的性能参数就是压实功能和生产能力，这些参数应满足施工要求。

二、施工机械质量控制的内容

施工机械除了在选择上要进行质量控制，还要对机械的合理使用、保养和维修进行控制。施工机械使用操作管理质量控制的目的就是正确地使用施工机械，及时地进行维修保养，使施工机械始终处在良好的性能状态下，充分发挥机械的效能，实现“安全、优质、高效、低耗”地完成施工任务。机械的保养和维修是为了提高机械的完好率，使机械经常处于良好的技术状态，发现问题及时恢复机械的工作能力，预防事故的发生。

（一）施工机械使用操作管理质量控制

在施工机械使用、操作管理的质量控制中，监理工程师要督促和检查施工单位做好施工机械的使用操作管理，制定相应的使用操作、维修保养的管理制度，并严格执行。

1. 施工机械的使用特点

由于施工生产的流动性大，就决定了施工机械搬迁，拆装频繁，具有如下几方面特点：

① 施工机械在搬迁，运输，组装等环节占的时间长，有效作业时间相对较少，反而降低了现场施工机械的利用率；

② 施工机械每搬迁拆装一次，都要影响及降低其精度，加快磨损，缩短寿命；

③ 施工机械每搬迁拆装一次，要增加一个初期磨损和初期故障期。因此，要执行合理限载、减速的有关规定，从而保证施工机械设备的效能的充分利用和发挥。

2. 施工机械的使用管理任务

（1）现场施工机械的使用管理重点在操作的人员管理上，做到“人机并重、管用结合”，才能取得较好的管理效果。具体体现在以下两个方面。

① 施工机械使用的技术合理性。现场施工单位要根据施工任务的特点和本单位的生产特长合理配备施工机械，按照机械性能、使用说明书、操作规程和各种条件下继续使用的要求，正确使用机械。

② 施工机械使用的经济合理性。在满足现场施工机械技术适应的前提下，施工单位尽可能选择效率指标较理想的机械，在机械性能允许范围内，充分发挥机械的技术性能，以较低的消耗换取较高的经济效益。

（2）施工机械使用管理的重点是正确使用。根据技术合理和经济合理的要求，机械的正确使用主要有以下三个标志。

① 高效性。机械使用必须使其生产技术性能得以充分发挥，在综合机械化组列中至少使主要机械的生产技术性能得以充分发挥。性能并非局限于使用说明书中所载的标定性能，而应以国家下达的或上级主管部门制定的地区性机械效率指标为准，如果机械设备长期处于一种低效运行状态就是一种不合理使用标志。

② 经济性。对于一个既定的工程项目，选用机械或综合机械化组列即使已经达到了比较理想的效率指标但不一定符合经济性的要求，使用管理的经济性，要求在可能的情况下，使单位实物工程量的机械使用费成本为最低。

③ 机械非正常损耗防护。机械即使操作、保养、维修、管理都很好，也无法避免正常的磨损及耗蚀，但应该避免非正常的损耗现象。非正常的损耗主要是指由于使用不当或缺乏应有措施而导致机械的再次磨损、过度磨损、事故损坏以及各种使原机械技术性能受到损坏或缩短使用寿命等的不合理现象。

3. 施工机械的使用管理的内容

（1）合理配置各种机械。由于工程特点及生产组织形式各不相同，因此，在配备现场施工机械时必须根据工程特点，经济合理地为工程配好机械，同时又必须根据各种机械的性能与生产任务相适应。

（2）加强现场施工生产和机械使用管理之间的协调工作。现场施工单位在确定施工方案和编制施工组织设计时应充分考虑现场施工机械管理方面的要求，统筹安排施工顺序和平面布置图，为机械施工创造必要的条件。如水电、动力供应、照明的安装、障碍物的拆除以及机械的运行路线和作业场地等。现场负责人要善于协调施工生产和机械使用管理间的矛盾，既要支持机械操作人员的正确意见，又要向机械操作人员进行技术交底和提出施工要求。

（3）实行人机固定和操作证制度。为了使机械在最佳状态下运行，合理配置足够数量的操作人员并实行机械使用，保养责任制是关键。现场的各种机械应定制定组交给一个机组或个人，使之对机械使用和保养负责。操作人员必须经过培训和统一考试，合格取得操作证后，方可独立操作。无证人员登机操作应按严重违章操作处理。坚决杜绝为赶进度而任意指派操作人员之类事件的发生。

现场施工单位应根据施工任务的具体要求，既要防止超机械性能使用，又要防止大机小用，不讲经济效果，如遇特殊情况需超负荷使用时必须有可靠的计算资料，采取有效措施，并按规定经主管技术领导批准后方可行进。

（4）建立健全现场施工机械设备使用的责任制和其他规章制度。

① 操作人员岗位责任制。操作人员在开机前、使用中、停机后，必须按规定的项目和要求，对机械进行检查和例行保养，做好清洁、润滑、调整、紧固和防腐工作，经常保持机械设备的良好状态，提高使用效率，节约使用费用，取得良好的经济效益。

② 遵守合同使用的有关规定。凡是新购、大修以及经改造的机械在正式使用初期都必须按规定走合。目的是使得机械零件磨合良好，增强零件的耐用性，提高机械运行的可靠性和经济性，在走合期内加强机械设备的检查和保养，应经常注意运转情况、仪表指示、检查各部分轴承、齿轮和摩擦带的工作温度和链条部分的松紧，并及时润滑、紧固和调整，发现不正常现象及时消除。

（5）创造良好的环境和工作条件。

① 创造适应的工作场地。水、电、动力供应充足和整洁、宽敞、明亮的工作环境，特别是夜晚施工时，要保证施工现场的照明。

② 配备必要的保护、安全、防潮装置，有些机械设备还必须配备降温、保暖、通风灯装置。

③ 配备必要的测量、控制和保险用的仪表和仪器等装置。

④ 建立现场施工机械设备的润滑管理系统。润滑管理系统是我国企业所创造的先进经验，即实行“五定”的润滑管理——定人、定质、定点、定量、定期的润滑制度。

⑤ 开展施工现场范围内的完好设备竞赛活动。完好设备是指零件、部件和各种装置完整齐全、油路畅通、润滑正常、内外清洁，性能和运转状况均符合标准。

⑥ 对于在冬季施工中使用的机械，要及时采取相应的技术措施，以保证机械正常运转。如准备好机械的预热保温设备；在投入冬季使用前，对机械进行一次季节性保养，检查全部技术状态，换用冬季润滑油等。

4. 现场施工机械使用管理的“三定”制度

（1）“三定”制度的意义和作用。“三定”制度，即定人、定机、定岗位责任，是人机固定原则的具体变现，是保证现场施工机械得到最合理使用和精心维护的关键，其作用体现在以下几点。

① 人机固定、责任明确有利于增强现场稳定及操作人员的责任心及爱机心理，有利于

保证机械的良好技术状态。

② 有利于现场定机人员迅速掌握和熟悉所管设备的独身机况和特殊的使用要点，对发挥机械效率、预防和排除机械故障、避免事故发生具有十分重要的作用。

③ 有利于开展单机核算、优秀机械竞赛等以单位为对象的评比考核活动，提高管理水平和落实奖惩制度。

④ 有利于保证机械运行原始资料的正确性、完整性和连续性，提高统计和分析工作的水平。

⑤ 有利于做好机械设备定员工作，加强劳动管理。

“三定”制度把现场施工机械设备的使用、保养、保管的责任落实到个人，简单易行，是加强施工机械管理的重要措施，实践证明，其效果显著。

（2）施工现场落实“三定”制度的形式。施工现场“三定”制度的形式可多种多样，根据不同情况而定，但是必须把本工地所属的全部机械的使用、保管、保养的责任落实到人，做到人人有岗位，事事有专责，台台机械有人管，具体有以下几种形式：

① 一人一机或一人多机作业的机械，实行专机专责制；

② 多人操作或多班作业的机械设备，在制定操作人员的基础上，任命一人为机长，实行机长负责制；

③ 掌握有中、小型机械设备的班组，在机械设备和操作人员不能固定的情况下，应任命机组长对所管机械设备负责；

④ 施工现场向企业租赁或调用机械设备时，对大型机械原则上做到机调人随，重型或关键机械必须人随机走。

（3）“三定”制度的内容。在“三定”制度内部，要明确机械操作人员与机长的职责，班与班之间的责任。

① 操作人员职责。严格遵守操作规程，主动积极为施工生产服务，低耗的完成机械作业任务；爱护机械，执行保养制度，认真按规定要求做好机械的清洁、润滑、紧固、调整、防腐等工作，保证机械经常整洁完好；保管好原机零件、部件、附属设备、随机工作，做到完整齐全，不丢失或无故损坏；认真执行交接班制度，及时准确的填写施工机械的各项原始记录，经常反映机械的技术状况。

② 机长职责。机长是不脱产的操作人员，除履行操作人员的职责外，还应组织并督促检查全组人员对机械的正确使用、保养、保管和维修，保证完成机械施工作业任务；检查并汇总各项原始记录及报表，及时准确上报，组织机组人员进行单机核算；组织并检查交接班制度执行情况；组织机组人员的技术业务学习，并对人员的技术考核提出意见。

③ 交接班规定。为了使多班作业的机械不致由于班与班之间交接不清而发生操作事故，附件丢失或责任不清等现象，必须建立交班制度作为岗位责任制的组成部分。机械交接班时，首先应由交方填写交班记录，并口头补充介绍，经接方核对相符并签收后方可下班。

交接班的内容包括：交清本班任务完成情况，工作面情况及其他有关注意事项或要求；交清机械运转及使用情况，特别应介绍有无异常情况及处理经过；交清机械保养情况及存在问题；交清机械随机工具、附件和消耗材料等情况；填好本班各项原始记录，做好机械清洁工作。

（二）施工机械保养和维修的质量控制

1. 施工机械的保养

（1）施工机械保养的作用。施工机械在使用过程中必然会发生零件磨损、部件污染、润滑条件变坏、螺钉松动、机械零件的相对关系和运行参数变化，以及金属和非金属制品腐蚀等现象，从而影响机械效能的发挥，缩短机械使用寿命，增加运行成本。因此，必须根据机械的技术状况，在机械零件尚未达到极限磨损或发生故障前，进行保养工作，以保持机械处于良好的技术状况，消除隐患，保证施工生产的顺利进行。施工机械保养的作用体现在：

① 保证施工机械经常处于良好的技术状况，减少故障停机日，提高机械的利用率；

② 保证在运行中不会因机械原因影响安全；

③ 降低机械的运行成本和维修成本，从而减少现场施工费用；

④ 减少施工现场的噪声和污染。

（2）施工机械保养的内容。根据机械技术状况变化规律及现场施工经验，机械保养的内容主要有润滑、清洁、紧固、调整和防腐五个方面。

① 润滑。润滑是防止机械磨损最有效的手段。正常的润滑工作能保证机械持久而良好的运转，防止和减少机械故障的发生，使机械充分发挥技术性能，延长使用寿命，降低能源消耗，为施工生产提供可靠的技术物质手段和创造良好的经济效益。

② 清洁。机械在工作中，尤其是施工现场，必然引起机械内外及各系统、部位的污染。有些关键部位污染将使机械不能正常工作，因此，进行清洁工作不仅是保持机容整洁卫生的需要，更重要的是保持机械安全和正常的工作需要。

③ 紧固。机械上很多螺钉固定的部位，现场施工中由于机械不断震动，有些螺钉可能松动，必须及时检查，予以紧固，以免造成机械事故性损坏或人员伤亡。

④ 调整。机械上有很多零部件的相对关系和工作参数需要及时进行检查、调整，才能保证机械设备正常工作。否则，轻者造成工作效率低，重者导致机械工作不安全，甚至发生事故。

⑤ 防腐。机械在使用过程中，不可避免地造成一些金属制品的保护层脱落，为此必须进行补漆或涂油脂等防腐涂料。对一些非金属制品也应该采取必要的防范措施加以保护。

（3）现场施工机械的保养形式

① 现场施工机械的定期保养形式

a. 日常保养。是一种不占工时的保养，以操作工人为主，每个轮班进行一次。工作内容包括：清扫、加油、调整、更换个别零件并检查润滑、漏油、异音、安全以及损伤等情况。

b. 一级保养。一般以操作工人为主，维修工为辅，其工作内容主要是内部清洁和润滑，设备局部体解、检查和调整。一般需停机 500～700h，尽量利用节假日的时间。

c. 二级保养。应以专业维修工人为主，操作工人积极参加。其工作内容主要是对机械部分进行体解、检查和调整。一般需停机 500～700h。

② 现场施工机械的特殊保养形式

a. 停放保养。指机械设备停放在施工现场而未投入生产的保养。重点是清洁、防腐，在特别潮湿的情况下，还要定期发动。应由操作或保管人员进行。

b. 换季保养。对于在夏季或冬季施工中使用的机械，需做换季保养，主要是更换燃（滑）油料，调整蓄电池电解液比重、采取降温或防寒措施、清洗冷却系统等。

c. 出场前保养。机械设备在一项工程完工后，虽未到规定的保养周期，但为使机械能迅速投入新的施工任务必须进行保养。作业项目可按二级保养进行。

（4）现场施工机械保养的组织实施

① 正确认识现场施工机械保养和使用的关系。保养是保证机械正常运行的关键。实践证明，机械性能的发挥和保持机械设备的完好率，在很大程度上取决于保养工作质量的好坏。但是，不少施工单位为了赶时间、抢进度，往往忽视定期保养，“只用不养”，造成机械

设备“带病”运转，导致机械设备技术状况恶化，动力性能和经济性能下降，故障频繁，工作不安全，事故增多，最终影响施工生产任务的完成。

机械设备保养间隔期具有一定的时间灵活性，但一旦确定，必须严格遵守，按照规定的类别、项目和要求，强制执行。这是由机械状况变化的客观规律所决定的，是正确处理保养和使用关系的关键。

② 现场施工机械保养计划的分类

a. 阶段保养计划。它是按施工阶段制定的机械保养计划，其目的在于准确的计算各级保养次数，按月平衡高级保养项目，进一步协调现场施工生产计划，调整保修力量，准备好配加密和材料，并检查和督促高级保养的进行。

b. 月度保养计划。它的制定应以阶段保养计划为依据，并根据实际情况进行调整，按机台计算保养时间，根据施工生产计划和保养力量进行平衡，落实保养日期和停机日。月度保养计划的主要目的在于确定各级保养进行的日期和停机日，以便调整机械施工生产计划，落实配件材料供应，落实保修人员，保证施工计划的完成。因此，月度保养计划是贯彻定期保养制度和完成施工生产任务的关键，应尽可能提高保养计划的准确性，以免计划落空造成工作被动。

③ 现场施工机械保养计划的落实

a. 现场施工单位在安排施工生产和机械设备使用计划时，必须安排好机械保养计划，并作为施工生产计划的组成部分同时下达并检查落实，以确保保养计划的按期执行。

b. 处理好保养和施工生产之间的关系。在安排施工生产时，要考虑机械保养所需的时间，在进行保养作业时，要尽量利用非生产时间，以减少对施工生产的影响。

c. 做好机械保养质量的检验工作，坚持自检、互检和专职检验相结合的检验制度。

2. 施工现场机械的维修

(1) 正确处理现场施工机械保养和维修的关系。机械设备的保养和维修，从表面上看都是搞好机械设备技术状况的预防性的技术保障作业，在现场施工中容易产生“以修代养”、“以养代修”、“修养不分”的现象，对保障机械经常处于良好技术状况带来极为不利的后果。机械修理和保养有本质区别。

① 性质不同。保养是机械零件未达到极限磨损前进行的预防性的技术保障作业，以保持机械坚持处于正常工作状况；而修理是在零件达到极限磨损后不能正常工作时进行的恢复性的技术保障作业，以保证机械重新达到正常工作状况。

② 作业内容不同。保养的作业内容是不改变零件几何尺寸和理化性能的清洁、润滑等作业；而维修主要是改变零件的几何尺寸、理化性能和装配间隙，虽然维修也包括保养作业，但不是作业内容。

③ 工艺不同。维修工艺是将机械全部进行解体，并不进行零件的鉴定和修复。

④ 组织进行的原则不同。保养实行定期保养，强制执行的原则；修理实行计划修理，按需进行的原则。

所以，现场施工机械的管理，必须正确处理好修理和保养的关系，做到养修并重、互相结合，反对养修不分、互相混淆。

(2) 现场施工机械的检查。现场施工机械的点检是实行预防维修制度的精髓。通过检查，可以及时地了解机械的运行情况和磨损情况以及机械、液压、电器、润滑系统的技术状况，并针对发现的问题，及早提出维修的准备工作，以提高维修质量和缩短维修时间。机械的检查按时划分为日常检查和定期检查。

① 日常检查（日常点检）。是机械每次运行都要进行的逐点检查，主要由操作人员进

行，可与日常保养结合起来。如果发现一般不正常的情况，应立即加以消除；如发现较大的问题，应立即报告，及时组织管理。

② 定期检查。主要由专业的维修工人负责、操作工人参与检查，一般应按计划规定的时间，一个月到三个月，全面检查设备的性能及实际磨损的程度，以便正确的确定维修的时间和种类。

（3）现场施工机械预防维修的基本方法。

① 检查后维修法。检查后维修法是依据现场施工机械设备的实际磨损情况来确定维修的程度，可避免过度维修并降低维修费用，最终降低现场施工机械费用。但是，如果现场施工机械管理人员不重视，检查制度不严格落实，反而会导致修理停歇时间的增加，造成浪费。因此，这种维修方法的关键是必须建立严格的检查制度，根据检查情况、设备精度指数，以及有关的修理资料，编制修理计划。

② 定期维修法。首先根据现场施工机械的实际使用情况和机件磨损程度的资料，制定维修计划，较粗略的规定修理的日期和内容，而具体的修理日期、内容以及工作量，则应根据修理前的检查结果再详细决定。这种维修方法与检查后维修法相比较，计划性较强，有利于做好维修前的准备工作。

上述两种维修方法，施工单位应针对不同的施工机械，根据不同的要求，正确选择不同的维修方法。

（4）现场施工机械维修的组织形式。现场施工机械维修的组织形式，应与现场施工生产的特点密切联系，根据施工任务的具体情况以及机械维修复杂程度来确定，一般有分散型和混合型二种组织形式。

① 分散型维修。各现场施工队均设立维修组，全面负责各施工工地的机械的维修工作。其优点是：有利于把施工任务和维修工作统一起来，维修工作比较方便灵活。其缺点是：维修力量分散，疑难的维修问题不易解决，往往容易出现忙闲不均，不利于提高维修水平。

② 混合型维修。就是把技术复杂的大维修工作由专业的机修部门负责，一般维修有施工现场的维修部门负责。

案 例

【案例一】

1. 背景

某工程项目使用压力钢管，钢管质量要求严格，其制作要求实施监理。

2. 问题

请按照设备制造实施过程进行质量监理。

3. 案例分析

（1）压力钢管制作前准备工作的质量监控。

① 在压力钢管制作前，监理工程师督促制作单位提交钢材合格证书、压力钢管加工制作计划、焊接工艺措施、超声波探伤工艺、X射线探伤工艺、钢管制作测定记录、无损检测人员资格证书、焊工合格证明文件、焊缝外观质量检查表等材料，并进行审查。

② 监理工程师督促制作单位组织有合格证的焊工进行岗前考核，经岗前考核合格后才能上岗操作，以确保焊接质量。

③ 焊接考核完成后，抽取部分焊接件作机械性能试验，以检验焊接的质量。

④ 监理工程师审查制作单位提交的钢管制作计划和措施，并实地考察钢管制作工厂及其生产设备，检查其生产条件。

(2) 压力钢管制作过程的质量监控。在压力钢管制作过程中，监理工程师采取跟班检查、阶段性抽查和阶段验收的方式，对压力钢管的制作质量进行监控。

① 跟班检查。通常由监理人员对钢管的组圆、焊缝的外观质量、喷砂除锈等作业进行跟班检查，及时了解焊接质量，检查焊工是否违规操作，发现问题迅速处理。对X射线拍片，需100%经监理人员评定。对超声波探伤则采取跟班检查和抽检相结合的监控方式。

② 阶段性抽查。每制作完一节钢管，监理人员都应对钢管制作的几何尺寸、内弧度、椭圆度、油漆厚度、油漆的附着力等进行抽检。

③ 阶段验收。当压力钢管几何尺寸、焊缝外观质量复检合格后，监理人员即在生产单位的报表上签字认可，然后再进行无损检测。无损检测合格后，监理人员在无损检测报表上签字认可后，制作单位才允许作喷砂除锈作业。喷砂除锈作业达到质量标准，经监理人员签字认可后，才允许制作单位进行油漆作业。油漆作业完成后，再经监理人员检查认可。

在钢管制作完毕出厂前，监理工程师会同安装单位、制作单位的质检人员对钢管的几何尺寸、上下游管口尺寸偏差、椭圆度、内弧度、管口平整度、钢管内外表面焊疤清理情况进行全面检查。检查不合格的项目，可指令制作单位进行处理，直至全部合格为止。最后经监理工程师签字认可后，才准许出厂。

【案例二】

1. 背景

某工程项目正在进行土石方工程施工。

2. 问题

土方施工监理控制时机械设备如何选择。

3. 案例分析

(1) 土石方开挖机械的选择。在选择土石方开挖机械时，应考虑下述条件。

① 开挖材料的性质。包括材料的种类（是土料，还是砂石料、石料）、粒径、密实度等。对于土料和砂，可选用各种型号斗容量的挖土机；对于砂砾石，宜采用斗容量为1～2m^3的挖土机；对于粒径较大的材料或堆石，宜采用斗容量为3～4m^3的挖土机。

② 有效开挖土层的厚度和开挖掌子面的高度。当有效开挖土层较薄时，不宜采用斗容量大的挖土机，否则开挖时挖斗一次难以装满，因此机械移动频繁，效率降低，此时宜采用铲运机或推土机配合挖土机和装载车联合作业，或推土机配合皮带机联合作业。当掌子面较高时，宜采用斗容量较大的挖土机，而采用斗容量小的挖土机开挖时会有危险。

③ 料场的水文地质条件。开采水下砂砾石时，宜采用砂船、索铲或铲扬式挖泥船。

④ 运距的长短。运距在1km以内时可采用铲运机，1km以上时宜采用挖土机配合自卸卡车或火车。

⑤ 土石方填筑量。当填筑量较大时宜采用斗容量较大的挖土机，当填筑量较小时可采用斗容量较小的挖土机。

⑥ 机械的配套。挖土机械与运输机械必须配套，每台挖土机所应配备的汽车数量可按式(7-1)计算：

$$n=\frac{q}{V\cdot M} \tag{7-1}$$

式中 n——每台挖土机所应配备的汽车数量；

q——挖土机每一台班的生产量；

V——汽车的斗容量；

M——汽车从料场到填筑施工面每一台班往返的次数。

(2) 运输设备的选择。选择运输设备时应考虑的因素与选择开挖机械时相似，有以下几点：

① 可能取得的运输设备的类型。

② 运距的长短。在一般情况下，各种运输设备的合理运距如表 7-6 所示。

表 7-6 各种运输设备的合理运距

运输设备	手推车	自卸汽车	762 机车	标准轨机车	皮带运输机	铲运机	
						拖式	自行式
合理运距/km	<1.0	<10	5～15	>10	<10	<1.0	0.8～1.5

③ 材料的性质。对于土料、砂石料宜采用皮带运输机或有轨运输机械；对于大粒径块石宜采用大型自卸汽车运输。

④ 地形条件。地面平坦，运距远时，可采用标准轨机车运输或内燃柴油机车运输；地面坡度较大时宜采用自卸汽车运输；如运距较短，也可采用长皮带运输。

⑤ 料场分布。若料场储量较小，而且比较分散，宜采用自卸汽车运输；若料场储量较大，而且比较集中，宜采用有轨运输；如运距较短，也可采用皮带运输。

⑥ 填筑工程量。若填筑工程量较大，宜采用大型自卸车等较大的运输工具。

(3) 土石料碾压机械的选择。土料碾压一般采用拖拉机带平碾或羊足碾进行碾压；对于卵砾石或堆石，通常采用振动碾碾压。

振动碾有牵引式、自行式和手扶式三种。牵引式振动碾由其他牵引机械拖行，生产效率较高。自行振动碾有两种类型，一种是由两个充气轮胎驱动行走，钢制滚筒振动碾压；另一种是前后均为钢制滚筒，可以自行。手扶式振动碾是一种小型振动碾，可用于局部地带堆石料的碾压。

振动碾的选择主要应考虑压实功能、生产能力和设备货源等三个方面。

① 振动碾的压实功能应满足在规定的铺筑层厚度的情况下，振动碾压 6～8 遍后填筑料的密实度能达到设计要求。

② 振动碾的生产能力应满足施工强度的要求振动碾的生产能力可按式(7-2) 计算：

$$Q=C\cdot(1000B\cdot v\cdot h/n) \tag{7-2}$$

式中 Q——振动碾的生产率，m^3/h；

C——效率因素；

B——滚筒宽度，m；

h——铺筑层厚度，m；

v——碾压速度，km/h；

n——碾压遍数。

式(7-2) 是近似连续工作情况，实际的平均生产率较近似连续生产率约低 50%。

③ 在选择牵引式振动碾的牵引设备时，应与振动碾碾压时所需的牵引力相配。

小　结

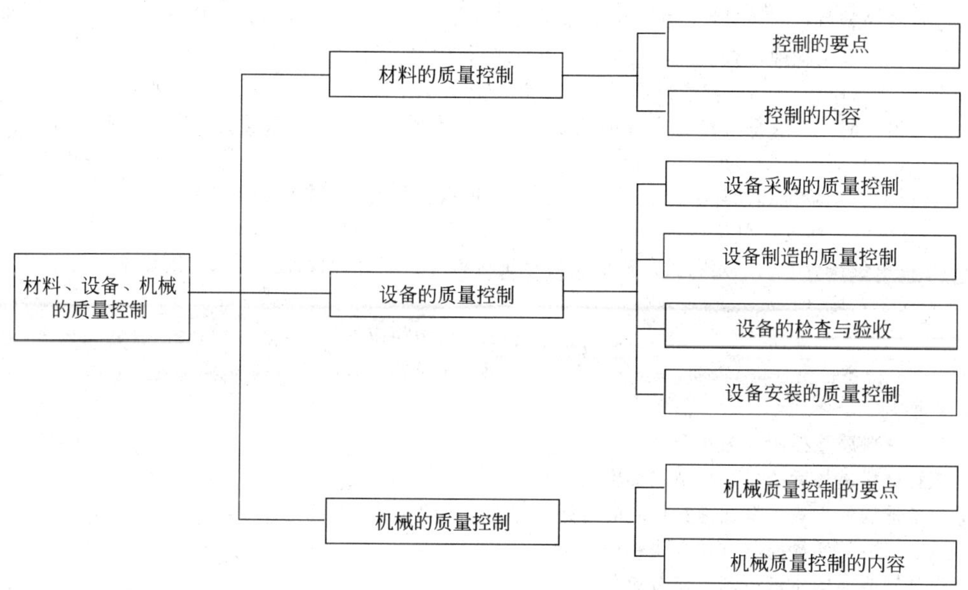

能力训练题

一、填空题

1. 监理工程师应对工程材料的________进行严格的控制。
2. 材料运抵施工现场后，监理工程师应核查材料的质量保证资料，核查质量保证资料是否齐全，并鉴别这些质量保证资料的________和________。
3. 生产设备是指工程项目____________________的设备，如果缺少这种设备，工程就不能投产或不能发挥效益。
4. 生产设备采购订货的原则是设备的____、____、____及____日期应满足设计和施工的要求。
5. ________的因素是影响质量的最重要因素，也是对供应商评审时最难确定的。

二、选择题

1. 重要的关键性大型设备的检查验收，应由（　）组织鉴定小组进行检验。
   A. 建设单位　B. 监理单位　C. 设计单位　D. 制造单位
2. 对于制造周期较长的设备，监理工程师应当采用（　）方式进行制造质量监控。
   A. 驻厂监造　B. 巡回监控　C. 设置质量控制点监控　D. 批次监控
3. 对特定的项目、产品过程或合同规定由谁及何时应使用哪些程序相关资源的质量管理体系文件称（　）。
   A. 质量计划　B. 质量记录　C. 质量手册　D. 质量目标
4. 在设备制造过程中，监造单位需要对设备的设计提出修改时，应由（　）进行设计变更。
   A. 设备制造单位　B. 建设单位　C. 总监理工程师　D. 原设计单位
5. 监理工程师对关键工序部位或隐蔽工程的质量检验，应采用（　）。
   A. 抽样检验　B. 全数检验　C. 随机检验　D. 系统检验
6. 进口材料的检查验收，应由施工单位和监理单位会同（　）进行。
   A. 国务院质量检测机构　B. 国家商检部门
   C. 国务院建设行政主管部门　D. 业主代表

7. 监造人员直接进入设备制造厂的制造现场，成立相应的监造小组，编制监造规划，实施质量监控的方式是（ ）。

A. 巡回监控 B. 设置质量控制点监控 C. 旁站监控 D. 驻厂监控

8. 在设备安装过程的质量控制中，安装单位自检确认符合安装技术标准后，应提请监理工程师进行检验，经监理工程师检查合格，安装单位方可进行（ ）工作。

A. 设备就位 B. 调平找正 C. 设备的复查 D. 二次灌浆

9. 设备出厂时，一般都要进行良好的包装，运到安装现场后，将包装箱打开予以检查。设备开箱检查，（ ）应派代表参加。

A. 设备采购单位和设计单位 B. 设备采购单位和建设单位
C. 总包单位和设计单位 D. 建设单位和设计单位

10. 建设单位按合同的约定负责采购供应的建筑材料等，应符合设计文件和合同要求，对于发生的质量问题，应（ ）。

A. 承担连带责任 B. 承担相应责任
C. 承担主要责任 D. 不承担责任

三、思考题

1. 工程材料质量控制分为几个过程？
2. 工程材料进场后的质量控制主要应做哪些工作？
3. 设备采购的方式有哪几种？相应的质量控制工作主要是什么？
4. 设备制造的质量控制方式有哪几种？
5. 设备制造前的质量控制工作有哪些？
6. 如何做好设备制造过程中的质量控制工作？
7. 简述设备检查验收的要求。
8. 试述设备检验的程序和方法。
9. 简述设备安装的质量控制工作。
10. 简述设备试运行的质量控制工作。
11. 分别简述设备制造及安装过程对质量记录资料的监控。
12. 简述施工机械质量控制的要点。
13. 试述施工机械“三定”制度的内容、特点和作用。

第八章　工程施工质量验收评定及竣工验收

【知识目标】

- 掌握工程施工质量评定
- 熟练掌握工程项目的试运行和竣工验收

【能力目标】

- 能熟练运用工程施工质量评定标准对分项工程、分部工程和单位工程进行评定
- 熟悉施工质量验收的主控项目和一般项目
- 熟悉验收的程序

第一节　工程施工质量评定

为了提高工程项目的施工质量水平，保证工程质量符合设计和合同的规定及要求，同时也是为了衡量施工单位的施工质量水平，全面评价工程的施工质量，在工程项目施工完成后，应按照有关的标准和规定，对工程质量进行评定。工程质量评定可根据以下条款来执行：

① 国家和部门颁发的工程质量等级评定标准；

② 国家和部门颁发的工程项目验收规程；

③ 有关部门颁发的施工规范、规程、施工操作规程；

④ 工程承包合同中有关质量的规定和要求；

⑤ 工程的设计文件、设计变更与修改文件、设计变更通知书；

⑥ 施工组织设计、施工技术措施、施工说明书等文件；

⑦ 设备制造厂家的产品说明书、安装说明书和有关的技术规定；

⑧ 原材料、成品、半成品、构配件的质量验收标准。

此外，在工程质量评定中，通常将参与检验评定的施工项目（或施工内容）分为三类，即保证项目、基本项目和允许偏差项目。

首先，保证项目是涉及结构安全或重要使用性能的分项工程，它们应全部满足标准规定的要求，在质量评定标准条文中用“必须”或“严禁”等用词表示的施工项目。保证项目中主要包括以下三方面内容：

① 重要材料、成品、半成品及附件的材料，检查出厂合格证明及试验数据；

② 结构的强度、刚度、稳定性等数据，检查试验报告；

③ 工程进行中和完毕后必须进行检验，现场抽查或检查测试记录。

其次，基本项目是对结构的使用要求、使用功能、美观等都有较大影响，必须通过抽样检查来确定能否合格，是否达到优良标准。在质量评定标准条文中用“应”或“不应”用词表示的施工项目（或施工内容）。在质量评定中，基本项目的重要性仅次于保证项目。

最后，允许偏差项目是结合对结构性能或使用功能、观感等的影响程度，根据一般操作水平允许有一定偏差，保持偏差值在规定范围内的施工项目（或施工内容）。

允许偏差值有以下几种情况：

① 有“正”、“负”要求的数值；

② 要求大于或小于某一数值；

③ 要求在一定范围内的数值；

④ 采用相对比值表示偏差值。

在一般工业与民用建筑工程中，一个工程项目通常可划分为几个单位工程，每一个单位工程又可划分为几个分部工程，每一个分部工程又划分为几个分项工程，工程项目的最小单位为分项工程。

工程项目的质量评定是以工程项目的最小单位为基础来进行评定的，所以在一般工业与民用建筑工程中工程项目的质量评定以分项工程为基本评定单位。

在一般工业与民用建筑工程中，由于建筑工程和建筑安装工程的特点不同，所以工程项目的划分方法也是不相同的。

一、分项工程质量评定

分项工程是按照主要工种、材料、施工工艺、设备类别等进行划分。如混凝土结构工程中按主要工种分为模板工程、钢筋工程、混凝土工程等分项工程；按施工工艺分为预应力、现浇结构、装配式结构等分项工程。

建筑工程的分项工程通常按主要工种来划分，例如，砌砖工程、钢筋工程、玻璃工程、混凝土工程、模板工程等。建筑工程分部（子分部）工程、分项工程的具体划分见《建筑工程施工质量验收统一标准》（GB 50300—2001）。

而对于建筑安装工程，其分项工程一般是按用途、种类和设备组别来划分的，例如管道工程按用途可分为给水管道安装工程、排水管道安装工程、煤气管道安装工程等；按种类可分为碳素钢管道安装工程、铸铁管道安装工程、混凝土管道安装工程、陶土管道安装工程等；按设备组别来划分的有锅炉安装工程、锅炉附属设备安装工程、锅炉附件安装工程等。建筑安装工程的分项工程也可按系统、区段来划分，如采暖卫生与煤气工程的分项工程等。

（一）质量等级评定标准

（1）合格标准

① 保证项目必须符合相应质量检验评定标准的规定；

② 基本项目抽检处（件）的质量应符合相应质量检验评定标准的合格规定；

③ 允许偏差项目抽检的点数中，建筑工程有70%及其以上，建筑设备安装工程有80%及其以上的实测值应在相应质量检验评定标准的允许偏差范围内。

（2）优良标准

① 保证项目必须符合相应质量检验评定标准的规定；

② 基本项目每项抽检处（件）应符合相应质量检验评定标准的合格规定，其中有50%及其以上的处（件）符合优良规定，该项即为优良，也就是说优良项数占检验项数的50%及其以上，该检查项目即为优良；

③ 允许偏差项目抽检的点数中，有90%及其以上的实测值应在相应质量检验评定标准的允许偏差范围内。

（二）不合格分项工程经返工处理后质量等级的确定

（1）返工重做（全部或局部返工重做）的分项工程，可重新评定其质量等级，可以评定为合格，也可评定为优良。

重新评定质量等级时，要对该分项工程按标准规定，重新抽样、选点、检查和评定。

（2）经加固补强或经法定检测单位鉴定能够达到设计要求的，其质量等级只能评为合格，不能评为优良。

① 经加固补强能够达到设计要求，是指加固补强后，未造成改变外形尺寸或未造成永久性缺陷，补强后再次检测其质量达到设计要求。

② 经法定检测单位鉴定能够达到设计要求，是指请国家或地方认定批准的检测单位对工程进行检验测试，其测试结果证明能够达到设计要求。

（3）经法定检测单位鉴定，工程质量未达到设计要求，但经过设计单位鉴定认可，能满足结构安全和使用功能要求，可不加固补强的，或经加固补强改变了外形尺寸或造成永久性缺陷的，其分项工程质量等级可评定为合格，其所在分部工程的质量不能评为优良。

① 经法定检测单位鉴定，工程质量虽未达到设计要求，但经过设计单位验算尚可满足结构安全和使用功能要求，而无需加固补强的分项工程。

② 出现一些未达到设计要求的工程，经过验算满足不了结构安全和使用功能，需要进行加固补强，但加固补强后改变了外形尺寸或造成永久缺陷的分项工程。

二、分部工程质量评定

建筑工程的分部工程通常按建筑的主要部位将一个单位工程划分为六个分部工程，即地基与基础工程、主体结构工程、地面与楼面工程、门窗工程、装饰工程、屋面工程。在多层及高层房屋工程中的主体分部工程，按楼层（段）划分分项工程；在单层房屋工程中的主体分部工程，应按变形缝划分分项工程。

当分部工程较大或较复杂时，可按施工程序、专业系统及类别等划分为若干个分部工程。如智能建筑分部工程中就包含了火灾及报警消防联动系统、安全防范系统、综合布线系统、智能化集成系统、电源与接地、环境、住宅小区智能化系统等分部工程。

建筑工程分部工程和分项工程具体划分可见表 8-1。

表 8-1　建筑工程分部、分项工程

序号	分部工程名称	分项工程名称
1	地基与基础工程	土方、爆破、灰土、砂、砂石和三合土地基、重锤夯实地基、强夯地基、挤密桩地基、打（压）桩、灌注桩、沉井和沉箱、地下连续墙、防水混凝土结构、水泥砂浆防水层、卷材防水层、模板、钢筋、混凝土、构件安装、预应力混凝土、砌砖、砌石、钢结构焊接、钢结构螺栓连接、钢结构制作、钢结构安装、钢结构油漆等
2	主体结构工程	模板、钢筋、混凝土、构件安装、预应力钢筋混凝土、砌砖、砌石、钢结构焊接、钢结构螺栓连接、钢结构制作、钢结构安装、钢结构油漆、木屋架制作、木屋架安装、屋面木骨架等
3	地面与楼面工程	基层，整体楼面、地面，板块楼面、地面，木质楼板、地面等
4	门窗工程	木门窗制作、木门窗安装、钢门窗安装、铝合金门窗安装等
5	装饰工程	一般抹灰、装饰抹灰、清水砖墙勾缝、油漆、刷（喷）浆、玻璃、裱糊、饰面、罩面板及钢木骨架、细木制品、花饰安装等
6	屋面工程	屋面找平层、保温（隔热）层、卷材、油膏嵌缝、涂料屋面、细石混凝土屋面、平瓦屋面、薄钢板屋面、波瓦屋面、水落管等

注：地基与基础分部工程，包括±0.000 以下结构及防水分项工程。

此外，由于建筑安装工程的单位工程分为室内和室外，故建筑安装工程的分部和分项工程也分为室内和室外两部分。

分部工程的质量等级评定标准如下列条款所示。

① 合格标准。所含分项工程的质量全部合格。

② 优良标准。所含分项工程的质量全部合格，其中有 50%及其以上为优良（建筑设备

安装工程中必须含指定的主要分项工程)。

三、单位工程质量评定

建筑物(构筑物)的单位工程通常由建筑工程和建筑安装工程两部分共同组成,具备独立施工条件并能形成独立使用功能的建筑物及构筑物为一个单位工程。如一个独立的建筑物(构筑物)是一个单位工程,一个住宅小区建筑群中的一栋住宅楼是一个单位工程,一个学校中的一栋建筑物(教学楼、办公楼、宿舍楼等)为一个单位工程,某城市的广播电视塔为一个单位工程等。

对于规模较大的单位工程,还可将其能形成独立使用功能的部分划分为一个子单位工程。子单位工程的划分一般可根据工程的建筑设计分区、使用功能的显著差异、结构缝的设置等实际情况,在施工前由建设、监理、施工单位自行商定,并由此收集整理施工技术资料和验收。

此外,室外工程可根据专业类别和工程规模划分单位(子单位)工程。室外单位(子单位)工程、分部工程按表8-2采用。

表8-2 室外工程划分

单位工程	子单位工程	分部(子分部工程)工程
室外建筑环境	附属建筑	车棚、围墙、大门、挡土墙垃圾收集站
	室外环境	建筑小品、道路、亭台、连廊、花坛、场坪绿化
室外安装	给排水与采暖	室外给水系统、室外排水系统、室外供热系统
	电气	室外供电系统、室外照明系统

单位工程的质量等级评定标准如下列条款所示。

(1) 合格标准:

① 所含分部工程的质量应全部合格;

② 质量保证资料应基本齐全;

③ 观感质量的评分得分率应达到70%及其以上。

(2) 优良标准:

① 所含分部工程的质量全部合格,其中有50%及其以上优良,建筑工程必须含主体和装饰分部工程;以建筑安装工程为主的单位工程,其指定的分部工程必须优良;

② 质量保证资料应基本齐全;

③ 观感质量的评分得分率应达到85%及其以上。

有关单位工程和分部工程的不合格评定标准以及处理后的等级确定方法,参见分项工程的相关条款。

第二节 工程项目的试运行和竣工验收

一、工程项目的试运行

(一) 试运行的意义、组织和试运行方案

试运行是工程竣工所进行的整体或部分试验性运行的全部过程。工程在设计和施工阶段虽然都认真实行了质量控制和检验,并取得了大量的各类质量保证资料,但是工程的整体性能如何和综合施工的效果如何,都必须通过试运行来进行检验;同时工程设计是否合理,运行是否可靠,是否能达到预期的目的,也必须通过试运行来进行全面检验。所以,工程的试

运行是对工程的规划设计和施工的最终检验，是工程验收和投入正式运行以前的重要考验。

在进行工程试运行前，由监理工程师组织成立试运行领导小组来统一领导和指挥试运行工作，领导小组由组织施工的负责人及其他有关人员、设计代表、监理工程师、质量监督机构、建设单位、生产运行单位和检验人员等组成，并准备好试运行所需设备、材料、检验仪器和有关工具，对于容易发生安全事故的试运行内容，还应准备抢险器材或灭火器材，制定好安全防范措施。为了保证试运行工作顺利进行和提高试运行的质量，还应制定试运行方案及相应的技术措施，印制统一的试运行记录及质量检验记录表格。

试运行方案的内容主要包括：

① 试运行的对象及目的；

② 试运行的准备工作；

③ 试运行的组织；

④ 试运行的程序；

⑤ 在试运行中质量检验的内容和方法，检验的标准；

⑥ 在试运行出现特殊情况时紧急停止试运行的措施及处理；

⑦ 试运行的验收标准；

⑧ 质量问题的处理；

⑨ 试运行记录及试验报告；

⑩ 试运行中应注意的事项及安全措施。

（二）试运行阶段的划分

工程试运行一般分为四个阶段。

1. 质量检查阶段

在试运行前对工程质量进行全面的综合性的检查，查出工程中仍然存在的各种问题，以便在试运行前及时采取措施予以解决，以保证试运行的顺利进行和试运行的质量。

试运行前的质量检查是在施工阶段质量检查的基础上，重点进行施工质量复查和质量隐患、施工漏项检查，采取施工单位自检和专业检查相结合的方式。

自检是通过回忆施工过程中所发生的各种质量问题和隐患，检查自检记录是否齐全，检查关键部位和关键环节的施工质量，施工中质量不合格部位及项目的处理情况是否已经达到设计和技术规范的要求，以及是否有施工漏项等。

在自检的基础上，再由施工单位质量保证部门会同设计单位、建设单位、监理单位和质量监督部门的人员共同组织联合质量检查。对检查中发现的各种问题，施工单位应制定整改计划，逐项改正，以便工程的验收。

2. 单项试运行阶段

针对工程中的某个项目进行的试运行试验，如机械设备的试运行等，检验其工作性能、操作质量或运行质量。单项试运行合格，取得参加试运行的使用单位人员的确认后，才能办理技术交工。

3. 无负荷或非生产性试运行阶段

对于机电设备、动力设备，在有关工程全部安装结束，单项试运行合格的基础上，应进行无负荷或非生产性的联合试运行，同时进行各种有关的质量检验工作，如系统试压、密封性能等的检查，以便发现在单项试运行中不能发现或很难发现的工程质量问题。

4. 有负荷试运行阶段

有负荷试运行就是试生产运行，其目的是为了进一步检查工程的质量，检验工程的各项功能和效果是否完全符合设计要求和满足用户需要。在满足下列条件的情况下，可以进行有负荷试运行：

① 无负荷或非生产性试运行已经合格；

② 无负荷或非生产性试运行中发现的各类问题已全部解决和处理，质量已达到设计要求和技术规范标准；

③ 工程已全部配套；

④ 进行有负荷试运行所需要的全部生产人员已经配备齐全；

⑤ 生产所需要用的一切材料已经准备妥当；

⑥ 已具备正常生产的条件。

另外，在试运行之前，还应对参加试运行的人员进行培训，培训的内容包括：

① 试运行的目的；

② 试运行的项目和内容；

③ 试运行的程序和步骤；

④ 试运行中所要进行的检验项目及其部位、数量、时间、质量、标准；

⑤ 试运行的记录格式及填写要求；

⑥ 发生紧急情况时处理的措施和方法；

⑦ 试运行中应该注意的事项及安全措施。

（三）试运行报告

对于试运行中所发现的各种质量不合格项目，凡是属于施工质量方面的问题，施工单位应作详细记录，并制定整改意见及措施，及时进行返修和处理；凡是属于设计方面的问题或生产操作方面的问题，应由设计单位或生产运行单位制定整改意见，委托施工单位处理改进。对于运行中发现的，短时间内不易解决，需要经过一段时间的生产运行，在检修中处理的不合格项目，应由施工单位与生产使用单位共同协商，提出处理方案，以便共同执行。

在工程项目试运行中，监理工程师应着重做好以下工作。

(1) 审查工程项目的试运行方案、试运行记录格式和质量检验记录格式。

(2) 审查试运行的准备情况，包括所用材料、设备和其他物资的准备情况，以及试运行人员的培训情况。

(3) 督促有关单位做好试运行记录，并审查试运行记录。

(4) 将试运行记录与设计要求进行对比，检查工程项目试运行的可靠性和稳定性。

(5) 当试运行过程中出现故障或质量问题时，应协调建设单位、设计单位、施工单位、设备安装单位共同分析原因，研究整改措施，并及时进行处理。

(6) 在工程试运行结束后，应由监理工程师牵头，会同建设单位、设计单位和质量监督部门共同对工程进行全面评议，分析工程中存在的质量问题及试运行工作中的问题，在质量监督部门确认已达到试运行预期目的后，由施工单位和监理单位共同编写试运行报告。试运行报告的内容包括：

① 工程试运行的情况；

② 试运行中所发现的主要工程质量问题；

③ 试运行中所进行的各种试验、检验结果及其分析；

④ 对工程质量的评价。

（四）试运行阶段监理单位的主要任务

在工程试运行阶段，监理单位的主要任务是：

① 在工程试运行阶段，监理单位应组织并参与试运行工作，观察分析试运行情况；

② 督促施工单位和生产单位做好试运行记录，及时查看各种记录；

③ 将试运行的记录数据与设计及标准进行对比，检查工程试运行的可靠性和稳定性；

④ 当试运行过程中出现故障和质量问题时，应会同建设单位、设计单位、施工单位、

设备制造厂家和生产单位共同分析原因，研究处理的方法；对质量问题的处理，监理单位应组织验收；

⑤ 参与工程试运行中所进行的各项检查、检测和试验工作，并对检验结果进行分析；

⑥ 通过试运行检验，对工程运行的可靠性、有效性和稳定性作出评价；

⑦ 会同施工单位共同编写工程试运行报告。

二、工业与民用建筑的验收

工程施工质量验收是工程建设质量控制的一个重要环节，包括工程施工质量的中间验收和工程竣工验收两个方面。通过对工程建设中间产品和最终产品的质量验收，在过程控制和终端把关两方面进行工程项目质量控制，确保达到业主所要求的功能和使用价值，实现建设投资的经济效益和社会效益。建设工程项目的竣工验收，是项目建设程序的最后一个环节，是全面考核项目建设成果，检查设计与施工质量，确认项目能否投入使用的重要步骤。竣工验收的顺利完成，标志着项目建设阶段的结束和生产使用阶段的开始。竣工验收工作的完成，对促进项目的尽快投产使用，发挥投资效益，具有非常重要的意义。

建筑工程施工质量验收必然要有统一的标准和相关的规范体系，这些标准都是由《建筑工程施工质量验收统一标准》(GB 50300—2001) 和各专业验收规范共同组成，在使用过程中它们必须配套使用。各专业验收规范具体包括：《建筑地基基础工程施工质量验收规范》(GB 50202—2002)；《砌体工程施工质量验收规范》(GB 50203—2002)；《混凝土结构工程施工质量验收规范》(GB 50204—2002)；《钢结构工程施工质量验收规范》(GB 50205—2001)；《木结构工程施工质量验收规范》(GB 50206—2002)；《屋面工程质量验收规范》(GB 50207—2002)；《地下防水工程质量验收规范》(GB 50208—2002)；《建筑地面工程施工质量验收规范》(GB 50209—2002)；《建筑装饰装修工程质量验收规范》(GB 50210—2001)；《建筑给水排水及采暖工程施工质量验收规范》(GB 50242—2002)；《通风空调工程施工质量验收规范》(GB 50243—2002)；《建筑电气施工质量验收规范》(GB 50303—2002)；《电梯工程施工质量验收规范》(GB 50310—2002) 等。

(一) 建筑工程施工质量验收术语和基本规定

1. 施工质量验收的有关术语

深刻理解施工质量验收的有关术语，对于更好地贯彻执行相关标准是十分必要的。

(1) 验收。建筑工程在施工单位自行质量检查评定的基础上，参与建设活动的有关单位共同对检验批、分项、分部、单位工程的质量进行抽样复验，根据相关标准以书面形式对工程质量达到合格与否作出确认。

(2) 检验批。按同一生产条件或按规定的方式汇总起来供检验用的，由一定数量样本组成的检验体。检验批是施工质量验收的最小单位，是分项工程乃至整个建筑工程质量验收的基础。

(3) 主控项目。建筑工程中的对安全、卫生、环境保护和公众利益起决定性作用的检验项目。例如混凝土结构工程中“钢筋安装时，受力钢筋的品种、级别、规格和数量必须符合设计要求”，“纵向受力钢筋连接方式应符合设计要求”，“安装现浇结构的上层模板及其支架时，下层模板应具有承受上层荷载的承载能力，或架设支架；上下层支架的立柱应对准，并铺设垫板”等都是主控项目。

(4) 一般项目。除主控项目以外的项目都是一般项目。例如混凝土结构工程中，除了主控项目外，“钢筋的接头宜设置在受力较小处。同一纵向受力钢筋不宜设置两个或两个以上接头。接头末端至钢筋弯起点的距离不应小于钢筋直径的 10 倍”，“钢筋应平直、无损伤、表面不得有裂纹、油污、颗粒状或片状老锈”，“施工缝的位置应在混凝土的浇筑前按设计要求和施工技术方案确定，施工缝的处理应按施工技术方案执行”等都是一般项目。

(5) 观感质量。通过观察和必要的量测反映工程外在质量。

(6) 返修。对工程不符合标准规定的部位采取整修等措施。

(7) 返工。对不合格的工程部位采取的重新制作、重新施工等措施。

2. 施工质量验收的基本规定

(1) 施工现场质量管理应有相应的施工技术标准，健全的质量管理体系、施工质量检验制度和综合施工质量水平评价考核制度，并做好施工现场质量管理检查记录。

施工现场质量管理检查记录应由施工单位按照表 8-3 填写，总监理工程师（建设单位项目负责人）进行检查，并作出检查结论。

(2) 建筑工程施工质量应按下列要求进行验收：

① 建筑工程施工质量应符合建筑工程施工质量验收统一标准和相关专业验收规范的规定；

② 建筑工程施工应符合工程勘察、设计文件的要求；

表 8-3 施工现场质量管理检查记录 开工日期：

<table>
<tr><td>工程名称</td><td colspan="2"></td><td colspan="2">施工许可证(开工证)</td><td></td></tr>
<tr><td>建设单位</td><td colspan="2"></td><td colspan="2">项目负责人</td><td></td></tr>
<tr><td>设计单位</td><td colspan="2"></td><td colspan="2">项目负责人</td><td></td></tr>
<tr><td>监理单位</td><td colspan="2"></td><td colspan="2">总监理工程师</td><td></td></tr>
<tr><td>施工单位</td><td></td><td>项目经理</td><td></td><td>项目技术负责人</td><td></td></tr>
<tr><td>序号</td><td colspan="2">项目</td><td colspan="3">内容</td></tr>
<tr><td>1</td><td colspan="2">现场质量管理制度</td><td colspan="3"></td></tr>
<tr><td>2</td><td colspan="2">质量责任制</td><td colspan="3"></td></tr>
<tr><td>3</td><td colspan="2">主要专业工种操作上岗证书</td><td colspan="3"></td></tr>
<tr><td>4</td><td colspan="2">分包资质与对分包单位的管理制度</td><td colspan="3"></td></tr>
<tr><td>5</td><td colspan="2">施工图审查情况</td><td colspan="3"></td></tr>
<tr><td>6</td><td colspan="2">地质勘察资料</td><td colspan="3"></td></tr>
<tr><td>7</td><td colspan="2">施工组织设计、施工方案及审批</td><td colspan="3"></td></tr>
<tr><td>8</td><td colspan="2">施工技术标准</td><td colspan="3"></td></tr>
<tr><td>9</td><td colspan="2">工程质量检验制度</td><td colspan="3"></td></tr>
<tr><td>10</td><td colspan="2">搅拌站及计量设置</td><td colspan="3"></td></tr>
<tr><td>11</td><td colspan="2">现场材料、设备存放与管理</td><td colspan="3"></td></tr>
<tr><td>12</td><td colspan="2"></td><td colspan="3"></td></tr>
<tr><td colspan="6">检查记录：

总监理工程师
（建设单位负责人） 年 月 日</td></tr>
</table>

③ 参加工程施工质量验收的各方人员应具备规定的资格；
④ 工程质量的验收在施工单位自行检查评定的基础上进行；
⑤ 隐蔽工程在隐蔽前应由施工单位通知有关方进行验收，并应形成验收文件；
⑥ 涉及结构安全的试块、试件以及有关材料，应按有关规定进行见证取样检测；
⑦ 检验批的质量应按主控项目和一般项目验收；
⑧ 对涉及结构安全和使用功能的分部工程应进行抽样检测；
⑨ 承担见证取样检测及有关结构安全检测的单位应具有相应资质；
⑩ 工程的观感质量应由验收人员通过现场检查，并应共同确认。

（二）建筑工程施工质量验收的划分

1. 施工质量验收层次划分的目的

建筑工程施工质量验收涉及建筑工程施工过程和竣工验收控制，是工程施工质量控制的重要环节，合理划分建筑工程施工质量验收层次十分必要。特别是不同专业工程的验收批如何确定，将直接影响到质量验收工作的科学性、经济性和实用性及可操作性。因此有必要建立统一的工程施工质量验收层次的划分。通过验收批和中间验收层次及最终验收单位的确定，实施对工程质量的过程控制和终端把关，确保工程施工质量达到工程项目决策阶段所确定的质量目标和水平。

2. 施工质量验收划分的层次

随着社会经济的发展和施工技术的进步，现代工程建设呈现出建设规模不断扩大、技术复杂程度高的特点。近些年，出现了大量的建筑规模较大的单体工程和具有综合使用功能的综合性建筑物，几万平方米的比比皆是，十万平方米以上的建筑也不少。由于这些工程的建设周期较长，工程建设中可能会出现建设资金不足，部分工程停建或缓建，已建成部分提前投入使用或将其中部分提前建成使用等情况，以及对规模特别大的工程一次验收也不方便等等。因此，标准规定，可将此类工程划分为若干个子单位工程进行验收。同时为了更加科学地评价工程质量和验收，考虑到建筑物内部设施也越来越多样化，按建筑物的主要部位和专业来划分分部工程已经不能适应当前的需求。因此在分部工程中，按相近工作内容和系统划分为若干个子分部工程。每个子分部工程中包括若干个分项工程。每个分项工程中包含若干个检验批，检验批是工程施工质量验收的最小单位。

3. 检验批的划分

由于单位工程、分部工程和分项工程的划分在上一节已经分别介绍，所以这里重点介绍检验批的划分。分项工程可由一个或若干个检验批组成，检验批可根据施工及质量控制和专业验收需要按楼层、施工段、变形缝等进行划分。建筑工程的地基基础分部工程中的分项工程一般划分为一个检验批；有地下层的基础工程可按不同地下层划分检验批；屋面分部工程中的分项工程按不同楼层面可划分为不同的检验批；单层建筑工程中的分项工程可按变形缝等划分检验批，多层及高层建筑工程中主体分部的分项工程可按楼层或施工段来划分检验批；其他分部工程中的分项工程一般按楼层划分检验批；对工程量较少的分项工程可统一划分为一个检验批。安装工程一般按一个设计系统或组别划分为一个检验批。室外工程统一划分为一个检验批。散水、台阶、明沟等含在地面检验批中。

（三）建筑工程施工质量验收

1. 检验批的质量验收

（1）检验批合格质量规定

① 主控项目和一般项目的质量经抽样检验合格；
② 具有完整的施工操作依据、质量检查记录。

从这些规定可以看出，检验批的质量验收包括了质量的资料检查和主控项目、一般项目的检验两方面的内容。

(2) 检验批按规定验收

① 资料检查。质量控制资料反映了检验批从原材料到验收的各施工工序的施工操作依据，检查情况以及保证质量所必需的管理制度等。对其完整性的检查，实际是对过程控制的确认，这是检验批合格的前提。所要检查的资料主要内容为：

a. 图纸会审、设计变更、洽商记录；

b. 建筑材料、成品、半成品、建筑构配件、器具和设备质量证明书及进场检（试）验报告；

c. 工程测量、放线记录；

d. 按专业质量验收规范规定的抽样检验报告；

e. 隐蔽工程检查记录；

f. 施工过程记录和施工过程检查记录；

g. 新材料、新工艺的施工记录；

h. 质量管理资料和施工单位操作依据等。

② 主控项目和一般项目的检验。为确保工程质量，使检验批的质量符合安全和使用功能的基本要求，各专业质量验收规范对各检验批的主控项目和一般项目的子项合格质量都给予明确规定。如砖砌体工程检验批质量验收时主控项目包括砖墙等级、砂浆强度等级、斜槎留置、直槎拉结钢筋及接槎处理、砂浆饱满度、轴线位移、每层垂直度等内容；而一般项目则包括组砌方法、水平灰缝厚度、顶（楼）面标高、表面平整度、门窗洞口高宽、窗口偏移、水平灰缝的平直度以及清水墙游丁走缝等内容。

检验批的合格质量主要取决于对主控项目和一般项目的检验结果。主控项目是对检验批的基本质量起决定性影响的检验项目，因此必须全部符合有关专业工程验收规范的规定。这就意味着主控项目不允许有不符合要求的检验结果，即这种项目的检查具有否决权。鉴于主控项目对基本质量的决定性影响，从严要求是必需的。如混凝土结构工程中混凝土分项工程的配合比设计其主控项目要求：混凝土应按国家现行标准《普通混凝土配合比设计规程》JGJ 55 的有关规定，根据混凝土的强度等级、耐久性和工作性能等要求进行配合比设计。对有特殊要求的混凝土，其配合比设计尚应符合国家现行有关标准的专门规定。其检验方法是检查配合比设计资料。而其一般项目则可按专业规范的要求处理。如：首次使用的混凝土配合比应进行开盘鉴定，其工作性能应满足设计配合比要求。开始生产时，应至少留置一组标准养护试件，作为试验配合比的依据。并通过检查开盘鉴定资料和试件强度试验报告进行检验。混凝土拌制前，应测定砂、石含水率并根据测试结果调整材料用量，提出施工配合比，并通过检查含水率测试结果和施工配合比通知单进行检查，每工作班检查一次。

③ 检验批的抽样方案。合理抽样方案的制订对检验批的质量验收有十分重要的影响。在制定检验批的抽样方案时，应考虑合理分配生产方风险（或错判概率 α）和使用方风险（或漏判概率 β），主控项目，对应于合格质量水平的 α 和 β 均不宜超过 5%；对于一般项目，对应于合格质量水平的 α 不宜超过 5%，β 不宜超过 10%。检验批的质量检验，应根据检验项目的特点在下列抽样方案中进行选择：

a. 计量、计数或计量-计数等抽样方案；

b. 一次、二次或多次抽样方案；

c. 根据生产连续性和生产控制稳定性等情况，尚可采用调整型抽样方案；

d. 对重要的检验项目可采用简易快速的检验方法时，可选用全数检验方案；

e. 经实践检验有效的抽样方案。如砂石料，构配件的分层抽样。

④ 检验批的质量验收记录。检验批的质量验收记录由施工项目专业质量检查员填写，

监理工程师（建设单位专业技术负责人）组织项目专业质量检查员等进行验收，并按表 8-4 记录。

表 8-4　检验批质量验收记录

<table>
<tr><td>工程名称</td><td colspan="2"></td><td>分项工程名称</td><td colspan="2"></td><td>验收部位</td><td></td></tr>
<tr><td>施工单位</td><td colspan="3"></td><td>专业工长</td><td></td><td>项目经理</td><td></td></tr>
<tr><td>施工执行标准
名称及编号</td><td colspan="7"></td></tr>
<tr><td>分包单位</td><td colspan="2"></td><td>分包项目经理</td><td colspan="2"></td><td>施工班组长</td><td></td></tr>
<tr><td rowspan="11">主控
项目</td><td colspan="2">质量验收规范的规定</td><td colspan="3">施工单位检查评定记录表</td><td colspan="2">监理(建设)单位验收记录</td></tr>
<tr><td>1</td><td></td><td colspan="3"></td><td colspan="2" rowspan="10"></td></tr>
<tr><td>2</td><td></td><td colspan="3"></td></tr>
<tr><td>3</td><td></td><td colspan="3"></td></tr>
<tr><td>4</td><td></td><td colspan="3"></td></tr>
<tr><td>5</td><td></td><td colspan="3"></td></tr>
<tr><td>6</td><td></td><td colspan="3"></td></tr>
<tr><td>7</td><td></td><td colspan="3"></td></tr>
<tr><td>8</td><td></td><td colspan="3"></td></tr>
<tr><td>9</td><td></td><td colspan="3"></td></tr>
<tr><td></td><td></td><td colspan="3"></td></tr>
<tr><td rowspan="4">一般
项目</td><td>1</td><td></td><td colspan="3"></td><td colspan="2" rowspan="4"></td></tr>
<tr><td>2</td><td></td><td colspan="3"></td></tr>
<tr><td>3</td><td></td><td colspan="3"></td></tr>
<tr><td>4</td><td></td><td colspan="3"></td></tr>
<tr><td>施工单位检查
评定结果</td><td colspan="7">项目专业质量检查员　　　年　月　日</td></tr>
<tr><td>监理(建设)
单位验收结论</td><td colspan="7">监理工程师
(建设单位项目专业技术负责人)　　　年　月　日</td></tr>
</table>

2. 分项工程质量验收

分项工程的验收在检验批的基础上进行。一般情况下，两者具有相同或相近的性质，只是批量的大小不同而已。因此，将有关的检验批汇集构成分项工程。分项工程合格质量的条件比较简单，只要构成分项工程的各检验批的验收资料文件完整，并且均已验收合格，则分项工程验收合格。

(1) 分项工程质量验收合格应符合的规定

① 分项工程所含的检验批均应符合合格质量的规定；

② 分项工程所含的检验批的质量验收记录应完整。

(2) 分项工程质量验收记录。分项工程质量应由监理工程师（建设单位项目专业技术负责人）组织项目专业技术负责人等进行验收，并按表 8-5 记录。

表 8-5 ________分项工程质量验收记录

<table>
<tr><td>工程名称</td><td></td><td>结构类型</td><td></td><td>检验批数</td><td></td></tr>
<tr><td>施工单位</td><td></td><td>项目经理</td><td></td><td>项目技术负责人</td><td></td></tr>
<tr><td>分包单位</td><td></td><td>分包单位负责人</td><td></td><td>分包项目经理</td><td></td></tr>
</table>

<table>
<tr><td>序号</td><td>检验批部位、区段</td><td>施工单位检查评定结果</td><td colspan="2">监理(建设)单位验收结论</td></tr>
<tr><td>1</td><td></td><td></td><td colspan="2"></td></tr>
<tr><td>2</td><td></td><td></td><td colspan="2"></td></tr>
<tr><td>3</td><td></td><td></td><td colspan="2"></td></tr>
<tr><td>4</td><td></td><td></td><td colspan="2"></td></tr>
<tr><td>5</td><td></td><td></td><td colspan="2"></td></tr>
<tr><td>6</td><td></td><td></td><td colspan="2"></td></tr>
<tr><td>7</td><td></td><td></td><td colspan="2"></td></tr>
<tr><td>8</td><td></td><td></td><td colspan="2"></td></tr>
<tr><td>9</td><td></td><td></td><td colspan="2"></td></tr>
<tr><td>10</td><td></td><td></td><td colspan="2"></td></tr>
<tr><td>11</td><td></td><td></td><td colspan="2"></td></tr>
<tr><td>12</td><td></td><td></td><td colspan="2"></td></tr>
<tr><td>13</td><td></td><td></td><td colspan="2"></td></tr>
<tr><td>14</td><td></td><td></td><td colspan="2"></td></tr>
<tr><td>15</td><td></td><td></td><td colspan="2"></td></tr>
<tr><td>16</td><td></td><td></td><td colspan="2"></td></tr>
<tr><td>17</td><td></td><td></td><td colspan="2"></td></tr>
<tr><td></td><td></td><td></td><td colspan="2"></td></tr>
<tr><td></td><td></td><td></td><td colspan="2"></td></tr>
<tr><td>检查记录</td><td colspan="2">项目专业
技术负责人：
年 月 日</td><td>验收记录</td><td>监理工程师
（建设单位项目专业技术负责人）
年 月 日</td></tr>
</table>

3．分部（子分部）工程质量验收

（1）分部（子分部）工程质量验收合格应符合的规定

① 分部（子分部）工程所含分项工程的质量均应验收合格；

② 质量控制资料应完整；

③ 地基与基础、主体结构和设备安装等分部工程有关安全及功能的检验和抽样检测结果应符合有关规定；

④ 观感质量验收应符合要求。

分部工程的验收在其所含分项工程验收的基础上进行。首先，分部工程的各分项工程必须已验收且相应的质量控制资料文件必须完整，这是验收的基本条件。此外，由于各分项工程性质不尽相同，因此作为分部工程不能简单的组合而加以验收，尚须增加以下两类检查。

涉及安全和使用功能的地基基础、主体结构、有关安全及重要使用功能的安装分部工程，应进行有关见证取样送样试验或抽样检测。如建筑物垂直度、标高、全高测量记录，建筑物沉降观测记录，给水管道通水试验记录，暖气管道、散热器压力试验记录，照明动力全负荷试验记录等。关于观感质量验收，这类检查往往难以定量，只能以观察、触摸或简单量测的方式进行，并由各个人的主观印象判断，检查结果并不给出“合格”或“不合格”的结论，而是综合给出质量评价。评价的结论为“好”、“一般”和“差”三种。对于“差”的检查点应通过返修处理等进行补救。

(2) 分部（子分部）工程质量验收记录。分部（子分部）工程质量应由总监理工程师（建设单位项目专业负责人）组织施工项目经理和有关勘察、设计单位项目负责人进行验收，并按照表 8-6 进行记录。

4. 单位（子单位）工程质量验收

(1) 单位（子单位）工程质量验收应符合的规定

① 单位（子单位）工程所含分部（子分部）工程的质量应验收合格；

② 质量控制资料应完整；

③ 单位（子单位）工程所含分部工程有关安全和功能的检验资料应完整；

④ 主要功能项目的抽查结果应符合相关专业质量验收规范的规定；

⑤ 观感质量验收应符合要求。

表 8-6 ＿＿＿＿＿分部（子分部）工程质量验收记录

工程名称		结构类型		层数	
施工单位		技术部门负责人		项目部门负责人	
分包单位		分包单位负责人		分包技术负责人	

序号	分项工程名称	检验批数	施工单位检查评定	验收意见
1				
2				
3				
4				
5				
6				
质量资料控制				
安全和功能检验(检测)报告				
观感质量验收				

验收单位		
	分包单位	项目经理 年 月 日
	施工单位	项目经理 年 月 日
	勘察单位	项目负责人 年 月 日
	设计单位	项目负责人 年 月 日
	监理(建设)单位	总监理工程师 (建设单位项目专业负责人) 年 月 日

单位工程质量验收也称质量竣工验收，是建筑工程投入使用前后的最后一次验收，也是最重要的一次验收。验收合格条件有五个：除构成单位工程的各分部工程应该合格，并且有关资料文件应完整以外，还应进行以下三方面检查。

涉及安全和使用功能的分部工程应进行检验资料的复查。不仅要全面检查其完整性（不得有漏检缺项），而且对分部工程验收时补充进行的见证抽样检验报告也要复核。这种强化验收的手段体现了对安全和主要使用功能的重视。

此外，对主要使用功能还需进行抽查。使用功能的检查是对建筑工程和设备安装工程最终质量的综合检查，也是用户最为关心的内容。因此在分项、分部工程验收合格的基础上，竣工验收时再做全面的检查。抽查项目是在检查资料文件的基础上由参加验收的各方人员商定，并用计量、计数的抽样方法确定检查部位。检查要求按有关专业工程施工质量验收标准的要求进行。

最后，还必须由参加验收的各方人员共同进行观感质量检查。检查的方法、内容、结论等应在分部工程的相应部分中阐述，共同确定是否通过验收。

（2）单位（子工程）工程质量竣工验收记录。单位工程质量验收汇总表如表 8-7 所示，单位（子单位）工程质量验收按表 8-7 进行记录。该表格配合下列表格一起使用，这些表格分别是：表 8-6 分部（子分部）工程质量验收记录，表 8-8 单位（子单位）工程质量控制资料核查记录，表 8-9 单位（子单位）工程安全和功能检验资料核查及主要功能抽查记录，表 8-10 单位（子单位）工程观感质量检查记录。

表 8-7 验收记录由施工单位填写，验收结论由监理（建设）单位填写。综合验收结论由参加验收各方共同商定，建设单位填写，应对工程质量是否符合设计和规范要求及总体质量水平做出评价。

表 8-7 单位（子单位）工程质量竣工验收记录

<table>
<tr><td colspan="2">工程名称</td><td></td><td>结构类型</td><td></td><td>层数/建筑面积</td><td></td></tr>
<tr><td colspan="2">施工单位</td><td></td><td>技术负责人</td><td></td><td>开 工 日 期</td><td></td></tr>
<tr><td colspan="2">项目经理</td><td></td><td>项目技术负责人</td><td></td><td>竣 工 日 期</td><td></td></tr>
<tr><td>序号</td><td colspan="2">项目</td><td colspan="2">验收记录</td><td colspan="2">验收结论</td></tr>
<tr><td>1</td><td colspan="2">分部工程</td><td colspan="2">共　分部，经查　分部
符合标准及设计要求　分部</td><td colspan="2"></td></tr>
<tr><td>2</td><td colspan="2">质量控制资料核查</td><td colspan="2">共　项，经审查符合要求　项
经核定符合规范要求　项</td><td colspan="2"></td></tr>
<tr><td>3</td><td colspan="2">安全和主要使用功能核查及抽查结果</td><td colspan="2">共核查　项，符合要求　项
共抽查　项，符合要求　项
经返工处理符合要求　项</td><td colspan="2"></td></tr>
<tr><td>4</td><td colspan="2">观感质量验收</td><td colspan="2">共抽查　项，符合要求　项
不符合要求　项</td><td colspan="2"></td></tr>
<tr><td>5</td><td colspan="2">综合验收结论</td><td colspan="2"></td><td colspan="2"></td></tr>
<tr><td rowspan="2">参加验收单位</td><td colspan="2">建设单位</td><td>监理单位</td><td>施工单位</td><td colspan="2">设计单位</td></tr>
<tr><td colspan="2">（公章）
单位(项目)负责人
年　月　日</td><td>（公章）
总监理工程师
年　月　日</td><td>（公章）
单位负责人
年　月　日</td><td colspan="2">（公章）
单位(项目)负责人
年　月　日</td></tr>
</table>

表 8-8　单位（子单位）工程质量控制资料核查记录

工程名称			施工单位		
序号	项目	资料名称	份数	核查意见	核查人
1	建筑与结构	图纸会审、设计变更、洽商记录			
2		工程定位测量、放线记录			
3		原材料出厂合格证书及进场检（试）验报告			
4		施工试验报告及见证检测报告			
5		隐蔽工程验收记录			
6		施工记录			
7		预制构件、预拌混凝土合格证			
8		地基基础、主体结构检验及抽样检测资料			
9		分项、分部工程质量验收记录			
10		工程质量事故及事故调查处理资料			
11		新材料、新工艺施工记录			
1	给排水与采暖	图纸会审、设计变更、洽商记录			
2		材料、配件出厂合格证书及进场检（试）验报告			
3		管道、设备强度试验、严密性试验记录			
4		隐蔽工程验收记录			
5		系统清洗、灌水、通水、通球试验记录			
6		施工记录			
7		分项、分部工程质量验收记录			
8					
1	建筑电气	图纸会审、设计变更、洽商记录			
2		材料、配件出厂合格证书及进场检（试）验报告			
3		设备调试记录			
4		接地、绝缘电阻测试记录			
5		隐蔽工程验收记录			
6		施工记录			
7		分项、分部工程质量验收记录			
1	通风与空调	图纸会审、设计变更、洽商记录			
2		材料、配件出厂合格证书及进场检（试）验报告			
3		制冷、空调、水管道强度试验、严密性试验记录			
4		隐蔽工程验收记录			
5		制冷设备运行调试记录			
6		通风、空调系统调试记录			
7		施工记录			
8		分项、分部工程质量验收记录			
9					

续表

工程名称			施工单位		
序号	项目	资料名称	份数	核查意见	核查人
1	电梯	土建布置图纸会审、设计变更、洽商记录			
2		设备出厂合格证书及开箱检验记录			
3		隐蔽工程验收记录			
4		施工记录			
5		接地、绝缘电阻测试记录			
6		负荷试验、安全装置检查记录			
7		分项、分部工程质量验收记录			
1	建筑智能化	图纸会审、设计变更、洽商记录、竣工图及设计说明			
2		材料、设备出厂合格证书及技术文件及进场检(试)验报告			
3		隐蔽工程验收记录			
4		系统功能测定及设备调试记录			
5		系统技术、操作和维护手册			
6		系统管理、操作人员培训记录			
7		系统检测报告			
8		分项、分部工程质量验收记录			

结论：

总监理工程师

施工单位项目经理　　　年　月　日　　（建设单位项目负责人）　　　年　月　日

表 8-9　单位（子单位）工程安全和功能检测资料核查及主要功能抽查记录

工程名称			施工单位			
序号	项目	安全和功能检查项目	份数	核查意见	抽查结果	核查(抽查)人
1	建筑与结构	屋面淋水试验记录				
2		地下室防水效果检查记录				
3		有防水要求的地面蓄水试验记录				
4		建筑物垂直度、标高、全高测量记录				
5		抽气(风)道检查记录				
6		幕墙及外窗气密性、水密性、耐风压检测报告				
7		建筑物沉降观测测量记录				
8		节能、保温测试记录				
9		室内外环境检测报告				
10						

续表

工程名称		施工单位	

序号	项目	安全和功能检查项目	份数	核查意见	抽查结果	核查(抽查)人
1	给排水与采暖	给水管道通水试验记录				
2		暖气管道、散热器压力试验记录				
3		卫生器具满水试验记录				
4		消防管道、燃气管道压力试验记录				
5		排水干管通球试验记录				
6						
1	电气	照明全负荷试验记录				
2		大型灯具牢固性试验记录				
3		避雷接地电阻测试记录				
4		线路、插座、开关接地检验记录				
5						
1	通风与空调	通风、空调系统试运行记录				
2		风量、温度测试记录				
3		洁净室洁净度测试记录				
4		制冷机组试运行记录				
5						
1	电梯	电梯运行记录				
2		电梯安全装置检测报告				
1	智能建筑	系统运行记录				
2		系统电源及接地检测报告				
3						
4						

结论：

总监理工程师

施工单位项目经理　　　　年　月　日　（建设单位项目负责人）　　　　年　月　日

注：抽查项目由验收组协商确定。

表 8-10 单位（子单位）工程观感质量检查记录

工程名称		施工单位	

序号	项目		抽查质量状况	质量评价		
				好	一般	差
1	建筑与结构	室外墙面				
2		变形缝				
3		水落管、屋面				
4		室内墙面				
5		室内顶棚				
6		室内地面				
7		楼梯、踏步、护栏				
8		门窗				
1	给排水与采暖	管道接口、坡度、支架				
2		卫生器具、支架、阀门				
3		检查口、扫除口、地漏				
4		散热器、支架				
5						
1	建筑电气	配电箱、盘、板、接线盒				
2		设备器具、开关、插座				
3		防雷、接地				
1	通风与空调	风管、支架				
2		风口、风阀				
3		风机、空调设备				
4		阀门、支架				
5		水泵、冷却塔				
6		绝热				
1	电梯	运行、平层、开关门				
2		层门、信号系统				
3		机房				
1	智能建筑	机房设备安装及布局				
2		现场设备安装				
3						
观感质量综合评价						
检查结论	施工单位项目经理 年 月 日		总监理工程师 （建设单位项目负责人） 年 月 日			

注：质量评价为差的项目，应进行返修。

5. 工程施工质量不符合要求时的处理

一般情况下，不合格现象在检验批验收时就应发现并及时处理，所有质量隐患必须消灭在萌芽状态，否则就会影响后续检验批和相关分项工程、分部工程的验收。但是，在非正常情况下可以按照下述方法进行处理。

(1) 经返工重做或者更换了器具、设备检验批，应重新进行验收。这种情况是指主控项目不能满足验收规范规定或一般项目超过偏差限制的子项不符合检验规定要求时，应及时进行处理的检验批。其中，严重的缺陷应推倒重来；一般的缺陷通过返修或更换器具、设备予以解决，允许施工单位在采取相应的措施后重新验收。如果符合相应的专业工程质量验收规范，可以认为该检验批合格。

(2) 经有资质的检测单位鉴定达到设计要求的检验批，应予以验收。这种情况指的是个别检验批发现试块强度不满足要求等问题，难以确定是否验收时，应请据有资质的法定检测单位检测，当鉴定结果能够达到设计要求时，该检验批应允许通过验收。

(3) 经有资质的检测单位鉴定达不到设计要求但经原设计单位核算认可能满足结构安全和使用功能的检验批，可以验收。这种情况指的是在一般情况下，规范标准给出了满足安全和功能的最低限度要求，而设计往往在此基础上留有一些余量。不满足设计要求和符合相应规范标准要求，两者之间并不矛盾。

(4) 经返修或加固的分项、分部工程，虽然改变外形尺寸但是仍旧可以满足安全使用功能，可以按照技术处理方案和协商文件进行验收。这种情况指的是更为严重的缺陷或范围超过了检验批的更大范围内的缺陷，可能影响结构的安全和使用功能。如果经法定检测单位检测鉴定以后认为达不到规范标准相应要求，即不能满足最低限度的安全储备和使用功能，则必须按一定技术方案进行加固处理，使之能保证其满足安全使用功能的基本要求。这样会造成一些永久性的缺陷，如改变结构的外形尺寸，影响一些次要的使用功能等。为了避免社会财富更大的损失，在不影响安全和主要使用功能的条件下可按处理技术方案和协商文件进行验收，但不能作为轻视质量而回避责任的一种出路，这一点应该特别注意。

(5) 通过返修或加固仍旧不能满足安全使用要求的分部工程、单位（子单位）工程，严禁验收。

(四) 建筑工程施工质量验收的程序和组织

1. 检验批及分项工程的验收和组织

检验批由专业监理工程师组织项目专业质量检验员等进行验收，分项工程由专业监理工程师组织项目专业技术负责人等进行验收。

检验批和分项工程是建筑工程施工质量的基础，因此，所有检验批和分项工程均由监理工程师或建设单位项目技术负责人组织验收。验收前，施工单位先填好“检验批和分项工程验收记录”(有关监理记录和结论不填)，并由项目专业质量检验员和项目专业技术负责人分别在检验批和分项工程质量检验记录相关栏目中签字，然后由监理工程师组织，严格按照规定程序进行验收。

2. 分部工程的验收与组织

分部工程应该由总监理工程师（建设单位项目负责人）组织施工单位项目负责人和项目技术、质量负责人等进行验收；由于地基基础、主体结构技术性能要求严格，技术性强，关系到整个工程安全，因此特规定与地基基础、主体结构分部工程相关的勘察、设计单位工程项目负责人和施工单位技术、质量部门负责人也要参加相关分部工程的验收。

3. 单位（子单位）工程的验收程序与组织

(1) 竣工初验收的程序。当单位工程达到竣工验收条件后，施工单位应先进行自查、自评工作，待这些工作完成后，再填写工程竣工报验单，并将全部竣工资料报送项目监理机构，申请竣工验收。总监理工程师应该组织各专业监理工程师对竣工资料及各专业工程的质量情况进行全面检查，对查出的问题要督促施工单位及时整改。对那些需要进行功能试验的项目（包括单机试车和无负荷试车），监理工程师应督促施工单位及时进行试验，并对重要项目进行监督、检查，必要时请建设单位和设计单位参加；监理工程师应认真审查试验报告单并督促施工单位搞好成品保护和现场清理。

总监理工程师待竣工资料及实物全面检查、验收合格后，可签署工程竣工报验单，并向建设单位提出质量评估报告。

(2) 正式验收。建设单位收到工程验收报告后，由建设单位（项目）负责人组织施工（含分包单位）、设计、监理等单位（项目）负责人进行单位（子单位）工程验收。单位工程由分包单位施工时，分包单位对所承包工程项目按规定的程序检查评定，总包单位要派人参加。分包工程完成后，应将工程有关资料交总包单位。建设工程经验收合格的，才可以交付使用。

建设工程竣工验收要具备如下条件：

① 完成建设工程设计合同约定的各项内容；

② 有完整的技术档案和施工管理资料；

③ 有工程使用的主要建筑材料、建筑构配件和设备的进场试验报告；

④ 有勘察、设计、施工、工程监理等单位分别签署的质量合格文件；

⑤ 有施工单位签署的工程保修书。

在一个单位工程中，对满足生产要求或具备使用条件，施工单位已预检，监理工程师已经初验通过的子单位工程，建设单位可组织进行验收。若单位工程由几个施工单位负责施工，当其中的施工单位所负责的子单位工程已按设计完成，并经自行检验，也可组织正式验收，办理交工手续。在整个单位工程进行全部验收时，已经验收的子单位工程验收资料应作为单位工程验收的附件。

参加验收各单位对工程质量验收意见不统一时，可请当地建设行政主管部门或工程质量监督机构协调处理。

竣工验收时，对某些剩余工程和缺陷工程，如不影响交付，则需经建设单位、设计单位、施工单位和监理单位协商，施工单位要在竣工验收后限定时间内完成。

4. 单位工程竣工验收备案

单位工程质量验收合格后，建设单位需在规定时间内将工程竣工验收报告和相关文件报建设行政主管部门备案。

① 凡在中华人民共和国境内新建、扩建、改建各类房屋建筑工程和市政基础设施工程的竣工验收，均应按有关规定进行备案。

② 国务院建设行政主管部门和有关专业部门负责全国工程竣工验收的监督管理工作。县级以上地方人民政府建设行政主管部门负责本行政区域内工程的竣工验收备案管理工作。

5. 竣工验收报告的主要内容

① 建设项目的总说明。

② 技术档案的建立情况。

③ 工程项目的建设情况，如建筑工程和建筑安装工程的进度和工程质量情况；试生产期间设备运行情况和各项生产指标达到的情况；工程决算情况，投资使用情况及原因分析；环保、卫生、安全设施情况，移民迁建情况等。

④ 工程效益情况。

⑤ 遗留问题。

⑥ 有关附件。如竣工项目一览表，已完成单位工程一览表，未完成工程项目一览表，

已完成设备一览表，未完成设备一览表，竣工项目财务决算一览表，概算调整与执行一览表，交付使用财产一览表，单位工程质量汇总表，项目（工程）总体质量评价表等。

（五）工程项目的质量回访和保证

1．工程项目的质量回访

工程项目的质量回访是在工程项目竣工验收后一定时期内（在质量保修期内）由施工单位派人到建设单位或用户了解工程项目的运行情况和存在问题，对于确因施工单位的责任造成的工程质量问题实施保修。监理工程师应督促施工单位做好质量回访和保修工作。

质量回访的方式一般有三种，即季节性回访、技术性回访和保修期届满前回访。

（1）季节性回访。如雨季回访屋面、墙面的防水情况；冬季回访锅炉房及采暖系统的工作情况等。

（2）技术性回访。主要是了解工程施工中所采用的新材料、新技术、新工艺、新设备的技术性能和使用效果。

（3）保修期届满前回访。在保修期届满前回访工程使用中出现的问题，及时进行解决；同时表示保修期即将结束，要求建设单位和用户注意维护和使用。

2．工程项目的保修

（1）工程项目的保修范围

① 地基基础工程、主体结构工程。建筑物的地基基础工程和主体结构工程质量问题直接关系建筑物的安危，一旦发现建筑物的地基基础工程和主体结构工程存在质量问题，很难通过修复办法解决。对使用中发现的地基基础工程或主体结构工程的质量问题，如果能够通过加固等确保建筑物安全的技术措施予以修复的，施工企业应当负责修复；不能修复造成建筑物无法继续使用的，有关责任者应当依法承担赔偿责任。

② 屋面防水工程。对屋顶、墙壁出现漏水现象的，施工企业应当负责保修；根据《建设工程质量管理条例》和《房屋建筑工程质量保修办法》的规定，本项还包括有防水要求的卫生间、房间和外墙面。

③ 其他土建工程。指除屋面防水工程以外的其他土建工程，包括地面与楼面工程、门窗工程等。

④ 电气管线、上下水管线的安装工程。建筑物在正常使用过程中如出现电器、电线漏电，照明灯具坠落，上下水管道漏水、堵塞等属于电气管线、上下水管线的安装工程的质量问题的，施工企业应当承担保修责任。

⑤ 供热、供冷系统工程。包括暖气设备、中央空调设备等的安装工程等，施工企业也应对其质量承担保修责任。

⑥ 其他应当保修的项目范围。凡属国务院规定和合同约定应由施工企业承担保修责任的项目，施工企业都应当负责保修。

（2）工程项目的保修期限。工程项目在正常使用条件下的最低保修期限为：

① 基础设施工程、房屋建筑的地基基础工程和主体结构工程，为设计文件规定的该工程的合理使用年限；

② 屋面防水工程、有防水要求的卫生间、房间和外墙面的防漏为 5 年；

③ 供热与供冷系统为 2 个采暖期和供冷期；

④ 电气管线、给排水管道、设备安装和装修工程为 5 年。

其他项目的保修期，由发包方与承包方约定。

工程项目在保修范围内和保修期内发生的质量问题，施工单位应履行保修义务，并对造成的损失承担赔偿责任。

案　例

【案例一】

1. 背景

现有A、B两栋相同的住宅项目，总建筑面积为79000m^2。施工时将其分为A、B两个分区，项目经理下分设2名栋号经理，每人负责一个分区，每个分区又安排了一名专职安全员。项目经理认为，由栋号经理负责每个栋号的安全生产，自己就可以不问安全的事了。

A区地下一层结构施工时，业主将首层修改为底商，因此监理工程师通知施工方地下一层顶板不能施工，但是墙柱可以施工。为了减少人员窝工，项目经理安排劳务分包200人退场，向B区转移剩余人员50人。A区墙柱施工完成后3个月复工，项目经理又安排200人进场。向业主索赔时，业主说，A区虽然停工了，但是B区还在施工，也没有人员窝工，因此只同意A区工期延长3个月。工程竣工后，项目经理要求质量监督站组织竣工验收。

2. 问题

(1) 该项目经理对安全的看法是否正确？为什么？

(2) 业主对索赔的说法是否正确？施工单位在A区停工期可索赔哪些费用？

(3) 项目经理向质量监督站要求竣工验收的做法是否恰当？为什么？

3. 案例分析

(1) 项目经理对安全的看法不正确。《建设工程安全生产管理条例》第二十一条规定：施工单位的项目负责人应对建设工程项目的安全施工负责，落实安全生产负责制度、安全生产规章制度和操作规程，确保安全生产费用的有效使用，并根据工程的特点组织制定安全施工措施，消除安全事故隐患，及时、如实报告生产安全事故。项目经理不能只安排了人员管理安全工作，就认为自己可以不对安全负责，应对整个合同项目内的安全负全面领导责任。

(2) 业主对索赔的说法不正确。施工单位停工期可索赔A区如下费用：

人工费：200人进出场费。

材料费：材料价格上涨费，部分材料超期保管费。周转料具租赁费和进出场费的分摊费。

机械费：自有机械停滞台班费，租赁机械实际租金和进出场费的分摊费。

现场管理费：工期延长3个月增加的工地管理费。

保险费：工期延长3个月增加的保险费。

保险手续费：工期延长3个月增加的保险手续费。

利息：工期延长3个月增加的利息。

(3) 项目经理向质量监督站要求竣工验收的做法不恰当。因为，竣工验收应由施工单位先自行组织有关人员进行检查评定，合格后，向建设单位提交工程竣工验收申请报告及相关资料；建设单位收到工程验收申请报告后，应由建设单位（项目）负责人组织施工（含分包单位）、设计、监理等单位（项目）负责人进行单位工程验收；当参加验收各方对工程质量验收意见不一致时，可请当地建设行政主管部门或工程质量监督机构协调处理。

【案例二】

1. 背景

一个由多幢高层住宅组成的小区由八个施工单位总承包承建，住宅的机电安装和小区室外管网由B施工单位分承包施工，A施工单位负责土建施工。所有高层住宅按合同工期提前完成建筑安装工程，并经验收合格。但小区的室外天然气管网因市政供气方案变更，小区内天然气降压站位置尚未确定，既影响了管网安装，又导致园林绿化环境不能如期完工。A施工单位为了满足重合同守信用评估需要，提出办理工程竣工验收手续，被房地产开发商婉拒。

2. 问题

(1) 该项工程可以竣工验收的质量标准的原则是什么？

(2) 房地产开发商为什么婉拒实施竣工验收？

(3) A施工单位为顺利通过重合同守信用评估应采取什么措施？

3. 案例分析

(1) 该项工程可以竣工验收的质量标准的原则是要符合工程承包合同约定的质量标准、要符合国家制定的强制性标准规定、符合工程设计要求、满足投入使用的条件。

(2) 房地产开发商婉拒对整个项目进行竣工验收的原因是总承包合同的施工内容尚未全部完成，建成的高层住宅尚未达到使用条件，天然气未通也不能做实际检验，相应的竣工验收资料也不可能齐全。

(3) 根据具体情况，A施工单位可据理提出进行总承包合同工期变更和进行已建好的高层住宅实施单位工程验收，并签订补充合同或协议，以给重合同守信用评估活动提供书面证据。

小　结

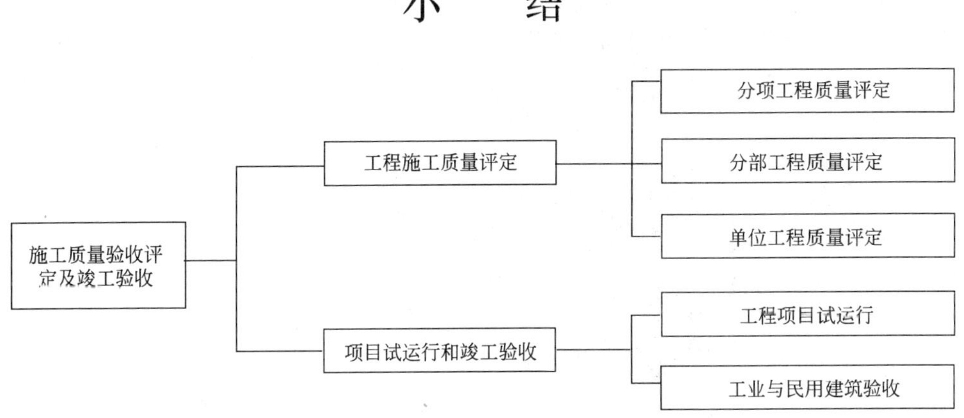

能力训练题

一、填空题

1. 在工程质量评定中，通常将参与检验评定的施工项目（或施工内容）分为三类，即________、________和________。

2. 在多层及高层房屋工程个的主体分部工程，按________划分分项工程；在单层房屋工程中的主体分部工程，应按________划分分项工程。

3. ________的顺利完成，标志着项目建设阶段的结束和生产使用阶段的开始。________工作的完成，对促进项目的尽快投产使用，发挥投资效益，具有非常重要的意义。

4. 建筑工程施工质量验收涉及________和________，是工程施工质量控制的重要环节，合理划分建筑工程施工质量验收层次十分必要。

5. 竣工验收时，对某些剩余工程和缺陷工程，如不影响交付，则需经______单位______单位和________协商，________要在竣工验收后限定时间内完成。

二、选择题

1. 对于试运行中所发现的各种质量不合格项目，凡是属于（ ）的问题，施工单位应作详细记录，并制定整改意见及措施，及时进行返修和处理。

A. 生产操作方面　B. 设计方面　C. 施工质量方面　D. 规划方面

2.（ ）是项目建设程序的最后一个环节，是全面考核项目建设成果，检查设计与施工质量，确认项目能否投入使用的重要步骤。竣工验收的顺利完成，标志着项目建设阶段的结束和生产使用阶段的开始。

A. 建设工程项目的竣工验收　B. 建设工程项目的设计验收

C. 建设工程项目的评估研究　D. 建设工程项目的立项研究

3. 分部工程的验收在其所含（ ）验收的基础上进行。

A. 单项工程　B. 分项工程　C. 检验批　D. 单位工程

4. 建设单位收到工程验收报告后，由（ ）负责人组织施工（含分包单位）、设计、监理等单位（项目）负责人进行单位（子单位）工程验收。

A. 施工单位　B. 设计单位　C. 建设单位（项目）　D. 监理单位

5. 工程项目的质量回访的方式一般有三种，分别是（ ）。

A. 季节性回访　B. 技术性回访　C. 阶段性回访　D. 保修期届满前回访

三、思考题

1. 工程施工质量评定的依据是什么？分项工程、分部工程、单位工程各是如何进行评定的？
2. 建筑工程施工质量验收中单位工程划分的原则是什么？
3. 什么是建筑工程施工质量验收的主控项目和一般项目？
4. 试说明单位（子单位）工程的验收程序与组织。
5. 简述当建筑工程质量不符合要求时应该如何进行处理。

第九章　工程质量问题和质量事故

【知识目标】

- 理解工程质量问题的成因
- 掌握工程质量问题的处理
- 掌握工程质量事故的特点、分类及处理

【能力目标】

- 熟悉工程质量问题和质量事故处理的程序
- 能针对工程质量问题和质量事故做出正确的处理

由于影响建筑产品质量的因素繁多，在施工过程中稍有不慎，就极易引起系统性因素的质量变异，从而产生质量问题、质量事故，甚至发生严重的工程质量事故。因此，必须采取有效的措施，对常见的质量问题和事故事先加以预防，并对已经出现的质量事故及时进行分析和处理。

根据 1989 年原建设部颁布的第 3 号令《工程建设重大事故报告和调查程序规定》和 1990 年原建设部建工字第 55 号文件《关于第 3 号令有关问题的说明》，工程质量事故一般分为工程质量不合格、工程质量缺陷、工程质量通病和工程质量事故四种。

(1) 工程质量不合格：指工程质量未满足设计、规范、标准的要求。

(2) 工程质量缺陷：是指建筑工程施工质量中不符合规定要求的检验项或检验点。

(3) 工程质量通病：是指各类影响工程结构、使用功能和外形观感的常见性质量损伤。

(4) 工程质量事故：是指对工程结构安全、使用功能和外形观感影响较大、损失较大的质量损伤。

第一节　工程质量问题

一、工程质量问题的成因

工程质量问题的表现形式千差万别，类型多种多样，例如结构倒塌、倾斜、错位、不均匀或超量沉陷、变形、开裂、渗漏、强度不足、尺寸偏差过大等，但究其原因，归纳起来主要有以下几方面。

1. 违反建设程序和法规

(1) 违反建设程序。建设程序是工程项目建设过程及其客观规律的反映，但有些工程不按建设程序办事，例如不经可行性论证，未做调查分析就拍板定案；没有搞清工程地质情况就仓促开工；无证设计、无图施工；任意修改设计，不按图施工；不经竣工验收就交付使用等，它常是导致重大工程质量事故的重要原因。

(2) 违反有关法规和工程合同的规定。例如，无证设计；无证施工；越级设计；越级施工；工程招、投标中的不公平竞争；超常的低价中标；擅自转包或分包；多次转包；擅自修改设计等。

2. 工程地质勘察失误或地基处理失误

(1) 工程地质勘察失误。诸如未认真进行地质勘察或勘探时钻孔深度、间距、范围不符合规定要求，地质勘察报告不详细、不准确、不能全面反映实际的地基情况等，从而使得或地下情况不清，或对基岩起伏、土层分布误判，或未查清地下软土层、墓穴、孔洞等，它们均会导致采用不恰当或错误的基础方案，造成地基不均匀沉降、失稳，使上部结构或墙体开裂、破坏，或引发建筑物倾斜、倒塌等质量事故。

(2) 地基处理失误。对软弱土、杂填土、冲填土、大孔性土或湿隐性黄土、膨胀土、红黏土、熔岩、土洞、岩层出露等不均匀地基未进行处理或处理不当也是导致重大事故的原因。必须根据不同地基的特点，从地基处理、结构措施、防水措施、施工措施等方面综合考虑，加以治理。

3. 设计计算问题

诸如盲目套用图纸，采用不正确的结构方案，计算简图与实际受力情况不符，荷载取值过小，内力分析有误，沉降缝或变形缝设置不当，悬挑结构未进行抗倾覆验算，以及计算错误等，都是引发质量事故的隐患。

4. 建筑材料及制品不合格

诸如，钢筋物理力学性能不良会导致钢筋混凝土结构产生裂缝或脆性破坏；骨料中活性氧化硅会导致碱骨料反应使混凝土产生裂缝；水泥安定性不良会造成混凝土爆裂；水泥受潮、过期、结块，砂石含泥量及有害物质含量、外加剂掺量等不符合要求时，会影响混凝土强度、和易性、密实性、抗渗性，从而导致混凝土结构强度不足、裂缝、渗漏、蜂窝等质量问题。此外，预制构件断面尺寸不足，支承锚固长度不足，未可靠地建立预应力值，漏放或少放钢筋，板面开裂等均可能出现断裂、坍塌事故。

5. 施工与管理失控

施工与管理失控是造成大量质量问题的常见原因。其主要表现为以下几点。

① 图纸未经会审即仓促施工或不熟悉图纸，盲目施工。

② 未经设计部门同意，擅自修改设计；或不按图施工。例如将铰接做成刚接，将简支梁做成连续梁；用光圆钢筋代替异形钢筋等，导致结构破坏。挡土墙不按图设滤水层、排水导孔，导致压力增大，墙体破坏或倾覆。

③ 不按有关的施工质量验收规范和操作规程施工。例如浇筑混凝土时振捣不良，造成薄弱部位；砖砌体包心砌筑，上下通缝，灰浆不均匀饱满等均能导致砖墙或砖柱破坏。

④ 缺乏基本结构知识，蛮干施工，例如将钢筋混凝土预制梁倒置吊装；将悬挑结构钢筋放在受压区等均将导致结构破坏，造成严重后果。

⑤ 施工管理紊乱，施工方案考虑不周，施工顺序错误，技术交底不清，违章作业，疏于检查、验收等，均可能导致质量问题。

6. 自然条件影响

施工项目周期长，露天作业，受自然条件影响大，空气温度、湿度、暴雨、风、浪、洪水、雷电、日晒等均可能成为质量事故的诱因，施工中应特别注意并采取有效的措施预防。

7. 建筑结构或设施的使用不当

对建筑物或设施使用不当也易造成质量问题。例如未经校核验算就任意对建筑物加层；任意拆除承重结构部；任意在结构物上开槽、打洞、削弱承重结构截面等也会引起质量事故。

二、工程质量问题的处理

1. 处理方式

(1) 当因施工而引起的质量问题在萌芽状态，应及时制止，并要求施工单位立即更换不合格材料设备或不称职人员，或要求施工单位立即改变不正确的施工方法和操作工艺。

(2) 当因施工而引起的质量问题已出现时，应立即向施工单位发出《监理通知》，要求其对质量问题进行补救处理，并采取足以保证施工质量的有效措施后，填报《监理通知回复单》报监理单位。

(3) 当某道工序或分项工程完工以后，出现不合格项，监理工程师应填写《不合格项处置记录》，要求施工单位及时采取措施予以整改。监理工程师应对其补救方案进行确认，跟踪处理过程，对处理结果进行验收，否则不允许进行下道工序或分项的施工。

(4) 在交工使用后的保修期内发现的施工质量问题，监理工程师应及时签发《监理通知》，指令施工单位进行修补、加固或返工处理。

2. 处理程序

当发现工程质量问题，监理工程师应按以下程序进行处理，如图 9-1 所示。

(1) 当发生工程质量问题时，监理工程师首先应判断其严重程度。对可以通过返修或返工弥补的质量问题可签发《监理通知》，责成施工单位写出质量问题调查报告，提出处理方案，填写《监理通知回复单》报监理工程师审核后，批复承包单位处理，必要时应经建设单位和设计单位认可，处理结果应重新进行验收。

(2) 对需要加固补强的质量问题，或质量问题的存在影响下道工序和分项工程的质量时，

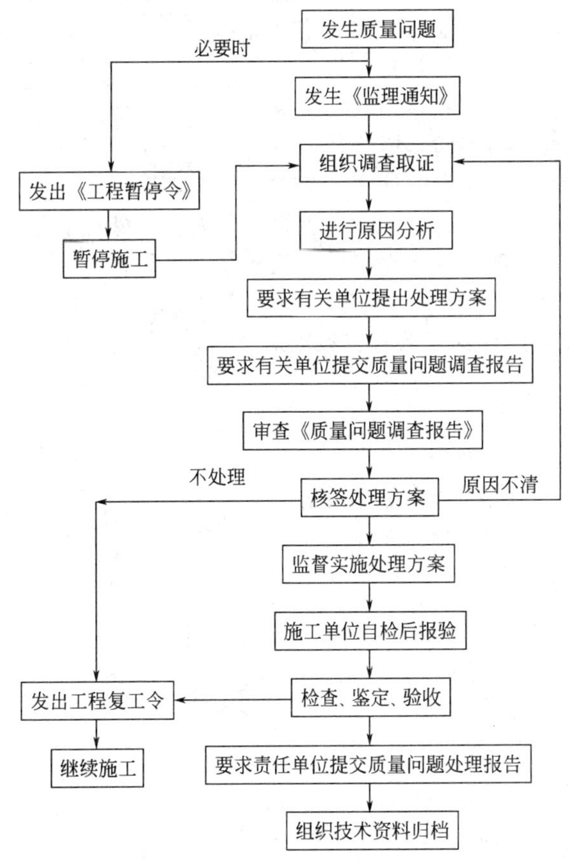

图 9-1　工程质量问题处理程序框图

应签发《工程暂停令》，指令施工单位停止有质量问题部位和与其有关联部位及下道工序的施工。必要时，应要求施工单位采取防护措施，责成施工单位写出质量问题调查报告，由设计单位提出处理方案，并征得建设单位同意，批复承包单位处理。处理结果应重新进行验收。

(3) 施工单位接到《监理通知》后，在监理工程师的组织参与下，尽快进行质量问题调查并完成报告编写。

调查的主要目的是明确质量问题的范围、程度、性质、影响和原因，为问题处理提供依据，调查应力求全面、详细、客观准确。调查报告主要内容应包括：

① 与质量问题相关的工程情况；

② 质量问题发生的时间、地点、部位、性质、现状及发展变化等详细情况；

③ 调查中的有关数据和资料；

④ 原因分析与判断；

⑤ 是否需要采取临时防护措施；

⑥ 质量问题处理补救的建议方案；

⑦ 涉及的有关人员和责任及预防该质量问题重复出现的措施。

(4) 监理工程师审核、分析质量问题调查报告，判断和确认质量问题产生原因。必要时，监理工程师应组织设计、施工、供货和建设单位各方共同参加分析。

(5) 在原因分析的基础上，认真审核签认质量问题处理方案。监理工程师审核确认处理方案应牢记：安全可靠，不留隐患，满足建筑物的功能和使用要求，技术可行，经济合理原则。针对确认不需专门处理的质量问题，应能保证它不构成对工程安全的危害，且满足安全和使用要求，并必须征得设计和建设单位的同意。

(6) 指令施工单位按既定的处理方案实施处理并进行跟踪检查。发生的质量问题不论是否由于施工单位原因造成，通常都是先由施工单位负责实施处理。对因设计单位原因等非施工单位责任引起的质量问题，应通过建设单位要求设计单位或责任单位提出处理方案，处理质量问题所需的费用或延误的工期，由责任单位承担，若质量问题属施工单位责任，施工单位应承担各项费用损失和合同约定的处罚，工期不予顺延。

(7) 质量问题处理完毕，监理工程师应组织有关人员对处理的结果进行严格的检查、鉴定和验收，写出质量问题处理报告，报建设单位和监理单位存档。主要内容包括：

① 基本处理过程描述；

② 调查与核查情况，包括调查的有关数据、资料；

③ 原因分析结果；

④ 处理的依据；

⑤ 审核认可的质量问题处理方案；

⑥ 实施处理中的有关原始数据、验收记录、资料；

⑦ 对处理结果的检查、鉴定和验收结论；

⑧ 质量问题处理结论。

第二节 工程质量事故

一、工程质量事故的成因

工程质量事故的成因及其原因分析与工程质量问题基本相同，已在本章第一节中阐述，本节不再赘述。

二、工程质量事故的特点

根据我国有关质量、质量管理和质量保证方面的国家标准的定义，凡工程产品质量没有满足某个规定的要求，就称之为质量不合格；而没有满足某个预期的使用要求或合理的期望(包括与安全性有关的要求)，则称之为质量缺陷。在建设工程中通常所称的工程质量缺陷，一般是指工程不符合国家或行业现行有关技术标准、设计文件及合同中对质量的要求。

由工程质量不合格和质量缺陷而造成或引发经济损失、工期延误或危及人的生命和社会正常秩序的事件，称为工程质量事故。

工程质量事故具有复杂性、严重性、可变性和多发性的特点。

1. 复杂性

建筑生产与一般工业相比有产品固定、生产流动、产品多样、结构类型不一、露天作业多、自然条件复杂多变、材料品种、规格多、材料性能各异、多工种、多专业交叉施工、相互干扰大、工艺要求不同、施工方法各异、技术标准不一等特点。因此，影响工程质量的因素繁多，造成质量事故的原因错综复杂，即使是同一类质量事故，而原因却可能截然不同。例如，就墙体开裂质量事故而言，其产生的原因就可能是：设计计算有误；地基不均匀沉降；或温度应力、地震力、冻涨力的作用；也可能是施工质量低劣、偷工减料或材料不良等。所以使得对质量事故进行分析，判断其性质、原因及发展，确定处理方案与措施等都增加了复杂性。

2. 严重性

工程项目一旦出现质量事故，其影响较大。轻者影响工程顺利进行、拖延工期、增加工程费用，重者则会留下隐患成为危险的建筑，影响作用功能或不能使用，更严重的还会引起建筑物的失稳、倒塌，造成人民生命、财产的巨大损失。所以对于建筑工程质量事故问题不能掉以轻心，必须高度重视，加强对工程建筑质量的监督管理，防患于未然，力争将事故消灭在萌芽状态，以确保建筑物的安全作用。

3. 可变性

许多建筑工程的质量事故出现后，其质量状态并非稳定于发现时的初始状态，而是有可能随时间、环境、施工情况等而不断地发展、变化着。例如，地基基础或桥墩的超量沉降可能随上部荷载的不断增大而继续发展；混凝土结构出现的裂缝可能随环境温度的变化而变化，或随荷载的变化及持续时间的变化而变化等。因此，有些在初始阶段并不严重的质量问题，如不及时处理和纠正，有可能发展成严重的质量事故。例如，开始时微细的裂缝可能发展为结构断裂或建筑物倒塌事故。所以在分析、处理工程质量事故时，一定要注意质量事故的可变性，应及时采取可靠的措施，防止事故进一步恶化，或加强观测与试验，取得可靠数据，预测未来发展的趋向。

4. 多发性

建筑工程质量事故多发性有两层意思，一是有些事故像“常见病”、“多发病”一样经常发生，而成为质量通病。例如，混凝土、砂浆强度不足，预制构件裂缝等；二是有些同类事故一再发生。例如，悬挑结构断塌事故，近几年在全国十几个省、市先后发生数十起，一再重复出现。

三、工程质量事故的分类

建筑工程质量事故一般可按下述不同的方法分类。

1. 按事故发生的时间分类

(1) 施工期事故。

（2）使用期事故。

从国内外大量的统计资料分析，绝大多数质量事故都发生在施工阶段到交工验收前这段时间内。

2. 按事故损失的严重程度分类

（1）一般质量事故。凡具备下列条件之一者为一般质量事故：

① 直接经济损失在5000元（含5000元）以上，不满50000元的；

② 影响使用功能和工程结构安全，造成永久质量缺陷的。

（2）严重质量事故

① 直接经济损失在5万元（含5万元）以上，不满10万元的；

② 严重影响使用功能或工程结构安全，存在重大质量隐患的；

③ 事故性质恶劣或造成2人以下重伤的。

（3）重大质量事故

① 工程倒塌或报废；

② 由于质量事故，造成人员死亡或重伤3人以上；

③ 直接经济损失10万元以上。

（4）建设工程重大事故分为以下四级

① 凡造成死亡30人以上或直接经济损失300万元以上为一级；

② 凡造成死亡10人以上29人以下或直接经济损失100万元以上，不满300万元为二级；

③ 凡造成死亡3人以上，9人以下或重伤20人以上或直接经济损失30万元以上，不满100万元为三级；

④ 凡造成死亡2人以下或重伤3人以上，19人以下或直接经济损失10万元以上，不满30万元为四级。

（5）特别重大事故：一次死亡30人及其以上或直接经济损失达500万元及其以上，或其他性质特别严重，上述影响三个之一均属特别重大事故。

3. 按施工质量事故产生的原因分类

（1）技术原因引发的质量事故。

（2）管理原因引发的质量事故。

（3）社会、经济原因引发的质量事故。

4. 按施工质量事故按事故责任分类

（1）指导责任事故：如施工技术方案未经分析就贸然组织施工；材料配方失误；违背施工程序指挥施工等。

（2）操作责任事故：如工序未执行施工操作规程；无证上岗等。

5. 按事故造成的后果分类

（1）未遂事故：凡通过检查所发现的问题，经自行解决处理，未造成经济损失或延误工期的，均属于未遂事故。

（2）已遂事故：凡造成经济损失及不良后果者，则构成已遂事故。

6. 按事故性质分类

（1）倒塌事故：建筑物整体或局部倒塌。

（2）开裂事故：包括砌体或混凝土结构开裂。

（3）错位事故：位置错误；结构构件尺寸、位置偏差过大；以及预埋件、预留洞等错位偏差超过规定等。

（4）地基工程事故：地基失稳或变形，斜坡失稳等。

(5) 基础工程事故：基础错位、变形过大，设备基础振动过大等。

(6) 结构或构件承载力不足事故：混凝土结构中漏放或少放钢筋；钢结构中杆件连接达不到设计要求等。

(7) 建筑功能事故：房屋漏水、渗水，隔热或隔声功能达不到设计要求，装饰工程质量达不到标准等。

第三节　工程质量事故的处理

一、工程质量事故处理的依据

处理工程质量事故，必须分析原因，作出正确的处理决策，这就要以充分的、准确的有关资料作为决策基础和依据，进行工程质量事故处理的主要依据有几个方面。

(1) 事故调查分析报告，一般包括以下内容：①质量事故的情况；②事故性质；③事故原因；④事故评估；⑤设计、施工以及使用单位对事故的意见和要求；⑥事故涉及人员与主要责任者的情况等。

(2) 具有法律效力的，得到有关当事各方认可的工程承包合同、设计委托合同、材料或设备购销合同以及监理合同或分包合同等合同文件。

(3) 有关的技术文件和档案。

(4) 相关的法律法规。

(5) 类似工程质量事故处理的资料和经验。

二、事故处理的任务与特点

1. 事故处理的主要任务

(1) 创造正常施工条件。

(2) 确保建筑物安全。

(3) 满足使用要求。

(4) 保证建筑物具有一定的耐久性。

(5) 防止事故恶化，减小损失。

(6) 有利于工程交工验收。

2. 质量事故处理的特点

(1) 复杂性：相同形态的事故，产生的原因、性质及危害程度会截然不同。

(2) 危险性：随时可能诱发倒塌。

(3) 连锁性：结构构件之间的相互牵连。

(4) 选择性：处理方法和处理时间可有多种选择。

(5) 技术难度大。

(6) 高度的责任性：涉及单位之间关系和人员处理。

三、事故处理的原则与要求

1. 事故处理必须具备的条件

(1) 事故情况清楚。

(2) 事故性质明确：结构性的还是一般性的问题；表面性的还是实质性的问题；事故处理的迫切程度。

(3) 事故原因分析准确、全面。

(4) 事故评价基本一致：各单位的评价应基本达成一致的认识。

(5) 处理目的和要求明确：恢复外观、防渗堵漏、封闭保护、复位纠偏、减少荷载、结构补强、拆除重建等。

(6) 事故处理所需资料齐全。

2. 事故处理的注意事项

(1) 综合治理：注意处理方法的综合应用，以便取得最佳效果。

(2) 消除事故根源。

(3) 注意事故处理期的安全：随时可能发生倒塌，要有可靠支护；对需要拆除结构，应制定安全措施；在不卸载下进行结构加固时，要注意加固方法的影响。

(4) 加强事故处理的检查验收：准备阶段开始，对各施工环节进行严格的质量检查验收。

3. 不需要处理的事故

(1) 不影响结构安全和正常使用：如错位事故。

(2) 施工质量检验存在问题。

(3) 不影响后续工程施工和结构安全。

(4) 利用后期强度：混凝土强度未达设计要求，但相差不多，同时短期内不会满载，可考虑利用混凝土后期强度。

(5) 通过对原设计进行验算可以满足使用要求：根据实测数据，结合设计要求验算，如能满足要求，经设计单位同意，可不作处理。

四、工程质量事故处理的程序

事故处理的程序（如图 9-2 所示）：事故调查→事故原因分析→事故调查报告→结构可靠性鉴定→确定处理方案→事故处理设计→处理施工→检查验收→结论。

1. 事故调查

(1) 初步调查：工程情况；事故情况；图纸资料；施工资料等。

(2) 详细调查：设计情况；地基及基础情况；结构实际情况；荷载情况；建筑物变形观测；裂缝观测等。

(3) 补充调查：对有疑问的地基进行补充勘测；测定所用材料的实际性能；建筑物内部缺陷的检查；较长时期的观测等。

2. 事故原因分析

在事故调查的基础上，分清事故的性质、类别及其危害程度，为事故处理提供必要的依据。

(1) 确定事故原点：事故原点的状况往往反映出事故的直接原因。

(2) 正确区别同类型事故的不同原因：根据调查的情况，对事故进行认真、全面的分析，找出事故的根本原因。

(3) 注意事故原因的综合性：要全面估计各种因素对事故的影响，以便采取综合治理措施。

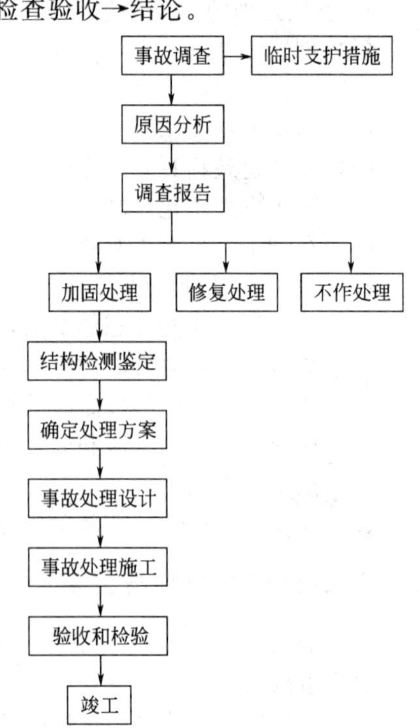

图 9-2 工程质量事故处理的一般程序

3. 事故调查报告

主要包括：工程概况；事故概况；事故是否已作过处理；如事故调查中的实测数据和各种试验数据；事故原因分析；结构可靠性鉴定结论；事故处理的建议等。

4. 结构可靠性鉴定

根据事故调查取得的资料，对结构的安全性、适用性和耐久性进行科学的评定，为事故的处理决策确定方向。

可靠性鉴定一般由专门从事建筑物鉴定的机构作出。

5. 确定处理方案

根据事故调查报告、实地勘察结果和事故性质，以及用户要求确定优化方案。

6. 事故处理设计

注意事项如下：

① 按照有关设计规范的规定进行；

② 考虑施工的可行性；

③ 重视结构环境的不良影响，防止事故再次发生。

7. 事故处理施工

施工应严格按照设计要求和有关的标准、规范的规定进行，并应注意以下事项：把好材料质量关；复查事故实际状况；做好施工组织设计；加强施工检查；确保施工安全。

8. 工程验收和处理效果检验

事故处理工作完成后，应根据规范规定和设计要求进行检查验收。

9. 事故处理结论

验收后对事故处理过程进行总结。

五、工程质量事故处理的方法及验收

1. 建筑工程质量事故处理的方法

事故处理方法，应当正确地分析和判断事故产生的原因，通常可以根据质量问题的情况，确定以下几种不同性质的处理方法。

① 返工处理。即推倒重来，重新施工或更换零部件，自检合格后重新进行检查验收。

② 修补处理。即经过适当的加固补强、修复缺陷，自检合格后重新进行检查验收。

③ 让步处理。即对质量不合格的施工结果，经设计人的核验，虽没达到设计的质量标准，却尚不影响结构安全和使用功能，经业主同意后可予验收。

④ 降级处理。如对已完施工部位，因轴线、标高引测差错而改变设计平面尺寸，若返工损失严重，在不影响使用功能的前提下，经承发包双方协商验收。

⑤ 不作处理。对于轻微的施工质量缺陷，如面积小、点数多、程度轻的混凝土蜂窝麻面、露筋等在施工规范允许范围内的缺陷，可通过后续工序进行修复。

2. 建筑工程质量事故处理的验收

(1) 检查验收。施工单位自检合格报验，按施工验收标准及有关规范的规定进行，结合监理人员的旁站，巡视和平行检验结果，依据质量事故技术处理方案设计要求，通过实际量测确定。

(2) 必要的鉴定。凡涉及结构承载力等使用安全和其他重要性能的处理工作，均应做相应鉴定。

(3) 验收结论。验收结论通常有以下几种：

① 事故已排除，可以继续施工；

② 隐患已消除，结构安全有保证。

对短期内难以作出结论的，可提出进一步观测检验意见。对于处理后符合规定的，监理工程师应确认，并应注明责任方主要承担的经济责任。对经处理仍不能满足安全使用要求的分部工程，单位（子单位）工程，应拒绝验收。

案　例

1. 背景

H省Z市一幢商住楼工程项目，建设单位A与施工单位B和监理单位C分别签订了施工承包合同和施工阶段委托监理合同。该工程项目的主体工程为钢筋混凝土框架式结构，设计要求混凝土抗压强度达到C20，在主体工程施工至第三层时，钢筋混凝土柱浇筑完毕拆模后，监理工程师发现，第三层全部80根钢筋混凝土柱的外观质量很差，不仅蜂窝麻面严重，而且表面的混凝土质地酥松，用锤轻敲即有混凝土碎块脱落。经检查，施工单位提交的从9根柱施工现场取样的混凝土强度试验结果表明，混凝土抗压强度值均达到或超过了设计要求值，其中最大值达到C30的水平，监理工程师对施工单位提交的试验报告结果十分怀疑。

2. 问题

(1) 在上述情况下，作为监理工程师，你认为应当按什么步骤处理？

(2) 常见的工程质量问题产生的原因主要有哪几方面？

(3) 工程质量问题的处理方式有哪些？质量事故处理应遵循什么程序进行？质量事故分为几类？如有一造价8000万元的高层建筑，主体工程完成封顶后，装修过程中发现建筑物整体倾斜，无法控制，最后人工控制爆破炸毁。这一质量事故属于哪一类？

(4) 工程质量事故处理的依据包括哪几方面？质量事故处理方案有哪几类？事故处理的基本要求是什么？事故处理验收结论通常有哪几种？如果上述质量问题经检验证明抽验结果质量严重不合格（最高C18，最低仅为C8），而且施工单位提交的试验报告结果不是根据施工现场取样，而是在试验室按设计配合比做出的试样试验结果，你认为应当如何处理？

3. 案例分析

(1) 该质量事故发生后，监理工程师可按下述步骤处理：

① 监理工程师应首先指令施工单位暂停施工；

② 如果自己具有相应技术实力及设备，可通知施工单位，在其参加下：从已浇筑的柱体上钻孔取样进行抽样检验和试验；也可以请具有权威性的第三方检测机构进行抽检和试验；或要求施工单位在有监理方现场见证的情况下，重新见证取样和试验；

③ 根据抽检结果判断质量问题的严重程度，必要时需通过建设单位请原设计单位及质量监督机构参加对该质量问题的分析判断；

④ 根据判断的结果及质量问题产生的原因决定处理方式或处理方案；

⑤ 指令施工单位进行处理，监理方应跟踪监督；

⑥ 处理后施工单位自检合格后，监理工程师复检合格加以确认；

⑦ 明确质量责任，按责任归属承担责任。

(2) 常见的工程质量问题可能的成因有：

① 违背建设程序；

② 违反法规行为；

③ 地质勘察失真；

④ 设计差错；

⑤ 施工管理不到位；

⑥ 使用不合格的原材料、制品及设备；

⑦ 自然环境因素；

⑧ 使用不当。

(3) 工程质量问题的处理方式、处理程序和质量事故分类与判断如下。

① 工程质量问题的处理，根据其性质及严重程度不同可有以下处理方式：

a. 当施工引起的质量问题尚处于萌芽状态时，应及时制止，并要求施工单位立即改正；

b. 当施工引起的质量问题已出现，立即向施工单位发出《监理通知》，要求其进行补救处理，当其采取保证质量的有效措施后，向监理单位填报《监理通知回复单》；

c. 某工序分项工程完工后，如出现不合格项，监理工程师应填写《不合格项处置记录》，要求施工单位整改，并对其补救方案进行确认，跟踪其处理过程，对处理结果进行验收，不合格不允许进入下道工序或分项工程施工；

d. 在交工使用后保修期内，发现施工质量问题时，监理工程师应及时签发《监理通知》，指令施工单位进行保修（修补、加固或返工处理）。

② 质量事故处理的一般程序是：

a. 质量事故发生后，总监理工程师签发《工程暂停令》；暂停有关部分的工程施工，要求施工单位采取措施，防止扩大，保护现场，上报有关主管部门，并于24h内写出书面报告；

b. 监理工程师应积极协助上级有关主管部门组织成立的事故调查组工作，提供有关的证据，若监理方有责任，则应回避；

c. 总监理工程师接到事故调查组提出的技术处理意见后，可征求建设单位意见，组织有关单位研究并委托原设计单位完成技术处理方案，予以审核签认；

d. 处理方案核签后，监理工程师应要求施工单位制定详细施工方案，报监理审批后监督其实施处理；

e. 施工单位处理完工自检后报验结果，组织各方检查验收，必要时进行处理鉴定。

③ 质量事故可分为以下四类。

a. 一般质量事故：指直接经济损失在5000元及其以上、不满5万元者，或者是影响使用功能和结构安全，造成永久质量缺陷者。

b. 严重质量事故：直接经济损失达5万元及其以上不满10万元者；严重影响使用功能或结构安全、存在重大质量隐患者；事故性质恶劣或造成2人以下重伤者。

c. 重大质量事故：工程倒塌或报废；造成人员死亡或重伤3人以上；直接经济损失10万元以上。

重大质量事故又分为四级：死亡30人以上或直接经济损失300万元以上为一级；死亡10人以上、29人以下或直接经济损失100万元以上（300万元以下）为二级；死亡3人以上、9人以下，或重伤20人以上，或经济损失30万元以上（不满100万元）为三级；死亡2人以下，或重伤3人以上、19人以下，或经济损失10万元以上（不满30万元）为四级。

d. 特别重大事故：一次死亡30人及其以上，或直接经济损失达500万元及其以上，或其他性质特别严重的事故。

④ 本问题中所述情况属于特别重大事故。

(4) 关于工程质量事故处理的依据、处理方案类型、处理的基本要求和处理验收结论的问题答案如下。

① 工程质量事故处理的依据有四个方面：a. 质量事故的实况资料；b. 具有法律效力的工程承包合同、设计委托合同、材料或设备购销合同及监理合同、分包合同等文件；c. 有关的技术文件、档案；d. 相关的建设法规。

② 质量事故处理方案类型有：a. 修补处理；b. 返工处理；c. 不做专门处理。

不做专门处理的条件是：ⓐ不影响结构安全和使用；ⓑ可以经过后续工序弥补；ⓒ经法定单位鉴定合格；ⓓ经检测鉴定达不到设计要求，但经原设计单位核算并能满足结构、安全及使用功能。

③ 事故处理的基本要求是：满足设计要求和用户期望；保证结构安全可靠；不留任何隐患；符合经济的合理原则。

④ 事故处理验收结论可以有：a. 事故已排除可继续施工；b. 隐患消除结构安全有保证；c. 修补处理后能满足使用；d. 基本满足使用要求，但有附加限制的使用条件；e. 对耐久性的结论；f. 外观影响的结论；g. 短期内难作结论的可提出进一步观测检验意见。

⑤ 根据本问题所述检验结果，应当全部返工处理。由此产生的经济损失及工期延误应由施工单位承担责任。监理工程师在对施工单位抽样检验的环节中失控，应对建设单位承担一定的失职责任。

小　结

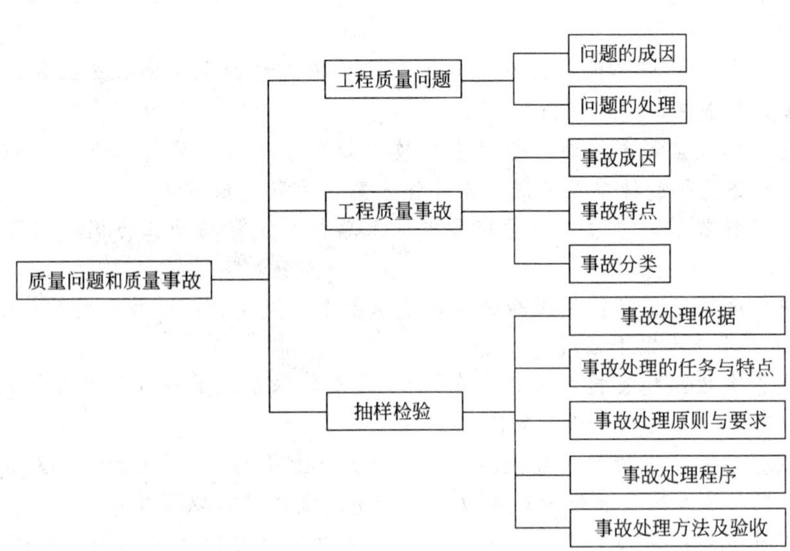

能力训练题

一、填空题

1. 工程质量通病是指各类影响＿＿＿＿＿、＿＿＿＿＿和＿＿＿＿＿的常见性质量损伤。
2. 对需要加固补强的质量问题，或质量问题的存在影响下道工序和分项工程的质量时，监理工程师应签发＿＿＿＿＿＿＿，指令施工单位停止有质量问题部位和与其有关联部位及下道工序的施工。
3. 工程质量事故具有＿＿＿＿、＿＿＿＿、＿＿＿＿＿和＿＿＿＿＿的特点。
4. 建设程序是工程项目＿＿＿＿＿＿＿＿＿＿的反映。
5. 建筑工程质量事故按事故发生的时间分类可以分为＿＿＿＿＿＿＿＿和＿＿＿＿＿＿＿。

二、选择题

1. 按照工程质量事故处理程序要求，监理工程师在质量事故发生后签发《工程暂停令》的同时，应要求施工单位在（　　）小时内写出质量事故报告。

A. 12　　B. 24　　C. 36　　D. 48

2. 工程质量事故处理方案的确定，需要按照一般处理原则和基本要求进行，其一般处理原则是（　）。

A. 正确确定事故性质、处理范围　B. 安全可靠、不留隐患

C. 满足建筑物的功能和使用要求　D. 技术上可行、经济上合理

3. 按照我国现行规定，建设工程严重质量事故的调查组由（　）。

A. 事故发生地市、县建设行政主管部门组织

B. 省、自治区、直辖市建设行政主管部门组织

C. 省、自治区、直辖市建设行政主管部门提出组成意见，人民政府批准

D. 市、县建设行政主管部门提出组成意见，相应级别人民政府批准

4. 工程质量事故处理方案的类型有返工处理、不做处理和（　）。

A. 修补处理　B. 实验验证后处理　C. 定期观察处理　D. 专家论证后处理

5. 施工过程中，对出现的工程质量问题，监理工程师首先应（　）。

A. 签发《监理通知》　B. 签发《工程暂停令》　C. 报告业主　D. 判断其严重程度

6. 施工质量事故的技术处理方案按规定程序和要求核签以后，监理工程师应要求施工单位制定详细的（　）付诸实施。

A. 施工组织设计　B. 施工进度计划　C. 施工方案设计　D. 施工整改计划

三、思考题

1. 建筑工程质量事故的特点是什么？
2. 建筑工程质量事故如何分类？
3. 建筑工程质量事故处理的依据是什么？
4. 简述建筑工程质量事故处理的程序。
5. 事故处理的特点是什么？
6. 建筑工程质量事故处理的方法有哪些？

第十章　安全控制

【知识目标】

- 了解安全监理的现状、安全监理的内容及其建筑施工伤亡事故的预防
- 理解安全生产及其建筑安全生产的内涵，安全监理的任务和责任
- 掌握安全监理的概念、程序及其建筑施工伤亡事故的预防

【能力目标】

- 能解释何为安全生产、建筑安全生产及其安全监理
- 能写出安全监理的内容、任务及其建筑施工伤亡事故的种类
- 能给出不同工程对于建筑事故的预防措施

“以人为本、安全第一”，“安全生产、预防为主”等口号，标明着在工程建设施工中，安全控制可谓重中之重。这不仅决定着企业的信誉与效益，更重要的是关乎建筑施工人员的生命安全。

《建设工程安全生产管理条例》中第三章第 4 条明确规定：工程监理单位必须遵守安全生产法律、法规的规定，保证建设工程安全生产，依法承担建设工程安全生产责任。由此，安全监理成为了建设监理的重要组成部分。本章主要是探讨工程建设中安全监理所包含的内容、程序和任务以及如何防范安全事故的发生。

第一节　安全监理的概述

一、安全监理的现状

目前，许多的监理单位在工程监理过程中，只注重对施工质量、进度和投资的监控，并没有把安全监理作为一项重要内容加以监控，仅仅把安全监理作为质量控制中 12 项工作内容的 1 小项，忽视了安全监理的重要性，使得在工程施工中存在许多的安全隐患、安全漏洞，并由此引发了许多的安全事故。究其原因，就是缺乏安全监理的意识，或意识淡薄，或对安全监理的内涵不了解。

《建设工程安全生产管理条例》第 14 条：工程监理单位应当审查施工组织设计中的安全技术措施或者专项施工方案是否符合工程建设强制性标准。工程监理单位在实施监理过程中，发现存在安全事故隐患的，应当要求施工单位整改；情况严重的，应当要求施工单位暂时停止施工，并及时报告建设单位。施工单位拒不整改或者不停止施工的，工程监理单位应当及时向有关主管部门报告。工程监理单位和监理工程师应当按照法律、法规和工程建设强制性标准实施监理，并对建设工程安全生产承担监理责任。它对工程监理单位的安全责任进行了详细规定。

二、安全生产

所谓安全监理是对建筑施工过程中安全生产状况所实施的监督管理。为更好的实施安全

监理，首先就是要明白安全生产的概念及其内涵。

1. 概念

安全生产是在生产过程中，克服不安全因素，保障人身及财产安全所进行的活动，包括企事业单位在劳动生产过程中的人身安全、设备和产品安全以及交通运输安全等。它既是对劳动者的保护，也是对生产、财物、环境的保护，从而使生产活动正常进行。

安全生产是安全与生产的统一，其宗旨是安全促进生产，生产必须安全。搞好安全工作，改善劳动条件，可以调动职工的生产积极性；减少职工伤亡，可以减少劳动力的损失；减少财产损失，可以增加企业效益，无疑会促进生产的发展；而生产必须安全，则是因为安全是生产的前提条件，没有安全就无法生产。由此看出：安全生产工作事关最广大人民群众的根本利益，事关改革发展和稳定大局，历来受到党和国家的高度重视。“安全第一、预防为主、综合治理”，是党的安全生产工作的基本方针。

2. 原则

通过长期实践与经验积累，人们已经总结和提出了保障生产安全所必须遵循的基本原则和方法，这些原则和方法是安全生产方针的具体体现，也是经过长期的生产实践和血的经验教训的总结。对防止安全事故的发生，确保生产的安全具有重要的意义。

(1)“管生产必须管安全”的原则。指企业各级领导和广大职工在生产过程中必须坚持的一项原则。国家和企业的职责，就是要保护劳动者的安全与健康，保证财产和人民生命的安全；其次，企业的最优化目标是高产、低耗、优质、安全的统一，这是体现安全与生产的统一。

(2)“安全具有否决权”的原则。指安全工作是衡量企业经营管理工作好坏的一项基本内容，该原则要求，在对企业各项指标考核、评选先进时，必须要首先考虑安全指标的完成情况。安全生产指标具有一票否决的作用。

(3)“三同时”原则。指凡我国境内新建、改建、扩建的基本建设项目（工程）、技术改造项目（工程）和引进的建设项目，其劳动安全卫生设施必须符合国家规定的标准，必须与主体工程同时设计、同时施工、同时投入生产和使用。

(4)“五同时”原则。企业的生产组织及领导者在计划、布置、检查、总结、评比生产工作的同时，计划、布置、检查、总结、评比安全工作。

(5)“四不放过”原则。事故原因未查清不放过，当事人和群众没有受到教育不放过，事故责任人未受到处理不放过，没有制订切实可行的预防措施不放过。“四不放过”原则的支持依据是《国务院关于特大安全事故行政责任追究的规定》(国务院令第302号)。

(6)“三个同步”原则。安全生产与经济建设、深化改革、技术改造同步规划、同步发展、同步实施。

3. 内容

(1) 控制施工人员的不安全行为。人是施工生产中的主体，也是安全生产的关键，搞好安全生产，必须首先控制人的不安全行为。不安全行为指的是可能导致超出人们接受界限的后果或可能导致不良影响的行为。按行为的主体来分类，不安全行为可以划分为组织的不安全行为和个体的不安全行为。人的不安全行为还可以分为生理上的，即为身体上的缺陷，使其不能适应某些生产速度、工作条件和工作环境；心理上的，即受到了某些因素的刺激和影响，产生了思想和情绪上的波动，身心不支、注意力转移，发生了误操作和误判断；行为上的，即为了某种目的和动机有意采取的错误行为。必须根据人的生理和心理的特点，合理安排和调配适合的工作，预防不安全行为，通过培训教育，增强安全意识，做到不伤害自己，不伤害别人，也不被别人伤害。

产生不安全行为的主要原因：一是由于技术不熟练，对现场不熟悉或因情况紧急、时间紧迫，慌乱而产生误判断；二是由于标准不完备，制度不健全，操作上的经验主义，认识和确认的失误，因情况复杂而判断错误；三是由于领导掌握知识不足、对员工安全教育不够，或因其他事件干扰，分散了领导对安全生产的注意力，以致判断失误，导致违章指挥。

(2) 控制物的不安全状态。施工人员在建造建筑物的过程中，要使用多种工具、机械、设备、材料等，也要接触各类的设施、设备等，这些使用和接触的各类材料、工具、设施、设备等统称为"物"，这些"物"不仅要保持良好的状态和技术性能，还应该是操作简便、灵敏可靠，并且具有保持操作者免受伤害的各类防护和保险装置。

(3) 作业环境的防护。在任何时间、季节和条件下施工，对于任何作业都必须给施工人员创造良好的、没有任何危险的环境和作业场所。

以上三个方面都必须齐备，安全生产就有了保障，缺少一个方面，就留下安全隐患，给发生伤亡事故创造了条件和机会。

4. 安全与工期和投资的关系

(1) 安全生产与工期的关系。如位于 A 地区的 a 地铁工地发生立柱模板坍塌事件，造成 3 死 2 伤。a 工地事故发生段立即停工，复工日期需等整改完成后才能确定。在此之前，A 地区地铁续建工程 b 工地基坑发生沉降事故，附近 200 多居民被疏散。在之前位于 A 地区的地铁线续建工程 c 标段某区间挖段基坑坍塌，严重影响工程进度。在检查的 13 项地铁深基坑工程中，发现有 12 处安全隐患。A 地区建设局认为，近期多次地铁施工安全事故都有共同的特点，大多是因为赶工期造成的。

原建设部早在 2004 年就下发了《关于加强大型公共建筑质量安全管理的通知》，要求必须严格遵循科学规律，合理确定设计周期和施工工期，任何单位和个人不得强行要求设计、施工单位违背合同约定抢进度、赶工期。

每项工程都有一个合理的科学工期，而任何一个建设单位都希望尽可能的缩短工期，所以，有的单位不能很好地处理安全与工期的关系，不是通过科学组织、合理安排来保证工期与效益，而是盲目蛮干，以牺牲安全为代价去抢工期，结果在施工中，发生了安全生产事故，致使停工、整改，少则十几天，多则几十天，适得其反，大大的延长工期。

所以，"没有安全，何谈工期"，安全生产是保证施工工期的基本条件。建设单位可以统一制定编排进度计划，在保证安全生产的前提下提高工作效率，缩短工期。

(2) 安全生产与投资的关系。美国职业安全与卫生管理局的规定除了为工人提供安全保障外，还明确指出了所有雇主必须遵守的最低标准，并制定了详细的惩罚细则。使得企业的负责人认识到，如果不重视安全生产，酿成事故必须付出巨大代价。对故障违规且造成人员死亡的行为，罚款则高达上百万美元。一项好的安全方案可以降低事故成本、误工成本和补充雇员成本，可以提高雇员的生产率。一个好的管理者，把花在安全生产上的钱，即避免损失的投入应看成一是种投资，而不是一项开支。

安全生产本身是一种效益。"生产必须安全，安全促进生产"，不仅说明了安全与生产的辩证统一关系，也说明了安全与效益的关系。

安全生产是企业提高经济效益、增加产值、保证质量、增收节支的必要条件和重要保证；而企业经济效益的提高也将为企业实现安全生产创造条件。企业要实现安全生产，就要有计划地安排对安全生产的投入。安全上投入与生产上的直接投入不同的是：它不直接反映在工程数量与质量上，而是反映在生产和使用的全过程，保证生产和使用正常地连续地进行，不发生或少发生事故和职业病，这是安全投入的效益体现，也可以称作是一种潜在效益。正是这种潜在效益的存在，才能保证企业正常效益的取得。

因此，安全生产是人民生命财产不受危害的根本，是获得真正经济效益的保证。我们建筑施工企业，要加强安全教育，提高安全意识，增加安全投入，只有这样，才能获得最佳的经济效益。

三、建筑安全生产

为依法加强建筑安全生产管理，预防和减少建筑业事故的发生，保障建筑行业职工及他人的人身安全和财产安全，1997 年 11 月 1 日会议通过《中华人民共和国建筑法》，要求自 1998 年 3 月 1 日起施行，其中第五章对建筑生产安全问题作了详细规定。

第 36 条规定：建筑工程安全生产管理必须坚持安全第一、预防为主的方针，建立健全安全生产的责任制度和群防群治制度。这是对建筑工程安全生产管理必须坚持的基本方针和基本制度的规定。

1. 基本方针

建筑工程安全生产管理必须坚持安全第一、预防为主的方针。所谓坚持安全第一、预防为主的方针，是指在建筑生产活动中，应当将保证生产安全放到第一位，在管理、技术等方面采取能够确保生产安全的预防性措施，防止建筑工程事故发生。安全第一、预防为主的方针是建筑工程安全生产管理工作的经验总结，只有认真贯彻执行这一方针，加强建筑安全教育和管理，不断改善建筑工程安全生产条件，才能减少建筑工程事故的发生，提高劳动生产效率。

从实践中看，坚持安全第一、预防为主的方针，应当做到以下几点：

① 从事建筑活动的单位的各级管理人员和全体职工，尤其是单位负责人，一定要牢固树立安全第一的意识，正确处理安全生产与工程进度、效益等方面的关系，把安全生产放在首位；

② 要加强劳动安全生产工作的组织领导和计划性，在建筑活动中加强对安全生产的统筹规划和各方面的通力协作；

③ 要建立健全安全生产的责任制度和群防群治制度；

④ 要对有关管理人员及职工进行安全教育培训，未经安全教育培训的，不得从事安全管理工作或者上岗作业；

⑤ 建筑施工企业必须为职工发放保障安全生产的劳动保护用品；

⑥ 使用的设备、器材、仪器和建筑材料必须符合保证生产安全的国家标准和行业标准。

2. 基本制度

(1) 必须建立健全安全生产的责任制度。所谓安全生产责任制度，是指将各项保障生产安全的责任具体落实到各有关管理人员和不同岗位人员身上的制度。这一制度是安全第一、预防为主方针的具体体现，是工人们在长期生产实践中用血的代价换来的行之有效、必须坚持的制度。在建筑活动中，只有明确安全责任，分工负责，才能形成完整有效的安全管理体系，激发每个人保证生产安全的责任感，严格执行保证建筑生产安全的法律、法规和安全规程、技术规范，防患于未然，减少和杜绝建筑生产活动中的安全事故，为建筑生产活动创造一个良好的环境。

(2) 必须建立群防群治制度。所谓群防群治制度，是指由广大职工群众共同参与的预防安全事故的发生、治理各种安全事故隐患的制度。这一制度也是安全第一、预防为主方针的具体体现，同时也是群众路线在安全工作中的具体体现，是企业进行民主管理的重要内容。实践证明，搞好安全生产只靠少数人是不成的，安全工作必须发动群众，使得大家懂得安全生产的重要性，注意安全生产，才能防患于未然。为此本条将这一制度法律化，在建筑安全生产管理中应当依法建立起群防群治制度。

从实践中看，建立建筑安全生产管理的群防群治制度应当做到：

① 企业制定的有关安全生产管理的重要制度和制定的有关重大技术组织措施计划应提

交职工代表大会讨论，在充分听取职工代表大会意见的基础上做出决策，发挥职工群众在安全生产方面的民主管理作用；

② 要把专业管理同群众管理结合起来，充分发挥职工安全员网络的作用；

③ 发挥工会在安全生产管理中的作用，利用工会发动群众，教育群众，动员群众的力量预防安全事故的发生；

④ 对新职工要加强安全教育，对特种作业岗位的工人要进行专业安全教育，不经训练，不能上岗操作；

⑤ 发动群众开展技术革新、技术改造，采用有利于保证生产安全的新技术、新工艺，积极改善劳动条件，努力将使不安全的、有害健康的作业变为无害作业；

⑥ 组织开展遵章守纪和预防事故的群众性监督检查，职工对于违反有关安全生产的法律、法规和建筑行业安全规章、规程的行为有权提出批评、检举和控告。

四、安全监理概念

1. 安全监理的由来

安全监理是一个新名词。安全监理在我国的提出是在 20 世纪 80 年代末 90 年代初，首先由上海市政工程管理局在一些重大的市政建设项目中引入。经过几年的运作，成效显著，得到了原建设部及其他行业的首肯和认同，从而使建设监理目标管理的“三控制”（控制质量、进度、造价）改为“四控制”，控制安全成为建设监理的一项重要工作内容。

国家电力公司 1999 年颁发的《工程建设监理管理办法》、《工程监理费和建设项目法人管理费调整办法》及 2000 年 4 月 16 日发布的《关于加强电力建设安全工作的几点意见》中，都对安全监理的人员设置、工作任务、取费标准等作了明确的规定。这样，安全监理制度首先在电力系统内全面实施，并在实际工作中不断得到加强和规范。

2. 安全监理的定义

所谓安全监理是指对工程建设中的人、机、环境及施工全过程进行安全评价、监控和督察，并采取法律、经济、行政和技术手段，保证建设行为符合国家安全生产、劳动保护法律、法规和有关政策，制止建设行为中的冒险性、盲目性和随意性，有效地把建设工程安全控制在允许的风险度范围以内，以确保安全性。

安全监理行使委托方赋予的职权，属于安全技术服务，通过各种控制措施，实施评价、监控和监督，降低风险度。

3. 安全监理与安全监督之区别

从安全监理和安全监督的工作内容和任务上看，两者没有多大差异，目标是一致的，但两者所处的位置和角度不一样，管理的力度就不一样，最终达到的效果也不一样。

（1）安全控制范围不同。安全监理是以宏观（较高的层次——管理层）安全控制为主。从招投标开始实施全方位全过程的安全控制，对承包商的选用、施工进度的控制和安全费用的使用监督等，起着举足轻重的制约性效用。安全监督是以微观（较低的层次——执行层）安全控制为主。只能侧重于施工过程中的事故预防，对施工进度的控制和安全费用使用的监督显得力不从心。

（2）安全控制效果不同。安全监理单位同被监理单位是完全独立的两个法人经济实体，其关系是监督与被监督的关系，监理人员的个人得失和利益与被监理单位无关。监理单位为了履约合同，提高信誉打开市场，必须严格按合同要求认真执行安全规程和规范，避免和减少各类事故的发生。再者，安全监理是对被监理单位的领导人员、组织机构、规章制度直至具体的实施落实情况进行全过程的安全监理，各级领导也是被监理被监督之对象。由于是异体管理，有着强有力的制约机制，因而不存在打不开情面和不买账的问题。因此，停工整改、结算签单、停工待检、复工报验等整套管理程序都能真正发挥作用。由于管理力度增强，使安全文明施工的大环境变得更好。

再则，工程监理制度是国家以法规的形式强制实施的硬性制度，对承包商和业主都有同样的制约力。就总体而言，对较高层次的机构和人员的管理制约力度要比安全监督大得多。

安全监督人员是企业内部自己培养提拔的专业人员，其提升、任免、工资、奖金、福利待遇、人际关系等都与本企业紧密不可分割。因此，安全监督人员在工作中难免要考虑到企业和自己的得失，工作中难免畏手畏脚不坚持原则。再则，安全监督人员在本企业工作多年，对上下各方面的人员情况都十分了解，工作中一是碍于情面下不了狠心，二是即使能打开情面下了狠心，企业领导和下面的人员也不一定买账，毕竟他没有对企业领导和人员进行约束的机制和权力。

4. 安全监理与工程监理之区别

这里的工程监理指的是监理单位只控制质量、进度和投资（实际上以控制质量为主）的监理人员。安全监理是指实行“四控制”的监理单位设置的专门负责安全控制的监理人员。

从广义上讲，两者有紧密的联系和许多共同点：同属于合同环境条件下的社会监理范畴；安全事故与质量事故的产生有相同的内部机理；安全与质量两者之间相辅相成，往往同时出现，且相互诱发。

其不同之处为：工程监理实际上是以产品为中心，安全监理一般以作业者的人身安全与健康为重点；工程监理主要是维护业主的利益，安全监理面向社会大众，维护承包商及作业人员的利益，解脱业主的社会压力；质量事故可以补救，人身伤害事故无法补救；质量事故有较长的潜伏期，安全事故则是突发性的。

第二节　安全监理的任务、内容和程序

一、安全监理的任务

安全监理工作是受建设单位或其他单位等的委托，按照合同规定的要求，完成授权范围内的工作。

安全监理的任务主要是贯彻落实安全生产方针政策，督促施工单位按照建筑施工安全生产法规和标准组织施工，消除施工中的冒险性、盲目性和随意性，落实各项安全技术措施，有效地杜绝各类安全隐患，杜绝、控制和减少各类伤亡事故，实现安全生产。

按工程阶段性可分为：招标阶段的安全监理任务、施工准备阶段的安全监理任务、施工阶段的安全监理任务和竣工缺陷责任期阶段的安全监理任务。按监理人员的职责划分为安全总监理工程师的职责、安全监理工程师的职责、安全监理员的职责等。

二、安全监理的内容

原建设部在2006年10月16日发布的《关于落实建设工程安全生产监理责任的若干意见》(以下简称《意见》）中明确了安全监理的主要工作内容。

监理单位应当按照法律、法规和工程建设强制性标准及监理委托合同实施监理，对所监理工程的施工安全生产进行监督检查，具体内容包括以下几点。

1. 施工准备阶段安全监理的主要工作内容

(1) 监理单位应根据《意见》的规定，按照工程建设强制性标准、《建设工程监理规范》(GB 50319) 和相关行业监理规范的要求，编制包括安全监理内容的项目监理规划，明确安

全监理的范围、内容、工作程序和制度措施，以及人员配备计划和职责等。

(2) 对中型及以上项目和《意见》第二十六条规定的危险性较大的分部分项工程，监理单位应当编制监理实施细则。实施细则应当明确安全监理的方法、措施和控制要点，以及对施工单位安全技术措施的检查方案。

(3) 审查施工单位编制的施工组织设计中的安全技术措施和危险性较大的分部分项工程安全专项施工方案是否符合工程建设强制性标准要求。审查的主要内容应当包括：

① 施工单位编制的地下管线保护措施方案是否符合强制性标准要求；

② 基坑支护与降水、土方开挖与边坡防护、模板、起重吊装、脚手架、拆除、爆破等分部分项工程的专项施工方案是否符合强制性标准要求；

③ 施工现场临时用电施工组织设计或者安全用电技术措施和电气防火措施是否符合强制性标准要求；

④ 冬季、雨季等季节性施工方案的制订是否符合强制性标准要求；

⑤ 施工总平面布置图是否符合安全生产的要求，办公、宿舍、食堂、道路等临时设施设置以及排水、防火措施是否符合强制性标准要求。

(4) 检查施工单位在工程项目上的安全生产规章制度和安全监管机构的建立、健全及专职安全生产管理人员配备情况，督促施工单位检查各分包单位的安全生产规章制度的建立情况。

(5) 审查施工单位资质和安全生产许可证是否合法有效。

(6) 审查项目经理和专职安全生产管理人员是否具备合法资格，是否与投标文件相一致。

(7) 审核特种作业人员的特种作业操作资格证书是否合法有效。

(8) 审核施工单位应急救援预案和安全防护措施费用使用计划。

2. 施工阶段安全监理的主要工作内容

(1) 监督施工单位按照施工组织设计中的安全技术措施和专项施工方案组织施工，及时制止违规施工作业。

(2) 定期巡视检查施工过程中的危险性较大工程作业情况。

(3) 核查施工现场施工起重机械、整体提升脚手架、模板等自升式架设设施和安全设施的验收手续。

(4) 检查施工现场各种安全标志和安全防护措施是否符合强制性标准要求，并检查安全生产费用的使用情况。

(5) 督促施工单位进行安全自查工作，并对施工单位自查情况进行抽查，参加建设单位组织的安全生产专项检查。

三、安全监理的程序

在《关于落实建设工程安全生产监理责任的若干意见》中明确了建设工程安全监理的工作程序。

(1) 监理单位按照《建设工程监理规范》和相关行业监理规范要求，编制含有安全监理内容的监理规划和监理实施细则。

(2) 在施工准备阶段，监理单位审查核验施工单位提交的有关技术文件及资料，并由项目总监在有关技术文件报审表上签署意见；审查未通过的，安全技术措施及专项施工方案不得实施。

(3) 在施工阶段，监理单位应对施工现场安全生产情况进行巡视检查，对发现的各类安全事故隐患，应书面通知施工单位，并督促其立即整改；情况严重的，监理单位应及时下达工程暂停令，要求施工单位停工整改，并同时报告建设单位。安全事故隐患消除后，监理单位应检查整改结果，签署复查或复工意见。施工单位拒不整改或不停工整改的，监理单位应当及时向工程所在地建设主管部门或工程项目的行业主管部门报告，以电话形式报告的，应当有通话记录，并及时补充书面报告。检查、整改、复查、报告等情况应记载在监理日志、监理月报中。

监理单位应核查施工单位提交的施工起重机械、整体提升脚手架、模板等自升式架设设施和安全设施等验收记录，并由安全监理人员签收备案。

(4) 工程竣工后，监理单位应将有关安全生产的技术文件、验收记录、监理规划、监理实施细则、监理月报、监理会议纪要及相关书面通知等按规定立卷归档。

根据上述内容，建设工程安全监理工作程序框图如图 10-1 所示。

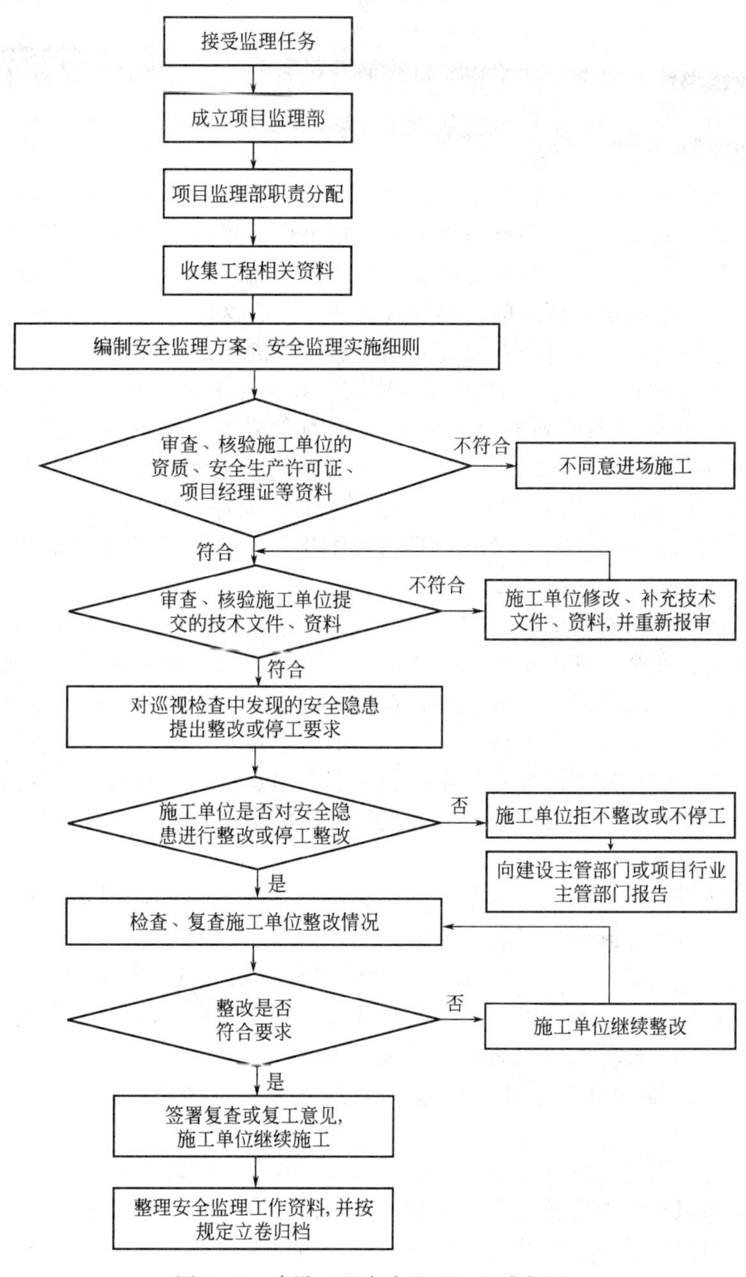

图 10-1 建设工程安全监理工程序框图

一般情况下安全监理工作可分为四个阶段，即招标阶段的安全监理、施工准备阶段的安全监理、施工阶段的安全监理、竣工验收阶段的安全监理。

1. 招标阶段安全监理

受建设单位委托实施安全监理主要做好以下工作。

(1) 审查施工单位的安全资质。包括：营业执照、施工许可证、安全资质证书、安全生产管理机构的设置及安全专业人员的配备等、安全生产责任制及管理网络；安全生产规章制定；各工种的安全生产操作规程；特种工作人员的管理情况；主要的施工机构、设备等的技术性能及安全条件；建筑安全监督机构对企业的安全业绩改评情况。

(2) 协助拟定安全生产协议书。安全生产协议书有两个方面的内容，分别是：建设单位与施工单位之间的安全协议和总承包单位与分包单位的安全生产协议。前者在招标阶段就要明确双方在施工过程中各自的安全生产责任。后者则是总包单位要统一管理分包单位的安全生产工作，对分包单位的安全生产工作，进行监督检查，为分包单位提供符合安全和卫生要求的机械，设备和设施，制止违章指挥和违章作业。

2. 施工准备阶段的安全监理

(1) 制定安全监理程序。任何一个工程的工序或一个构件的生产都有相应的工艺流程，如果其中一个工艺流程未进行严格操作就可能出现工伤事故。因此安全监理人员在对工程安全进行严格控制时，就要按照工程施工的工艺流程制定出一套相应的科学的安全监理程序，对不同结构的施工工序制定出相应的检测验收方法，只有这样才能达到对安全严格控制的目的。在监理过程中安全监理人员应在监理基础上做详尽的记录和填写表格。

(2) 调查可能导致意外伤害事故的其他原因。在施工开始之前，了解现场的环境、人为障碍等因素，以便掌握障碍所在和周边环境的有关资料，及时提出防范措施。这里所指的障碍和周边环境主要是图纸未表示出的地下结构，如暗管、电缆及其他构造物，或者是建设单位需解决的用地范围内地表以上的电讯、电杆、树木、房屋及其他影响安全施工的构造物。当掌握这些可能导致工伤事故的因素后，就可以合理地研究制定监理方案和细则。

(3) 掌握新技术、新材料的工艺和标准。施工中采用的新技术、新材料，应有相应的技术标准和使用规范。安全监理人员根据工作需要与可能，可以对新材料、新技术的应用进行必要的了解与调查，以求及时发现施工中存在的事故隐患，并发出正确的指令。

(4) 审查安全技术措施。要对施工单位编制的安全技术措施和单项工程安全施工组织设计进行审查。施工单位对批准的安全技术措施应立即组织实施。做财力、物力、人力方面的准备，做到准时、准确到位。对需修改的安全技术措施计划，施工单位修改后再报安全监理人员审查后，才能实施。

(5) 施工单位开工时所必需的施工机械、材料和主要人员已达现场，并处于安全状态，施工现场的安全设施已经到位。

(6) 审查施工单位的自检系统。虽然安全监理是对施工的全过程进行安全的监督和管理，但作为安全监理人员，不可能对每一工程或分项工程的每一部分进行全面的监控，只能进行部分抽检。因此工程开工前应尽早督促施工单位进行安全教育。成立施工单位的安全自检系统，要求施工或每一道工序必须由施工单位按安全监理规定的程序提供自检报告和报表。

施工单位的自检人员对保证安全施工起着重要的作用，因此要施工单位自检人员有良好的、全面的安全知识和职业道德。安全监理人员必须在工程实施过程中随时对施工单位自检人员的工作进行抽检，掌握安全情况，检查自检人员的工作质量。

(7) 施工单位的安全设施和设备在进入现场前（如吊篮、漏电开关、安全网等）的检验。安全监理人员应详细了解承包的安全设施供应情况，避免不符合要求的安全设施进入施工现场，造成工伤事故。在安全设施未进入工地前，可按下列步骤进行监督。首先，施工单位应提供拟使用的安全设施的产地和厂址以及出厂合格证书，供安全监理人员审查；其次，安全监理人员可在施工初期根据需要对这些厂家的生产工艺设备等进行调查了解；最后，必要时对安全设施取样试验，要求有关单位提供安全设施的有关图纸与设计计算书等资料，成品的技术性能等技术参数，经审查后，确定该安全设施可否使用。

3. 施工阶段安全监理

工程项目在施工阶段，安全监理人员要对施工过程的安全生产工作，进行全面的监理。

（1）安全监理依据

① 设计的施工说明书；

② 本工程委托安全监理合同书；

③ 经过审定的施工组织设计中安全技术措施及单项安全施工组织设计；

④《建设工程安全生产管理条例》、《建筑施工安全检查评分标准》及其他建筑施工安全技术规范和标准；

⑤ 企业或基层的安全生产规章制度；

⑥ 安全生产责任制；

⑦ 关于加强施工现场安全生产管理的若干规定；

⑧ 施工现场防火规定；

⑨ 有关安全生产的法令、法规、政策和规定。

（2）项目安全监理职责

① 安全监理与建设单位的关系。在建设项目实施阶段，安全监理受托于建设单位，代表建设单位的利益，按安全监理合同规定的范围，全权处理关于施工中安全的一切事宜。

② 安全监理与施工单位的关系。安全监理与施工单位的关系是监理与被监理的关系，但安全监理与施工单位应本着尊重、协助、督促、检查的精神，基于与施工单位目标一致的共识，协助施工单位完善施工过程中的各项制度，并按规定进行必要的抽查和验证。

③ 安全监理方法。包括审查各类有关安全生产的文件；审核进入施工现场各分包单位的安全资质和证明文件；审核施工单位提交的施工方案和施工组织设计中安全技术措施；工地的安全组织体系和安全人员的配备；审核新工艺、新技术、新材料、新结构的使用安全技术方案及安全措施；审核施工单位提交的关于工序交接检查、分部、分项工程安全检查报告；审核并签署现场有关安全技术签证文件；现场监督与检查，内容有：日常现场跟踪监理，根据工程进展情况，安全监理人员对各工序安全情况进行跟踪监督、现场检查、验证施工人员是否按照安全技术防范措施和按规程操作；对主要结构、关键部位的安全状况，除进行日常跟踪检查外，视施工情况，必要时可做抽检和检测工作；对每道工序检查后，做好记录并给予确认。

（3）如遇到下列情况，安全监理可下达“暂时停工指令”

① 施工中出现安全异常，经提出后，施工单位未采取改进措施或改进措施不合乎要求时；

② 对已发生的工程事故未进行有效处理而继续作业时；

③ 安全措施未经自检而擅自使用时；

④ 擅自变更设计图纸进行施工时；

⑤ 使用没有合格证明的材料或擅自替换、变更工程材料时；

⑥ 未经安全资质审查的分包单位的施工人员进入现场施工时。

4. 竣工验收阶段安全监理。

这一阶段的安全监理主要是：

① 审查劳动安全卫生设施等是否按设计要求与主体工程同时建成交付使用；

② 要求由有质资单位对建设工程的劳动安全卫生设施进行检测检验并出具技术报告书作为劳动安全卫生单项验收依据。

四、建设工程安全生产的监理责任

(1) 监理单位应对施工组织设计中的安全技术措施或专项施工方案进行审查，未进行审查的，监理单位应承担《建设工程安全生产管理条例》第五十七条规定的法律责任。

施工组织设计中的安全技术措施或专项施工方案未经监理单位审查签字认可，施工单位擅自施工的，监理单位应及时下达工程暂停令，并将情况及时书面报告建设单位。监理单位未及时下达工程暂停令并报告的，应承担《建设工程安全生产管理条例》第五十七条规定的法律责任。

(2) 监理单位在监理巡视检查过程中，发现存在安全事故隐患的，应按照有关规定及时下达书面指令要求施工单位进行整改或停止施工。监理单位发现安全事故隐患没有及时下达书面指令要求施工单位进行整改或停止施工的，应承担《建设工程安全生产管理条例》第五十七条规定的法律责任。

(3) 施工单位拒绝按照监理单位的要求进行整改或者停止施工的，监理单位应及时将情况向当地建设主管部门或工程项目的行业主管部门报告。监理单位没有及时报告，应承担《建设工程安全生产管理条例》第五十七条规定的法律责任。

(4) 监理单位未依照法律、法规和工程建设强制性标准实施监理的，应当承担《建设工程安全生产管理条例》第五十七条规定的法律责任。

监理单位履行了上述规定的职责，施工单位未执行监理指令继续施工或发生安全事故的，应依法追究监理单位以外的其他相关单位和人员的法律责任。

第三节 安全事故的预防

一、建筑施工伤亡事故种类

近年来，随着社会主义市场经济的发展，基础建设投资规模迅速增大，建筑业得到蓬勃发展，但同时，我国建筑领域的安全生产形势十分严峻，建筑业施工伤亡人数居高不下，建筑业成为伤亡事故较多的行业之一，列各行业的第二位，仅次于矿山业。建筑施工的各类安全事故频频发生，给国家和人民的生命财产造成了严重损失。根据调查分析测定，建筑施工现场的伤亡事故主要有以下几种：高处坠落，触电事故，物体打击，机械伤害，坍塌，中毒。

① 高处坠落：指由于重力势能差引起的伤害事故。如从各种架子、平台、陡壁、梯子等高于地面位置的坠落或由地面踏空坠入坑洞、沟以及漏斗内的伤害事故。但由于其他事故类别为诱发条件而发生的高处坠落，如高处作业时由于人体触电坠落，不属于高处坠落事故。

② 触电（包括雷击）伤害：指电流流经人体造成的人身伤害事故。如人体接触裸露的临时线或接触带电设备的金属外壳，触摸漏电的手持电动工具，以及触电后坠落和雷击等事故。

③ 物体打击：指由失控物体的惯性力造成的人身伤害事故。如落物、滚石、锤击、碎裂、崩倒、砸伤等伤害，但不包括因爆炸引起的物体打击。

④ 机械伤害：指机械设备与机械工具引起的绞、辗、碰、割、戳等人身伤害事故。如机械零部件、工件飞出伤人，切屑伤人，人的肌体或身体被旋转机械卷入，脸、手或其他部位被刀具碰伤等。

⑤ 坍塌：指建筑物、堆置物等倒塌和土石塌方引起的伤害事故。如因设计、施工不合理造成的倒塌以及土方、岩石发生的塌陷事故。但不包括由于矿山冒顶、片帮或因爆破引起的坍塌的伤害事故。

⑥ 中毒和窒息：中毒指人接触有毒物质，吃有毒食物、呼吸有毒气体引起的人体急性中毒事故。如煤气、油气、沥青、化学、一氧化碳中毒等；窒息指在坑道、深井、涵洞、管道、发酵池等通风不良处作业，由于缺氧造成的窒息事故。

二、建筑施工伤亡事故的预防

建筑企业的施工项目，是一个露天加工场地，场内进行立体多工种交叉作业，拥有大量的临时设施，经常变化的作业面，除了“产品”固定外，人、机、物都在流动，若不重视安全，则极易引发伤亡事故。为了便于掌握和切实达到预防事故和减少事故损失，应采取相关的安全技术措施。

(一) 土方工程

每栋建筑物都有基础，而绝大部分的基础是埋在地下的，把基础所在位置的土挖出移走，这就叫土方工程。土方工程包括土的开挖，运输和填筑等施工过程，有时还要进行排水、降水和土壁支撑等准备工作。在建筑工程中，最常见的土方工程有：场地平整，基坑（槽）开挖，地坪填土，路基填筑及基坑回填土等。

土方工程施工中安全是一个很突出的问题，其原因主要是：建筑工程施工中土方工程量很大，特别是山区和城市大型高层建筑基础的施工，而土方工程施工的对象和条件又比较复杂，如土质、地下水、气候、开挖深度、施工现场与设备等，对于不同的工程都不相同。近年来，由于土方挖掘深度较大，任何忽视土方开挖时的放坡或对边坡的支护工作，都会造成土方坍塌，这类的伤亡事故屡见不鲜。根据以往的统计资料，因土方坍塌等事故造成的死亡人数占每年因工死亡人数的5%左右，成为建筑施工安全五大类安全事故之一。

1. 土方开挖

(1) 施工准备工作

① 勘查现场，消除地面及地上障碍物，摸清工程实地情况、开挖土层的地质、水文情况、运输道路、邻近建筑、地下埋设物、古墓、旧人防地道、电缆线路、上下水管道、煤气管道、地面障碍物、水电供应情况等，以便有针对性地采取安全措施，消除施工区域内的地面及地下障碍物。

② 做好施工场地防洪排水工作，全面规划场地，平整各部分的标高，保证施工场地排水通畅不积水，场地周围设置必要的截水沟、排水沟。

③ 保护好测量基准桩，以保证土方开挖标高位置与尺寸准确无误。

④ 备好施工用电、用水、道路及其他设施。

⑤ 需要做挡土桩的深基坑，要先做挡土桩。

(2) 土方开挖注意事项

① 根据土方工程开挖深度和工程量的大小，选择机械和人工挖土或机械挖土方案。

② 如开挖的基坑（槽）比邻近建筑物基础深时，开挖应保持一定的距离和坡度，以免在施工时影响邻近建筑物的稳定，如不能满足要求，应采取边坡支撑加固措施，并在施工中

进行沉降和位移观测。

③ 弃土应及时运出，如需要临时堆土或留作回填土，堆土坡脚至坑边距离应按挖坑深度、边坡坡度和土的类别确定，在边坡支护设计时应考虑堆土附加侧压力。

④ 为防止基坑底的土被扰动，基坑挖好后要尽量减少暴露时间，及时进行下一道工序的施工。如不能立即进行下一道工序。要预留 15～30cm 厚覆盖土层，等基础施工时再挖去。

基坑开挖要注意预防基坑被浸泡，引起坍塌和滑坡事故的发生。为此在制定土方施工方案时应注意采取排水措施。

(3) 安全措施

① 在施工组织设计中，要有单项土方工程施工方案，对施工准备、开挖方法、放坡、排水、边坡支护应根据有关规范要求进行设计，边坡支护要有设计计算书。

② 人工挖基坑时，操作人员之间要保持安全距离，一般大于 2.5m；多台机械开挖，挖土机间距应大于 10m，挖土要自上而下，逐层进行，严禁先挖坡脚的危险作业。

③ 挖土方前对周围环境要认真检查，不能在危险岩石或建筑物下面进行作业。

④ 基坑开挖应严格按要求放坡，操作时应随时注意边坡的稳定情况，发现问题及时加固处理，以防止边坡塌方。

⑤ 机械挖土，多台阶同时开挖土方时，应验算边坡的稳定。根据规定和验算确定挖土机离边坡的安全距离。

⑥ 深基坑四周设防护栏杆，人员上下要有专用爬梯。

⑦ 运土道路的坡度、转弯半径要符合有关安全规定。

⑧ 边坡支护结构要经常检查，如有松动、变形、裂缝等现象，要及时加固或更换。

⑨ 多层支护拆除要自上而下进行，随拆随填。

⑩ 钢筋混凝土桩支护要在桩身混凝土达一定强度后开挖土方。开挖土方不要伤及支护桩。

还有：锚杆应验证其锚固力后方可受力；相邻土方开挖要先深后浅，并及时做好基础；挖土机工作范围内不进行其他工作，并至少留 0.3m 深不挖，而由人工挖至设计标高。

2. 边坡稳定及支护

基坑开挖后，其边坡失稳坍塌的实质是边坡土体中的剪应力大于土的抗剪强度。而土体的抗剪强度又是来源于土体的内摩阻力和内聚力。因此，凡是能影响土体中剪应力、内摩阻力和内聚力的，如土的类别、土的湿化程度、气候的影响、基坑边坡上面附加荷载或外力等，都能影响边坡的稳定。为了防止塌方，保证施工安全，当土方挖到一定深度时，边坡均应做成一定的坡度。土方边坡的坡度是指其高度与底宽度之比，即土方边坡坡度的大小与土质、开挖深度、开挖方法、边坡留置时间的长短、排水情况、附近堆积荷载等有关。开挖的深度越深，留置时间越长，边坡应设计得平缓一些，反之则可陡一些，用井点降水时边坡可陡一些。

安全措施如下所述。

(1) 一般坑壁支护都应进行设计计算，并绘制施工详图，比较浅的基坑（槽），若确有成熟可靠的经验，可根据经验绘制简明的施工图。在运用已有经验时，一定要考虑土壁土的类别、深度、干湿程度、槽边荷载以及支撑材料和做法是否与经验做法相同或近似，不能生搬硬套已有的经验。

(2) 选用坑壁支撑的木材，要选坚实的、无枯节的、无穿心裂折的松木或杉木，不宜用杂木。木支撑要随挖随撑；并严密顶紧牢固，不能整个挖好后最后一次支撑。挡土板或板桩与坑壁间填土应分层回填夯实，使之密实以提高回填土的抗剪强度。

（3）挡土桩顶埋深的拉锚，应用挖沟方式埋设，沟宽尽可能小，不能采取全部开挖回填方式扰动土体固结状态。拉锚安装后应按设计要求预拉应力进行预拉紧。

（4）锚杆的锚固段应埋在稳定性较好的土层中或岩层中，并用水泥砂浆灌注密实。锚固须经计算或试验确定，不得锚固在松软土层中。

（5）施工中应经常检查支撑和观测邻近建筑物稳定与变形情况。如发现支撑有松动、变形、位移等现象，应及时采取加固措施。

（6）支撑的拆除应按回填顺序依次进行，多层支撑应自下而上逐层拆除，拆除一层，经回填夯实后再拆上层。拆除支撑应注意防止附近建筑物或构筑物产生下沉或裂缝，必要时采取加固措施。

（7）护坡桩施工的安全技术。

① 打桩前对邻近施工范围内的已有建筑物、地下管线等，必须认真检查，针对具体情况采取有效加固或隔震措施，以确保施工安全和邻近建筑物及人身的安全。机器进场，要注意危桥、陡坡、陷地和防止碰撞电杆、房屋等。打桩场地必须平整夯实，必要时宜铺设道碴，经压路机碾压密实，场地四周应挖排水沟以利排水。在打桩过程中，遇有地坪隆起或下陷时，应随时对打桩机械及路轨调平或整平。

② 钻孔灌注桩施工，成孔钻机操作时，应注意钻机固定平整，防止钻架突然倾倒或钻具突然下落而造成事故。已钻成的孔在尚未灌混凝土前，必须用盖板封严。

3. 排水

基坑开挖后要采取措施预防基坑被浸泡，以免引起坍塌和滑坡事故的发生。在制定土方施工方案时就应考虑以下几个问题：土方开挖及地下工程要尽可能避开雨季施工，当地下水位较高、基坑较深时，应在枯水期施工，避免在地下水位以下进行土方施工；为防止基坑浸泡，除做好排水沟外，要在坑四周做挡水堤，防止地面水流入坑内，坑内要做排水沟、集水井以便抽水；开挖低于地下水位的基坑（槽）、管沟和其他土方时，应根据当地工程地质资料和挖方的深度和尺寸选用集水坑或井点降水。

（二）高处作业

所谓高处作业是指人在一定位置为基准的高处进行的作业。中华人民共和国国家标准《高处作业分级》(GB/T 3608—2008) 规定：凡在坠落基准面 2m 以上（含 2m）有可能坠落的高处进行作业，均作为高处作业。因而建筑施工中有 90%左右的作业，都称为高处作业。高处作业基本上分为三大类，即临边作业、洞口作业及独立悬空作业。

在建筑工程施工中，时常会发生操作者从高处坠落以及物体落下伤人事故。为了便于操作过程中做好安全防范工作，有效的预防人与物从高处坠落的事故，根据建筑施工的特点，在建筑安装工程施工中，对建筑物和构筑物结构范围以内的“四口”与“五临边”和攀登、悬空均作为高处作业进行安全防护，确保劳动者在生产过程中的安全健康。

1. 临边作业

施工现场内任何场所，当工作面的边沿并无围护设施，使人与物有各种坠落可能的高处作业，属于临边作业。若围护设施如窗台、墙等，其高度低于 80cm 时，近旁的作业亦属临边作业。包括屋面边、楼板边、阳台边、基坑边等。

临边作业的安全防护，主要为设置防护栏杆，也有其他防护措施。《建筑施工高处作业安全技术规范》(JGJ 80—91) 规定。

（1）对临边高处作业，必须设置防护措施，并符合下列规定。

① 基坑周边，尚未安装栏杆或栏板的阳台，料台与挑平台周边，雨篷与挑檐边，无外脚手架的屋面与楼层周边及水箱与水塔周边等处，都必须设置防护栏杆。

② 头层墙高度超过 3.2m 的二层楼面周边，以及无外脚手架的高度超过 3.2m 的楼层周边，必须在外围架设安全立网一道。

③ 分层施工的楼梯口和梯段边，必须安装临时护栏。顶层楼梯口应随工程结构进度安装正式防护栏杆。

④ 井架与施工用电梯和脚手架等与建筑物通道的两侧边，必须设防护栏杆。地面通道上部应装设安全防护棚。双笼井架通道中间，应予分隔封闭。

⑤ 各种垂直运输接料平台，除两侧设防护栏杆外，平台口还应设置安全门或活动防护栏杆。

(2) 搭设临边防护栏杆时，必须符合下列要求。

① 防护栏杆应由上、下两道横杆及栏杆柱组成，上杆离地高度为 1.0～1.2m，下杆离地高度为 0.5～0.6m。坡度大于 1∶22 的屋面，防护栏杆应高 1.5m，并加挂安全立网。除经设计计算外，横杆长度大于 2m 时，必须加设栏杆柱。

② 栏杆柱的固定应符合下列要求：

a. 当在基坑四周固定时，可采用钢管并打入地面 50～70cm 深，钢管离边口的距离，不应小于 50cm，当基坑周边采用板桩时，钢管可打在板桩外侧；

b. 当在混凝土楼面，屋面或墙面固定时，可用预埋件与钢管或钢筋焊牢，采用竹、木栏杆时，可在预埋件上焊接 30cm 长的∟50×5 角钢，其上下各钻一孔，然后用 1mm 螺栓与竹、木杆件拴牢；

c. 当在砖或砌块等砌体上固定时，可预先砌入规格相适应的 80×6 弯转扁钢作预埋铁的混凝土块，然后用上项方法固定。

③ 栏杆柱的固定及其与横杆的连接，其整体构造应使防护栏杆在上杆任何处，能经受任何方向的 1000N 外力。当栏杆所处位置有发生人群拥挤、车辆冲击或物件碰撞等可能时，应加大横杆截面或加密柱距。

④ 防护栏杆必须自上而下用安全立网封闭，或在栏杆下边设置严密固定的高度不低于 18cm 的挡脚板或 40cm 的挡脚笆。挡脚板与挡脚笆上如有孔眼，不应大于 25mm。板与笆下边距离底面的空隙不应大于 10mm。卸料平台两侧的栏杆，必须自上而下加挂安全立网或满扎竹笆。

⑤ 当临边的外侧面临街道时，除防护栏杆外，敞口立面必须采取满挂安全网或其他可靠措施作全封闭处理。

2. 洞口作业

建筑物或构筑物在施工过程中，常会出现各种预留洞口、通道口、上料口、楼梯口、电梯井口，在其附近工作，称为洞口作业。通常将较小的洞口称为孔，较大的称为洞。并规定为：楼板、屋面、平台面等横向平面上，短边尺寸小于 25cm 的，以及墙上等竖向平面上，高度小于 75cm 的称孔。横向平面上，短边尺寸≥25cm 时，竖向平面上高度≥75cm，宽度大于 45cm 的称洞。凡深度≥2m 的桩孔、人孔、沟槽及管道孔洞等边沿上的施工作业，亦归入洞口作业的范围。

《建筑施工高处作业安全技术规范》(JGJ 80—91) 对洞口作业安全防护作如下规定。

(1) 进行洞口作业以及在因工程和工序需要而产生的，使人与物有坠落危险或危及人身安全的其他洞口进行高处作业时，必须按下列规定设置防护设施：

① 板与墙的洞口，必须设置牢固的盖板，防护栏杆，安全网或其他防坠落的防护设施；

② 电梯井口必须设防护栏杆或固定栅门；电梯井内应每隔两层并最多隔 10m 设一道安全网；

③ 钢管桩，钻孔桩等桩孔上口、杯形、条形基础上口，未填土的坑槽，以及人孔、天窗、地板门等处，均应按洞口防护设置稳固的盖件；

④ 施工现场通道附近的各类洞口与坑槽等处，除设置防护设施与安全标志外，夜间还应设红灯示警。

（2）洞口根据具体情况采取设防护栏杆，加盖件，张挂安全网与装栅门等措施时，必须符合下列要求：

① 楼板，屋面和平台等面上短边尺寸小于 25cm 但大于 2.5cm 的孔口，必须用坚实的盖板盖没，盖板应能防止挪动移位；

② 楼板面等处边长为 25～50cm 的洞口，安装预制构件时的洞口以及缺件临时形成的洞口，可用竹、木等作盖板，盖住洞口，盖板须能保持四周搁置均衡，并有固定其位置的措施；

③ 边长为 50～150cm 的洞口，必须设置以扣件扣接钢管而成的网格，并在其上满铺竹笆或脚手板，也可采用贯穿于混凝土板内的钢筋构成防护网，钢筋网格间距不得大于 20cm；

④ 边长在 150cm 以上的洞口，四周设防护栏杆，洞口下张设安全平网；

⑤ 垃圾井道和烟道，应随楼层的砌筑或安装而消除洞口，或参照预留洞口作防护，管道井施工时，除按上款办理外，还应加设明显的标志；如有临时性拆移，需经施工负责人核准，工作完毕后必须恢复防护设施；

⑥ 位于车辆行驶道旁的洞口，深沟与管道坑、槽，所加盖板应能承受不小于当地额定卡车后轮有效承载力 2 倍的荷载；

⑦ 墙面等处的竖向洞口，凡落地的洞口应加装开关式、工具式或固定式的防护门，门栅网格的间距不应大于 15cm，也可采用防护栏杆，下设挡脚板（笆）；

⑧ 下边沿至楼板或底面低于 80cm 的窗台等竖向洞口，如侧边落差大于 2m 时，应加设 1.2m 高的临时护栏；

⑨ 对邻近的人与物有坠落危险性的其他竖向的孔、洞口，均应予以盖没或加以防护，并有固定其位置的措施。

3. 悬空作业

在无立足点或无牢靠立足点的条件下，进行的高处作业统称为悬空高处作业；在施工现场，在周边临空的状态下进行作业时，高度≥2m，即属于悬空高处作业。由于悬空作业尚无立足点，必须适当地建立牢靠的立足点，如搭设操作平台，脚手架或吊篮等，方可进行施工。对悬空作业的另一要求为，凡作业所用索具、脚手架、吊篮、吊笼、平台、塔架等设备，均必须经过技术鉴定的合格产品或经过技术部门鉴定合格后，方可采用。

《建筑施工高处作业安全技术规范》(JGJ 80—91）对悬空作业安全防护作如下规定：

① 悬空作业处应有牢靠的立足处，并必须视具体情况，配置防护栏网、栏杆或其他安全设施；

② 悬空作业所用的索具、脚手板、吊篮、吊笼、平台等设备，均需经过技术鉴定或检验后方可使用。

构件吊装和管道安装时的悬空作业、模板支撑和拆卸时的悬空作业钢筋绑扎时的悬空作业、混凝土浇筑时的悬空作业、进行预应力张拉的悬空作业、以及悬空进行门窗作业，必须遵守规范 JGJ 80—91 中的规定。

4. 交叉作业

施工现场常会有上下立体交叉的作业。因此，凡在不同层次中，处于空间贯通状态不同时进行的作业，属于交叉作业。

《建筑施工高处作业安全技术规范》(JGJ 80—91）对交叉作业安全防护作如下规定：

① 支模、粉刷、砌墙等各工种进行上下立体交叉作业时，不得在同一垂直方向上操作；下层作业的位置，必须处于依上层高度确定的可能坠落范围半径之外；不符合以上条件时，应设置安全防护层；

② 钢模板，脚手架等拆除时，下方不得有其他操作人员；

③ 钢模板部件拆除后，临时堆放处离楼层边沿不应小于 1m，堆放高度不得超过 1m；楼层边口、通道口、脚手架边缘等处，严禁堆放任何拆下物件；

④ 结构施工自二层起，凡人员进出的通道口（包括井架，施工用电梯的进出通道口)，均应搭设安全防护棚；高度超过 24m 的层上的交叉作业，应设双层防护；

⑤ 由于上方施工可能坠落物件或处于起重机把杆回转范围之内的通道，在其受影响的范围内，必须搭设顶部能防止穿透的双层防护廊。

（三）模板工程

1. 模板工程概述

模板工程指新浇混凝土成型的模板以及支承模板的一整套构造体系。其中，接触混凝土并控制预定尺寸，形状、位置的构造部分称为模板，支持和固定模板的杆件、桁架、联结件、金属附件、工作便桥等构成支撑体系，对于滑动模板，自升模板则增设提升动力以及提升架、平台等构成。模板工程在混凝土施工中是一种临时结构。

模板工程就其材料用量、人工、费用及工期来说，在混凝土结构工程施工中是十分重要的组成部分，在建筑施工中也占有相当重要的位置。据统计每平方米竣工面积需要配置 0.15m^2 模板。模板工程的劳动用工约占混凝土工程总用工的 1/3。特别是近年来城市建设高层建筑增多，现浇钢筋混凝土结构数量增加，据测算约占全部混凝土工程的 70%以上，模板工程的重要性更为突出。

模板有各种不同的分类方法：按照形状分为平面模板和曲面模板两种；按受力条件分为承重和非承重模板（即承受混凝土的重量和混凝土的侧压力)；按照材料分为木模板、钢模板、钢木组合模板、重力式混凝土模板、钢筋混凝土镶面模板、铝合金模板、塑料模板等；按照结构和使用特点分为拆移式、固定式两种。

2. 安全措施

为了在工程建设模板工程施工中贯彻我国安全生产的方针和政策，做到技术先进、经济合理、方便适用和确保安全生产，制定《建筑施工模板安全技术规范》(JGJ 162—2008)。其中对模板安全管理作如下规定。

(1) 应定期体检，不符合要求的不得从事高处作业。

(2) 安装和拆除模板时，操作人员应配戴安全帽、系安全带、穿防滑鞋。安全帽和安全带应定期检查，不合格者严禁使用。

(3) 模板及配件进场应有出厂合格证或当年的检验报告，安装前应对所用部件（立柱、楞梁、吊环、扣件等）进行认真检查，不符合要求者不得使用。

(4) 模板工程应编制施工设计和安全技术措施，并应严格按施工设计与安全技术措施规定施工。满堂模板、建筑层高 8m 及以上和梁跨大于或等于 15m 的模板，在安装、拆除作业前，工程技术人员应以书面形式向作业班组进行施工操作的安全技术交底，作业班组应对照书面交底进行上、下班的自检和互检。

(5) 施工过程中应经常对下列项目进行检查：

① 立柱底部基土回填夯实的状况；

② 垫木应满足设计要求；

③ 底座位置应正确，顶托螺杆伸出长度应符合规定；

④ 立杆的规格尺寸和垂直度应符合要求，不得出现偏心荷载；

⑤ 扫地杆、水平拉杆、剪刀撑等的设置应符合规定，固定应可靠；

⑥ 安全网和各种安全设施应符合要求。

(6) 在高处安装和拆除模板时，周围应设安全网或搭脚手架，并应加设防护栏杆。在临街面及交通要道地区，尚应设警示牌，派专人看管。

(7) 作业时，模板和配件不得随意堆放，模板应放平放稳，严防滑落。脚手架或操作平台上临时堆放的模板不宜超过3层，连接件应放在箱盒或工具袋中，不得散放在脚手板上。脚手架或操作平台上的施工总荷载不得超过其设计值。

(8) 对负荷面积大和高4m以上的支架立柱采用扣件式钢管、门式和碗扣式钢管脚手架时，除应有合格证外，对所用扣件应用扭矩扳手进行抽检，达到合格后方可承力使用。

(9) 多人共同操作或扛抬组合钢模板时，必须密切配合、协调一致、互相呼应。

(10) 施工用的临时照明行灯的电压不得超过36V；若为满堂模板、钢支架及特别潮湿的环境时，不得超过12V。照明行灯及机电设备的移动线路应采用绝缘橡胶套电缆线。

(11) 有关避雷、防触电和架空输电线路的安全距离应遵守国家现行标准《施工现场临时用电安全技术规范》(JGJ 46—2005) 的有关规定。施工用的临时照明和动力线应用绝缘线和绝缘电缆线，且不得直接固定在钢模板上。夜间施工时，应有足够的照明，并应制定夜间施工的安全措施。施工用临时照明和机电设备线严禁非电工乱拉乱接。同时还应经常检查线路的完好情况，严防绝缘破损漏电伤人。

(12) 安装高度在2m及其以上时，应遵守国家现行标准《建筑施工高处作业安全技术规范》(JGJ 80—91) 的有关规定。

(13) 模板安装时，上下应有人接应，随装随运，严禁抛掷。且不得将模板支搭在门窗框上，也不得将脚手板支搭在模板上，并严禁将模板与上料井架及有车辆运行的脚手架或操作平台支成一体。

(14) 支模过程中如遇中途停歇，应将已就位模板或支架连接稳固，不得浮搁或悬空。拆模中途停歇时，应将已松扣或已拆松的模板、支架等拆下运走，防止构件坠落或作业人员扶空坠落伤人。

(15) 严禁人员攀登模板、斜撑杆、拉条或绳索等，也不得在高处的墙顶、独立梁或在其模板上行走。

(16) 模板施工中应设专人负责安全检查，发现问题应报告有关人员处理。当遇险情时，应立即停工和采取应急措施；待修复或排除险情后，方可继续施工。

(17) 寒冷地区冬期施工用钢模板时，不宜采用电热法加热混凝土，否则应采取防触电措施。

(18) 在大风地区或大风季节施工时，模板应有抗风的临时加固措施。

(19) 当钢模板高度超过15m时，应安设避雷设施，避雷设施的接地电阻不得大于4Ω。

(20) 若遇恶劣天气，如大雨、大雾、沙尘、大雪及六级以上大风时，应停止露天高处作业。五级及以上风力时，应停止高空吊运作业。雨雪停止后，应及时清除模板和地面上的冰雪及积水。

(21) 使用后的木模板应拔除铁钉，分类进库，堆放整齐。若为露天堆放，顶面应遮防雨篷布。

(22) 使用后的钢模、钢构件应遵守下列规定：

① 使用后的钢模、桁架、钢楞和立柱应将黏结物清理洁净，清理时严禁采用铁锤敲击的方法；

② 清理后的钢模、桁架、钢楞、立柱，应逐块、逐榀、逐根进行检查，发现翘曲、变形、扭曲、开焊等必须修理完善；

③ 清理整修好的钢模、桁架、钢楞、立柱应刷防锈漆，对立即待用钢模板的表面应刷脱模剂，而暂不用的钢模表面可涂防锈油一度；

④ 钢模板及配件，使用后必须进行严格清理检查，已损坏断裂的应剔除，不能修复的应报废；螺栓的螺纹部分应整修上油，然后应分别按规格分类装于箱笼内备用；

⑤ 钢模板及配件等修复后，应进行检查验收，凡检查不合格者应重新整修，待合格后方准应用，其修复后的质量标准应符合表 10-1 的规定；

表 10-1　钢模板及配件修复后的质量标准

项目		允许偏差/mm	项目		允许偏差/mm
钢结构	板面局部不平度	≤2.0	钢模板	板面锈皮麻面，背面粘混凝土	不允许
	板面翘曲矢高	≤2.0		孔洞破裂	不允许
	板侧凸棱面翘曲矢高	≤1.0	零配件	U 形卡卡口残余变形	≤1.2
	板肋平直度	≤2.0		钢楞及支柱长度方向弯曲度	≤L/1000
	焊点脱焊	不允许	桁架	侧向平直度	≤2.0

⑥ 钢模板由拆模现场运至仓库或维修场地时，装车不宜超出车栏杆，少量高出部分必须拴牢，零配件应分类装箱，不得散装运输；

⑦ 经过维修、刷油、整理合格的钢模板及配件，如需运往其他施工现场或入库，必须分类装入集装箱内，杆应成捆、配件应成箱，清点数量，入库或接收单位验收；

⑧ 装车时，应轻搬轻放，不得相互碰撞，卸车时，严禁成捆从车上推下和拆散抛掷；

⑨钢模板及配件应放入室内或敞棚内，若无条件需露天堆放时，则应装入集装箱内，底部垫高 100mm，顶面应遮盖防水篷布或塑料布，但集装箱堆放高度不宜超过 2 层。

（四）拆除工程

随着城市建设规模的不断扩大，一些旧建筑物、构筑物就要被拆除，以及城镇旧房改造的持续升温，房屋拆除工程量大增，拆除事故频频发生。2004 年，四川南充市发生三起建筑拆除事故，三起事故共导致 10 人死亡、8 人受伤；同年，河南登封市某卫生院和湖南郴州市某医院先后发生拆除工程坍塌事故，均死亡 3 人以上。建筑物拆除事故呈现多发的趋势，拆除工程的安全已成为当前建筑施工安全中的薄弱环节。为确保建筑拆除工程施工安全，保障从业人员在拆除作业中的安全和健康及人民群众的生命、财产安全，根据建筑拆除工程特点，制定《建筑拆除工程安全技术规范》(JGJ 147—2004)。

1. 拆除方法分类

对于建筑物和构筑物拆除的方法很多，主要有 3 类。一是人工拆除；二是机械拆除；三是爆破拆除。无论是采用哪种拆除方法，都应遵守安全生产法律法规和安全技术规程。

《建设工程安全生产管理条例》规定，建设单位在拆除工程施工 15 日前，将有关资料报拆除工程所在地县级以上建设行政主管部门或其他部门备案，提供的资料包括：施工单位资质等级证明材料；拟拆除建筑物、构筑物及可能危及比邻建筑物的说明；拆除工程的施工组织设计或方案；堆放、清除废弃物的措施。

2. 安全防护措施

(1) 拆除施工采用的脚手架、安全网，必须由专业人员按设计方案搭设，由专业人员验收合格后方可使用。水平作业时，操作人员应保持安全距离。

（2）安全防护设施验收时，应按类别逐项查验，并有验收记录。

（3）作业人员必须配备相应的劳动保护用品，并正确使用。

（4）施工单位必须依据拆除工程安全施工组织设计或安全专项施工方案，在拆除施工现场划定危险区域，并设置警戒线和相关的安全标志，应派专人监管。

（5）施工单位必须落实防火安全责任制，建立义务消防组织，明确责任人，负责施工现场的日常防火安全管理工作。

3. 安全技术管理

（1）拆除工程开工前，应根据工程特点、构造情况、工程量等编制施工组织设计或安全专项施工方案，应经技术负责人和总监理工程师签字批准后实施。施工过程中，如需变更，应经原审批人批准，方可实施。

（2）在恶劣的气候条件下，严禁进行拆除作业。

（3）当日拆除施工结束后，所有机械设备应远离被拆除建筑。施工期间的临时设施，应与被拆除建筑保持安全距离。

（4）从业人员应办理相关手续，签订劳动合同，进行安全培训，考试合格后方可上岗作业。

（5）拆除工程施工前，必须对施工作业人员进行书面安全技术交底。

（6）拆除工程施工必须建立安全技术档案，并应包括下列内容：

① 拆除工程施工合同及安全管理协议书；

② 拆除工程安全施工组织设计或安全专项施工方案；

③ 安全技术交底；

④ 脚手架及安全防护设施检查验收记录；

⑤ 劳务用工合同及安全管理协议书；

⑥ 机械租赁合同及安全管理协议书。

（7）施工现场临时用电必须按照国家现行标准《施工现场临时用电安全技术规范》（JGJ 46—2005）的有关规定执行。

（8）拆除工程施工过程中，当发生重大险情或生产安全事故时，应及时启动应急预案排除险情、组织抢救、保护事故现场，并向有关部门报告。

（五）脚手架

脚手架指施工现场为工人操作并解决垂直和水平运输而搭设的各种支架，在建筑工地上用在外墙、内部装修或层高较高无法直接施工的地方，主要为了施工人员上下干活或外围安全网维护及高空安装构件等，所以，脚手架是建筑施工中必不可少的临时设施。脚手架制作材料通常有：竹、木、钢管或合成材料等。

脚手架虽然是随着工程进度而搭设，工程完毕就拆除，但它对建筑施工速度、工作效率、工程质量以及工人的人身安全有着直接的影响，如果脚手架搭设不及时，势必会拖延工程进度；脚手架搭设不符合施工需要，工人操作就不方便，质量得不到保证，工效也提不高；脚手架搭设不牢固，不稳定，就容易造成施工中的伤亡事故。因此，对脚手架的选型、构造、搭设质量等绝不可疏忽大意轻率处理。

1. 脚手架种类

随着建筑施工技术的发展，脚手架的种类也愈来愈多。从搭设材质上说，不仅有传统的竹、木脚手架，而且还有钢管脚手架。钢管脚手架中又分扣件式、碗扣式、门式、工具式。按搭设的立杆排数，又可分单排架、双排架和满堂架。按搭设的用途，又可分为砌筑架、装修架。按搭设的位置可分为外脚手架和内脚手架。脚手架分为下列 3 大类。

(1) 外脚手架。搭设在建筑物或构筑物的外围的脚手架称为外脚手架。外脚手架应从地面搭起，所以，也叫底撑式脚手架，一般来讲建筑物多高，其架子就要搭多高。

① 单排脚手架。它由落地的许多单排立杆与大、小横杆绑扎或扣接而成。

② 双排脚手架。它由落地的许多里、外两排立杆与大、小横杆绑扎或扣接而成。

(2) 内脚手架。搭设在建筑物或构筑物内的脚手架称为里脚手架。主要有：马凳式里脚手架；支柱式里脚手架。

(3) 工具式脚手架

① 悬挑脚手架。它不直接从地面搭设，而是采用在楼板墙面或框架柱上以悬挑形式搭设。按悬挑杆件的不同种类可分为两种：一种是用 ϕ48mm×3.5mm 的钢管，一端固定在楼板上，另一端悬出在外面，在这个悬挑杆上搭设脚手架，它的高度应不超过 6 步架；另一种是用型钢做悬挑杆件。搭设高度不超过 20 步架（总高 20～30m)。

② 吊篮脚手架。它的基本构件是用 ϕ150mm×3mm 的钢管焊成矩形框架，并以 3～4 榀框架为一组，在屋面上设置吊点，用钢丝绳吊挂框架，它主要适用于外装修工程。

③ 附着式升降脚手架。附着在建筑物的外围，可以自行升降的脚手架称为附着式升降脚手架。

④ 挂脚手架。将脚手架挂在墙上或柱上事先预埋的挂钩上，在挂架上铺以脚手板而成。

⑤ 门式钢管脚手架。

2. 脚手架搭设和拆除安全技术措施

(1) 搭设安全措施

① 脚手架搭设或拆除人员必须由符合劳动部颁发的《特种作业人员安全技术培训考核管理规定》经考核合格，领取《特种作业员操作证》的专业架子工进行。

② 操作人员应持证上岗。操作时必须配戴安全帽、安全带、穿防滑鞋。

③ 大雾及雨、雪天气和 6 级以上大风时，不得进行脚手架上的高处作业。雨、雪天后作业，必须采取安全防滑措施。

④ 脚手架搭设作业时，应按形成基本构架单元的要求逐排、逐跨和逐步地进行搭设，矩形周边脚手架宜从其中的一个角部开始向两个方向延伸搭设。确保已搭部分稳定。搭设作业，应按以下要求作好自我保护和保护好作业现场人员的安全。

a. 在架上作业人员应穿防滑鞋和佩挂好安全带。保证作业的安全，脚下应铺设必要数量的脚手板，并应铺设平稳，且不得有探头板。当暂时无法铺设落脚板时，用于落脚或抓握、把（夹）持的杆件均应为稳定的构架部分，着力点与构架点的水平距离应不大于 0.8m，垂直距离应不大于 15m。位于立杆接头之上的自由立杆（尚未水平杆连接者）不得用做把持杆。

b. 架上作业人员应作好分工和配合，传递杆件应掌握好重心，平稳传递不要用力过猛，以引起人身或杆件失衡。对每完成的一道工序，要相互询问并确认后才能进行下一道工序。

c. 作业人员应佩戴工具袋，工具用后装于袋中，不要放在架子上，以免掉落伤人。

d. 架设材料要随上随用，以免放置不当时掉落。

e. 每次收工以前，所有上架材料应全部搭设上，不要存留在架上，而且一定在形成稳定的构架，不能形成稳定构架的部分应采取临时撑拉措施以加固。

(2) 脚手架拆除施工安全要求

① 脚手架拆除作业是比较危险的作业环节，作业人员必须听从指挥，严格按方案和操作规程进行拆除，防止脚手架大面积倒塌和物体坠落砸伤他人。

② 拆除脚手架时，在地面划出工作范围，设置围栏和警戒标志，并派专人看守，严禁非操作人员入内。

③ 严格遵守拆除顺序，逐层由上而下进行，后绑者先拆，先绑者后拆，严禁上下同时作业。

④ 统一指挥，上下呼应，动作协调，当解开与另一人有关的扣件时应告知对方，以防坠落。

⑤ 拆下的材料，应有绳索拴牢，利用滑轮徐徐下运，严禁抛掷，运至地面的材料应分类在指定地点堆放整齐。

⑥ 在脚手架拆除过程中，不得中途换人，如必须换人时，应将拆除情况交代清楚后方可换人。

（3）架上作业时的安全注意事项

① 作业前应注意检查作业环境是否可靠，安全防护措施是否齐全有效，确认无误后方可作业。

② 作业时应注意随时清理落在架面上的材料，保持架面上规整和架面上清洁，不要乱放材料、工具，以影响作业的安全和发生掉物伤人。

③ 在进行撬、拉、推等操作时，要注意采取正确的姿势，站稳脚跟，或一手把持在稳固的结构或支持物上，以免用力过猛身体失去平稳而把东西甩出。在脚手架上拆除模板时，应采取必要的支托措施，以防拆下的模板材料掉落架外。

④ 当架面高度不够、需要加高时，一定要采用稳定可靠的垫高办法，且垫高不要超过50cm；超过50cm时，应按搭设规定升高铺板层。在升高作业面时，应相应加高防护设施。

⑤ 在架面上运送材料经过正在作业中的人员时，要及时发出“请注意”、“请让一让”的信号。材料要轻搁稳放，不许采用倾倒、猛磕或其他匆忙卸料方式。

⑥ 严禁在架面上打闹戏耍退着行走和跨坐在外防护横杆上休息。不要在架面上抢行、跑跳，相互避让时应注意身体不失衡。

（六）建筑施工安全技术-垂直运输机械

在施工现场用于垂直运输的机械主要有3种：塔式起重机、龙门架（井字架）物料提升机和外用电梯。

1. 塔式起重机

（1）分类。塔式起重机（简称塔吊），在建筑施工中已经得到广泛的应用，成为建筑安装施工中不可缺少的建筑机械。

由于塔吊的起重臂与塔身可成相互垂直的外形，故可把起重机靠近施工的建筑物安装，塔吊的有效工作幅度优越于履带、轮胎式起重机，其工作高度可达100～160m。由于塔吊优于其他起重机械，再加上其操作方便、变幅简单等特点，是今后建筑业的起重、运输、吊装作业的主导机械。

按工作方法分类，塔吊可分为固定式塔吊和运行式塔吊。按旋转方式分类，塔吊可分为上旋式和下旋式。按变幅方法分类，塔吊可分为动臂变幅和小车运行变幅。按起重性能分类，塔吊可分为轻型塔吊、中型塔吊和重型塔吊。

起重机的基本参数有6项：即起重力矩、起重量、最大起重量、工作幅度、起升高度和轨距，其中起重力矩确定为衡量塔吊起重能力的主要参数。

（2）使用塔吊的安全操作注意事项

① 塔吊司机和信号人员，必须经专门培训持证上岗；

② 实行专人专机管理，机长负责制，严格交接班制度；

③ 新安装的或经大修后的塔吊，必须按说明书要求进行整机试运转；

④ 塔吊距架空输电线路应保持安全距离；

⑤ 司机室内应配备适用的灭火器材；

⑥ 提升重物前，要确认重物的真实重量，要做到不超过规定的荷载，不得超载作业；

⑦ 两台塔吊在同一条轨道作业时，应保持安全距离；

⑧ 两台同样高度的塔吊，其起重臂端部之间，应大于4m，两台塔吊同时作业，其吊物间距不得小于2m；

⑨ 轨道行走的塔吊，处于90°弯道上，禁止起吊重物；

⑩ 操作中遇大风（六级以上）等恶劣气候，应停止作业，将吊钩升起，夹好轨钳，当风力达十级以上时，吊钩落下钩住轨道，并在塔身结构架上拉四根钢丝绳，固定在附近的建筑物上。

2. 龙门架、井字架物料提升机

龙门架、井字架都是用做施工中的物料垂直运输。龙门架、井字架是因架体的外形结构而得名。龙门架由天梁及两立柱组成，形如门框；井字架由四边的杆件组成，形如“井”字的截面架体，提升货物的吊篮在架体中间上下运行。

龙门架、井字架物料提升机的安装与拆除必须编制专项施工方案，并应由有资质的队伍施工。升降机应由专职机构和专职人员管理。司机应经专业培训，持证上岗。组装后应进行验收，并进行空载、动载和超载试验。严禁载人升降和禁止攀登架体及从架体下面穿越。

3. 外用电梯

建筑施工外用电梯又称附壁式升降机，是一种垂直井架（立柱）导轨式外用笼式电梯。主要用于工业、民用高层建筑的施工，桥梁、矿井、水塔的高层物料和人员的垂直运输。

升降机的构造原理是将运载梯笼和平衡重之间，用钢丝绳悬挂在立柱顶端的定滑轮上，立柱与建筑结构进行刚性连接。梯笼内以电力驱动齿轮，凭借立柱上固定齿条的反作用力，梯笼沿立柱导轨作垂直运动。

外用电梯由于结构坚固，拆装方便，不用另设机房，应用较广泛。其立柱制成一定长度的标准节，上下各节可以互换，根据需要的高度到施工现场进行组装，一般架设高度可达100m，用于超高层建筑施工时可达200m。电梯可借助本身安装在顶部的电动吊杆组装，也可利用施工现场的塔吊等起重设备组装。另外梯笼和平衡重的对称布置，故倾覆力矩很小，立柱又通过附壁架与建筑结构牢固连接（不需缆风绳），所以受力合理可靠。为保证使用安全，外用电梯本身设置了必要的安全装置，这些装置应该经常保持良好状态，防止意外事故。

（七）施工现场临时用电工程

1. 施工现场临时用电的管理原则

按照JCJ 46—2005《施工现场临时用电安全技术规范》的规定：施工现场临时用电设备在5台及以上或设备总容量在50kW及以上者，应编制用电组织设计。编制临时用电施工组织设计是施工现场临时用电管理的主要技术文件。

施工现场临时用电组织设计应包括下列内容：

① 现场勘测；

② 确定电源进线、变电所或配电室、配电装置、用电设备位置及线路走向；

③ 进行负荷计算；

④ 选择变压器；

⑤ 设计配电系统；

⑥ 设计防雷装置；

⑦ 确定防护措施；

⑧ 制定安全用电措施和电气防火措施。

2. 施工现场对外电线路的安全距离及防护

（1）外电线路的安全距离。外电线路的安全距离是指带电导体与其附近接地的物体以及人体之间必须保持的最小空间距离或最小空气间隙。

在施工现场中，安全距离问题主要是指在建工程（含脚手架具）的外侧边缘与外电架空线路的边线之间的最小安全操作距离、施工现场的机动车道与外电架空线路交叉时的最小安全垂直距离。起重机的任何部位或被吊物边缘在最大偏斜时与架空线路边线的最小安全距离对比，规范 JGJ 46—2005 已经作了具体的规定。

（2）外电线路的防护。当无法保证最小安全距离时，必须采取绝缘隔离防护措施，并应悬挂醒目的警告标志。防护设施应坚固、稳定，且对外电线路的隔离防护应达到 IP30 级，与外电线路之间的安全距离符合规定。

若防护措施无法实现时，必须与有关部门协商，采取停电、迁移外电线路或改变工程位置等措施，未采取上述措施的严禁施工。

3. 施工现场临时用电的接地与防雷

在施工现场，由于现场环境、条件的影响，间接触电现象往往比直接触电现象更普遍，危害也更大。所以，除了应采取防止直接触电的安全措施以外，还必须采取防止间接触电的安全技术措施。

（1）接地。在施工现场专用变压器的供电 TN-S 接零保护系统中，电气设备的金属外壳必须与保护零线连接。保护零线应由工作接地线、配电室（总配电箱）电源侧零线或总漏电保护器电源侧零线处引出。当施工现场与外电线路共用同一供电系统时，电气设备的接地、接零保护应与原系统保护一致。不得一部分设备做保护接零，另一部分设备做保护接地。

采用 TN 系统做保护接零时，工作零线（N 线）必须通过总漏电保护器，保护零线（PE 线）必须由电源进线零线重复接地处或总漏电保护器电源侧零线处，引出形成局部 TN-S 接零保护系统。

PE 线上严禁装设开关或熔断器，严禁通过工作电流，且严禁断线。

（2）施工现场建筑机械设备的防雷。在土壤电阻率低于 200Ω 区域的电杆可不另设防雷接地装置，但在配电室的架空进线或出线处应将绝缘子铁脚与配电室的接地装置相连接。

施工现场内的起重机、井字架、龙门架等机械设备，以及钢脚手架和正在施工的在建工程等的金属结构，当在相邻建筑物、构筑物等设施的防雷装置接闪器的保护范围以外时，应按规定装防雷装置。

当最高机械设备上避雷针（接闪器）的保护范围能覆盖其他设备，且又最后退出于现场，则其他设备可不设防雷装置。

4. 施工现场的配电室及自备电源

（1）配电室。配电室应靠近电源，并应设在灰尘少、潮气少、振动小、无腐蚀介质、无易燃易爆物及道路畅通的地方。配电室和控制室应能自然通风，并应采取防止雨雪侵入和动物进入的措施。配电室应保持整洁，不得堆放任何妨碍操作、维修的杂物。配电室布置应符合规范 JGJ 46—2005 要求。

（2）230/400V 自备发电机组。施工现场临时用电工程一般是由外电线路供电的。常因外电线路电力供应不足或其他原因而停止供电，使施工受到影响。所以，为了保证施工不因停电而中断，有的施工现场备有发电机组，作为外电线路停止供电时的接续供电电源，这就是所谓自备电源。

发电机组及其控制、配电、修理室等可分开设置，在保证电气安全距离和满足防火要求情况下可合并设置；发电机组的排烟管道必须伸出室外；发电机组及其控制、配电室内必须配置可用于扑灭电气火灾的灭火器，严禁存放贮油桶；发电机组电源必须与外电线路电源连锁，严禁并列运行；发电机组应采用电源中性点直接接地的三相四线制供电系统和独立设置TN-S接零保护系统，其工作接地电阻值应符合要求。

5. 施工现场的配电线路

施工现场的配电线路包括室外线路和室内线路。其敷设方式：室外线路主要有绝缘导线架空敷设（架空线路）和绝缘电缆埋地敷设（埋地电缆线路）两种，也有电缆线路架空明敷设的。室内线路通常有绝缘导线和电缆的明敷设和暗敷设（明设线路或暗设线路）两种。

（1）架空线的选择。架空线的选择主要是选择架空线路导线的种类和导线的截面，其选择依据主要是施工现场对架空线路敷设的要求和负荷计算的计算电流。

① 导线种类的选择。按照施工现场对架空线路敷设的要求，架空线必须采用绝缘导线。

② 导线截面的选择。架空线导线截面的选择应符合下列要求：

a. 导线中的计算负荷电流不大于其长期连续负荷允许载流量；

b. 线路末端电压偏移不大于其额定电压的5%；

c. 三相四线制线路的N线和PE线截面不小于相线截面的50%，单相线路的零线截面与相线截面相同；

d. 按机械强度要求，绝缘铜线截面不小于10mm^2，绝缘铝线截面不小于16mm^2；

e. 在跨越铁路、公路、河流、电力线路档距内，绝缘铜线截面不小于16mm^2，绝缘铝线截面不小于25mm^2。

（2）架空线路的安全要求

① 架空线必须采用绝缘导线。

② 架空线的档距与弧垂：档距为不得大于35m，线间距不得小于0.3m，靠近电杆的两导线的间距不得小于0.5m。架空线路横担间的最小垂直距离不得小于规定数值。

③ 架空导线的相序排列：动力、照明线在同一横担上架设时，导线相序排列是：面向负荷从左侧起依次为L1、N、L2、L3、PE；动力、照明线在二层横担上分别架设时，导线相序排列是：上层横担面向负荷从左侧起依次为L1、L2、L3；下层横担面向负荷从左侧起依次为L1（L2、L3）、N、PE。

④ 架空线路必须有短路保护。采用熔断器做短路保护时，其熔体额定电流不应大于明敷绝缘导线长期连续负荷允许载流量的1.5倍；采用断路器做短路保护时，其瞬动过流脱扣器脱扣电流整定值应小于线路末端单相短路电流。

⑤ 架空线路必须有过载保护。采用熔断器或断路器做过载保护时，绝缘导线长期连续负荷允许载流量不应小于熔断器熔体额定电流或断路器长延时过流脱扣器脱扣电流整定值的1.25倍。

6. 施工现场的配电箱和开关箱

（1）配电箱与开关箱的设置原则。配电系统应设置配电柜或总配电箱、分配电箱、开关箱，实行三级配电。配电系统宜使三相负荷平衡。220V或380V单相用电设备宜接入220/380V三相四线系统；当单相照明线路电流大于30A时，宜采用220/380V三相四线制供电。

每台用电设备必须有各自专用的开关箱，严禁用同一个开关箱直接控制2台及2台以上用电设备（含插座）。

动力配电箱与照明配电箱宜分别设置。当合并设置为同一配电箱时，动力和照明应分路配电；动力开关箱与照明开关箱必须分设。

（2）位置选择与环境条件。配电箱、开关箱应装设端正、牢固。固定式配电箱、开关箱的中心点与地面的垂直距离应为1.4～1.6m。移动式配电箱、开关箱应装设在坚固、稳定的支架上。其中心点与地面的垂直距离宜为0.8～1.6m。

配电箱、开关箱应装设在干燥、通风及常温场所，不得装设在有严重损伤作用的瓦斯、烟气、潮气及其他有害介质中，亦不得装设在易受外来固体物撞击、强烈振动、液体浸溅及热源烘烤场所。否则，应予清除或做防护处理。

配电箱、开关箱周围应有足够 2 人同时工作的空间和通道，不得堆放任何妨碍操作、维修的物品，不得有灌木、杂草。

总配电箱的电器应具备电源隔离，正常接通与分断电路，以及短路、过载、漏电保护功能。

7. 施工现场的照明

(1) 在坑、洞、井内作业、夜间施工或厂房、道路、仓库、办公室、食堂、宿舍、料具堆放场及自然采光差等场所，应设一般照明、局部照明或混合照明。

在一个工作场所内，不得只设局部照明。停电后，操作人员需及时撤离的施工现场，必须装设自备电源的应急照明。

(2) 现场照明应采用高光效、长寿命的照明光源。对需大面积照明的场所，应采用高压汞灯、高压钠灯或混光用的卤钨灯等。

(3) 照明器的选择必须按下列环境条件确定

① 正常湿度一般场所，选用开启式照明器；

② 潮湿或特别潮湿场所，选用密闭型防水照明器或配有防水灯头的开启式照明器；

③ 含有大量尘埃但无爆炸和火灾危险的场所，选用防尘型照明器；

④ 有爆炸和火灾危险的场所，按危险场所等级选用防爆型照明器；

⑤ 存在较强振动的场所，选用防振型照明器；

⑥ 有酸碱等强腐蚀介质场所，选用耐酸碱型照明器。

(4) 照明器具和器材的质量应符合国家现行有关强制性标准的规定，不得使用绝缘老化或破损的器具和器材。

案　　例

【案例一】

1. 背景

某工程开工前，总包项目部进驻现场，组建了以专职安全员为第一负责人的施工现场安全保证体系，工程建设人员委托某监理公司对该工程的质量、进度和投资进行监理，安全方面就采用施工方的安全员进行监督管理。

2. 问题

(1) 以专职安全员为第一负责人的施工现场安全保证体系是否符合规定？为什么？

(2) 工程建设人员做法是否可行，如若不行，应该如何做？

3. 案例分析

(1) 不符合规定。施工现场项目管理机构的安全生产责任制应以施工项目经理为第一负责人，不能以专职安全员为第一负责人。

(2) 工程建设人员采用施工方的安全员进行监督管理是不可行，应该委托监理公司的安全监理工程师对其工程安全进行控制。安全监理是指实行“四控制”的监理单位设置的专门负责安全控制的监理人员。安全监理的任务主要是贯彻落实安全生产方针政策，督促施工单位按照建筑施工安全生产法规和标准组织施工，消除施工中的冒险性、盲目性和随意性，落实各项安全技术措施，有效地杜绝各类安全隐患，杜绝、控制和减少各类伤亡事故，实现安全生产。

【案例二】

1. 背景

某工程为了抢工期，需要提前拆除外脚手架，以便于室外工程的展开，在拆除前，施工单位向监理单位提出申请，但监理单位以存在安全隐患为由，未同意该申请。在外架拆除过程中，监理也多次口头提出要求，要求施工单位以安全为重，保持外架完整，但施工单位依然我行我素。

2. 问题

(1) 监理的做法是否妥当？如不妥，如何做？

(2) 如果由于外架拆除，导致安全事故，在该事故中，监理应负什么责任？

3. 案例分析

(1) 监理的做法不妥当。在外架拆除过程中，监理多次口头提出要求，要求施工单位保持外架完整性不妥，工程监理单位在实施监理过程中，发现存在安全事故隐患的，应当要求施工单位整改；情况严重的，应当要求施工单位暂时停止施工，并及时报告建设单位。施工单位拒不整改或者不停止施工的，工程监理单位应当及时向有关主管部门报告。

(2) 如果发生事故，监理单位应承担安全监理责任。

【案例三】

1. 背景

某建筑安装公司承接了一个8层建筑工程项目，并将该工程交给某建筑施工队。该建筑施工队在主体施工过程中工人爬架杆、乘提升吊篮进行作业。同月12日，施工队长王某发现提升吊篮的钢丝绳有点毛，但未及时采取措施，继续安排工人施工。15日，工人向副队长徐某反映钢丝绳“毛得厉害”，徐某检查发现有30cm长的毛头，便指派钟某更换钢丝绳。而钟某为了追求进度，轻信钢丝绳不可能马上断，决定先把7名工人送上楼施工，再换钢丝绳。当吊篮接近5层时，钢丝绳突然断裂，导致重大人员事故的发生。

2. 问题

(1) 建筑施工现场的伤亡事故主要有哪些？本案例属于什么伤亡事故？

(2) 说明该事故的发生的原因。

3. 案例分析

(1) 建筑施工现场的伤亡事故主要有高处坠落，触电事故，物体打击，机械伤害，坍塌等，本案例属于高处坠落事故。

(2) 该建筑施工队在施工过程中没有执行《建筑安装工程安全技术规程》和有关安全施工之规定，是不对的。

在建筑工程施工中，时常会发生操作者从高处坠落以及物体落下伤人事故。为了便于操作过程中做好安全防范工作，有效的预防人与物从高处坠落的事故，根据建筑施工的特点，在建筑安装工程施工中，对建筑物和构筑物结构范围以内的“四口”与“五临边”和攀登、悬空均作为高处作业进行安全防护，确保劳动者在生产过程中的安全健康。

在该工程中工人乘提升吊篮工作属于悬空作业。由于悬空作业尚无立足点，必须适当地建立牢靠的立足点，如搭设操作平台，脚手架或吊篮等，方可进行施工。凡作业所用索具、脚手架、吊篮、吊笼、平台、塔架等设备，均必须经过技术鉴定的合格产品或经过技术部门鉴定合格后，方可采用。显然，该建筑施工队没有严格执行，最终导致事故的发生。

【案例四】

1. 背景

某施工队在对厂房通道的混凝土地面施工时，将其按宽度分为南北两段施工，南段已施工完毕。某日晚开始进行北段施工，到夜间零点左右时，地面作业需用滚筒进行碾压抹平，但施工区域内有一活动操作台（用钢管扣件组装）影响碾压作业进行，于是由3名作业人员推开操作台。但由于工地的电气线路架设混乱，再加上夜间施工只采用了局部照明，推动中挂住电线推不动，因光线暗未发现原因，便用钢管撬动操作台，从而将电线绝缘损坏，导致操作台带电，3人当场触电死亡。

2. 问题

本案例属于什么伤亡事故？说明该事故的发生的原因。

3. 案例分析

本案例属于触电事故。本次事故原因有三，首先按照规范要求厂房夜间作业应设一般照明及局部照明或混合照明，该厂房现场只安排局部照明，显然是不符合要求的；其次，但由于工地的电气线路架设混乱，线路敷设不规范，也是造成事故发生的隐患；最后规范规定，电气安装应同时采用保护接零和漏电保护装置，当发生意外触电时可自动切断电源进行保护。显然该工地电气系统混乱，工人触电后未能得到保护而失去生命，最终造成触电事故。

小　结

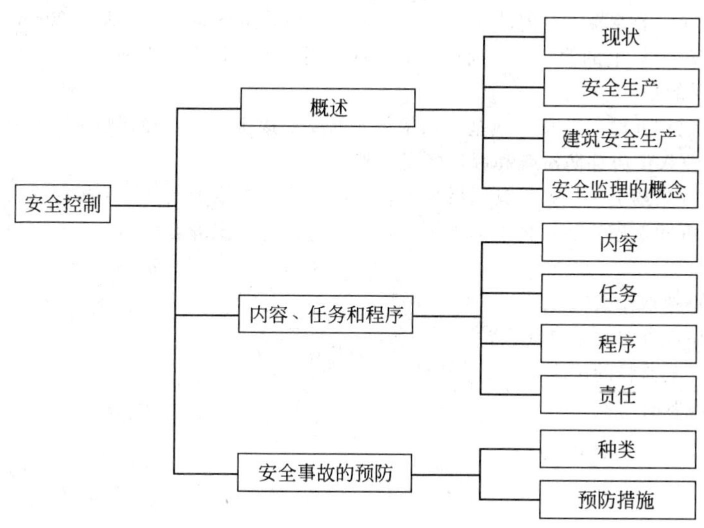

能力训练题

一、填空题

1. 安全监理是____。

2. 建筑工程安全生产管理的原则__________________________________。

3. 安全监理工作的四个阶段是________________、________________、________、____________________。

4. 群防群治制度是____。

5. 建筑施工现场的伤亡事故主要包括________、________、__________、________和____________。

二、选择题

1. 下面关于“四不放过”原则说法不正确的是（　　）。

A. 事故原因未查清不放过。
B. 当事人没有受到教育不放过。
C. 事故责任人未受到处理不放过。
D. 没有制订切实可行的预防措施不放过。

2. 凡在坠落基准面（　　）m以上有可能坠落的高处进行作业，均作为高处作业。

A. 2　　B. 3　　C. 4　　D. 5

3. 建设单位在拆除工程施工（　　）日前，将有关资料报拆除工程所在地县级以上建设行政主管部门或其他部门备案。

A. 10　　B. 15　　C. 20　　D. 30

4. 下面对于土方开挖的安全措施说法错误的是（　　）。

A. 人工挖基坑时，操作人员之间要保持安全距离，一般大于2.5m

B. 多台机械开挖，挖土机间距应大于10m

C. 挖土要自上而下，逐层进行

D. 可以先挖坡脚

5. 下面说法错误的是（　　）。

A. 楼板，屋面和平台等面上短边尺寸小于25cm但大于2.5cm的孔口，必须用坚实的盖板盖没。盖板应能防止挪动移位

B. 楼板面等处边长为50～150cm的洞口，安装预制构件时的洞口以及缺件临时形成的洞口，可用竹、木等作盖板，盖住洞口。盖板须能保持四周搁置均衡，并有固定其位置的措施

C. 边长为50～150cm的洞口，必须设置以扣件扣接钢管而成的网格，并在其上满铺竹笆或脚手板。也可采用贯穿于混凝土板内的钢筋构成防护网，钢筋网格间距不得大于20cm

D. 边长在150cm以上的洞口，四周设防护栏杆，洞口下张设安全平网

6. 下面说法错误的是（　　）。

A. 脚手架搭设作业时，应按形成基本构架单元的要求逐排、逐跨和逐步地进行搭设

B. 在架上作业人员应穿防滑鞋和佩挂好安全带

C. 作业人员应佩戴工具袋，工具用后装于袋中，不要放在架子上，以免掉落伤人

D. 严格遵守拆除顺序，逐层由上而下进行，后绑者先拆，先绑者后拆，上下可以同时作业

三、思考题

1. 安全监理的原则是什么？
2. 安全与工期和投资的关系是什么？
3. 安全监理与安全监督的区别是什么？
4. 安全监理的内容有哪些？

第十一章　环境控制

【知识目标】

- 了解环境监理提出的前提及其必要性
- 理解环境监理的工作依据、控制目标等
- 掌握环境监理的概念、程序

【能力目标】

- 能解释何为环境监理以及提出的意义
- 能写出环境监理的工作依据、内容及其程序

环境保护作为中国的一项基本国策已经在各个领域、各个行业得到推广，随着社会的发展，人们对环境问题愈加重视。自1978年以来，建筑市场规模不断扩大，国内建筑业产值逐年增加，成为拉动国民经济快速增长的重要力量。工程项目的建设可以改善人们的居住条件，提高人们的生活水平，然而在其整个活动过程中也会对社会产生负面影响，其中包含环境问题。随着人们对环境问题的关注，工程项目建设中的环境目标控制就显得日益重要。监理工程师往往对工程项目的投资、进度与质量目标比较重视，而工程建设对环境的影响往往被忽视。本章主要讨论在工程项目监理过程中如何进行环境控制。

第一节　环境控制概述

一、引述

长期以来，我国在建设项目环境保护管理工作中，主要通过工程前期的环境影响评价工作、工程的竣工环境保护验收和“三同时”制度来进行控制。

1. 环境影响评价

所谓环境影响评价，是指对规划和建设项目实施后可能造成的环境影响进行分析、预测和评估，提出预防或者减轻不良环境影响的对策和措施，进行跟踪监测的方法与制度。2002年12月28日全国人民代表大会常务委员会发布了《环境影响评价法》，以法律的形式确立了规划和建设项目的环境影响评价制度。关于建设项目的环境影响评价制度，该法主要规定了如下内容。

（1）国家根据建设项目对环境的影响程度，对建设项目的环境影响评价实行分类管理。

建设单位应当按照下列规定组织编制环境影响报告书、环境影响报告表或者填报环境影响登记表（以下统称环境影响评价文件）：可能造成重大环境影响的，应当编制环境影响报告书，对产生的环境影响进行全面评价；可能造成轻度环境影响的，应当编制环境影响报告表，对产生的环境影响进行分析或者专项评价；对环境影响很小、不需要进行环境影响评价的，应当填报环境影响登记表。

（2）环境影响报告书的基本内容。建设项目的环境影响报告书的内容包括：建设项目概

况、建设项目周围环境现状、建设项目对环境可能造成影响的分析、预测和评估、建设项目环境保护措施及其技术、经济论证、建设项目对环境影响的经济损益分析、对建设项目实施环境监测的建议、环境影响评价的结论。

涉及水土保持的建设项目，还必须具有经由水行政主管部门审查同意的水土保持方案。

(3) 建设项目环境影响评价机构。接受委托为建设项目环境影响评价提供技术服务的机构，应当经国务院环境保护行政主管部门考核审查合格后，颁发资质证书，按照资质证书规定的等级和评价范围，从事环境影响评价服务，并对评价结论负责。为建设项目环境影响评价提供技术服务的机构的资质条件和管理办法，由国务院环境保护行政主管部门制定。

国务院环境保护行政主管部门对已取得资质证书的为建设项目环境影响评价提供技术服务的机构的名单，应当予以公布。

为建设项目环境影响评价提供技术服务的机构，不得与负责审批建设项目环境影响评价文件的环境保护行政主管部门或者其他有关审批部门存在任何利益关系。

环境影响评价文件中的环境影响报告书或者环境影响报告表，应当由具有相应环境影响评价资质的机构编制。任何单位和个人不得为建设单位指定对其建设项目进行环境影响评价的机构。

(4) 建设项目环境影响评价文件的审批管理。建设项目的环境影响评价文件，由建设单位按照国务院的规定报有审批权的环境保护行政主管部门审批；建设项目有行业主管部门的，其环境影响报告书或者环境影响报告表应当经行业主管部门预审后，报有审批权的环境保护行政主管部门审批。

审批部门应当自收到环境影响报告书之日起60日内，收到环境影响报告表之日起30日内，收到环境影响登记表之日起15日内，分别作出审批决定并书面通知建设单位。

建设项目的环境影响评价文件经批准后，建设项目的性质、规模、地点、采用的生产工艺或者防治污染、防止生态破坏的措施发生重大变动的，建设单位应当重新报批建设项目的环境影响评价文件。

建设项目的环境影响评价文件自批准之日起超过5年，方决定该项目开工建设的，其环境影响评价文件应当报原审批部门重新审核；原审批部门应当自收到建设项目环境影响评价文件之日起10日内，将审核意见书面通知建设单位。

建设项目的环境影响评价文件未经法律规定的审批部门审查或者审查后未予批准的，该项目审批部门不得批准其建设，建设单位不得开工建设。建设项目建设过程中，建设单位应当同时实施环境影响报告书、环境影响报告表以及环境影响评价文件审批部门审批意见中提出的环境保护对策措施。

(5) 环境影响的后评价和跟踪管理。在项目建设、运行过程中产生不符合经审批的环境影响评价文件的情形的，建设单位应当组织环境影响的后评价，采取改进措施，并报原环境影响评价文件审批部门和建设项目审批部门备案；原环境影响评价文件审批部门也可以责成建设单位进行环境影响的后评价，采取改进措施。

环境保护行政主管部门应当对建设项目投入生产或者使用后所产生的环境影响进行跟踪检查，对造成严重环境污染或者生态破坏的，应当查清原因、查明责任。对属于为建设项目环境影响评价提供技术服务的机构编制不实的环境影响评价文件的，或者属于审批部门工作人员失职、渎职，对依法不应批准的建设项目环境影响评价文件予以批准的，依法追究其法律责任。

2. 竣工环境保护验收

建设项目竣工环境保护验收是指建设项目竣工后，环境保护行政主管部门根据本办法规定，依据环境保护验收监测或调查结果，并通过现场检查等手段，考核该建设项目是否达到环境保护要求的活动。

其目的是，为加强建设项目竣工环境保护验收管理，监督落实环境保护设施与建设项目主体工程同时投产或者使用，以及落实其他需配套采取的环境保护措施，防治环境污染和生态破坏。国家环境保护总局于 2001 年 12 月 11 日经第 12 次局务会议通过制定《建设项目竣工环境保护验收管理办法》，自 2002 年 2 月 1 日起施行。

建设项目竣工后，建设单位应当向有审批权的环境保护行政主管部门，申请该建设项目竣工环境保护验收。

（1）建设项目竣工环境保护验收范围

① 与建设项目有关的各项环境保护设施，包括为防治污染和保护环境所建成或配备的工程、设备、装置和监测手段，各项生态保护设施；

② 环境影响报告书（表）或者环境影响登记表和有关项目设计文件规定应采取的其他各项环境保护措施。

（2）验收材料。建设单位申请建设项目竣工环境保护验收，应当向有审批权的环境保护行政主管部门提交以下验收材料：

① 对编制环境影响报告书的建设项目，为建设项目竣工环境保护验收申请报告，并附环境保护验收监测报告或调查报告；

② 对编制环境影响报告表的建设项目，为建设项目竣工环境保护验收申请表，并附环境保护验收监测表或调查表；

③ 对填报环境影响登记表的建设项目，为建设项目竣工环境保护验收登记卡。

（3）验收条件。建设项目竣工环境保护验收条件是：

① 建设前期环境保护审查、审批手续完备，技术资料与环境保护档案资料齐全；

② 环境保护设施及其他措施等已按批准的环境影响报告书（表）或者环境影响登记表和设计文件的要求建成或者落实，环境保护设施经负荷试车检测合格，其防治污染能力适应主体工程的需要；

③ 环境保护设施安装质量符合国家和有关部门颁发的专业工程验收规范、规程和检验评定标准；

④ 具备环境保护设施正常运转的条件，包括经培训合格的操作人员、健全的岗位操作规程及相应的规章制度，原料、动力供应落实，符合交付使用的其他要求；

⑤ 污染物排放符合环境影响报告书（表）或者环境影响登记表和设计文件中提出的标准及核定的污染物排放总量控制指标的要求；

⑥ 各项生态保护措施按环境影响报告书（表）规定的要求落实，建设项目建设过程中受到破坏并可恢复的环境已按规定采取了恢复措施；

⑦ 环境监测项目、点位、机构设置及人员配备，符合环境影响报告书（表）和有关规定的要求；

⑧ 环境影响报告书（表）提出需对环境保护敏感点进行环境影响验证，对清洁生产进行指标考核，对施工期环境保护措施落实情况进行工程环境监理的，已按规定要求完成；

⑨ 环境影响报告书（表）要求建设单位采取措施削减其他设施污染物排放，或要求建设项目所在地地方政府或者有关部门采取“区域削减”措施满足污染物排放总量控制要求的，其相应措施得到落实。

（4）审批管理。对符合验收条件的建设项目，环境保护行政主管部门批准建设项目竣工环境保护验收申请报告、建设项目竣工环境保护验收申请表或建设项目竣工环境保护验收登记卡。

对填报建设项目竣工环境保护验收登记卡的建设项目，环境保护行政主管部门经过核查后，可直接在环境保护验收登记卡上签署验收意见，作出批准决定。

建设项目竣工环境保护验收申请报告、建设项目竣工环境保护验收申请表或者建设项目竣工环境保护验收登记卡未经批准的建设项目，不得正式投入生产或者使用。

3. “三同时”制度

所谓“三同时”制度，是指建设项目需要配套建设的环境保护设施，必须与主体工程同时设计、同时施工、同时投产使用。

二、环境监理的提出

长期以来，我国对建设项目的环境管理主要是抓环保审批和竣工验收两个环节。这种管理模式对污染型的建设项目是有效的，但对于交通、铁路、水利、水电、石油开发及管线建设等资源开发、基础设施等生态影响类建设项目效果不大。因为这类工程对生态环境的影响开始于勘探、选线阶段，重点发生于施工建设期，到工程竣工验收时，许多生态破坏早已发生，尤其是对自然保护区、生态功能保护区、湿地、珍稀动植物及其栖息地、自然景观的环境破坏已不可逆转。

目前，工程建设项目对在工程施工期所带来的生态环境、水土流失、景观影响及环境污染等问题，以及项目建成投入使用阶段的环境保护，都没有行之有效的环境管理手段，因而由于施工而造成的生态破坏现象时有发生。实践证明，在建设项目环境保护的整个工作中，仅凭环境影响评价、“三同时”及竣工验收，是很难对工程建设项目实施有效环境保护的。加强建设项目设计和施工阶段的环境管理，控制施工阶段的环境污染和生态破坏势在必行。

为了有效地控制工程施工阶段的生态环境影响和环境污染，国家环境保护总局、铁道部、交通部、水利部、国家电力公司和中国石油天然气集团公司在2002年10月13日以环发［2002］141号文联合发出《关于在重点建设项目中开展工程环境监理试点的通知》。首次提出在工程中开展环境监理的概念。

通知制定的目的是，贯彻《建设项目环境保护管理条例》，落实国务院第五次全国环境保护会议的精神，严格执行环境保护“三同时”制度，进一步加强建设项目设计和施工阶段的环境管理，控制施工阶段的环境污染和生态破坏，逐步推行施工期工程环境监理制度，首先在生态环境影响突出的国家十三个重点建设项目中开展工程环境监理试点。包括：黄河小浪底工程、三峡工程、新建铁路青藏线、西气东输管道工程、上海国际航运中心洋山深水港区一期工程、四川岷江紫坪铺水利枢纽工程等，涉及铁道部、交通部、水利部、中国石油集团公司等部门，工程建设规模大、施工周期长，并在国际国内有一定的影响。

通知明确指出：建设单位应委托具有工程监理资质并经环境保护业务培训的第三方单位对设计文件中保护措施的实施情况进行工程环境监理；工程环境监理资质按国家工程监理行政主管部门的有关规定执行。工程监理单位在项目施工阶段，依据建设单位的委托和监理合同中的环境保护要求，将环境保护监理工作纳入工程监理细则。项目竣工验收时；建设单位应向环境保护行政主管部门提交工程环境监理总结报告，作为工程竣工环境保护验收的必备文件，对未按有关环境保护要求施工的，应责令建设单位限期改正，造成生态破坏的，应采取补救措施或予以恢复。

这是首次对生态环境影响较大的建设项目实施工程环境监理，表明我国环境管理制度发生了重大转变，是环境管理的一次飞跃，标志着环境管理模式从重点环节向全程控制转变，从事后管理转变为全程管理。

三、环境监理的概念

所谓工程环境监理，是指具有相应资质的监理企业，接受建设单位的委托，承担其建设项目的环境管理工作，并代表建设单位对承建单位的建设行为对环境的影响情况进行检查，对污染防治和生态保护的情况进行检查，确保各项环保措施落到实处。

工程环境监理不仅是工程监理的一项新的分支，而且是对我国环境保护工作进一步发展和探索。工程环境监理是建设项目法人委托社会化、专业化的环境监理单位，依据国家批准的工程建设项目文件中环境保护的内容、环境保护法规和工程建设环境监理合同及其他相关合同。

第二节　环境控制的内容和程序

一、工作依据

实行环境控制，目前我国还没有专门制定出法律法规，环境保护监理属于施工监理的一部分，因此它的强制性由施工监理的有关规定来保障。对于施工环境监理的工作内容，则在国家大量的相关法规中都能找到依据。

1. 国家有关的法律、法规

《中华人民共和国宪法》、《中华人民共和国环境保护法》、《中华人民共和国水法》、《中华人民共和国土地管理法》、《中华人民共和国水土保持法》、《中华人民共和国文物保护法》、《中华人民共和国水污染防治法》、《中华人民共和国大气污染防治法》、《中华人民共和国环境噪声污染防治法》、《中华人民共和国固体废物污染环境保护法》等，都有环境保护的明确条款。

2. 国家有关的条例、办法、规定

《建设项目环境保护管理条例》、《关于加强自然资源开发建设项目的生态环境管理的通知》、《关于涉及自然保护区的开发建设项目环境管理工作有关问题的通知》、《关于开展交通工程环境监理工作的通知》等。

3. 地方性法规、文件

根据国家规定，可以立法的地方人民代表大会及其常务委员会可以颁布地方性环境保护法规。迄今为止有十几个省（市、自治区）颁布了地方环境保护法规。这些法规同样是施工环境保护监理的依据。

4. 项目的环境影响评价报告书及批复

建设项目的环境影响评价和水土保持报告及其批复，是施工环境保护监理工作最重要的依据之一，其中针对施工期提出的环境保护重点区域、污染防治措施、水保措施，是施工环境保护监理工作关注的重点，也是必须达到的底线。

5. 项目的环境行动计划（贷款项目均有此文件）

在利用世界银行或亚洲开发银行贷款修建的公路项目，均有此类文件，这也是施工过程环境保护监理工作的依据之一。

6. 工程设计文件

许多工程建设的设计阶段，往往已经考虑到了一些重大的环境保护问题，并在设计文件中有所反映，例如水土保持措施、绿化等，可以作为环境保护监理工作的依据。

7. 监理合同及工程建设合同

建设单位委托开展施工过程环境保护监理的合同，以及有关的补充协议，都明确规定了环境保护监理单位的权利、责任和义务，是监理单位开展工作的直接依据。

8. 施工过程的会议纪要、文件

在施工过程中根据实际情况形成的有关环保问题的会议纪要、有关文件，可以作为环境监理的依据。

二、控制目标

宏观来讲，工程环境监理的目的是力求实现工程建设项目环保目标，落实环境保护设施与措施，防止环境污染和生态破坏，满足工程竣工环境保护验收要求。具体目标如下所述。

(1) 保证项目环评报告书及批复意见中有关污染防治措施及生态环境保护措施落实到位是环境监理的主要目标。能否完成其即成为环境监理工作成败的判断的主要依据。

(2) 环评报告书中提出的污染防治措施及生态环境保护措施一经环保行政主管部门批准，即具有行政效力。环境监理应明确提醒项目业主并监督施工单位落实各自应承担的环境保护职责。

(3) 坚持按图施工，对于已批准的生态保护措施不要随意或轻易变更。环评中没有注意到的重要的生态要素或生态因子，确需进行保护的，也要按程序向业主建议，向环境行政主管部门反映。

三、工作内容

1. 监理工作任务

(1) 根据《中华人民共和国环境保护法》及相关法律法规，对工程建设过程中污染环境、破坏生态的行为进行监督管理。

监理任务：工程在施工过程符合环保要求。

监理范围：工程及工程影响的范围。

(2) 对建设项目配套的环保工程进行施工监理，确保“三同时”的实施。

监理任务：三控制、两管理、一协调。

监理范围：水处理工程、声屏障工程、绿化工程等。

2. 监理工作主要内容

施工期不同阶段各自相应的环保监理工作内容如下所述。

(1) 施工准备阶段的环境保护监理工作

① 参加设计交底，熟悉环评报告和设计文件，掌握沿线重要的环境保护目标，了解建设过程的具体环保目标，对敏感的保护目标做出标识；

② 审查施工单位的施工组织设计和开工报告，对施工过程的环保措施提出审查意见；

③ 审查施工单位的临时用地方案是否符合环保要求，临时用地的恢复计划是否可行；

④ 审查施工单位的环保管理体系是否责任明确，切实有效；

⑤ 参加第一次工地会议，对工程的环保目标和环保措施提出要求。

(2) 施工阶段的环境保护监理工作

① 审查施工单位编制的分部（分项）工程施工方案中的环保措施是否可行；

② 对施工现场、施工作业进行巡视或旁站监理，检查环境保护措施的落实情况；

③ 监测各项环境指标，出具监测报告或成果；

④ 向施工单位发出环保工作指示，并检查指令的执行情况；

⑤ 编写环境监理月报；

⑥ 参加工地例会；

⑦ 建立、保管环境保护监理资料档案；

⑧ 处理或协助主管部门和建设单位处理突发环保事件。

(3) 交工及缺陷责任期的环境保护监理工作

① 参加交工检查，确认现场清理工作、临时用地的恢复等是否达到环保要求；

② 检查施工单位的环保资料是否达到要求；

③ 评估环保任务或环保目标的完成情况，对尚存的主要环境问题提出继续监测或处理的方案和建议；

④ 完成缺陷责任期环境保护监理工作。

(4) 环境监测

① 协助建设单位落实施工过程的环境监测计划（即环评报告书中的监测计划）；

② 监测应定期进行，使数据有可比性，为制定环境保护监理措施和判断环保措施执行效果提供必要的依据；

③ 施工环境保护监理有时候会需要一些监测点以外的即时监测数据，因此环保监理单位有必要自备一些常用的监测设备，能够自行监测一些比较简单的项目，如噪声、TSP 等。

(5) 对环境影响报告书提出的其他环保措施的监理。

根据不同项目的实际情况，环境影响报告会提出不同的环保措施，甚至会有比较特殊的措施，例如指定范围内的拆迁等。对于环境影响报告提出的已经批准的措施，应协助建设单位有效地实施。

3. 工作方式

施工现场巡视是工程环境监理的主要工作方式之一。监理人员根据项目工程实际情况不定期对各个工地巡视，对于敏感的施工地段，巡视频率应适当增加。通过巡视，发现环保问题及时纠正，使施工期各项环保措施落到实处。监理期间与施工作业人员交流，询问操作规程，了解其是否知道有关的环保要求，从而判断承包商是否对施工人员作了前期环保培训，以确保施工中各项环保措施落实到位。监理人员通过提交日记、月报和环境监理进度报告，向业主和环境管理机构反映环境监理工作状况。对施工过程中出现的重大环境或生态问题，尤其是与工程进度有直接关系的环境事件，报业主签署意见后由业主下发给各承包商，及时采取措施整改。

四、工作程序

(1) 依据监理合同、设计文件、环评报告、水土保持方案以及施工合同、施工组织设计等编制施工环境保护监理规划。

(2) 按照施工环境保护监理规划、工程建设进度、各项环评对策措施编制施工环境保护监理实施细则。

（3）依据编制的施工环境保护监理规划和实施细则，开展施工期环境保护监理。

（4）工程交工后编写施工环境保护监理总结报告，整理监理档案资料，提交建设单位。

（5）参与工程竣工环保验收。

通过表格环保监理工作程序如下：

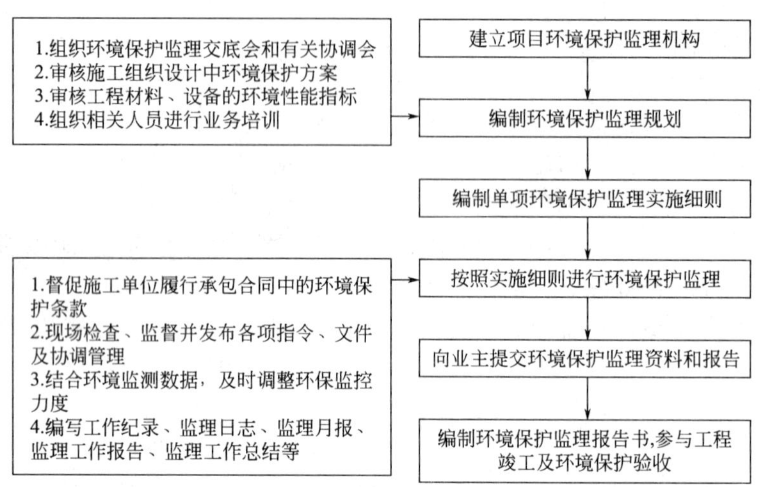

案　　例

我国目前正处在社会主义现代化进程的伟大时期，大规模的开发项目和建设工程是这一时期的显著特征。随着国家经济总体实力的大幅度提高，新建项目数量逐年增加，规模日益扩大，对资源环境的压力也越来越大，尤其许多新建项目在施工建设过程中对生态环境和自然资源造成的直接破坏和影响，成为社会可持续发展战略的重要障碍，因此加强对建设项目环境监管及提高管理成效称为当前社会健康发展的最紧迫任务和最重要环节。从20世纪90年代起，我国相继在一些生态环境影响突出的国家重点工程开展了环境监理试点，包括：黄河小浪底工程、三峡工程、新建铁路青藏线、西气东输管道工程等。实践证明，进行施工建设期的环境监理是一项费省效宏的环保措施，不仅可有效地保护环境和资源，而且促进了工程施工建设的规范化、文明化，提高了全社会的环境保护意识。

下面以内蒙古根河至白鹿岛公路工程的环境保护监理为案例，说明工程环境监理细则如何编写。

内蒙古根河至白鹿岛公路工程的环境监理

根河至白鹿岛公路建设项目是国家28个典型示范工程之一，把根白公路建设成为生态路、环保路，使该项目建成后变成一条绿色长廊，成为全生态保护的优良旅游线路，是所有施工人员、监理人员在工程建设中始终应贯彻的理念和原则。

1. 组织到位

（1）每天项目部都应设环保工作部，设专职人员负责环保工作。

（2）总监代表处设环保部，由环保专业毕业的监理人员任部长。

（3）各驻地办的高级驻地监理工程师是环保的第一负责人。

2. 落实到位

(1) 实行环境保护全员责任制，做到人人有责把环保工作落实到具体工作中，齐抓共管，做到谁发现谁制止。

(2) 突出事前控制，严盯死守，加强巡视检查力度，对施工便道，取土场，材料堆放场，拌和站、厂，弃土场，承包人施工暂设等用地的环保工作，认真落实国家有关环境保护的法律、法规，凡是违反环保的事件必须及时制止、及时举报、及时处理。

3. 具体措施

(1) 各单位环保措施要求有总体规划，所有的开工报告审批前，首先检查环保落实情况，不合格的不审批开工报告。

(2) 全线所有的临时用地必须有设计、有计划，经过上级主管部门批准方可施工，任何单位和个人不得私自征地、用地、破坏林地。

(3) 林地资源使用权必须得到国家有关部门的批准。林地使用权没批准不许砍伐树木。

(4) 设计上的取土场、材料堆放场地、拌和站、弃土场，因储量不足、质量不合格及场地过小等因素，需要变更的必须重新申报。经批准后方可变更，任何单位无权擅自扩大使用面积。

(5) 经批准的林地砍伐，要经过由专业知识的林业部门，进行砍伐，砍伐时应划清地界线，科学砍伐。

(6) 在工程施工中，尽可能少占用林地，施行谁占地、谁砍伐，谁复植的原则。

(7) 实行合理布局，少占林地，以便于恢复为第一原则，利用使用为第二原则，凡是经砍伐后不能恢复的林地不得使用。

(8) 沿线不许出现“青山露白”现象，不许乱掘乱挖，凡是原来绿色植被，经挖除后，承包人必须负责绿化。

(9) 严禁乱挖河道中砂砾，破坏原生态，造成绿地减少、河道改造或岛屿冲刷。

(10) 严禁乱倒垃圾、乱弃废土、污染河道和水源，也不得将弃土堆放在河道两侧。

(11) 高填方路基段，应设必要的挡墙，对两侧植被做必要的保护，防止雨水冲刷造成水土流失。

(12) 所有工程应本着边占地、边保护、边完工、边恢复，工程交验时，如发现有破坏环境情况时，不予验收。

(13) 做到清表与保护目标，批准与检查同时，施工与环保同时。

(14) 对公路沿线做生态、生物调查，不能乱种入其他树种、种子造成生物侵害。

(15) 现有路基两旁及边坡上的树木尽可能少砍、少伐，允许在树间填筑、压实，尽可能不破坏一棵树。

(16) 公路建成后，要保持原有生态，做到路两旁不露白，挖方、占地段绿化覆盖，一路行进，满地绿色，形成真正的绿色长廊。

(17) 在线路中，尽可能设置纵横向排水设施，特别是涵洞、桥梁，保证水流通畅，当洪水到来时，排泄顺畅，不造成林地、植被损毁。

(18) 对私砍乱伐现象该处罚的处罚，该遣送司法机关的送司法机关处理。

(19) 防火期内施工时不带烟、不带火，防止火灾发生。

(20) 对于居住的暂设，应加强防火检查，烟筒要加防火帽。

(21) 驻地暂设应配好防火工具。

(22) 各单位应设一名专职的安全防火员，林业有关部门应该有安全防火监督员进行承包人林区的施工暂设。

(23) 不乱抓、乱捕、乱猎野生动物，保护林区原生态。

小结

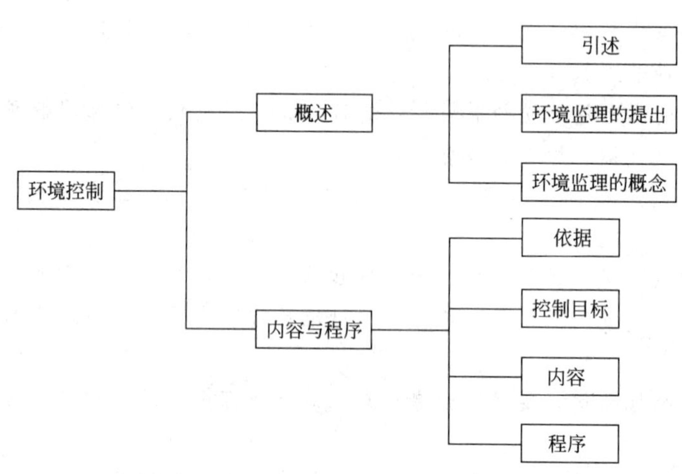

能力训练题

一、填空题

1. ________年________月________日全国人民代表大会常务委员会发布了《环境影响评价法》。
2. 审批部门应当自收到环境影响报告书之日起________日内，收到环境影响报告表之日起__________日内，收到环境影响登记表之日起________日内，分别作出审批决定并书面通知建设单位。
3. “三同时”制度，是指建设项目需要配套建设的环境保护设施，必须与主体工程同时__________、同时________、同时_________。
4. 环境保护监理工作的监理任务是______________________，监理范围是________________________。
5. __________________是工程环境监理的主要工作方式之一。

二、选择题

1. 建设项目的环境影响评价文件自批准之日起超过（　　）年，方决定该项目开工建设的，其环境影响评价文件应当报原审批部门重新审核。
   A. 2年　　B. 3年　　C. 5年　　D. 6年
2. 建设项目竣工环境保护验收条件是（　　）。
   A. 建设前期环境保护审查、审批手续完备，技术资料与环境保护档案资料
   B. 已按批准的环境影响报告书（表）
   C. 备环境保护设施正常运转的条件
   D. 污染物排放符合环境影响报告书（表）
3. 环境监理工作成败的判断的主要依据是（　　）。
   A. 能否完成项目环评报告书工作
   B. 批复意见中有关污染防治措施及生态环境保护措施是否落实到位
   C. 是否按图施工

D. 能否完成项目环评报告书工作和批复意见中有关污染防治措施及生态环境保护措施是否落实到位

4. ______年______月______日环发［2002］141号文联合发出《关于在重点建设项目中开展工程环境监理试点的通知》，首次提出在工程中开展环境监理的概念。

A. 2000，10，13　　B. 2001，10，13

C. 2002，10，13　　D. 2003，10，13

三、思考题

1. 什么是环境影响评价？
2. 建设项目竣工环境保护验收范围包括哪些？
3. 环境控制的内容和程序是什么？

参 考 文 献

[1] 卞耀武．中华人民共和国安全生产法释义．北京：法律出版社，2002.
[2] 吴瑞祥．安全监理之能效．安全，2001，(04).
[3] 梅钰．建设工程监理安全责任与工作指南．北京：中国建筑工业出版社，2008.
[4] 建筑施工高处作业安全技术规范．北京：中国计划出版社，2004.
[5] 《建筑施工高处作业安全技术规范》(JGJ 80—91).
[6] 《建筑施工模板安全技术规范》(JGJ 162—2008).
[7] 《建筑拆除工程安全技术规范》(JGJ 147—2004).
[8] 《施工现场临时用电安全技术规范》(JCJ 46—2005).
[9] 戴明新．交通工程环境监理指南．北京：人民交通出版社，2005.
[10] 浙江省交通厅工程质量监督站．公路施工环境保护监理．北京：人民交通出版社，2006.
[11] 中华人民共和国建筑法．1998.
[12] 建设工程质量管理条例．2000.
[13] 建设工程勘察设计管理条例．2000.
[14] 中华人民共和国国家标准．建设工程监理规范（GB 50319—2000）．北京：中国建筑工业出版社，2001.
[15] 中国建设监理协会．建设工程质量控制．北京：中国建筑工业出版社，2008.
[16] 顾慰慈．工程监理质量控制．北京：中国建材工业出版社，2001.
[17] 张毅．建设工程企业资质资格管理．北京：中国建筑工业出版社，2008.
[18] 柯国军．建筑材料质量控制监理．北京：中国建筑工业出版社，2003.
[19] 赵涛．设备工程监理质量控制．天津：天津大学出版社，2005.
[20] 中国建设监理协会．建设工程监理概论．北京：知识产权出版社，2006.
[21] 詹炳银．工程建设监理．北京：中国建筑工业出版社，2002.
[22] 杜训，陆惠民．建筑企业施工现场管理．北京：中国建筑工业出版社，2002.
[23] 全国监理工程师培训教材编写委员会．工程建设监理概论．北京：中国建筑工业出版社，2000.